Lehrbuch Romanistik

W0194987

Frank-Rutger Hausmann

Französische Renaissance

Lehrbuch Romanistik

Verlag J.B. Metzler
Stuttgart · Weimar

Frank-Rutger Hausmann, geb. 1943, lehrt seit 1976 als Professor für französische und italienische Literatur in Aachen und Freiburg i.Br.
Bei J.B. Metzler sind erschienen: *François Rabelais* SM 176. 1979; *Französisches Mittelalter. Lehrbuch Romanistik.* 1996; Mitautor der *Einführung in die französische Literaturwissenschaft* SM 148. 4. Auflage 1997; der *Französischen Literaturgeschichte.* 3. Auflage 1994; der *Italienischen Literaturgeschichte.* 2. Auflage 1994; Mitarbeit am *Metzler Philosophenlexikon.* 2. Auflage 1995 u.a. Sammelwerken.

Die Deutsche Bibliothek – CIP-Einheitsaufnahme

Hausmann, Frank-Rutger:
Französische Renaissance / Frank-Rutger Hausmann. –
Stuttgart; Weimar: Metzler, 1997
(Lehrbuch Romanistik)
ISBN 3–476–01521–1

Gedruckt auf chlorfrei gebleichtem, säurefreiem und alterungsbeständigem Papier

ISBN 3–476–01521–1

© 1997 J.B. Metzlersche Verlagsbuchhandlung
und Carl Ernst Poeschel Verlag GmbH in Stuttgart
Einbandgestaltung: Willy Löffelhardt
Satz: Typograffiti Birgit Neumann, 72827 Wannweil
Druck und Bindung: Franz Spiegel Buch GmbH, Ulm
Printed in Germany

Verlag J.B. Metzler Stuttgart · Weimar

INHALT

Vorwort

I. Begriff und Wirklichkeit der Renaissance

Renaissance, Humanismus, Reformation 1
Der Renaissancismus des 19. Jahrhunderts 6
Der italienische Renaissancehumanismus 10
Renaissance und Humanismus in Frankreich 18
Die Selbsteinschätzung der französischen Humanisten 25

II. Politische Geschichte Frankreichs im 16. Jahrhundert

Der Hundertjährige Krieg 29
Die Italienkriege 33
Geschichtsschreiber des 15. Jahrhunderts 37
Die Religionskriege 39
Die Religionskriege im Spiegel der Literatur 44
Die Entdeckungen – die Franzosen in Nordamerika 48
Reisen und Entdeckungen bei Rabelais, Marguerite de Navarre
und Montaigne 53

III. Italien und Frankreich

Der italienische Einfluß in Frankreich an der Wende
vom 15. zum 16. Jahrhundert.. 56
Lyon als Schnittpunkt der Kulturen 57
Berühmte Lyon-Besucher – Rabelais, Dolet, Marot........................ 60
Die Lyoneser Schule 66
Italienerlebnis und Italienerfahrung – Rabelais, Du Bellay,
Montaigne 72
Italienische Künstler in Frankreich 82
Übersetzungen aus dem Italienischen 84
Die Poetiken 87
Erwachendes Keltentum 90

IV. Das neue Bildungsideal

Das Erbe der Antike 94
Lukian, Pindar, Plutarch 97
Der Einfluß der antiken Mythologie 105
Das alte und das neue Unterrichtssystem 107

Lefèvre d'Etaples, Erasmus und Budé 109
Die Universitäten und Collèges 114
Latein, Mittel- und Neufranzösisch 117
Buchdruck 122

V. Orthodoxie, Reformation und Unglaube
Calvin als Erbe reformatorischer Tendenzen 128
Reformation und französische Literatur – Rabelais und Calvin 136
Clément Marot 141
Bonaventure Des Périers 143
Marguerite de Navarre 150
Henri Estienne: »Apologie pour Hérodote« 154

VI. Themen der französischen Renaissance-Literatur
Lachen und Komik 157
Der menschliche Körper – Riesen und Zwerge 164
Das Narrenmotiv 167
Das Reisemotiv (Utopien) 171
Krieg und Frieden 179
Melancholie 182

VII. Gattungen der französischen Renaissance-Literatur
Lyrik: Von den Rhétoriqueurs zur Pléiade...................................... 186
Novelle 192
Roman 195
Essay und Geschichtsschreibung 196
Epos 200
Theater 203

Anmerkungen 207

Abkürzungsverzeichnis 224

Bibliographie
Primärliteratur 225
Sekundärliteratur 228

Register der wichtigsten Eigennamen und Werktitel 233

VORWORT

Vor einem Jahr erschien als erstes ›Lehrbuch‹ einer neu konzipierten Reihe ein Band über die Literatur des französischen Mittelalters. Dabei wurde bereits angekündigt, daß weitere Bände folgen sollten. Entgegen dem ursprünglichen Plan erwies sich der Stoff als zu umfassend, um ›Renaissance und Klassik‹ in einem einzigen Band abhandeln zu können, weshalb der zweite Band allein eine Einführung in die französische Literatur der Renaissance enthält. Dies ist auch deshalb sinnvoll, weil die Erforschung der französischen Renaissance inzwischen ein Stiefkind der deutschen Romanistik darstellt, international jedoch – insbesondere durch französische, englische, nordamerikanische und italienische Beiträge – stofflich wie methodisch weit vorangeschritten ist. An der Konzeption der ›Lehrbücher‹ hat sich jedoch nichts geändert. Auf die Übersetzung der ausgewählten Textstellen wurde diesmal allerdings weitgehend verzichtet: Es handelt sich meist um neufranzösische Beispiele, wenn auch um sehr frühe, die auch der sprachhistorisch wenig geübte Benutzer im allgemeinen ohne allzu große Mühe verstehen kann. Es wurden vorzugsweise Abschnitte aus bekannteren Autoren wie Rabelais, Montaigne, Marguerite de Navarre, Ronsard, Du Bellay u.a. ausgewählt, deren Werke in verschiedenen deutschen Übersetzungen vorliegen. Einige werden in der Abschlußbibliographie genannt; genaue Stellenangaben ermöglichen ein Nachschlagen in nicht verzeichneten, aber mit den entsprechenden Hilfsmitteln (z.B. Fromm) schnell zu ermittelnden Übersetzungen.

Bei der Darstellung literaturhistorischer Sachverhalte greife ich gelegentlich auf das 4. Kapitel der im Metzler-Verlag erschienenen und von Jürgen Grimm herausgegebenen *Französischen Literaturgeschichte* (Stuttgart-Weimar [3]1994, S. 100–135) zurück, das ich selber verfaßt habe und das in der Argumentation gestrafft und vor allem um Angaben zu weiterführender Literatur und einschlägige Textpassagen ergänzt wird. Auch hier kann wieder nur eine repräsentative Auswahl geboten und nicht Vollständigkeit erreicht werden. In erster Linie werden Monographien angegeben, die ihrerseits wieder weiterführende Literaturangaben enthalten. Auch dieser Band wendet sich nicht an den Forscher und Spezialisten, sondern an den Fachstudenten wie den Interessenten aus anderen Disziplinen, um ihnen den Zugang zu einzelnen Gattungen und bedeutenden Vertretern der französischen Renaissanceliteratur zu erleichtern.

Ich danke dem Metzler-Verlag und seinem Lektorat, daß sie mein Konzept akzeptiert und auch diesen zweiten Band intensiv betreut haben. Besonderen Dank schulde ich Frau Ute Hechtfischer für zahlreiche Anregungen und

Verbesserungen bei der Lektorierung des Manuskripts. Dank gilt auch meinen Mitarbeitern Max Gröne und Martina Neumeyer für kritische Durchsicht des Manuskripts und wertvolle Verbesserungsvorschläge.

Freiburg, im Februar 1997   Frank-Rutger Hausmann

I. BEGRIFF UND WIRKLICHKEIT DER RENAISSANCE

Renaissance, Humanismus, Reformation

Alle drei in der Kapitelüberschrift genannten Begriffe hängen eng miteinander zusammen, aber ihre genaue Bedeutung ist jeweils nur schwer zu erfassen, weil sie zumindest in doppelter Hinsicht verwandt werden oder verwendet werden können: zur Eingrenzung von Epochen bzw. zur Beschreibung kultur- und geistesgeschichtlicher Veränderungsprozesse. Hinzu tritt noch ein länderspezifischer Gebrauch, so daß ihre Reichweite auch in zeitlicher, räumlicher und inhaltlicher Beziehung differenziert werden muß. Die Komplexität der Begriffe erhöht sich weiterhin dadurch, daß zahlreiche menschliche Aktivitäten von ihnen betroffen sind und daß die sie erforschenden Disziplinen jeweils eigene Schwerpunkte setzen: Philosophie, Theologie, Kunst, Musik, Architektur, Literatur, Politik, Wirtschaft, Geschichte, Pädagogik usw. sind die wichtigsten.

Zunächst einmal kann man unter ›Renaissance‹ als einer Art Oberbegriff jenen Abschnitt westeuropäischer Geschichte, zumal der Geistesgeschichte, verstehen, der etwa den Zeitraum von 1300 bis 1600 umfaßt.[1] Konnte man im Mittelalter noch von einer ›res publica christiana‹, einer Gesamtheit aller Gläubigen, sprechen, die an der Universalmonarchie und der Einheit der katholischen Kirche orientiert war, so verlieren die Institutionen ›Kaisertum‹ und ›Papsttum‹ jetzt immer mehr von ihrer Autorität. Der nationalstaatliche Gedanke gewinnt an Raum und damit, insbesondere in Frankreich, der Gedanke einer Nationalkirche (sog. Gallikanismus). Die Gründe für diese Entwicklung sind vielgestaltig; besonders bedeutsam sind die demographischen und ökonomischen Veränderungen. Während der von Italien her sich ausbreitende Frühkapitalismus durch die Ablösung handwerklicher Kleinbetriebe durch Manufakturbetriebe und durch die Trennung der Geldgeschäfte vom Warenhandel großen Auftrieb erhält und den regierenden Fürsten sowie den mit ihnen verbundenen Bürgern und Bauern Vorteile beschert, schwächt er den Adel und indirekt auch die Kirche, die seit dem Investiturstreit mit der politischen Macht der Staaten konkurriert. Sie bietet allgemein ein Bild moralischer Dekadenz und Verweltlichung, denn ein Großteil ihrer Energien wird von materiellen statt von geistigen Interessen absorbiert. Der Ewigkeitswert der Heilswahrheiten

[handschriftliche Randnotizen:]
Renaissance 1300–1600
Gallikanismus
Schwächung der Kirche

wird auch dadurch eingeschränkt, daß sich seit dem 14. und verstärkt im
15. Jh. in Italien der sog. Humanismus herausbildet, der unter Berufung auf
das Erbe der Antike dem Menschen die Fähigkeit zuspricht, sich aus eigener Kraft zu bilden und sich selber zur Richtschnur seines Handelns zu machen. Einen ersten Beweis für die neu erworbene Autonomie des Menschen
treten die europäischen Nationen im Zeitalter der Entdeckungen an, als sie
den Globus bis in den letzten Winkel auszukundschaften beginnen und dabei zwar ihre Fähigkeiten üben, aber auch ihre Grenzen erkennen und die
Position der Erde als Mittelpunkt der Schöpfung und des Kosmos zu relativieren beginnen (vgl. Rabelais, *Gargantua*, übers. Steinsieck, S. 237f.).

Das Wort ›Renaissance‹ selber ist französischen Ursprungs und ent-
stammt dem ›débat romantique‹ zu Beginn des 19. Jh.s, dem Streit zwischen
Klassizisten und Anhängern der neuen ›romantischen Dichtung‹, geht aber
auf den italienischen Maler, Baumeister und Kunstschriftsteller Giorgio
Vasari (1511–1574) zurück, der in seinen Künstler-Viten (*Le vite de più
eccellenti architetti, pittori et scultori italiani*, 1550 und 1568) das dem
Wort ›Renaissance‹ zugrundeliegende italienische Substantiv ›rinascita‹
(Wiedergeburt) erstmals als historischen Periodisierungsbegriff verwendet.[2]
In diesem wichtigen Werk, das über rein biographische Bezüge hinausweist,
wird die Kunstentwicklung von Cimabue (eigentl. Cenni di Pepo; um 1240
– nach 1302) und Giotto (di Bondone; 1266–1337) bis zu Michelangelo
Buonarroti (1475–1564) als Rückkehr zur Natur, vor allem aber als Rück-
griff auf die Antike gedeutet:

> Bis hierher schien es mir angemessen, vom Anfang der Bildhauerei und der Male-
> rei zu handeln, vielleicht sogar ausführlicher, als an dieser Stelle nötig. Ich habe
> das aber nicht so sehr aus Liebe zur Kunst, als um des Nutzens und Gewinns der
> heutigen [= meiner] Künstler selber willen getan. Sie haben nämlich gesehen, wie
> sich die Kunst aus kleinen Anfängen zur höchsten Höhe aufschwang, dann aber
> von diesem vornehmen Rang in den äußersten Untergang stürzte, und sie haben
> folglich die Beschaffenheit dieser Kunst, die der der anderen Künste ähnelt,
> betrachtet, die, wie der menschliche Leib, alle eine Geburt, ein Wachstum, ein
> Altern und ein Sterben kennen. Und die Künstler können nun leichter den Fort-
> schritt ihrer Wiedergeburt [= rinascita] wie auch ihrer Vervollkommnung selber
> verfolgen, zu der sie in unserer Zeit aufgestiegen ist.[3] (Vasari, *Proemio delle vite*,
> eigene Übers.)

Die Vorstellung einer Wiedergeburt wurzelt in der schon immer vorhan-
denen Sehnsucht der Menschen nach Erneuerung, Modernisierung und
Verjüngung, die stets dann beschworen wird, wenn die Gegenwart als über-
altert und dem Verfall preisgegeben erscheint. So steht die Renaissance-
Bewegung, die zuerst im Italien des 14. Jh.s entstand, in Zusammenhang
mit der Krise des ausgehenden Mittelalters, und so erklärt sich weiterhin,
daß der ursprünglich auf die italienische Kunst gemünzte Begriff später auf
Erneuerungsprozesse jeglicher Art ausgedehnt werden konnte. Das Wort-

feld der ›Wiedergeburt‹ umfaßt auch andere Begriffe wie lat. *resurrectio, renovatio, restitutio* (Wiederauferstehung, Erneuerung, Wiederherstellung) usw., aber der it. Begriff der *rinascita* bzw. seine franz. Ableitung *renaissance* haben sich allgemein durchgesetzt. Entsprechende Vorstellungen finden sich bereits bei Francesco Petrarca (1304–1374) und Giovanni Boccaccio (1313–1375), und wenn diese zunächst von ›Wiedergeburt, Wiederauferstehung, Wiedererweckung‹ der Dichtung und der Künste träumten, wurden nach und nach alle Tätigkeitsbereiche des menschlichen Geistes der Erneuerung für bedürftig und würdig erklärt (*Franz. Mittelalter* 3f.). Rabelais schreibt im *Pantagruel* (1532, Kap. VIII, ed. Demerson, S. 246) folgerichtig: »Maintenant toutes disciplines sont restituées, les langues instaurées [...]«.

Doch das Bewußtsein, daß die Renaissance eine eigenständige histo- ~Epoche~ risch-geistesgeschichtliche Epoche bildet, in der sich die Kultur in Abgrenzung vom Mittelalter erneuert, entstand erst eigentlich im frühen 19. Jh. (vgl. Simone, S. 259f.). Die Romantiker distanzierten sich, wie bereits gesagt wurde, von der Klassik und sahen in den vorklassischen Autoren (Dante, Ariost, Tasso, Cervantes, Calderón, Camões, Shakespeare, Rabelais u.a.) – den Begriff ›Renaissanceautoren‹ wendeten sie allerdings noch nicht auf sie an – wegen der zahlreichen märchenhaften und übersinnlichen Elemente in ihren Werken, aber auch wegen des Nebeneinanders unterschiedlicher Ausdrucksformen, Geistesverwandte, die sie, gemessen an der antike-orientierten Klassik und ihren Vorschriften von Vernunft, Wahrscheinlichkeit und Wohlanständigkeit, als romantisch und modern bezeichneten. Mit dieser Aufwertung bereiteten sie der Entdeckung der Renaissance den Weg.

Entsprechende Belege liefern z.B. Stendhal (*Histoire de la peinture en Italie*, 1817; *Les Cenci*, 1837), Balzac (*Le Bal de Sceaux*, 1829) u.a. Während Stendhal (eigentl. Henri Beyle; 1783–1842) den Terminus Renaissance in erster Linie auf die Kunst bezieht, aber bezüglich Italiens im 16. Jh. schon ganz allgemein von einer »civilisation renaissante« spricht,[4] fehlt bei Balzac die Präzisierung »de l'art« oder »des lettres«, da er bereits Mittelalter und Renaissance als epochale Begriffe einander gegenüberstellt: Émilie de Fontaine, Hauptperson des Romans *Le Bal de Sceaux*, eine kapriziöse Neunzehnjährige, dominiert mit ihrer Bildung alle Salon-Konversationen:

> Spirituelle et nourrie de toutes les littératures, elle aurait pu faire croire que ... les gens de qualité viennent au monde en sachant tout. Elle raisonnait facilement sur la peinture italienne ou flamande, sur le Moyen Age ou la Renaissance; jugeait à tort et à travers les livres anciens ou nouveaux, et faisait ressortir avec une cruelle grâce d'esprit les défauts d'un ouvrage. (Balzac, *Le Bal de Sceaux*, ed. P.-G. Castex, Pléiade I, S. 116)

Aus dieser Debatte über die neue romantische Literatur ergab sich dann zwar allmählich das Bewußtsein einer Eigenständigkeit der Renaissance, doch wurde sie zunächst noch als Spätphase dem Mittelalter zugerechnet. Als Jules Michelet (1798–1874)[5] 1855 den siebten Teil seiner *Histoire de France, Histoire de France au XVIe siècle,* veröffentlichte, gab er ihr den Untertitel *La Renaissance.* Dies sollte, wie wir noch sehen werden, Schule machen.

[margin note: Humanismus Begriff]

Der Begriff ›Humanismus‹ wurde ursprünglich (1808) von dem Würzburger Pädagogikprofessor F.J. Niethammer (*Der Streit des Philanthropismus und des Humanismus in der Theorie des Erziehungsunterrichts unserer Zeit*) zur Bezeichnung jener älteren pädagogischen Richtung geprägt, welche die Erziehung des Menschen nach dem Modell Ciceros an den antiken Bildungsgütern orientieren will. Sie steht dabei im Gegensatz zu einer modernen, mehr praktisch und naturwissenschaftlich ausgerichteten Bildung. Humanismus meint also ein spezifisches Erziehungsprogramm und Ideal klassischer Bildung. Im Jahr 1841 verwendet der Heidelberger Privatdozent Karl Hagen (*Deutschlands literarische und religiöse Verhältnisse im Reformationszeitalter*) den Ausdruck ›Humanist‹ bzw. ›humanistische Studien‹ erstmals zur Kennzeichnung einer Geistesbewegung des 14.–16. Jh.s (vgl. auch Hagen, S. 456f.):

> Aber schon früher, im Anfange des 15ten Jahrhunderts kam direct von Italien aus eine Anregung für das humanistische Studium nach dem südlichen Deutschland. Ein Schweizer, Felix Hemmerlin, den wir später noch als einen der bedeutendsten Männer der Opposition erwähnen müssen, studirte in Italien, und brachte die neue wissenschaftliche Richtung mit heraus, die er dann, da er sich mit dem Unterrichte jüngerer Leute abgab, so weit es ihm möglich war, verbreitete. Poggio, einer der namenhaftesten Humanisten Italiens, machte im Jahre 1414 eine Reise durch Deutschland, um alte Claßiker, die in den dortigen Klosterbibliotheken verborgen waren, aufzufinden: es ist nicht zu erwarten, daß seine Gegenwart, die an manchen Orten, wie z.B. in Baden, ziemlich lange währte, ohne allen Einfluß gewesen ist. [...] Der Mann aber, der sich am meisten die Einführung der humanistischen Studien in Deutschland angelegen sein ließ, war Aeneas Sylvius. (Hagen I, S. 80–81)

Im Jahr 1859 wird der Terminus von dem Königsberger Historiker Georg Voigt in seinem grundlegenden Werk *Die Wiederbelebung des classischen Alterthums oder das erste Jahrhundert des Humanismus* als Epochenbezeichnung verstanden. Voigt läßt den Humanismus in seiner Gesamtdarstellung, die bis heute in vielen Punkten noch nicht überholt ist, mit Albertino Mussato (1261–1329), vor allem aber mit Francesco Petrarca beginnen:

> So ist es schnell ausgesprochen, dass Petrarca das Princip des Humanismus in die geistigen Gährungen der modernen Welt getragen hat. Statt aber zu erklären, was wir im wesentlichen unter Humanismus verstehen, und den Begriff in seine posi-

tiven Merkmale zu zerlegen, schildern wir Petrarca lieber in seinem Kampfe gegen das, was dem Humanismus als Gegensatz oder Hindernis gegenüberstand. (Voigt, *Wiederbelebung* I, S. 69)

Das Wort ›Humanist‹ leitet sich von dem Substantiv *humanista*[6] ab, einer spätlat. Analogiebildung zu den universitären Berufsbezeichnungen *canonista, legista, iurista, artista* (Spezialisten des kanonischen und römischen Rechts bzw. Studenten der Septem artes liberales usw.), und bezeichnet den Professor, Lehrer oder Studenten der alten Sprachen und der humanistischen Fächer, ein Gebrauch, der bis ins 18. Jh. erhalten blieb. Die alten Römer kennen also den Begriff ›Humanist‹ noch nicht; er ist abgeleitet von den Grundwörtern *humanus* und *humanitas*, und somit geht die Sache selber der einschlägigen Begrifflichkeit voraus.[7] Die humanistischen Fächer orientieren sich im großen und ganzen an der überlieferten griechischen und lateinischen Literatur, die sie erschließen sollen, und werden als ›studia humanitatis‹ (s. Kap. IV) bezeichnet.[8] Es kommt zu diesem Namen, weil der so verstandene Humanismus eine neue Auffassung vom Menschen und seinen Tätigkeiten anbietet, die seine Selbstmächtigkeit und Eigenverantwortlichkeit unterstreichen und sein Denken von den Fesseln der Theologie und Metaphysik befreien will. Durch das so verstandene Studium antiker Texte werde der Mensch erst Mensch und verwirkliche sich selbst. Diese Vorstellung verbirgt sich auch hinter dem Namen des ›Humanistischen Gymnasiums‹, eines Schultyps, der am Anfang des 19. Jh.s in Deutschland aufkam und noch bis in die Gegenwart mit gewissen Modifikationen besteht.

Heute wird der Begriff ›Humanismus‹ inflationär verwandt und ist keinesfalls, wie viele Interpreten in idealistischer Verkennung gerne möchten, ideologieresistent. So spricht man nicht nur vom Humanismus Ciceros, vom karolingischen und ottonischen Humanismus, vom italienischen Humanismus des Tre-, Quattro- und Cinquecento (14.–16. Jh.), sondern auch von christlichem, proletarischem, existentialistischem usw. Humanismus. Im folgenden soll aber nur von dem sog. Renaissance-Humanismus die Rede sein.

Während ›Renaissance‹ die Gesamtheit der kulturellen Einzelphänomene und ›Humanismus‹ die literarisch-philologische Absicherung dieser Erneuerung aller Lebensbereiche durch das systematische Studium der Werke der Römer und Griechen meint, bezeichnet man mit ›Reformation‹ (Umgestaltung, Wiederherstellung; franz. *la Réforme*, seltener *la Réformation*) die religiöse Krise des westlichen Christentums, die die absolute Vorherrschaft der römisch-katholischen Kirche beendet, zu neuen Glaubensbekenntnissen und zur Herausbildung eigenständiger Nationalkirchen führt. Einige Gelehrte fassen unter diesen Terminus aber auch noch die Gegenreformation und sogar die vorreformatorischen Erneuerungsbewegungen

(Chaunu, S. 9f.). Als Martin Luther 1517 seine 95 Thesen veröffentlichte, drückte er Gedanken und Ideen aus, die in ganz Europa verbreitet waren, denn die Notwendigkeit einer Reform der römischen Kirche war bereits über hundert Jahre zuvor von John Wycliffe (auch: Wiclif, Wyclif; um 1320–1384) in England und von Johannes Hus (auch: Huß; um 1370–1415) in Böhmen proklamiert worden. Ohne die von den Humanisten entwickelte Textkritik, die erst die Bibelübersetzungen ermöglichte, wäre der Reformation vermutlich nicht ihr Erfolg beschieden gewesen und ihre Lehre nicht in ganz Europa verbreitet worden. Luther, Calvin und Zwingli stützen sich immer wieder auf die Bibel als einzige Autorität und verweisen die Gläubigen auf dieses Buch, das deshalb möglichst wortgetreu im Original und in Übersetzungen zugänglich gemacht werden soll. Die griechische Ausgabe des NT.s durch Desiderius Erasmus und Johannes Froben in Basel (1516), die Complutensische Polyglotte, eine mehrsprachige Bibelausgabe, die von Kardinal Jiménez de Cisneros und seiner Arbeitsgruppe (1514–17) erstellt wurde und nach ihrem Druckort Alcalá de Henares (lat. Complutum) benannt ist, Luthers Übersetzung aus dem Hebräischen und Griechischen (1534), die lateinischen, griechischen und hebräischen Bibelausgaben Robert Estiennes (1546, 1549, 1550) sind die bedeutendsten Meilensteine auf dem Weg der Bibeleditionen.

Die Wichtigkeit des Rückgriffs auf den Urtext und seine textkritische Untersuchung hatte bereits der Humanist Lorenzo Valla (1406/07–1457) dargelegt. In seiner textkritischen Untersuchung *De falso credita et ementita Constantini donatione declamatio* (um 1440) erbrachte er den Nachweis, daß die sog. Konstantinische Schenkung, aus der sich die Oberhoheit des Papsttums über alle christlichen Bischöfe und damit die Herrschaft der römischen Kirche über den ganzen Westen ableitete, eine Textfälschung des 8. Jh.s sei.[9] Damit versetzte er nicht nur den globalen Machtansprüchen der katholischen Kirche einen schweren Schlag, sondern wertete die philologischen ›studia humanitatis‹ als unverzichtbaren Teil der Bildung auf.

Der Renaissancismus des 19. Jahrhunderts

Die ersten Philosophen, Dichter und Historiker, die die Eigenständigkeit der Renaissance, vor allem der italienischen Renaissance, und ihre Bedeutung für die Herausbildung der Moderne erkennen, sind Franzosen. Voltaire beginnt um 1735 mit einer vorurteilsfreien Analyse des klassischen Zeitalters, die 1751 unter dem Titel *Le Siècle de Louis XIV* erscheint. Im Mittelpunkt dieser Schrift steht die französische Kultur, deren Höhepunkt unter Ludwig XIV. erreicht worden sei.[10] Voltaires Lob gipfelt in dem Satz, daß in der Zeit

Voltaire: „Le Siècle de Louis XIV"

Richelieus und des Sonnenkönigs eine noch immer andauernde Revolution begonnen habe: »il s'est fait dans nos arts, dans nos esprits, dans nos mœurs, comme dans notre gouvernement, une révolution générale qui doit servir de marque éternelle à la véritable gloire de notre patrie« (Voltaire, *Le Siècle de Louis XIV*, ed. Pomeau, Pléiade, S. 617). Dieses ludowizische Zeitalter sei das vierte ›goldene‹ nach Athen zur Zeit von Philipp von Makedonien, Alexander, Perikles, Demosthenes und Aristoteles, nach Rom unter Caesar, Augustus, Vergil und Horaz sowie dem Florenz der Medici im Quattrocento. Voltaire wandelt offenkundig das mittelalterliche Vier-Reiche-Schema ab, denn wenn auch er eine Art Translatio von Ost nach West konstatiert, geht es ihm nicht so sehr um die Weitergabe von Herrschermacht, Religion und Wissenschaft, sondern um die Stärkung der Vernunft, die erst den wahren Fortschritt ausmache und ohne die es keine ›Aufklärung‹ geben könne. Vernunft und Fortschritt erreichten im Zeitalter Ludwigs XIV. einen vorher nie gekannten Höhepunkt, der sich zum ›Siècle des lumières‹ hin noch steigere.

Die französische Renaissance unter König Franz I. (François Ier; 1494–1547; König seit 1515) sei zwar auch eine wichtige Epoche, aber von Hochblüte könne man noch nicht sprechen, denn die Kultur stehe, wie Voltaire richtig erkennt, noch ganz im Schatten Italiens:

> François Ier encouragea des savants, mais qui ne furent que savants: il eut des architectes, mais il n'eut ni des Michel-Ange, ni des Palladio: il voulut en vain établir des écoles de peinture; les peintres italiens qu'il appela ne firent point d'élèves français. Quelques épigrammes et quelques contes libres composaient toute notre poésie. Rabelais était notre seul livre de prose à la mode, du temps de Henri II
> En un mot, les Italiens seuls avaient tout, si vous en exceptez la musique, qui n'était pas encore perfectionnée, et la philosophie expérimentale, inconnue partout également, et qu'enfin Galilée fit connaître. (Voltaire, *Le Siècle de Louis XIV*, ed. Pomeau, Pléiade, S. 617)

Die romantischen Dichter setzen sich später kritisch mit der klassischen Literaturdoktrin auseinander und stellen ihr neue Formen und Inhalte entgegen. Victor Hugo (1802–1885) wertet in der *Préface de Cromwell*, dem programmatischen Vorwort zu seinem gleichnamigen Theaterstück (1829), das Groteske auf und systematisiert die Literaturgeschichte etwas willkürlich in drei einander zugeordnete Epochen, Gattungen und Werke: Frühzeit, Ode, Bibel; Antike, Epos, *Ilias*; Moderne, Drama, Shakespeare. Die letzte Stufe dieser Trias ist durch Gattungsmischung, die Gleichwertigkeit des Schönen und Häßlichen, die Verflechtung von Volkstümlichem und Künstlerischem gekennzeichnet. Neben Shakespeare sind Ariost, Cervantes und Rabelais für ihn Musterautoren. Zwar kommt der Begriff der Renaissance in diesem Zusammenhang noch nicht vor, aber Hugo ist bereits dem

›Renaissancismus‹ zuzurechnen. Dieser bezeichnet eine Vorliebe für diejenigen Gestalten der Renaissance, die sich von den Schranken der Moral befreit haben und sich ihre eigenen Gesetze schaffen. Es handelt sich um Variationen des ›Übermenschentyps‹, seien sie nun schillernde Kondottieri (Söldnerführer), Künstler, Kurtisanen, Kardinäle oder Fürsten, die ihre imperialistischen, artistischen, sexuellen und spirituellen Machtgelüste ausleben. Balzac ahmt z.B. Rabelais in seinen dreißig *Contes drolatiques* (1832–37) nach und erfindet zu diesem Zweck, lange vor Einsetzen der historischen Sprachwissenschaft, ein künstliches Renaissancefranzösisch; Stendhal dringt in seiner Novellensammlung *Chroniques italiennes* (1832–55) tief in Geist und Kultur der italienischen Renaissance ein; Victor Hugo setzt mit *Notre-Dame de Paris* (1830) der Kathedrale von Paris am Ende des 15. Jh.s ein Denkmal, um von Alfred de Musset (1810–1857), Prosper Mérimée (1803–1870), Joseph-Arthur, comte de Gobineau (1816–1882) u.a. französischen Renaissancisten zu schweigen. Sie alle sehen in dieser Epoche noch eine Spätphase des Mittelalters, doch sie schärfen bereits das allgemeine Bewußtsein für die Besonderheit dieser Zeit.[11] Besonders Graf Gobineau hat die Grausamkeit der Epoche in seinen ›historischen Szenen‹, die Savonarola, Cesare Borgia, Julius II., Leo X. und Michelangelo gewidmet sind, treffend eingefangen.

Der erste Fachhistoriker, der die Bedeutung von Renaissance und Humanismus im Sinne einer Kulturwende oder Epochenschwelle erkennt und darstellt, ist, wie bereits angedeutet (s. S. 4), Jules Michelet, der dem 7. Teil seiner *Histoire de France* (1855) den Untertitel ›Renaissance‹ gibt. Bereits die kurze Einführung in diesen Band legt den Ideenreichtum Michelets bloß, der sich bewußt von der kunsthistorischen Interpretation absetzt und alle wichtigen Geistesphänomene in den Blick nimmt, seien sie theologischer, juristischer, künstlerischer, literarischer, naturwissenschaftlicher oder ökonomischer Art. Wer in der Renaissance nur die Enstehung einer neuen Kunst (»l'avénement d'un art nouveau et le libre essor de la fantaisie«), die Wiederentdeckung der Antike (»la rénovation des études de l'antiquité«) oder die Rezeption des römischen Rechts (»le jour qui commence à luire sur le discordant chaos de nos vieilles coutumes«) erblicke, sei voreingenommen und übersehe das Wesentliche:

> Ces esprits trop prévenus ont seulement oublié deux choses, petites en effet, qui appartiennent à cet âge plus que tous ses prédécesseurs: la découverte du monde, la découverte de l'homme [...].
> L'homme s'y est retrouvé lui-même [...]. Profonde en effet est la base où s'appuie la nouvelle foi, quand l'antiquité retrouvée se reconnaît identique de cœur à l'âge moderne, lorsque l'Orient entrevu tend la main à notre Occident, et que, dans le lieu, dans le temps commence l'heureuse réconciliation des membres de la famille humaine. (Michelet, Introduction, § Ier, »Sens et portée de la Renaissance«)

[handschriftliche Randnotiz: Michelet „Histoire de France"]

Für Michelet ist die ›Renaissance‹ demnach das Zeitalter der Ausweitung der Grenzen von Makro- und Mikrokosmos, der Reisen und der Entdeckungen, der Reformation und des Buchdrucks, der Blüte von Kunst und Wissenschaft, die sich alle gegenseitig befruchten. Im Gefolge G.W.F. Hegels bezeichnet die Renaissance für ihn die Geburt des modernen Denkens, den Beginn der im 18. Jh. sich vollendenden Aufklärung mit ihrem Fortschrittsglauben. Michelet bereitet mit seinem Urteil einer Hochschätzung dieser Epoche den Boden, die aus nationalfranzösischer Sicht zwar verständlich ist, sich aber bei näherem Hinsehen in mancher Beziehung als Überschätzung entpuppt (vgl. Simone, S. 259–267).

Der Basler Kunsthistoriker Jacob Burckhardt (1818–1897) greift jedoch in seiner *Cultur der Renaissance in Italien. Ein Versuch* (1860; recte 1859) Michelets Formel von der »découverte du monde« bzw. der »découverte de l'homme« auf.[12] Er präzisiert, erst das Zusammentreffen frühkapitalistischer Voraussetzungen, wie sie in den italienischen Stadtstaaten anzutreffen gewesen seien, verbunden mit der Wiederentdeckung der griechischen und lateinischen Antike, die sich nach dem Fall von Konstantinopel (1453) durch Zuzug griechischer Flüchtlinge nach Italien verstärkte, habe die vorwiegend ästhetisch orientierte Kultur der Renaissance als Ausdruck des sich frei entfaltenden modernen Individuums ermöglicht.

Burckhardt prägte für mehr als fünfzig Jahre das Bild der italienischen Renaissance, und noch heute, wo vieles zurechtgerückt wurde, wirkt er nach.[13] Da sein Renaissance-Interesse stets um die beiden Brennpunkte ›Freiheit des Individuums‹ und ›Gesetz der Form‹ kreist, ist seine Darstellung ambivalenter, als man gemeinhin glaubt. Er knüpft zudem an Goethes freie Übersetzung der *Vita di Benvenuto Cellini* (1803) an, die einen Modellfall des künstlerischen Renaissancemenschen porträtiert. Da Burckhardts Werk ein Versuch, ein Essay, sein will und damit letztlich nur unzureichend historisch fundiert ist, hatten es die folgenden Generationen leicht, an sein Renaissance-Buch heterogene Deutungen anzuschließen. So entstanden nationalistische, völkische und rassistische Renaissancedeutungen, die sich alle auf sein Werk stützen. Insbesondere Friedrich Nietzsche (1844–1900) und Graf Gobineau leiteten aus Burckhardts einseitiger Machiavelli-Interpretation das Bild des heroischen Übermenschen ab, der frei von den Gesetzen der christlichen Religion und ihrem moralischen Pessimismus nur seinen eigenen Maßstäben lebt und dadurch die Antike mit ihrem Tugendideal wiedererweckt. Oswald Spengler (1880–1936) gab dies (*Der Untergang des Abendlandes*, 1918–22) an das 20. Jh. weiter. Da deutsche Kulturhistoriker und Kunstwissenschaftler wie Ludwig Woltmann, Henry Thode und Carl Neumann nicht nur die mystisch-irrationalen Elemente der Renaissance überbetonten, haben die Fehldeutungen, die auf Übermenschenkult und pseudowissenschaftlichen Rassismus hinauslaufen, sogar später den Rassenwahn der Nazis gespeist. Die Erforschung der Renaissance berührte ursprünglich zunächst Italien, weitete sich dann auf ganz Europa aus, da das Ideengut der italienischen ›Renaissance‹ sozusagen von Soldaten, Reisenden und Kaufleuten in in die angrenzenden Länder ›exportiert wurde‹.[14]

Der italienische Renaissancehumanismus

Auch Frankreich ist, was den Renaissancehumanismus angeht, bei den Italienern in die Lehre gegangen (*DLF* 3–23), und man muß sich zum besseren Verständnis der französischen Rezeption zunächst in groben Umrissen die geistige Entwicklung Italiens vergegenwärtigen. Italien übernimmt in dieser Epoche in Kunst und Wissenschaft die Führung in Europa, wobei der Humanismus eine genuine intellektuelle Leistung der Italiener darstellt, die sich bis heute mit ihrem Namen verbindet. Die Humanisten haben das Christentum zwar nicht verleugnet, aber sie haben es durch die starke Aufwertung der Antike relativiert und neben die unumstößlichen Heilswahrheiten andere Wahrheiten gestellt (vgl. Kölmel, passim). Dies bereitet letztlich schon die Aufklärung vor und führt zur Relativierung des alleinigen Wahrheitsanspruchs des Christentums. Das chronologische Weltbild der Humanisten ist nach oben offen, d.h. es gibt keine andere Teleologie als die des Fortschritts, dem, wenn der Mensch sich nur genügend bildet, keine prinzipiellen Grenzen gesetzt sind. Im Zentrum der humanistischen Ausbildung steht demnach das Studium der klassischen Autoren, die als mustergültig und unübertrefflich angesehen werden. Da im Bereich von Literatur, Geschichte, Philosophie, Recht, Naturwissenschaften, Architektur, Militärtechnik, Landbau usw. von lateinischen und griechischen Autoren bereits alles Wesentliche gesagt worden ist, kann, so die Auffassung der Humanisten, nichts prinzipiell Neues gedacht oder geschrieben werden, was über das antike Erbe hinausreicht. Es gilt also, dieses vollständig zu erfassen, es genau zu analysieren und allenfalls nachzuahmen. Die *imitatio* (Nachahmung) wird somit zum ästhetischen Grundprinzip dieser und noch der folgenden Epochen, bis der Geniekult der Aufklärung langsam einen Wandel der Anschauungen herbeiführt und die Originalität des Denkens höher bewertet als die präzise Nachahmung des Überlieferten.

Die ungeheure intellektuelle Aktivität, die die Menschen jetzt ergreift, wäre ohne die Medienrevolution des Buchdrucks nicht möglich gewesen. Dieser wurde zwar in Deutschland erfunden, jedoch in Italien perfektioniert. Während ein professioneller Schreiber mindestens einige Monate für ein einziges Manuskript benötigte (die mittelalterlichen Mönche hatten wegen des Figurenschmucks, der sog. Initialen, bis zu zweieinhalb Jahren gebraucht), können jetzt innerhalb von kurzer Zeit bis zu 2000 Kopien eines Textes auf den Pressen hergestellt werden. Wir nennen diese Bücher ›Inkunabeln‹, sei das Wort nun von der Wiege als dem ›Ursprung‹ oder der wiegenden Bewegung der Druckergesellen bei ihrer Arbeit abgeleitet. Gab es vorher nur das teure Pergament als Schreibstoff, das sich für den Druck überhaupt nicht eignete, lieferten jetzt die oberitalienischen Papiermühlen kostengünstig herzustellendes Papier. Die italienischen Humanisten erfanden auch eine neue Schrift, die sog. Antiqua, die wir bis heute benutzen. Das Vorbild für die Großbuchstaben war das Alphabet der antiken römischen Inschriften (*Capitalis rustica quadrata*), für die Kleinbuchstaben wurde auf die karolingische Minuskel des 8./9. Jh.s zurückgegriffen. Dies bewirkte den Rückgang der Verwendung der sog. gotischen Schriftarten (Bastarda, Fraktur), die sich aber noch lange in den germanischen und osteuropäischen Ländern als Drucktypen hielten (*Franz. Mittelalter*, Kap. VIII). Das gedruckte Buch dieser Anfangsphase ist zwar noch sehr teuer, aber es entsteht langsam eine frühe Massenkommunikation, wobei wohlfeile und schnell zu verteilende Einblattdrucke eine wichtige Funktion übernehmen. Die Lesefähigkeit nimmt sprunghaft zu, wenn es auch immer noch viele Analphabeten gibt. In den Ländern der Reformation, und dies strahlt später auch auf die katholischen Länder aus, soll im Prinzip jeder Gläubige in den Stand gesetzt werden, die heiligen Schriften zu lesen. Dadurch wird der Beruf des Lehrers und Professors aufgewertet. Der neuzeitliche Intellektuelle entsteht, der Angehöriger einer durch gemeinsame Ideale verbundenen *societas* oder *respublica litterarum* (Gelehrtenrepublik) ist, die sich als international versteht und starken Einfluß auf das öffentliche Leben nimmt, das sich ebenfalls an der literarischen Kultur ausrichtet.

Überall machen sich neue Denkansätze bemerkbar, die vom traditionellen Wissen des Mittelalters (System der Septem artes liberales oder Sieben freien Künste; vgl. *Franz. Mittelalter* IV, 124f.) abrücken und vielfach praktische Nutzanwendungen haben. Insbesondere in den Bereichen der Kartographie (Portolan- oder Windstrahlenkarten bzw. Schiffshandbücher), der Ingenieurwissenschaften (Hydraulik), der Industrieproduktion (Weberei, Glas- und Papierherstellung, Lederverarbeitung) und der Handelsorganisation (internationale Filialsysteme; bargeldlose Zahlungsmechanismen) erlangt Italien eine Vorreiterstellung unter den Nationen, was das Land, vor allem in der zweiten Jahrhunderthälfte, zur Blüte führt. Ist ihm auch politische Einheit verwehrt, können durch geschickte Diplomatie Konfliktfälle gelöst werden, was für ein halbes Jahrhundert Frieden garantiert. Florenz ist, vielleicht dank seiner florierenden Wolltuchindustrie (die Jahresproduktion liegt im 15. Jh. bei 10–20.000 Tuchballen), seines ertragreichen Fernhandels und seiner modernen Bankenorganisation auf allen

Gebieten überlegen, sowohl in Kunst und Wissenschaft, als auch in Handel und Gewerbe.

Der Humanismus ist erstmals eine Laienkultur, die die *vita contemplativa* mit der *vita activa* verbindet, denn führende Humanisten sind im Dienst der Kommune tätig, vor allem in Florenz. Ihre Briefe, Reden und Traktate sind nicht nur gelehrt, sondern vermitteln auch lebenspraktische Bezüge. Ethische, pädagogische, historische und staatsrechtliche Quellen werden nicht nur studiert und kommentiert, sondern für die Bewältigung ganz konkreter Aufgaben nutzbar gemacht. Zwar ist der Primat der Antike unbestritten, aber das Verhältnis von Altem und Gegenwärtigem ist reziprok, denn das Erkenntnisinteresse ist ein modernes. Neu ist die Begegnung mit dem Griechischen, die vor allem durch den Exodus griechischer Gelehrter nach dem Fall von Konstantinopel (1453) ermöglicht wird, und in Maßen auch mit dem Hebräischen. Homer, Aristoteles und Platon werden erstmals im Original zugänglich, was Rhetorik, Metaphysik und Ethik auf ein neues Fundament stellt. Neben dem starken Praxisbezug ist dies sicherlich der wesentlichste Unterschied zum Mittelalter, das ansonsten nicht minder auf die lateinische Kultur der Antike fixiert war, wenn es sich diese auch ganz naiv anverwandelte und sie christlich überwölbte.

Coluccio Salutati (1331–1406), Humanist und Kanzler von Florenz, hatte das humanistische Erbe sozusagen aus den Händen seines Freundes Petrarca übernommen und dadurch eine kulturelle Kontinuität begründet, wie es sie vorher ebenfalls nicht gegeben hatte. Er plante sogar, Petrarcas Epos *Africa* zu beenden, so eng hatte er sich die Themen und den Sprachstil seines Vorbilds anverwandelt. Zwar schien das nationalsprachliche Erbe zunächst erschöpft, so als ob der lateinisch orientierte Humanismus die besten Kräfte an sich bände, aber auf Dauer konnte das Latein sich als universelles Ausdrucks- und Literaturidiom nicht behaupten. Der rigide Ciceronianismus, der keine anderen sprachlichen Muster zuließ und vor allem die spätlateinischen Autoren ablehnte, erstarrte zur sterilen Form. Hätte der italienische Humanist Angelo Poliziano (1454–1494) mit seinem Vorschlag, verstärkt die Autoren der Silbernen Latinität (um 14 bis 120 n. Chr.) zum Vorbild zu nehmen, Erfolg gehabt, hätte der lateinischsprachige Humanismus vielleicht auf Dauer eine Überlebenschance gehabt, aber Polizianos Modell konnte sich nicht durchsetzen. Das weitere Festhalten am klassisch verfestigten Latein hätte nämlich das des Lateins unkundige Volk marginalisiert und von der Partizipation an der Kultur grundsätzlich ausgeschlossen, was vor dem Hintergrund einer sich abzeichnenden Säkularisierung und Demokratisierung allzuviel Zündstoff barg. Die volkssprachliche Literatur bot den Italienern zudem angesichts fehlender nationaler Einigung eine Identifikationsmöglichkeit, die das Land auch in Zeiten der Fremdherrschaft (Deutsche, Franzosen, Spanier, Österreicher) als Kulturnation überleben ließ. Florenz hatte mit den Trecentisten Dante, Petrarca und Boccaccio, den sog. florentinischen Kronen, die bedeutendsten Dichter Italiens hervorgebracht und konnte somit zu Recht die kulturelle Führung beanspruchen. Die wichtigsten Impulse für die *studia humanitatis* gingen von hier aus, aber Lorenzo de' Medici (1449–1492) und sein Kreis brachen am Ende des Quattrocento die Vorherrschaft des Lateins und vermittelten der volkssprachlichen Literatur wesentliche Impulse. Der lateinisch orientierte Humanismus wurde zum volkssprachlichen *umanesimo volgare* umgeschmolzen. So ist es auch nur folgerichtig, wenn das Toskanische später die seit Dante virulente *Questione della lingua*, d.h. die Streitfrage, welche Sprache die Italiener sprechen und vor allem schreiben sollten (Latein; einen bestimmten italienischen Dialekt; eine andere Sprache), für sich entscheidet (s. Kapp, S. 88f.).

Die erste Vorbereitungsphase des Humanismus ist auf Norditalien beschränkt und wird als Prä- oder Protohumanismus (*preumanesimo*) bezeichnet. An der Wende vom 13./14. Jh. zeichnen sich einige norditalienische Juristen wie Lovato Lovati († 1309), Albertino Mussato († 1329) und Zambono di Andrea († 1315) durch ihre weitreichenden Kenntnisse antiker Autoren aus. Die Werke dieser Frühhumanisten wurden bisher nur wenig beachtet, obwohl Petrarca und Salutati sie nachweislich kannten. Schon bald nach Petrarcas Tod (1374), der von vielen Zeitgenossen als Einschnitt empfunden wurde und eher zufällig mit der definitiven Rückkehr des Papsttums von Avignon nach Rom (1377) zusammenfällt, setzt dann die Hauptphase des eigentlichen Humanismus ein. Er wird in den fünf ›Hauptstädten‹ Ober- und Mittelitaliens (Mailand, Florenz, Venedig, Rom, Neapel), die das aus dem Konkurs von Stauferreich und mittelalterlichem Papsttum hervorgegangene Machtvakuum füllen und monarchische oder quasi-monarchische Regierungsformen haben, im Lauf der Zeit zur herrschenden Ideologie. Bei allen Gemeinsamkeiten erfährt der Humanismus jedoch spezifische lokale Ausformungen, so daß man regionale Strömungen oder gar diverse Humanismen unterscheiden kann. Während in Florenz beispielsweise der Neuplatonismus besonders stark gepflegt wurde, hat Venedig eine besonders enge Bindung an die byzantinische Kultur, und in Rom erzwingt die Nähe zur Kurie eine intensivere Beschäftigung mit der Patristik und der Kirchengeschichte. In die erste Hälfte des Quattrocento, eine Phase des relativen Friedens und der Ruhe, fällt die Blütezeit der eigentlichen neulateinischen Literatur.[15] Im Frieden von Lodi (1454) gleichen die fünf zuvor genannten italienischen ›Großmächte‹ ihre territorialen Interessen gegeneinander aus und schaffen die *Italia bilanciata*, ein Gleichgewichtssystem, welches dem Land bis zum Einmarsch Karls VIII. (1494) ein halbes Jahrhundert relativen Friedens und Wohlstandes beschert. Italien wird danach abermals für lange Zeit zum Objekt und Schauplatz fremder Interventionen. Die nun ausbrechenden Kriege zwischen Frankreich und dem Haus Habsburg dauern bis 1559.

Der Humanismus stellt ein Bildungsprogramm (s. Kap. IV) dar, das man, wie bereits gesagt, als *studia humanitatis* bezeichnet. Dieser Terminus findet sich bereits bei römischen Autoren wie Cicero und Aulus Gellius (*Noctes atticae* XIII, 17, 1). Wenn die mittelalterlichen *Septem artes* ›liberales‹ genannt wurden, dann zunächst, weil damit kein Verdienst verbunden war und nur ein ›freier‹ Mensch sie ausüben konnte, dann aber allgemein, weil sie den Menschen ›frei‹ machen, ihn aus Unwissenheit und Vorurteil ›befreien‹, und so sehen die Humanisten im Studium die Konstitution des Menschseins schlechthin. Denn nur der Mensch ist zum Studium befähigt, da er als einziges Lebewesen sprechen kann. Die *studia humanitatis* umfassen einen präzisen Kreis von Disziplinen: Grammatik, Rhetorik, Historie und Moralphilosophie – Wissensgebiete, die offensichtlich aus den mittelalterlichen Septem Artes, besonders dem Trivium (Grammatik, Rhetorik, Dialektik), hervorgegangen sind, das in der mittelalterlichen Universitätsausbildung als Propädeutik für jegliches Fachstudium diente. Aber es werden neue Schwerpunkte gesetzt, die auf Rhetorik und Moralphilosophie zielen. Wenn Coluccio Salutati, der 1402 als einer der ersten Begriff und Programm der *studia humanitatis* beschrieben hat, der Rhetorik den Vorrang gegenüber allen anderen *artes* einräumt, die zur Veredelung der Menschen führen, orientiert er sich am ciceronianischen Ideal des Redners (vgl. Müllner), des *homo facundus* (Cicero, *De oratore* 1, 17). Die Humanisten studieren die entsprechenden lateinischen und griechischen Texte, doch sie verfassen auch selbständige Schriften und verknüpfen alle vorgenannten Fächer miteinander.

Um das antike Traditionsgut zu erfassen,[16] bedarf es einer ausgedehnten philologischen Tätigkeit des Sammelns von Kodizes, des Edierens, Kommentierens, Übersetzens und Nachahmens. Nachdem zuerst die italienischen Kloster- und Dombibliotheken durchkämmt wurden, boten die Reformkonzilien auf deutschem Boden (Konstanz, 1414–1418; Basel, 1431–1437–1439) die Gelegenheit, auch dort systematisch zu suchen und das Korpus der im Mittelalter bekannten Autoren um den ganzen Quintilian, acht Reden Ciceros, Lukrez, Tacitus, Ammianus Marcellinus, Valerius Flaccus u.a. zu erweitern. An der Auffindung der einzelnen Autoren nahm die gesamte Gelehrtenrepublik lebhaften Anteil, zumal dem Erfolg oft systematische Forschungsexpeditionen in Klosterbibliotheken vorausgegangen waren. Die Epistolographie (Briefkunst), die die noch nicht existierenden Zeitungen ersetzen mußte, erfuhr einen großen Aufschwung und widmete sich insbesondere textphilologischen Problemen.[17]

Wichtiges Anliegen der Humanisten war die Wiederherstellung des klassisch-lateinischen Stils, denn die Scholastik wurde, nicht zuletzt wegen ihrer sprachlichen Barbarei, abgelehnt. Ihre dialektisch-rationale Frömmigkeit war den Humanisten gleichfalls zuwider; sie stellten die Moralphilosophie ins Zentrum, d.h. die Kunst der Selbsterkenntnis, der Lebensgestaltung und der menschlichen Interaktion. Die Moralistik der Italiener, Spanier und Franzosen in Hochrenaissance und Barock, die im deutschen Raum vor Lichtenberg und Nietzsche kein wirkliches Pendant kennt, kann hieran anknüpfen; Spekulation wird durch Lebenskunde und Pragmatik ersetzt. Die zentrale Stellung des Menschen innerhalb des Universums und die Unsterblichkeit der Seele machen die Würde des Menschen aus. Diese *dignitas hominis* ist ein immer wieder behandeltes Thema. Potentiell hat jeder Mensch diese Würde, doch ihr wirkliches Gewicht hängt von der individuellen und einsamen Anstrengung jedes einzelnen und von seinem Anteil am kontemplativen Leben ab. Die Konzeption des Menschen ist aber nicht nur auf einsame Selbsterfahrung beschränkt, sondern führt auch zu einem Bewußtsein der Solidarität aller Menschen untereinander, das dem Individuum fest umrissene moralische und intellektuelle Verpflichtungen auferlegt. Das Christentum gilt zwar als vollkommenste Religion, aber gerade auch die Vielfalt der Religionen trägt zur Schönheit des Universums bei. Alle religiösen und philosophischen Traditionen haben Anteil an einer universalen Wahrheit. Heidnische, jüdische und christliche Theologie und Philosophie stehen nicht in Gegensatz zueinander. Plato und Aristoteles, Avicenna und Averroës, Thomas von Aquin und Duns Scotus haben nur unterschiedliche Einsichten in die eine und gleiche Wahrheit gehabt. Der Mensch erweist sich als Mensch, wenn er sich um diese Wahrheit bemüht. Sie muß ihn dazu führen, die anderen Menschen zu lieben, denn Liebe und Anziehung sind einigende Kräfte des Universums. Der Humanismus postuliert die Ebenbürtigkeit der Menschen.

Neben einer umfangreichen philosophisch-historischen Traktatistik (Fachschrifttum in Traktatform) gibt es in Italien eine ausgedehnte neulateinische Dichtung.[18] Sie ist gelehrte Dichtung, da sie sich formal und inhaltlich an antike Muster anlehnt und in der Sprache einer geistigen Elite verfaßt ist. Sie ist stärker als jede andere Literatur ›Gelegenheitsdichtung‹, da die Kunst der Dichter sich nicht in schöpferischer Kraft und im Ausdruck persönlicher Empfindungen, sondern in der Variation stereotyper Themen begründet. Die Metrik ist, wie in der Antike, quantitierend (silbenzählend). Hexameter, elegisches Distichon und die horazischen Odenmaße sind die verbreitetsten Formen. Rhythmus und Reim, die die mittellateinische Dichtung bereits kennt, werden vermieden. Kennzeichnend ist, daß diese Literatur keine Entwicklung durchläuft. Schon bei Petrarca sind alle wichtigen Themen und Formen vor- und ausgebildet. Das Hauptfeld gehört der Lyrik, der weltlichen wie der geistlichen. Hervorragendes wird in der Liebesdichtung nach dem Muster der lateinischen Elegiker Catull, Tibull und Properz geleistet. Giovanni Gioviano Pontano (um 1422–1503), Antonio Urceo Codro (1446–1500), Michele Marullo (um 1453–1500), Angelo Poliziano und Basinio Basini da Parma (1425–1457) sind die bedeutendsten Dichter.[19] Aber auch Epen – man denke an Petrarcas *Africa* (Thema sind die Punischen Kriege), Jacopo Sannazaros *De partu Virginis* oder die *Christias* Marco Girolamo Vidas (um 1485–1566) –, Lehrgedichte (hier ist Girolamo Fracastoros [1478–1553] *Syphilis* das bekannteste) und Dramen (Albertino Mussatos *Ecerinis* über den grausamen Ghibellinenführer Ezzelino da Romano) werden gepflegt.

Die Fürstenhöfe, an denen sich mehrheitlich das kulturelle Leben konzentriert, bieten einer großen Schar von Humanisten berufliche Möglichkeiten als Sekretär, Gesellschafter, Erzieher oder Professor, als Historiograph, Dichter oder Spaßmacher, schaffen aber auch ein enges Klima der Abhängigkeit vom jeweiligen Mäzen, der die Bezahlung einstellt oder das Hofamt, die materielle Basis der Leute aus der Umgebung des Fürsten, wieder entzieht, wenn er mit dem Gebotenen nicht zufrieden ist. Hinzu tritt die Rivalität zu den Mitbewerbern, die den schwer erkämpften Platz streitig machen. So werden die Abhängigkeit von Gönnern, der Kampf um die materielle Existenzsicherung, der Tadel der Rivalen und Neider, das Lob des Herrn, häufige Ortsveränderungen zu den ausschließlichen Gegenständen (›Gelegenheiten‹) dieser Dichtung, die nur wenige Lebensbereiche kennt: den Herrn, seine Familie und seine Freunde sowie die herausragenden Vorkommnisse ihres Lebens (Liebe, Heirat, Geburt, Krieg, Krankheit, Tod usw.), ferner die Beschimpfung der Rivalen und Konkurrenten, häufig des ganzen Zeitalters, denen geistige und sittliche Korruption vorgeworfen werden, das eigene Schicksal, die materielle Not, das Heimweh und der Abschiedsschmerz. Hieraus resultieren die Kategorien des Enkomiastischen (Lobpreis), Skoptischen (Verspottung) oder Satirischen und Komischen, die sich in den entsprechenden Formen niederschlagen. Es leuchtet ein, daß derartigen Themen keine weite Ausstrahlung und kein dauerhaftes Interesse beschieden sein konnten.

Der aus Italien kommende lateinische Renaissance-Humanismus hat, trotz seiner relativen Episodenhaftigkeit, Europa dennoch langfristig geprägt, denn ohne ihn gäbe es wohl kaum jene bereits zitierte »découverte de l'homme et du monde«, von der Michelet spricht. Im engeren Sinne betrachtet ist diese Richtung literarästhetisch eher unergiebig, und so ist es kaum verwunderlich, daß der Humanismus schon bald seinen Zenit überschritten hat. In der zweiten Hälfte des Quattrocento gewinnt das volkstümliche Element, die *letteratura popolareggiante*, in gattungsmäßig wie thematisch höchst unterschiedlicher Form an Boden: Sagenhafte Riesen, plumpe Bauern und verträumte Hirten werden die Protagonisten von Ritterepen, Pastoraldramen, Bänkelsang und Burleske. Man denke an Luigi

Pulcis (1432–1484) *Morgante*, Matteo Maria Boiardos (1441–1494) *Orlando innamorato*, Iacopo Sannazaros *Arcadia*, die Dichtungen Lorenzo de' Medicis oder Angelo Polizianos. Feste und Feiern wie Turniere, Karnevalsumzüge oder Maiparaden liefern die Vorwände. Diese neue volkssprachliche Dichtung will sich thematisch befreien, sie drängt in die Weite und erschließt sich das Erdverbundene, Natürliche, Ungestüme, Pulsierende und Wuchernde, doch sie zwingt es in die überkommenen Formen des Endecasillabo, der Ottava rima, des Sonetts oder der Terzine. Vielleicht ist dies ein Zeichen einer unter der Oberfläche brodelnden Unruhe, die sich schon bald in dem Wunsch nach Erneuerung und Reform Bahn brechen wird. Man kann darin aber auch Flucht aus der Realität sehen, in der die ökonomischen und politischen Probleme immer drückender werden. Hirtendichtung zumal ist stets ein Zeichen von Evasion und Eskapismus (vgl. Kapp, S. 88–115).

Wenn die Späteren wie Voltaire das Florenz der Mediceer als das dritte goldene Zeitalter nach Athen und Rom verherrlichen, so entspricht dieses positive Bild nur oberflächlich der Wahrheit. Italien ist zwar im Quattrocento die führende Kulturnation, aber zugleich das politisch zerrissenste Land des Kontinents, ein dauernder Krisenherd, der immer wieder fremde Großmächte zu Intervention und Einmischung herausfordert. Nur solange die größten Staatengebilde des Landes einig sind, hat dieses labile Gleichgewicht Bestand. Als die Bündnisse wechseln, gewinnen Frankreich und Spanien-Habsburg die Oberhand, und die Reformation wird das ihre tun, um Italien noch weiter zu schwächen: Italien, dessen Vielstaatigkeit bis zum 19. Jh. erhalten bleibt, wird in der europäischen Politik nur eine nachgeordnete politische Rolle spielen. In der Zeit des Humanismus aber hat dieses kleine Land in kurzer Zeit und in gedrängter Form eine erstaunliche Fülle geistiger Impulse ausgestrahlt. Nie wieder tut sich in der Geistesgeschichte eine gleich große Kluft zwischen politischer Ohnmacht und intellektueller Stärke auf.

Ohne die politische Krise des ausgehenden Mittelalters hätte sich aber die Sehnsucht nach politischer Wiedergeburt kaum auf alle Lebensbereiche ausgedehnt. Die Auswirkungen dieser Krise sind bekannt:

- die Schwächung des Kaisertums und die Infragestellung seiner universellen Ordnungsfunktion;
- die ›babylonische Gefangenschaft‹ der Kirche, die zum Spielball fremder Mächte wird und wegen ihrer Korruption ihr moralisches Ansehen verliert;
- die Entstehung der Signorien, die die plebiszitären oder schon demokratischen Kommunalordnungen durch die Gewaltherrschaft einzelner Potentaten ersetzen;

- demographische Einbrüche nach der großen Pest von 1348 mit wirtschaftlicher Stagnation und Produktivitätsrückgang im Gefolge;
- die Krise der Scholastik, die die Einheit von Wissen und Glauben grundsätzlich anzweifelt.

Renaissance und Humanismus in Frankreich

Der Renaissancehumanismus wird häufig als eine ausschließlich italienische Angelegenheit betrachtet und mit dem Quattrocento, dem 15. Jh., deckungsgleich gesetzt. Zwar übernimmt Italien in dieser Epoche, wie wir sahen (S. 11f.), in Kunst und Wissenschaft die Führung in Europa, auch stellt der Humanismus zunächst eine genuine intellektuelle Leistung der Italiener dar, die sich bis heute mit ihrem Namen verbindet, aber es gibt auch in den nördlichen und östlichen Ländern Europas (vor allem Deutschland, Niederlande, England, Skandinavien, Polen, Ungarn, Kroatien) einen Humanismus, der eng mit der Reformation verbunden ist. Frankreich nimmt dabei eine Zwischenstellung ein (vgl. Chastel-Klein; Renaudet; Yates). Es ist ein unmittelbarer Nachbar Italiens, wobei die Stadt Lyon, die Stadt der Seidenweber und der Drucker, in der es seit alters eine starke und lebendige italienische Kolonie gab, zur Drehscheibe und zum Angelpunkt der italienisch-französischen Kulturvermittlung wird.[20] Neuere Forschungen haben aber auch die Bedeutung Avignons herausgestellt, wo die Kurie von 1309–76 während der ›babylonischen Gefangenschaft der Kirche‹ residiert. »Cosí, per le vie piú diverse, la civiltà italiana s'irradiava in Francia attraverso Avignone« (vgl. Simone, S. 42). Mag auch Simone die Bedeutung der Italienkriege für die französische Renaissancekultur für einen Mythos der romantischen Historiographie halten,[21] jede monokausale Erklärung greift zu kurz. Die Zeitgenossen selbst erkannten sicherlich noch nicht die Bedeutung dieser Art von Kulturvermittlung, deren Folgen sich erst im Laufe einiger Jahre erweisen sollten.

Die Auseinandersetzung Frankreichs mit dem Haus Habsburg entlädt sich meist auf italienischem Boden, da Italien immer noch der Ort der Kaiserkrönung ist und nicht zuletzt aus ideologischen Gründen in den Blickpunkt der Franzosen rückt. 1494 beginnen die Italienkriege, die erst 1559 im Frieden von Cateau-Cambrésis einen Abschluß finden. Wenn Frankreich auch nicht als Sieger aus diesem Ringen um die Vorherrschaft in Italien und damit in Europa hervorgeht, kommt es doch mit der italienischen Renaissancekultur in Berührung und lernt von den italienischen Nachbarn in allen Lebensbereichen. Das Jahrhundert endet mit dem Edikt von Nantes (1598), das die seit 1562 wütenden Religionskriege beschließt und für fast ein Jahrhundert einen Ausgleich zwischen Katholiken und Protestanten (Hugenotten) herstellt.

Aber bei allen Gemeinsamkeiten sind die Unterschiede zwischen der Renaissance in Italien und Frankreich unübersehbar. Der niederländische Kulturphilosoph Johan Huizinga hat 1924 (*Herbst des Mittelalters*) und 1930 (*Probleme der Renaissance*) für eine differenzierte Behandlung der europäischen Renaissance plädiert:

> Betrachtet man das italienische Quattrocento in seinem erhebenden Gegensatz zum spätmittelalterlichen Leben anderswo, dann empfindet man dieses Jahrhundert als ein Zeitalter des Ebenmaßes, der Heiterkeit und der Freiheit, rein und klangvoll. Den Zusammenhang dieser Eigenschaften hält man für Renaissance und sieht in ihnen wohl auch die Signatur des neuen Geistes. [...]
> Überschaut man dagegen mit einem Blick die französisch-burgundische Welt des fünfzehnten Jahrhunderts, dann ist der Haupteindruck: düstere Grundstimmung, barbarische Pracht, bizarre und überladene Formen, eine fadenscheinig gewordene Phantasie – alles Kennzeichen des mittelalterlichen Geistes in seinem Niedergang. Diesmal vergißt man, daß auch die Renaissance allerwärts heraufzieht; nur dominiert sie noch nicht, sie hat hier die Grundstimmung noch nicht gewandelt. (Huizinga, *Herbst des Mittelalters*, S. 462–463)

[handschriftliche Randnotiz: Renaissance in Italien vs. in Frankreich]

Auf Frankreich bezogen bedeutet diese Differenzierung die Anerkennung nationaler Komponenten, nicht zuletzt im kirchlichen Bereich, wo es keinen unmittelbaren Anlaß zum Streit mit Rom gab wie etwa in Deutschland, da die politischen Möglichkeiten der französischen Kirche vergleichsweise eingeschränkt waren. Auch die Nationalgeschichte und die Volkssprache wurden, vielleicht in Abgrenzung gegen das ›Heilige Römische Reich Deutscher Nation‹, aufgewertet und hochgeschätzt, und zwar bereits recht früh. Zwar gibt es auch in Frankreich eine Hinwendung zur Antike, zu den *studia humanitatis*, die den Menschen erst zu seelischer und geistiger Vollkommenheit gelangen lassen, und hier sind insbesondere die Namen Guillaume Budé (1468–1540), der in *De Asse* übrigens auch den Begriff ›Philologie‹ prägt, weiterhin Joachim Du Bellay (1522–1560), Louis Leroy (ca. 1510–1577), Clément Marot (1496–1544), François Rabelais (ca. 1494–1553), Pierre de Ronsard (1524/25–1585) u.a. zu nennen. Für sie ist der Bezug zur antiken Literatur Voraussetzung für die Erneuerung der Künste und Wissenschaften sowie der Befreiung von mittelalterlich-gotischer Barbarei, Finsternis und Unwissenheit.

Die Überzeugung vom Wert der eigenen Sprache entsteht zunächst in Frontstellung gegen das Italienische. Während Jean Lemaire de Belges in der *Concorde des deux langaiges* (1511) nur die Gleichwertigkeit beider Idiome konstatiert, will Henri Estienne im *Proiect du livre intitulé De la precellence du langage françois* (1579) bereits die Überlegenheit des Französischen beweisen, was das rasch gestiegene Selbstbewußtsein der Franzosen belegt. War man zu Anfang bei Petrarca, Machiavelli und Castiglione noch in die Lehre gegangen, hatte dort Liebeslyrik, politische Theorie und höfischen Anstand gelernt, so gibt es am Ende des Jahrhunderts aus französischer Sicht kaum mehr einen Grund, Italiener nachzuahmen oder zu übersetzen. Zu diesem Zeitpunkt haben auch die zu Beginn des Jahrhunderts noch bedeutsamen Regionalsprachen und Dialekte, vor allem das Okzitanische, an Bedeutung verloren und ist der Königshof in Paris als kulturelles Zentrum anerkannt, das zusammen mit der Autorität guter Schriftsteller für einen *bon usage* verantwortlich zeichnet. Der eigentliche Konkurrent des Französischen ist dennoch das Latein, das durch die von Franz I. 1539 erlassene *Ordonnance de Villers-Cotterêts* als Sprache der Gerichtsbarkeit abgeschafft und somit in die Rolle der Gelehrten-, Universitäts- und Kirchensprache zurückgedrängt wird. Die Reformation tut ein übriges, um die Volkssprache zu fördern, die als sog. Mittelfranzösisch zwar zwischen dem Altfranzösischen des Mittelalters und dem Neufranzösischen in der Ausprägung der Klassik (ab 1600) eine Übergangsstellung einnimmt, aber aufgrund der sprachlichen Reformen und Normierungen bereits stärker zur Neuzeit hin tendiert (wichtig ist auch der Fortfall des Zweicasussystems im Mittelfranzösischen). Wenngleich der Universitätsunterricht bis ins 18. Jh. lateinisch bleibt, dozieren einige Lehrer am Collège Royal, und das ist richtungsweisend, auf französisch, und in der Wissenschaft, vor allem den Gebieten mit praktischen Bezügen (Chirurgie, Mathematik, Astronomie, Architektur, Vermessungslehre, Militärwesen usw.) entstehen französische Veröffentlichungen (s. Kap. IV).

Unter den Befürwortern der Volkssprache finden sich namhafte Buchdrucker, die vielfach der Reformation nahestehen, wie Etienne Dolet (1509–1546), Geoffroy Tory (um 1480–1533) oder Henri Estienne (um 1531–1598). Sie sind an der Verbreitung französischer Druckschriften auch aus kommerziellen Gründen interessiert und tragen maßgeblich zu jener Normierung und Vereinheitlichung von Orthographie und Grammatik des Französischen bei, die eine wesentliche Voraussetzung für die Verbreitung der Volkssprache bilden. Ohne den Buchdruck, dessen Erfindung nicht minder revolutionär ist als heute die Datenverarbeitung, hätte es keinen Humanismus und keine Reformation gegeben. Sind 1501 erst 8% aller in Frankreich gedruckten Bücher (7 von 88 Titeln) französisch, steigt diese Zahl 1528 auf 14% (37 von 267), um 1549 21% (69 von 332) und 1585 55% (245 von 445) zu erreichen. Als 1549 Du Bellays für die weitere sprachliche und literarische Entwicklung richtungsweisender Traktat *Deffence et Illustration de la langue françoyse* erscheint, ist das Französische gefestigt und bereits allgemein als Verwaltungs- und Literatursprache anerkannt. Anzumerken ist auch, daß es eine intensive Übersetzungstätigkeit aus dem Lateinischen, Griechischen und Italienischen gibt. Während in Deutschland in erster Linie die Reformation dazu beitrug, das allgemeine

Bildungsniveau zu heben, will die französische Monarchie ein alphabetisiertes Volk, weil ihre Vertreter bereits früh erkennen, daß ein einheitliches Französisch und eine wie auch immer geartete rudimentäre Bildung zur Stärkung der Nation beitragen. So werden fast alle wichtigen Klassiker aus den drei genannten Sprachen Latein, Griechisch und Italienisch mindestens ein- bis zweimal ins Französische übersetzt. Neuplatonisches Gedankengut wird rezipiert, die wichtigsten innovativen Gattungen, die die Lateiner und Italiener pflegen, werden imitiert und vervollkommnet (s. Kap. III). Natürlich ist auch der Kalvinismus volkssprachlich orientiert (s. Kap. V), wie man an Calvins Hauptwerk, der *Institutio christianae religionis* (1536; definitive Fassung 1559) sieht, die schon wenig später (1541) ins Französische übertragen wird. Aber die Reformation kann sich auf Dauer nicht in Frankreich behaupten und hat zunächst mehr Einfluß auf die Adligen als auf das städtische Bürgertum oder die ländliche Bevölkerung ausgeübt.

Waren die bisher lateinisch oder in der Volkssprache schreibenden Autoren eher Einzelerscheinungen, so ist die Pléiade, die sich um die Mitte des 16. Jh.s konstituiert (s. Kap. IV und VII), die erste französische Dichtergruppe mit einem präzisen literarischen Programm und festgefügter hierarchischer Struktur. Ihr Name leitet sich von einem Siebengestirn her (es handelt sich um die Töchter des Atlas), weckt aber auch Reminiszenzen an eine gleichnamige Gruppe von Tragödiendichtern in Alexandria zur Zeit des Ptolemaios Philadelphos (3. Jh. v. Chr.). Die Pléiade wird von zwei Männern getragen, dem Theoretiker Joachim Du Bellay und dem Organisator und Dichtergenie Pierre Ronsard, dessen von großem Talent und unerschöpflicher Inspiration geprägtes Gesamtwerk schon bald die Dichtungen der anderen Mitglieder in den Schatten stellt. Der Zusammenschluß der Gruppe erfolgt 1553 anläßlich der Aufführung von Étienne Jodelles (1532–1573) Tragödie *Cléopâtre captive* vor König Heinrich II. im Hôtel de Reims in Paris. Im Rahmen der Großgruppe ist dann Platz für einen inneren Kreis von sieben Auserwählten, deren Zusammensetzung wechseln kann und wechselt. Ronsards Ziel ist es zunächst, alles Mittelalterliche in der französischen Literatur zu tilgen, das beispielsweise bei den Marotiques und den Rhétoriqueurs, den vorangehenden Dichterschulen (s. Kap. VII), noch eine große Rolle gespielt hatte. Diese Dichter liebten komplizierte Wortspiele, Rätsel, volkstümliche Elemente, wie das folgende Scherzgedicht von Jean Molinet (1435–1507) nachdrücklich unterstreicht:

> Royal raincel, reverente royne,
> Rose rendant riche resjoïssance,
> Redifie reparable ruyne,
> Romps rancune, ramaine recreance,
> Riant rubis, rouge resplendissance,
> Reboutte roit, rihoteuse rudesse;

Pléiade

Rutillant rays, robuste recouvrance,
Restraings rigueur, resuscite radesse.
(Molinet, *Le Chappelet des Dames*, zit. nach Berthelot/ Cornilliat, S. 208)

Rameau royal révérente reine,
Rose qui procure riche réjouissance,
Reconstruis les ruines réparables,
Romps la rancune, procure un répit,
Riant rubis, splendeur rouge,
Chasse la rudesse âpre et querelleuse;
Rayon rutilant, robuste délivrance,
Restreins la rigueur, ressuscite la vigueur.
(Übers. von A. Berthelot, ebd.)

Derartige Spielereien werden jetzt obsolet. Ronsard gibt die mittelalterlichen Gattungen, Formen und Inhalte zugunsten antiker und italienischer Vorbilder wie Ode (die komplizierte pindarische, nicht die horazische), Elegie, Hymne und Sonett auf. Das von allen anerkannte Prinzip der *imitatio* erlaubt nicht nur die Übernahme fremder Vorbilder, sondern fordert sie geradezu. Die panegyrische Gelegenheits- und Hofdichtung nach griechischem und römischem Vorbild und die neuplatonische petrarkistische Amordichtung bilden den wichtigsten Inhalt der Dichtungen der Pléiade. Sie wird zur Vollenderin des französischen Humanismus, verschmilzt Antikes und Italienisches und setzt es kongenial in die eigene Nationalsprache um. Dieses Konzept ist ausführlich in Du Bellays Manifest *Deffence et illustration de la langue françoise* (1549) zusammengefaßt, dessen Thesen Ronsard und die übrigen Pléiade-Mitglieder teilen und dichterisch umsetzen:

> Se compose donc celui qui voudra enrichir sa langue à l'imitation des meilleurs auteurs grecs et latins: et à toutes leurs plus grandes vertus, comme à un certain but, dirige la pointe de son style. Car il n'y a point de doute que la plus grande part de l'artifice ne soit contenue en l'imitation, et tout ainsi que ce fut le plus louable aux anciens de bien inventer, aussi est-ce le plus utile de bien imiter, même à ceux dont la langue n'est encore bien copieuse et riche. Mais entende celui qui voudra imiter, que ce n'est chose facile de bien suivre les vertus d'un bon auteur, et quasi comme se transformer en lui, vu que la nature même aux choses qui paraissent très semblables n'a su tant faire que par quelque note et différence elles ne puissent être discernées. (Du Bellay, *Deffence* I, Kap. 8, ed. de Sacy, S. 216)

Zur Entstehung einer nennenswerten und mit der auf italienischem Boden blühenden vergleichbaren neulateinischen Literatur ist es in Frankreich jedoch nicht gekommen.[22] Neben den politischen Gründen, die bereits genannt wurden, könnte auch ursächlich sein, daß die Franzosen mit der italienischen Renaissance erst dann in Kontakt traten, als sich der Ciceronianismus bereits im Abklingen befand und durch einen volkssprachlichen Humanismus ersetzt wurde. Auch entfaltete die traditionelle Vorstellung von der *translatio sapientiae* (Wanderung des Wissens von Ost nach West), die den Deutschen zwar das Reich, aber nicht die Kultur zugestand, welche den Franzosen gehören und französisch sein sollte, ihre Wirkung (*Franz. Mittelalter* Kap. I, S. 14f.). Angesichts ihrer politischen Ohnmacht gelang es den Franzosen mit dieser ›Translationstheorie‹, sich neben den Deutschen zu behaupten und den Grundstein für die Überlegenheit ihrer Sprache und Kultur zu legen, die vom 17. bis 19. Jh. von niemandem mehr in Zweifel gezogen wird:

> Dessus le Nil jadis fut la science
> Puis en Grece elle alla,
> Rome depuis en eut l'experience,
> Paris maintenant l'a.
> (Ronsard, Ode III, 20, in: *Œuvres complètes*, ed. G. Cohen, Pléiade I, 514)

Und letztendlich gilt, daß das Italienische dem Lateinischen näher steht als das Französische und seit Dantes Schrift *De vulgari eloquentia*, dem ersten Schlüsselwerk der bereits angesprochenen *Questione della lingua*, als, um es linguistisch auszudrücken, Varietät des Lateins, der *grammatica*, galt. Ideologisch gesehen bestand aus der Sicht der Italiener demnach lange Zeit kein fundamentaler Unterschied mehr dazwischen, ob jemand lateinisch oder italienisch schrieb. So sind die speziellen Bedingungen des französischen Humanismus von denen in Italien sehr unterschieden; Deutschland geht wegen der Reformation ohnehin einen ›Sonderweg‹.

Der Übergang vom Mittelalter zur Renaissance erfolgte in Frankreich weniger abrupt, als man gemeinhin annimmt. Seit 1100 pflegten die Kathedralschulen von Chartres und Orléans systematisch römisches Geisteserbe, was eine eigenständige Rhetoriktradition begründete, die später von italienischen wie französischen Humanisten genutzt werden konnte. Bereits zur Zeit Karls V. im späten 14. Jh. läßt sich bei Nicole Oresme (um 1322–1382), Jean de Montreuil (1354–1418), Nicolas de Clamanges (um 1363–1437) u.a. eine Tradition der *studia humanitatis* beobachten, die die italienische antizipiert.[23] Sie wird sich immer mehr festigen und ist im letzten Drittel des 15. Jh.s mit Guillaume Fichet (um 1433–1479/80), der 1469/70 an der Sorbonne die erste Druckerpresse Frankreichs installiert, aber auch mit Robert Gaguin (1433–1501), dem Lehrer des Erasmus und bedeutenden Philologen und Historiker, voll ausgeprägt. Jacques Lefèvre d'Étaples (Mitte 15. Jh. –1536) wird unter dem Einfluß des Katalanen Raimundus Lullus, der eine Synthese von Mystik und Rationalität entwickelt hatte, zum Hauptvertreter eines christlichen Humanismus, der aristotelische Scholastik mit dem in der Florentiner Akademie des Arztes Marsilio Ficino rezipierten Neuplatonismus (s. Kap. III) versöhnen möchte.

Große Verdienste um die Einbürgerung der *studia humanitatis* in Frankreich erwirbt sich auch Guillaume Budé (1467–1540),[24] dessen Pan-

dektenkommentar – die Pandekten oder Digesten sind die wichtigsten zivil-
rechtlichen Bestimmungen des römischen Rechts – *Adnotationes ad Pan-
dectes* (1508) diesem bedeutenden Rechtssystem in Frankreich eine Heim-
statt schafft; der mit seiner Untersuchung zu römischen Maßen und
Münzen mit dem Titel *De Asse* (1514) die Altertumswissenschaften aus der
Taufe hebt und mit den *Commentarii linguae graecae* (1529) die klassische
Philologie begründet. In *De philologia* (1532) schließlich zeigt er, daß die
Philologie nicht nur eine gelehrte Spezialwissenschaft ist, sondern der All-
gemeinbildung dient und damit zur Stärkung von Moral und Ethik der
Menschen beiträgt. Auf seinen Vorschlag hin stiftet Franz I. gegen den
Widerstand der traditionalistischen Pariser Universität, der Sorbonne, 1530
königliche Lektorate für Latein, Griechisch, Hebräisch, Mathematik und
Naturwissenschaften.[25] Aus diesen Lektoraten geht später das Collège
Royal hervor, das noch heute als Collège de France fortlebt. Hiermit ist eine
Institution geschaffen, welche neuen Ideen gegenüber aufgeschlossen ist
und die italienische Renaissancekultur zunächst bei Hof und dann im
ganzen Land heimisch macht (s. Kap. IV). Étienne Pasquier (1529–1615)
nannte den Collège Royal später ein »Gebäude aus Männern«, das stärker
sei als ein steinerner Bau. Seine Professoren wagten es, die Heilige Schrift
zum Gegenstand ihrer Vorlesungen zu machen, während gleichzeitig die
Sorbonne zwei ihrer Lehrsätze, nämlich daß man die Bibel ohne Kenntnis
des Griechischen und Hebräischen nicht richtig verstehen und auslegen
könnte, für häretisch erklärte (vgl. Suchanek-Fröhlich, S. 328f.). Somit war
die erste Lehranstalt geschaffen, die das Bildungsmonopol der Kirche brach
und, modern gesprochen, die ›Freiheit von Forschung und Lehre‹ ver-
kündete.

   Kein anderer Humanist hat jedoch in Frankreich solchen Einfluß ausgeübt wie der aus Rotterdam stammende Desiderius Erasmus (um
1469–1536), in dessen Bann die erste französische Humanisten- und
Schriftstellergeneration steht (Clément Marot, François Rabelais, Marguerite de Navarre, Bonaventure des Périers u.a.). Bereits sein Studium in den
Niederlanden und Paris, seine Reisen nach England und Italien, seine Lehr-
tätigkeit in Cambridge, Antwerpen, Basel, Löwen und Freiburg weisen ihn
als Weltbürger aus, dessen umfangreicher Briefwechsel die Verbindung zu
einer internationalen Gelehrtenrepublik aufrechterhält, deren geistiges
Oberhaupt er ist. Sein Leben lang strebt er nach der Synthese von Antike
und Christentum, tritt für den rechten Gebrauch der Vernunft ein und erschließt in Editionen und Handbüchern das Wissen der Alten. Erasmus ist
Theologe und Bibelphilologe, Philosoph, Pädagoge und Literat in einem
und hat in jeder Sparte vielbeachtete Werke hinterlassen. Als Pazifist und
Gegner jeglichen Fanatismus glaubt er an das Gute im Menschen, der nur
richtig erzogen werden müsse. Bis zuletzt bleibt er zwar dem alten Glauben

treu, obwohl er die Reformbedürftigkeit der katholischen Kirche nicht verkennt. Seine unzeremonielle, rationalistisch-moralistische Religiosität übt zwar bis weit ins 18. Jh. hinein in Frankreich wie Europa eine große Faszination aus, aber das erasmianische Modell des lateinisch schreibenden, international orientierten und reformatorisch gesonnenen *uomo universale* hat sich in Frankreich auf Dauer nicht durchgesetzt (*Érasme*, S. I–XIV).

Wir können an dem bis hierher Geschilderten zwei Tendenzen ablesen: Es gibt in Frankreich ausgezeichnete Vorbedingungen für eine Rezeption des italienischen Humanismus, der sich vielfach nahtlos mit bodenständigen Traditionen verbinden kann. Zunächst verläuft die Entwicklung ähnlich wie in Italien: Das Studium antiker Texte steht im Zentrum schriftstellerischer Betätigung, und es sieht so aus, als ob es eine umfangreiche Literatur in lateinischer Sprache geben würde. Aber nach 1530 wendet sich das Blatt; in der Auseinandersetzung mit Habsburg und Rom wird die eigene Kultur über die fremde gestellt. Die Franzosen wollen das römische Erbe jetzt nicht mehr nachahmen, sondern übertreffen. Vielleicht spielt dabei auch die Einsicht eine Rolle, daß Italien als Ort von *sacerdotium*, *imperium* und *litterae* (Papsttum, Krönungsort der deutschen Kaiser, Zentrum der antiken lateinischen Kultur) nicht wirklich nachzuahmen ist. Auch bleibt der Humanismus in Frankreich eine Sache einzelner Gelehrter, während in Italien Fürsten, Adlige und Bürger im Verein den neuen Idealen huldigen. Hätten sich nicht König Franz I. und seine gebildete Schwester Marguerite de Navarra (1492–1549) für die neue Richtung eingesetzt, hätte diese nur geringe Erfolgsaussichten gehabt.

Die Selbsteinschätzung der französischen Humanisten

Von den Italienern übernahmen bereits die französischen Frühhumanisten des 15. Jh.s die Abwertung des Mittelalters als Zeit der Finsternis und die Stilisierung ihrer eigenen Zeit zur Epoche der Wiedergeburt.[26] Jean Despautère (um 1460–1520) spricht in seiner *Ars versificatoria* von einer tausendjährigen Phase der Dekadenz, die von Petrarca überwunden worden sei; ähnlich argumentieren Nicolas de Clémanges, Robert Gaguin und andere Dichter wie Marot, Du Bellay und Ronsard, und Guy (Gui) Le Fèvre de la Boderie (1541–1598) wertet alles Mittelalterliche mit der Metapher des »monstre ignorance« ab. Le Fèvre de la Boderie erkennt die französische Dankesschuld gegenüber Italien an. Italienische Kunst und Wissenschaft hätten auch in Frankreich zu einem großen Aufschwung geführt:

Aussi le cercle rond de la neceßité
Icy premierement nous a resuscité
La pureté des Arts, et bany l'ignorance
Par la fleur des Esprits florissants à Florence, [...]
Je vous salue Esprits clairs et divins flambeaux,
Qui avez esclairé dans les mortels tombeaux
Des corps grossiers obscurs, et chassé de la France
Le monstre tenebreux de l'aveugle Ignorance [...]
(Le Fèvre de la Boderie, *La Galliade*, Paris 1578, S. 19 u. 32, zit. nach Voss, *Das Mittelalter*, S. 27f. Anm. 24)

Der Kulturzustand der Zwischenzeit zwischen Antike und eigener Gegenwart wird als barbarisch, gotisch, finster, unwissend und lächerlich bezeichnet. Diese Zeit des Obskurantismus habe seit dem Beginn der Gotenherrschaft bis zum Fall Konstantinopels 1453 gedauert. So kann Franz I. als »restaurateur (oder père) des lettres« gefeiert werden. Louis Leroy (um 1510–1577) faßt in *De la vicissitude et varieté des choses en l'univers et concurrence des armes et des lettres* (1576) sein Verdikt über das Mittelalter wie folgt zusammen:

Alors fut perdue l'elegance et purité de la langue latine: delaisans les Italiens à parler Latin. Ensemble les disciplines qui y estoient ecrittes vindrent en mespris et ignorance, et tous ars liberaux et mecaniques furent corrompus: comme il est facile de juger par les ouvrages de diverses sortes restant de ce temps. Et iaçoit qu'en ces entrefaicts soient advenus de grands cas et merveilles estranges: Toutesfois ne sont rencontrez gens qui les recueillissent diligemment ou escrivissent dignement: ains est demouré le tout ou ensevely en tenebres d'ignorance, ou envelopé de confusion, ou depravé par Barbarie, qui a duré en Europe environ mil ans. (Leroy, *De la vicissitude*, Paris 1576, S. 159, zit. nach Voss, *Das Mittelalter*, S. 28 Anm. 25; leicht revidierter Text)

Ein anschaulicher Katalog humanistischer Werturteile findet sich in den *Portraits et vies des hommes illustres* (1584) des Polyliteraten André Thevet (1502–1590). Die Barbaren hätten die Weisheit der Antike zwar verschüttet, sie jedoch nicht für immer begraben können, denn jetzt sei ein Zeitalter ihres Wiedererwachens angebrochen:

Encores que l'iniure et ennuie du temps passé, captif soubz la dure et austère domination des nations barbares, nous ayt obscurcy la meilleure et plus saine partie des richesses antiques, [...], et au lieu d'icelles introduit une obscure et ridicule barbarie; toutesfois encor' l'ignorance n'a eu ce pouuoir de supprimer entierement le lustre et perfection de la vertu et rare Philosophie. Car quoy qu'assez longuement les autheurs anciens ayent esté enseueliz au tombeau d'oubliance entre les desolations et ruynes, si est-ce que finalement se sont reueillez d'un si profond sommeil, ont quicté leur demeure moisie et reuiuent pour le present en plus grand-d'vogue, que jamais ne feirent. (Thevet, *Portraits et vies des hommes illustres*, Paris 1584, S. 90f., zit. nach Voss, *Das Mittelalter*, S. 103)

Um die Mitte des 16. Jh.s entwickelt sich jedoch als Reaktion auf die übertriebene Verehrung der griechischen und römischen Antike und der Überheblichkeit der italienischen Humanisten unter den französischen Gelehrten ein erwachendes Nationalgefühl. Die eigene Muttersprache wird in den Traktaten von Robert Estienne (1503–1559) und Joachim Du Bellay als gleichrangig neben Griechisch, Lateinisch und Italienisch propagiert. Das Bemühen, den Italienern ebenbürtig zu sein, läßt die Franzosen nach den Ursprüngen und der Vergangenheit ihres Volkes, ihrer Sprache, ihres Königtums und ihrer politischen Institutionen forschen und dabei die keltische Vergangenheit entdecken und feiern. Die durch die Reformation aufgeworfenen religiösen Probleme verstärken ebenfalls die historischen Interessen. Erwachsender Nationalismus und Protestantismus verweisen unmittelbar auf die eigenen Wurzeln zurück. Gleichzeitig wird die allein auf dem Gebiet des römischen Rechts erprobte historische Methode unter dem Einfluß von Jacques Cujas (1520–1590) und F. Baudouin auf das französische Recht und die französische Geschichte angewandt. Etienne Pasquier, Verfasser der 1560 erschienenen und immer wieder aufgelegten *Recherches de la France*, vertritt ausgemacht anti-italienische Positionen und beschuldigt die Nachbarn, ihre militärischen und politischen Minderwertigkeitsgefühle über einen kulturellen Führungsanspruch abzureagieren:

> [...] ç'a esté seulement pour penser venger par leurs escrits et traicts de plume, nos braves traicts d'armes et proüesses, et attenuër les victoires que l'Italie, depuis le declin de l'Empire, c'est à dire, depuis huit ou neuf cens ans en çà, estand foulee des estrangers, ait esté remise sus, que par nostre moyen [...]. (Pasquier, *Les Recherches*, ed. Fragonard/ Roudaut, S. 265)

So finden sich nach der Jahrhundertmitte durchaus positive Bewertungen der gotischen Baukunst durch Philibert de l'Orme (*De l'architecture*, Paris 1567, S. 107b),[27] und Étienne Pasquier lobt in einem nicht datierten Brief an Ronsard (*Lettres*, Paris 1619, I, 88) die Zustände Frankreichs unter Philippe Auguste und Louis IX, in denen die *bonnes lettres* geblüht hätten. Der Historiker und Antiquar Claude Fauchet (1530–1602) kann sogar der altfranzösischen Literatur positive Seiten abgewinnen (*Œuvres*, Paris 1610, S. 1ff.): »A moy je viens sur le tard, pour adjouster à la simplicité des anciens Autheurs Francois, dignes d'honneur, ou à la curieuse diligence des nouveaux.« Und Montaigne verdanken wir ein Loblied auf das mittelalterliche Rittertum:

> Nous avons pour nostre part, et plusieurs de nos voisins, les ordres de chevalerie, qui ne sont establis qu'à cette fin. C'est, à la vérité, une bien bonne et profitable coustume de trouver moyen de recognoistre la valeur des hommes rares et excellens. (Montaigne, *Essais* II, 7 »Des recompenses d'honneur«; ed. Micha II, S. 53)

Der politische und kulturelle Aufstieg Frankreichs im 16. Jh. ist letztlich jedoch erstaunlich, denn das ganze Zeitalter wird von äußeren Kriegen und inneren bürgerkriegsähnlichen Wirren überschattet, die zahlreiche Menschenleben kosten und insbesondere in der zweiten Jahrhunderthälfte den Wohlstand aufzehren und den Handel zum Erliegen bringen. Dieser Aufstieg ist das Verdienst kraftvoller Herrscherpersönlichkeiten wie Ludwig XI. und Franz I., die immer wieder die Sache der Monarchie zu stärken wissen, die Rechte der Stände schmälern und eine moderne Zentralverwaltung mit einem gut funktionierenden Beamtenapparat aufbauen. Städte, Provinzparlamente und Akademien tragen ebenfalls zum Aufschwung bei.

Wenn also in diesem blutigen Jahrhundert Kunst und Wissenschaft dennoch blühen, so läßt sich das zunächst damit erklären, daß sich der militärische Aufwand der Italienkriege, anders als der der 1562 ausbrechenden und bis 1598 dauernden Religionskriege, in Grenzen hält und immerhin neues Ideengut ins Land bringt. Auch erkennt Franz I. schon früh die Bedeutung der Humanisten, Gelehrten und Dichter für Staat und Monarchie und zeigt sich ihnen gegenüber als freigebiger Mäzen. Die politische Zentralisierung kommt der Vereinheitlichung der Sprache entgegen, die nicht nur die Voraussetzung für das Entstehen wichtiger literarischer Werke, sondern auch einer einheitlich gebildeten Rezipientenschicht ist. Durch die Aneignung der antiken Literatur – man denke an Montaigne, dessen *Essais* (1580/88) mit lateinischen und italienischen Zitaten nur so gespickt sind (s. Kap. VII) und der Plutarch in der Übersetzung Amyots zu seinem Lieblingsautor erhoben hat – werden die Grundlagen für die geistige Entwicklung des Jahrhunderts insgesamt gelegt. Und noch die Klassik des 17. Jh.s, deren Ästhetik als *doctrine classique* bezeichnet wird, fußt nach wie vor auf den Inhalten der Zeugnisse der Antike. Die *imitation des anciens* bleibt bis zum Beginn des 19. Jh.s (Victor Hugo) eine Hauptregel für jeden Autor. Waren die Italiener zweifelsohne die Lehrmeister der Franzosen, denen sie die Bedeutung der Antike vermittelten, so wurden sie von diesen darin übertroffen, wie man sich dieses Erbe anverwandeln, es umgestalten und auf Dauer zur Festigung der eigenen Kultur nutzbar machen konnte (vgl. Grimm, S. 100–135).

II. POLITISCHE GESCHICHTE FRANKREICHS IM 16. JAHRHUNDERT

Der Hundertjährige Krieg

Die französische Geschichte der Renaissance bleibt unverständlich ohne die Vorgeschichte des Hundertjährigen Kriegs (1339–1453), den Frankreich zwar mit viel Glück gewann, der aber das Land zunächst wirtschaftlich und politisch zurückwarf und im Bewußtsein der Regierenden wie weiter Bevölkerungsschichten tiefe Spuren hinterließ.[1] Es ging bei diesem Waffengang um die Ausschaltung des englischen Einflusses, der seit der Ehescheidung Eleonores von Aquitanien von Ludwig VII. (1152) und ihrer Wiederverheiratung mit Heinrich II. von England beständig die Entwicklung Frankreichs behindert hatte. Frankreich geriet nach dem Tod Philipps IV. (1314) in eine schwierige Lage, weil seine drei Söhne Ludwig X. (1314–1316, *1289), Philipp V. (1316–1322, *1293) und Karl IV. (1322–1328, *1294) alle nach kurzer Regierungszeit ohne männliche Nachkommen starben. Als Eduard III. von England (1327–1377, *1312), ein Enkel Philipps IV. aus der Ehe seiner Tochter Isabella mit Eduard II. von England, seine Ansprüche auf die französische Krone gegen Philipp VI. (1328–1350, *1293), den Sohn Karls von Valois, den die Versammlung der Großen Frankreichs auf den Thron gehoben hatte, geltend machte, war der Konflikt unvermeidlich. Er wurde zudem beständig durch dauernde Einmischungen der französischen Monarchie in die Verwaltung von Guyenne (südlicher Teil des Herzogtums Aquitanien samt der Gascogne), das zur englischen Krone gehörte, sowie Zusammenstöße in Flandern, dem Hauptabsatzmarkt der englischen Wolle, angeheizt. England konnte und wollte nicht auf Flandern verzichten, und auch Frankreich versuchte immer wieder, Flandern in seine Hand zu bringen.

Das Ringen der beiden Nationen dauerte, ohne daß hier die einzelnen Etappen ausführlich nachgezeichnet werden sollen, über einhundert Jahre. Im Vertrag von Troyes (1420) wurde Heinrich V. von England endlich als französischer Thronerbe anerkannt, nachdem er zuvor Katharina von Valois, die Tochter Karls VI., geheiratet hatte. Doch er starb plötzlich im Jahr 1422, und das Blatt wendete sich erneut. Die Franzosen konnten frische Kräfte mobilisieren, und das wie ein Wunder erscheinende Eingreifen von **Jeanne d'Arc** (1428–30) stärkte die Sache der französischen Monarchie in unvorhersehbarer Weise.[2]

Jeanne d'Arc

Jeanne wurde zwischen 1410 und 1412 als Tochter eines Bauern in Domrémy an der Maas in Lothringen (Département Vosges) geboren (vgl. Frenzel, *Stoffe*, S. 387–393; *LCI* 7, 73–78). Schon früh hatte sie Visionen und vernahm Stimmen, die sie als göttliche Anweisungen deutete und, erstaunlicherweise, in höchst erfolgreiche militärische Strategien umsetzte. Gleichsam als gotterwählte Retterin Frankreichs führte sie so die Truppen Karls VII. (1422–1461, *1403) von Sieg zu Sieg. In Chinon stand sie das erste Mal vor diesem König, der noch der Thronfolger (Dauphin) war und sie, wie es seinem mißtrauischen Naturell entsprach, zunächst einmal von Theologen und Ärzten beobachten ließ, ehe er ihr Vertrauen schenkte und sie mit seinen Truppen gegen Orléans sandte.

Am 29. April dringt das kleine Heer in die Stadt ein, und Jeanne, ab jetzt wegen ihres ersten großen Sieges über diese Stadt als ›Jungfrau von Orléans‹ bezeichnet, erreicht den Abzug der Engländer. Am 17. Juli empfängt der Dauphin im soeben durch Johanna eroberten Reims die Königsweihe und darf sich endlich König von Frankreich (Karl VII.) nennen. Im folgenden ›Mystère‹, einem damals recht populären Text, spricht der Engel Gottes zu Johanna und beauftragt sie mit ihrer himmlischen Mission (vgl. Evans, S. 152f.):

> Jeune pucelle bien heureuse
> Le Dieu du ciel vers vous m'envoie;
> Ne vous montrez de rien peureuse,
> Prenez en vous parfaite joie.
> Sa volonté et son plaisir
> Est que alliez à Orléans
> En faire les Anglais saillir
> Et lever le siège devant.
> Puis après il vous conviendra
> A Reims mener sacrer le roi [...]
> Et Dieu vous conduira toujours.
> (*Mystère du siège d'Orléans*, zit. nach Evans,
> S. 176, dt. ebd., S. 152)

Doch schon 1430 gerät Jeanne in burgundische Gefangenschaft, wird an die Engländer ausgeliefert und nach einem Häresieprozeß am 30. Mai 1431 in Rouen verbrannt. Es kommt zur Annäherung zwischen Burgund und Karl VII. (1435), so daß Paris (1436) befreit werden kann. Das Kampfesglück wechselt in den folgenden Jahren erneut, doch in der letzten Schlacht dieses Krieges am 17. Juli 1453 bei Castillon (Gironde) vernichtet die französische Artillerie die Armee John Talbots, Earl of Shrewsbury (um 1388–1453),[3] der selber in der Schlacht fällt. England kann von allen französischen Festlandsbesitzungen nur Calais halten, der Hundertjährige Krieg bewirkt seinen definitiven Rückzug vom Kontinent und seine bis ins 18. Jahrhundert dauernde Isolation (vgl. Ploetz, S. 552f.).

Die bedeutsamsten literarischen Werke, in denen sich das wechselhafte Kriegsgeschehen spiegelt, sind der *Quadrilogue invectif* (1422) von Alain Chartier (1385[?]–1433[?])[4] bzw. der *Livre de Paix* (1412) von Christine de Pisan (1365–1430[?]).[5] In ihrem gleichfalls wichtigen *Ditié de Jeanne d'Arc* (1429)[6] begegnet uns ein zentraler Text, der sich, wie mehrere andere zeitgenössische Werke auch, mit der Jungfrau von Orléans beschäftigt (Martin le Franc, *Le champion des dames*; Villon, *Ballade des dames du temps jadis*; *Mystère du siège d'Orléans* usw.; vgl. Engler, S. 512). Schauen wir uns einige Texte genauer an: Alain Chartier stand zunächst als »clerc, notaire et secrétaire« im Dienst von Karl VI. und Karl VII. und führte wichtige diplomatische Missionen für sie durch. Seit 1420 war er Kanonikus in Paris, später in Tours. Er war zudem ein bedeutender Lyriker und ein unermüdlicher Anhänger von Jeanne d'Arc. Der *Quadrilogue invectif* ist eine Traumvision, in der Volk, Adel und Klerus mit der von einer Frau verkörperten ›France‹ dialogisieren.[7] Sie beklagt ihr elendes Geschick, und die drei Stände werfen sich gegenseitig vor, an diesem Elend schuld zu sein. ›France‹ fordert sie zur Versöhnung auf; sie sollten alle Kräfte bündeln, um das Land zu retten, was ihre Pflicht sei (»à concourir au commun salut du pays«).

Die Italienerin Christine de Pisan, die mit drei Jahren an den Hof Karls V. kam, mit 15 verheiratet wurde und bereits mit 25 Jahren verwitwet war, sucht im Dichten und Schreiben Trost für die Wechselfälle ihres Lebens (*DLF Mittelalter* 280–287).[8] Der *Livre de Paix* ist eine Art Fürstenspiegel, der Milde, Freigebigkeit und Wahrheitsliebe zu den Grundtugenden der Fürsten und damit zu den Voraussetzungen für den Frieden erklärt; im *Ditié* solidarisiert sie sich als Frau mit dem lothringischen Bauernmädchen, das die Ehre des Monarchen und des Landes wiederhergestellt habe. Auf andere politische Schriften wie die *Epistre à la reine Isabeau* (1405), den *Livre du corps de Policie* (1404–07)[9] u.a. kann hier nicht weiter eingegangen werden.

Das wichtigste Ergebnis des Ringens mit England ist die materielle wie konzeptuelle Entwicklung des französischen Königsstaates (*KGF* 64f.). Eine gelehrte Elite propagiert in den Zeiten der Not einen einheitsstiftenden Königsmythos, der auf einem royalistisch getönten Patriotismus beruht und auch das Gemeinschaftsgefühl der breiten Masse ausmacht. Karl VII. war, bevor ihm Jeanne d'Arc zu Hilfe eilte, nur ein Kleinkönig, »König von Bourges«, gewesen, d.h. Herr eines unbedeutenden Rest-Territoriums. Alles übrige Land hatten ihm die Engländer fortgenommen. Ursprünglich psychisch gestört und entscheidungsschwach, umgab er sich erstaunlicherweise mit fähigen Räten und sorgte nach Kriegsende geschickt für die Sanierung des Landes.[10] »Schon auf ihn trifft das seinem Sohn und Nachfolger

Ludwig XI. zugedachte Wort Rankes zu, daß er, selber ohne persönliche Größe, ein Königreich großgemacht habe« (*KGF* 97). Landwirtschaft und Städte regenerierten sich, die Wirtschaft genas, die Kraft der Monarchie wuchs. Hauptgegner im Innern waren die alten Dynastien mit ihrem Unabhängigkeitsstreben, besonders die Prinzen von Geblüt, die »deuxième féodalité« (Ploetz, S. 553) aus den Seitenlinien des Königshauses, namentlich die Herzöge von Orléans und Valois, Burgund, Anjou, Bourbon und der Bretagne. Jedes dieser Häuser verfügte über eine eigene Hofhaltung und verlangte vom König Ausgleich für seine Kriegsschäden. Gegen sie setzte sich die monarchische Gewalt in der Folgezeit durch, und Ludwig XI. triumphierte insbesondere über seinen Hauptwidersacher Karl den Kühnen von Burgund, der 1477 bei Nancy fiel.[11]

Auch die Burgunderkriege können hier nur gestreift werden. Das westlich der Saône gelegene Herzogtum Burgund war von 1032 bis 1361 im Besitz einer kapetingischen Seitenlinie. Es wurde 1363 Philipp II. dem Kühnen (Philippe le Hardi; 1363–1404, *1342), dem jüngsten Sohn des französischen Königs Johann II., verliehen. Damit begann die Verselbständigung dieses Territoriums, das von Philipp und seinen nicht minder dynamischen Nachfolgern Johann ohne Furcht (Jean sans Peur; 1409–1419, *1371) und Philipp III. dem Guten (Philippe le Bon; 1419–1467, *1396) um Flandern, Artois und Franche-Comté (1384), das Charolais (1390), Boulogne (1419), Namur (1428), Brabant und Limburg (1430), Hennegau, Holland und Seeland (1433), Mâcon, Auxerre, einen Teil der Picardie (1435) sowie Luxemburg (1435) vergrößert und arrondiert wurde. So entstand ein mächtiges deutsch-[niederländisch-]französisches Zwischenreich, dessen Süden in Dijon, dessen Norden in den Niederlanden (Brugge, Gent, Brüssel) sein Zentrum hatte. Am Hofe der Herzöge blühte noch einmal das französische Rittertum mit seinem letztlich schon obsoleten mittelalterlichen Tugend- und Wertekanon auf und schuf eine glänzende Kultur, die das Entstehen von Kunst und Literatur begünstigte, aber nicht von langer Dauer war.[12]

Die bedeutendsten burgundischen Historiographen sind Georges Chastellain (um 1415–1475)[13] und sein Schüler und Nachfolger Jean Molinet.[14] Chastellain gehört als Dichter zu den Rhétoriqueurs, einer formalistischen Dichterschule zu Beginn des 16. Jh.s, und hat uns eine umfassende und farbenfrohe *Chronique* hinterlassen, die von der Ermordung Johann ohne Furchts (1419) bis zum Jahr 1474 reicht, aber leider unvollständig und unvollendet ist. Über die burgundische Geschichte hinaus entfaltet der Autor ein gesamteuropäisches Tableau (*DLF Mittelalter* 510–512). Auch Molinets Werk trägt den Titel *Chronique* und umspannt die Jahre 1474–1507, die mit unterschiedlicher Intensität geschildert werden. Besonders nach 1493 (Vertrag von Senlis) läßt der Schwung des

Chronisten nach, vermißt der Leser die anfängliche Detailfülle (*DLF Mittelalter* 821–823).

Kehren wir zur französischen Geschichte und Ludwig XI. zurück: Sein Sohn Karl VIII. heiratete Anne (1477–1514), die Erbin der Bretagne, und sie verpflichtete sich, im Falle des kinderlosen Todes ihres Gatten eine zweite Ehe nur mit dem nächsten Thronerben einzugehen. Und in der Tat wurde sie auch die Frau Ludwigs XII. († 1515),[15] und ihre Tochter Claude vermählte sich mit Franz I. (1515–1547; *1494), wodurch die Bretagne, das letzte selbständige Territorium, das der Krone noch fehlte, Krondomäne wurde.

Während des Hundertjährigen Krieges und danach in den ersten Jahren der Wiedererstarkung hatte Frankreich um sein Überleben als unabhängige Nation kämpfen müssen. Die englischen Siege hatten in seinem Selbstwertgefühl tiefe Narben hinterlassen, was zu falschem Ehrgeiz führte, der sich später in einer aggressiven Außenpolitik niederschlug, um diese Scharten auszuwetzen. Während Frankreich noch mit sich selber beschäftigt war, war das Herrschergeschlecht der Habsburger[16] (so benannt nach der bei Brugg im Kanton Aargau gelegenen und um 1020 erbauten Habichtsburg, ihrem Stammsitz) zur bedeutendsten europäischen Dynastie aufgestiegen, die von 1438 (Wahl Albrechts II.) bis zur Auflösung des Reichs durch Napoleon (1806) fast alle deutschen Kaiser stellte. Rudolf I. hatte als deutscher König (1273–1291) die Herzogtümer Österreich und Steiermark gewonnen, im 14. Jh. kamen Kärnten, Krain und Tirol hinzu, so daß sich das Interesse der Familie im Laufe der Zeit immer mehr nach Österreich verlagerte. Maximilian, der Sohn Kaiser Friedrichs III., hatte 1477 Maria, die Tochter Karls des Kühnen von Burgund, geheiratet und dadurch die Franche-Comté (sog. Freigrafschaft), Flandern und die Niederlande in österreichische Hand gebracht.[17] Die Heirat ihres Sohnes Philipp des Schönen mit Johanna der Wahnsinnigen von Spanien begründete die weitere Ausdehnung des Habsburger-Reichs. Unter deren Sohn Karl V. (1519–1556; *1500, †1558) zählten neben Österreich, Böhmen, dem Elsaß, der Freigrafschaft und den Niederlanden nun auch noch Spanien mit all seinen überseeischen Besitzungen und das Königreich Neapel-Sizilien dazu.[18]

Die Italienkriege

Der habsburgisch-französische Antagonismus, der hauptsächlich in Italien ausgetragen wurde, wurde ursprünglich durch ein dynastisches Ränkespiel ausgelöst. Die bereits erwähnte Anne de Bretagne war vor ihrer Heirat mit Karl VIII. (1491) zuerst dem seit 1482 verwitweten Habsburger Maximilian versprochen worden, um die später (1532) auch rechtlich beschlossene *union perpétuelle* mit Frankreich zu verhindern und die bretonische Unabhängigkeit zu bewahren. Marias und Maximilians Tochter Margarete von Österreich war ihrerseits mit dem Dauphin Karl verlobt worden. Beide Verbindungen zerschlugen sich, und der Habsburger mußte sich doppelt düpiert vorkommen (*KGF* 116f.). In der Nachfolge Renés von Anjou (1409–1480), den die kinderlose lebenslustige Königin Johanna II. (1414–1435; *1371) als Sohn und Erben adoptiert hatte, hatte sein Neffe (3. Grades) Ludwig XI. auch Ansprüche auf Neapel und Sizilien angemeldet, und Karl VIII. wollte diese mit seinem Einmarsch in Italien 1494 einlösen.[19] Königin Johanna hatte anfänglich Alfons V. von Aragón adoptiert, dann, aus einer Laune heraus, Ludwig III. von Anjou († 1434), danach dessen Bruder René, und damit hatte sie den Keim für die kommenden blutigen Auseinandersetzungen gelegt. Sie brachen, wie gesagt, 1494 aus, da in diesem Jahr Ferrante (Ferdinand) I. (1458–1494), der uneheliche Sohn Alfons V., gestorben und somit die Erbfolge offen war. Wenn die Franzosen unter dem Vorwand von fadenscheinigen Erbansprüchen jetzt Teile Italiens gewinnen wollten, zeichnen sich bereits die später von Ludwig XIV. mit viel mehr Erfolg betriebenen ›Reunionen‹ ab, d.h. durch Rechtsverfahren eingeleitete Annexionen. Aber der Kampf um Italien war eher ein Stellvertreterkrieg, da Italien der Krönungsort des Kaisers, der Sitz des Papsttums, die Wiege des Humanismus und damit aller geistigen und technischen Erneuerungen war. Wer Italien besaß, mochte glauben, Zugriff auf dies alles zu haben und die westliche zivilisierte Welt zu beherrschen.

Bei dem französischen Einmarsch handelte es sich aber auch um eine Art Befreiungsschlag, denn die habsburgischen Territorien umklammerten Frankreich von allen Seiten: im Norden (Flandern, Niederlande), Osten (Lothringen, Elsaß, Freigrafschaft) und Südwesten (Spanien), und ein Teil dieser Territorien war ganz oder teilweise französischsprachig oder doch stark von französischer Kultur geprägt. Aragón mit seinen unteritalienischen Besitzungen bildete übrigens seit 1479 einen integralen Teil der spanischen Monarchie, behielt aber seine eigenen Institutionen.

Der Kampf zwischen Frankreich und Habsburg dauerte von 1494 bis 1559, und er band nicht nur Kräfte, die sinnvoller zur Konsolidierung beider Reiche eingesetzt worden wären, sondern in der letzten Phase des Kampfes wuchsen in Frankreich auch die Führer der anschließenden Religionskriege (1562–1598) heran, die das Land noch einmal für fast vier Jahrzehnte in Kampf und Mord verstrickten. Die einzelnen Phasen der Italienkriege sind der Zug Karls VIII. zur Eroberung Neapels (1494–1495), die Auseinandersetzung Ludwigs XII. um Mailand und Neapel (1497–1507) sowie die fünf Waffengänge Franz' I. um die Vorherrschaft in Oberitalien in den Jahren 1515 bis 1544. Nach der Abdankung Karls V. stehen sich dessen Sohn Philipp II. von Spanien und Heinrich II. von Frankreich gegenüber,

und wieder kommt es zu kriegerischen Auseinandersetzungen, bis im April
1559 der Friede von Cateau-Cambrésis Frankreichs Niederlage besiegelt.
Die Vielstaatlichkeit Italiens bleibt erhalten, aber es ist bis zum Beginn des
18. Jh.s (Spanischer Erbfolgekrieg 1701–1714) fest in spanischer Hand.
Frankreich scheidet vorerst aus der italienischen Politik aus.

Wichtige Etappen in diesem Kampf sind die Einnahme Neapels 1494
durch französische Truppen, bis im folgenden Jahr die erste Syphilisepide-
mie der Moderne ausbricht und ihren Abzug erzwingt; dann die Niederlage der Eidgenossen bei Marignano (*HBLS* 5, 26–27) gegen ein französisch-
venezianisches Heer, das zeitweise ganz Oberitalien in französische Gewalt
bringt und den Mythos der Unbesiegbarkeit der Schweizer Söldnerheere beendet;[20] zu guter Letzt die schmachvolle Gefangensetzung des französischen
Königs Franz I.[21] in Madrid nach der Niederlage bei Pavia 1525; im folgenden Jahr das Eintreffen starker kaiserlicher Landsknechtsverbände in
Oberitalien, die eigenmächtig auf Rom marschieren, ein Blutbad in der
Stadt anrichten und sie gnadenlos plündern (*Sacco di Roma*). Wer Einzelheiten wissen will, lese z.B. die anekdotisch angereicherten Kurzbiogra-
phien Brantômes (*Recueil des hommes*, ed. Mérimée/Lacour, Bd. 3–5), der
mit spitzer Feder die Herrscher und Militärs der ersten Jahrhunderthälfte
porträtiert. Literarisch werden diese Ereignisse auch bei anderen Schriftstellern fruchtbar. Nennen wir wenigstens Girolamo Fracastoro, der in seinem 1530 erstmals erschienenen Lehrgedicht in lateinischer Sprache mit
dem Titel *Syphilidis sive morbi gallici libri tres* im Stil Lucrez' Ursprung und
Behandlung der schlimmen Seuche beschreibt:

> Welche wechselvollen Ereignisse und welche Keime eine ungewohnte Krankheit
> gebracht haben, die keiner in langen Jahrhunderten gesehen hat, die aber zu
> unserer Zeit in ganz Europa, in Teilen Asiens und den Städten Afrikas gewütet
> hat: in Italien brach sie infolge der unglücklichen Franzosenkriege ein und erhielt
> den Namen nach diesem Volk. Auch was das Heilverfahren war und welche Mit-
> tel die Erfahrung und die große Fertigkeit der Menschen in bedrängter Lage er-
> sonnen hat sowie die von den Göttern erwiesene Hilfe und die Geschenke des
> Himmels: davon beginne ich jetzt zu singen und die tief verborgenen Gründe zu
> suchen in der klaren Luft und in den Sternen des weiten Olymp. (Fracastoro,
> *Syphilis oder die französische Krankheit in drei Büchern für Pietro Bembo*, Buch I,
> Anfang)[22]

Noch 1877 nimmt der ›Renaissancist‹ Graf Gobineau diese Ereignisse zum
Vorwand eines bewegten fiktiven Dialogs zwischen Papst Klemens VII.
(*1478, Papst 1523–1534) und dem kaiserlichen General und Botschafter
Hugo de Moncada. Der Heilige Vater beklagt schmerzerfüllt die Plünderung Roms durch die kaiserliche Soldateska, während beide von einem Fen-
ster der Engelsburg aus die geschändete Stadt zu ihren Füßen betrachten:

Oui! je regarderai, je verrai vos sacrilèges! tout ce que vous avez ordonné, arrangé, médité, tramé depuis des mois! Oui! je regarderai! Ne croyez pas que je sois une femmelette! Je puis voir à loisir l'étalage complet de vos crimes! Je ne faiblirai pas, je ne pleurerai pas! Eh bien! oui, je regarderai, je regarde! ... Un homme que l'on poursuit! ... on l'éventre d'un coup de hallebarde! ... Certainement, je le vois! ... Son sang retombera sur quelle tête? ... Ah! mon Dieu! des femmes, des enfants, harcelés par la populace soldatesque de vos scélérats débraillés! Ah! quelle infamie! ... Ah! laissez-moi voir ... c'est épouvantable! ... des moines ... battus ... ensanglantés ... Ah! ce n'est pas possible! ce n'est pas possible! Des cardinaux, des vieillards, revêtus de la pourpre ... enchaînés, renversés, traînés sur les pavés, frappés! ... Ah! non ... non ... je ne veux plus rien voir ... Quel rêve épouvantable! ... (Gobineau, *La Renaissance*, »Michel-Ange«)[23]

Hinter der ansonsten herrschenden Gleichförmigkeit der Auseinandersetzungen zwischen den Franzosen und den Deutschen, die beiden Parteien abwechselnd Erfolge und Niederlagen bescherten, kann man folgende neuartigen ›systemischen‹ Komponenten erkennen (*KGF* 142):

— Habsburg und Valois beginnen in diesen Jahrzehnten einen Dauerkonflikt um die Vorherrschaft in Westeuropa, zu dem die Italienfrage nur der Auslöser ist.
— Alle Kriegszüge stehen im Zeichen wechselnder Koalitionen. Das Papsttum bindet sich meist an den Kaiser, weil es dessen Dominanz weniger fürchtet als die der unberechenbaren Franzosen. Die französische Krone nutzt dies im Innern, um der katholischen Kirche Rechte abzutrotzen und sie ihrer Aufsicht zu unterstellen. Im Konkordat von 1516 läßt sich der König noch einmal seinen Zugriff auf die Mehrzahl der Kirchenpfründen garantieren.
— Frankreich verbündet sich ab 1530 mit dem islamischen ›Erbfeind‹ der Christenheit, aber auch mit den Protestanten im Reich, um den Kaiser zu schwächen. Hier zeichnet sich eine skrupellose Macht- und Koalitionspolitik ab, die von moralisierenden Zeitgenossen aufs heftigste mißbilligt wird.
— England verhält sich abwartend und geht nur kurzfristige Bündnisse ein, um zu verhindern, daß eine der streitenden Parteien zu stark wird.
— Die italienischen Staaten wenden sich im Unterschied zur Kurie schon bald meist Frankreich zu, zeigen also eine Sympathie, die zu Lasten Habsburgs geht und im Prinzip bis zum Ausbruch des Ersten Weltkriegs dauert.

Geschichtsschreiber des 15. Jahrhunderts

Will man die Geschichte dieses Jahrhunderts aus der Sicht eines Zeitgenossen und Augenzeugen betrachten, bediene man sich eines der bedeutendsten Werke der französischen Memorialistik, in der die Person des Berichtenden aber noch ganz in den Hintergrund tritt. Philippe Van den Clyte, Seigneur de Commynes et d'Argenton (um 1447–1511),[24] ist der Verfasser von *Les mémoires [...] sur les principaux faicts et gestes de Louis onziéme et de Charles huictiéme, son fils, Roys de France*, deren beide Teile 1489–91 bzw. 1495–98 entstanden und 1524 bzw. 1528 erschienen. Der erste Teil umfaßt die Zeit von 1464, als Karl der Kühne den Verfasser in Dienst nahm, bis zum Tod Ludwigs XI. (1483), zu dem der Autor 1472 überlief.[25] Der zweite Teil gilt der Regierungszeit Karls VIII., unter dem Commynes nicht mehr wirklich in Gunst stand und dessen Politik, zumal den Italienfeldzug, er mißbilligte. Die Memoiren enden mit der Krönung Ludwigs XII. (1498). Ihr Hauptziel ist die Rechtfertigung von Commynes' politischem Seitenwechsel, um nicht von Verrat zu sprechen. Karl der Kühne sei so hochmütig und stolz, so gewalttätig und jähzornig gewesen, argumentiert er, daß es keinen anderen Ausweg für ihn gegeben habe. Im Gegenzug wird, seinem bereits im Vorwort entwickelten Konzept des unparteiischen Berichts getreu, auch der neue Gönner, Ludwig XI., nicht überzeichnet:

> Monseigneur l'archevesque de Vienne, pour satisfaire à la requeste qu'il vous a plu me faire de vous escrire, et mettre par mémoire ce que j'ay sçu et connu des faits du feu roy Louis onziesme, à qui Dieu fasse pardon, nostre maistre et bienfaicteur, et prince digne de très-excellente mémoire, je l'ay fait le plus près de la vérité que j'ay pu et sçu avoir la souvenance. [...]
> Et pour ce que je ne voudroye point mentir, se pourroit faire qu'en quelque endroit de cet escript se pourroit trouver quelque chose qui du tout ne seroit à sa louange; mais j'ay espérance que ceux qui liront, considéreront les raisons dessusdites. (Commynes, *Mémoires*, in: *Historiens*, ed. Pauphilet, S. 849)

Commynes erfindet nichts, sondern liefert, noch ganz im Stil annalistischer Darstellung, die Abfolge der Fakten und Ereignisse, wobei er Quellen und Dokumente beizieht, die ihm zu Gebote stehen. Seine nüchtern-pessimistischen Analysen rücken ihn bereits in die Nähe der großen Moralisten des 16. und vor allem 17. und 18. Jh.s (Montaigne, La Rochefoucauld, La Bruyère, Saint-Evremond usw.). Commynes geißelt die Eitelkeit und Gier der Magnaten; der Krieg ist für ihn ein Morden und Schlachten, dem man nur mit Glück entkommt; ihm hafte nichts Heroisches an, denn nur List und Mißtrauen regierten. Hier spiegeln sich deutlich seine diplomatischen Erfahrungen. Dem Italienkrieg steht er skeptisch gegenüber. Ludovico Sforza habe ihn dem jungen und unerfahrenen König eingeflüstert. Ludovico ›il Moro‹ Sforza (1452–1508), Abkömmling eines Bauerngeschlechts, das mehrere Kondottieri gestellt hatte, von denen Muzio Attendolo wegen seiner Kraft ›Sforza‹ genannt worden war, war zum Vormund seines Neffen Gian Galeazzo bestellt worden (1476) und schwang sich dann zum allmählichen Alleinherrscher der Stadt Mailand auf.[26] Zunächst verbündete er sich mit Neapel, begann jedoch dessen Macht zu fürchten und betrieb den Italienzug Karls VIII.:

> Et ainsi, comme dit est, l'an mil quatre cens quatre vingts et treize, commença à faire sentir à ce jeune roy Charles huitiesme, de vingt et deux an, des fumées et gloires d'Italie: luy remonstrant, comme dit est, le droit qu'il avoit en ce beau royaume de Naples (qui luy faisoit bien blasmer et louer). (ebd., S. 1303)

Die Seuche, die das Heer zum Abzug zwingt, erlebt Commynes nicht mit, weil er im Auftrag des Königs gerade in Venedig weilt. Aber er kritisiert, daß der König sich nach seiner Rückkehr nicht mehr um seine Leute in Neapel kümmert, »et qui les eust fournys des sommes d'argent, à heure, dont on a despendu six fois le double, jamais n'eussent perdu le royaume« (ebd., S. 1418). Der König stirbt einen elenden und grotesken Tod, so als ob das Schicksal ihn hätte strafen wollen: Er stößt sich mit dem Kopf heftig an einen Türsturz, erleidet offenkundig einen Schädelbasisbruch, liegt noch ein paar Stunden auf einem armseligen Strohsack und gibt dann den Geist auf. Kann man sich ein treffenderes Bild von der Hinfälligkeit irdischer Größe vorstellen? – Diese wenigen Hinweise auf ein umfassendes Werk, in dem jeweils die Motive der politischen Akteure analysiert und entsprechende Lehren aus der Geschichte gezogen werden, müssen genügen.

Der einzige Chronist, der jedoch den gesamten Kriegszug mitgemacht hat, ist der Rhétoriqueur André (Andrieu) de la Vigne (um 1470–um 1526), der später auch noch Chronist Franz' I. wurde. Sein Werk, das aus der Perspektive des Höflings berichtet, ist in verschiedenen Versionen überliefert und gliedert sich, je nachdem, in drei Teile, von denen Anfang und Ende Allegorien sind (Ed. Slerca, die sich auf den Kriegszug beschränkt). Formal handelt es sich um ein Prosimetrum, eine Mischung aus Prosa und Versen: *Bon Conseil* und *Je ne sais qui* debattieren zu Beginn darüber, ob Karl VIII. überhaupt einen ›Kreuzzug‹ nach Italien unternehmen solle, um die Christenheit zu befreien. Im zweiten Teil wird dann dieser Italienzug geschildert (*DLF* 429):

> Mil quatre cens et quatre vings et treze,
> le roy Charles huytiesme de ce nom,
> pour repulser l'iniquité mauvaise
> du roy Alphons qui tenoit a malaise
> en son pays plusieurs nobles de nom;
> aussi pour los, gloire, bruyt et renom,
> a main armee en brief temps conquester,
> il entreprist de Napples conquester.

Parce que lors ledit Alphons tenoit
et maintenoit ce royaulme par force,
voyant qu'au roy par droit appartenoit,
le peuple tant de grief mal soustenoit,
tant de rapine et de cruelle estorce,
de tirannie, de voluntaire amorce
que plusieurs gens eulx voyans en souffrance,
furent contrains d'eulx retirer en France.
(A. de la Vigne, *Le Voyage de Naples*, Str. I–II, ed. Slerca, S. 131)

Aus der Doppelstruktur des Werks erklärt sich auch die unterschiedliche Titelgebung, *Voyage de Naples* bzw. *Vergier d'honneur*. Ein erster undatierter Druck erfolgte später durch Philippe Le Noir in Paris (1520–1541), bekannt wurde das Werk jedoch erst im 17. Jh. (Paris 1684) als Teil der *Histoire de Charles VIII, roy de France par Guillaume de Jaligny, André de la Vigne et autres historiens de ce temps-là où sont decrites les choses les plus memorables arrivées pendant le règne depuis 1483 jusques en 1498.* Angeblich ist La Vigne blind für die Renaissancekultur (Ed. Slerca, S. 40f.) und begeistert sich nur für den Zauber der Landschaft. Denn in Chieri ruft er aus, »Somme, c'estoit ung paradis terrestre!« (ebd., V. 1482, S. 169), und auch andere Zeitzeugen hatten von Neapel und seiner Umgebung diesen Eindruck gewonnen. Dieser Ausdruck ist jedoch als Ausruf der Bewunderung bedeutsam; was Italien den Franzosen im einzelnen bescheren sollte, mußte sich erst noch in den nächsten Jahren erweisen (s. Kap. III).

Die Religionskriege

In der ersten Hälfte des 16. Jh.s geriet das westliche (katholische) Christentum in eine europaweite Krise.[27] Das Papsttum hatte seine Autorität eingebüßt, woran der übertriebene Luxus der Kurie und die Sittenlosigkeit einiger Prälaten Schuld trug. Um die für die rege Bautätigkeit, das Mäzenatentum und einen aufwendigen Lebensstil der höheren Geistlichkeit notwendigen Ressourcen bereitzustellen, waren alle geldbringenden Mittel wie Ämterschacher, Abgaben und Ablaß recht, was insbesondere die unteren Schichten des Volkes erbitterte. Dieser Tatbestand war aber nicht neu, doch setzte allmählich ein Bedürfnis nach religiöser Erneuerung ein, das sich aus dem Glauben und der Idee der Gnade speiste. Die Humanisten entwickelten eine philologisch gestützte Bibelkritik, und ihr genaues Quellenstudium zeigte die Mängel zahlreicher überkommener Dogmen auf. Als Luther 1517 seine 95 Thesen veröffentlichte, formulierte er im Grunde Gedanken, die in ganz Europa verbreitet waren und nur noch eines rhetorisch gewandten Pamphletisten bedurften. Dies erklärt auch die positive Aufnahme, die seine

Ideen besonders unter Handwerkern und Arbeitern, aber auch in der niederen Geistlichkeit und in Universitätskreisen in Frankreich fanden (vgl. Suchanek-Fröhlich, S. 322f.).

Ähnliche Vorstellungen wie die Luthers zirkulierten in einem Kreis humanistisch gesonnener Reformer um Jacques Lefèvre d'Etaples (Jacob Faber Stapulensis; 1455–1536), Priester und Bibelphilologe, und Guillaume Briçonnet (1470–1534), ursprünglich Lefèvres Schüler, aber 1507 Abt der wichtigen Abtei Saint-Germain-des-Prés und 1517 Bischof von Meaux (vgl. Renaudet, S. 114–159). Lefèvres Kommentar zu den Paulusbriefen hatte Luthers Gedanken über Gnade und Glauben beeinflußt. Die Anhänger des Kreises von Meaux wollten zwar nicht mit der alten Kirche brechen, aber sie doch von innen heraus umgestalten. Zunächst konnten sie auf Tolerierung durch König Franz I. rechnen, da dessen ältere Schwester Marguerite d'Angoulême (de Navarre) ihre Hand schützend über sie hielt. Doch spätestens nach der *affaire des placards*, dem Anbringen eines vehement antikatholischen Pamphlets an der Schlafzimmertür des Königs in Amboise (Nacht vom 17. auf den 18. Oktober 1534), wendete sich das Blatt. Die Mitglieder der Gruppe von Meaux gingen ins Exil oder schlossen sich der Bewegung Jean Cauvins (Calvins) an, der mit seiner 1536 im Basler Exil veröffentlichten Schrift *Christianae religionis institutio* zum Wortführer des französischen Protestantismus wurde. Die Monarchie sah schon bald in den Anhängern der Reform (in Verballhornung des Worts ›Eidgenossen‹ nannte man sie ›huguenots‹), deren Kirche im Prinzip demokratisch organisiert war, eine Gefahr für die staatliche Einheit und das monarchische Prinzip. Sie wurde in dieser Einschätzung von der gallikanischen Kirche, die um ihre Privilegien fürchtete, den Bettelmönchen, die sich um ihr Einkommen gebracht sahen und das Volk deshalb gegen die Reformer aufwiegelten, und der konservativen Pariser Universität als dem Hort der Orthodoxie bestätigt.

Der anonyme *Journal d'un bourgeois de Paris*, der die Jahre 1515–1536 behandelt, ist eine der ausführlichsten Chroniken der Zeit, in der alle wichtigen Ereignisse erwähnt werden (Ed. Bourrilly; dort S. VIIf. über andere zeitgenössische Chroniken). Wenn der oder die Verfasser sich gelegentlich auch in den Details irren, geben sie doch treffend die Meinung der katholischen Zeitgenossen wieder, die insbesondere in allen reformerischen Bewegungen einen schrecklichen Irrtum erblickten. So heißt es z.B. im Dezember 1525, als ein junger Mann aus Meaux vor seiner Einkerkerung bei den Coelestinern dem Luthertum auf dem Platz vor Notre-Dame in Paris abgeschworen hat, von seiner Heimatstadt und ihrem berühmten Bewohner Lefèvre d'Etaples:

> Et faut noter que la plus grande partie de Meaulx en estoit infectée de la faulce doctrine de Luther, et disoit on qu'un nommé Fabry, prestre, estudiant avec autres, estoit cause desdicts embrouillemens, et entre autres choses qu'il ne falloit

avoir ès eglises aucunes images, ne prendre eau beniste pour effacer tous les pechez, ne prier pour les trespassez, à cause qu'incontinent après le trespas ilz alloient en paradis ou en enfer, et qu'il n'y avoit nul purgatoire, et qu'il n'estoit vray et ne le croyoit pas. (*Le Journal d'un Bourgeois de Paris*, ed. Bourrilly, S. 233f.)

Heinrich II. (1547–1559; *1519),[28] der in den meisten Punkten die Politik seines Vaters Franz' I. fortsetzte und während seiner zwölfjährigen Herrschaft fast ununterbrochen mit Habsburg im Streit lag, verbündete sich zwar aus Opportunismus mit den deutschen protestantischen Fürsten, doch verfolgte er in seinem eigenen Land die Anhänger der Reformation unerbittlich. Auf sein Betreiben setzte 1547 das Pariser Parlament einen Sondergerichtshof zur Verfolgung der Ketzer ein; er wurde bezeichnenderweise *chambre ardente* genannt und schickte viele Anhänger der neuen Lehre auf den Scheiterhaufen. Heinrichs II. früher Tod infolge einer Turnierverletzung spitzte die Lage weiter zu. Sein Sohn und Nachfolger Franz II. (1559–1560; *1544) war noch zu jung und schwach, um im Glaubensstreit einen Ausgleich herzustellen, und er geriet schon bald unter den Einfluß der Onkel seiner Frau, der Guisen. François Guise (1519–1563) war seit 1550 Herzog, Charles (1524–1574) seit 1547 Kardinal von Lothringen. Auf protestantischer Seite standen Anhänger der mächtigen Familien Bourbon, Condé und Châtillon (Coligny). Zwischen beiden Gruppen wollte die Königinmutter, Catherine de Médicis (1519–1589), zu Beginn der Auseinandersetzungen vermitteln.[29] Ihre stärkste Stütze war der von ihr 1560 zum Kanzler berufene und hoch gebildete Jurist Michel de l'Hôpital (1503–1573),[30] der stark von Erasmus und dessen Reformideen beeinflußt war.

Auf ihr beider Betreiben kam es 1560 zu einem ersten Religionsgespräch zwischen hohen geistlichen und weltlichen Würdenträgern der zerstrittenen Konfessionen in Fontainebleau, das jedoch scheiterte. Auch die Einberufung der Generalstände am Ende des gleichen Jahrs in Pontoise führte nicht zum Ausgleich der Parteien, da sie uneins und gespalten waren. Katharina ließ noch ein weiteres Versöhnungsgespräch veranstalten, das 1561 in Poissy stattfand. Es war das erste und einzige Mal, daß ein protestantischer Theologe von Rang, Théodore de Bèze (1519–1605), vor dem altgläubigen Klerus die hugenottische Lehre erläutern durfte (*KGF* 151f.). Bèze (lat. Beza), ursprünglich Jurist, schloß sich nach einer schweren Krankheit Calvin in Genf an und unterstützte ihn immer bedingungslos. Er wurde 1559 Rektor der Genfer Theologischen Akademie und nach Calvins Tod (1564) sein Nachfolger. Außer Psalmenübersetzungen, einer kritischen Ausgabe des NT.s, einem geistlichen Drama (*Abraham sacrifiant*) wird ihm auch die nicht unter seinem Namen erschienene *Histoire ecclésiastique des églises réformées au Royaume de France* (1580) zugeschrieben, die den Aufstieg des Kalvinismus schildert und trotz fehlender Kritik ein wichtiges Quellenwerk darstellt. Bezas Teilnahme in Poissy stachelte den Zwist noch mehr an, da Spanien und die Jesuiten die katholische Sache zu der ihren machten. Als etwa 60 Hugenotten beim Gottesdienst in Vassy (1. März 1562) von Truppen des Herzogs von Guise niedergemacht wurden, brach der offene Krieg aus.[31]

Es ging in ihm nicht nur um den wahren Glauben und die reine christliche Lehre, sondern auch um handfeste Politik. Sollte das Land eine zentralistische Monarchie bleiben, oder sollte es, wie es hochadelige, dem Protestantismus nahestehende Heerführer wünschten, in einen Personenverbandsstaat selbständiger Herrschaftsbezirke zerfallen? Insgesamt kam es zwischen 1562 (Massaker von Vassy) und 1598 (Edikt von Nantes) zu acht deutlich von einander unterscheidbaren militärischen Auseinandersetzungen, bei denen mal die eine, mal die andere Partei siegte. Wir zählen sie nur auf, um anzudeuten, was die Bevölkerung erleiden mußte und wie schwer das Gemeinwesen darniederlag: 1562/63 (Niederlage der Hugenotten in der Schlacht von Dreux); 1567/68 (Montmorency hält die auf Paris marschierenden Hugenotten in der Schlacht von Saint-Denis auf); 1568–1570 (die Katholiken zetteln nach einem Waffenstillstand einen neuen Konflikt an und wollen Coligny und Condé gefangennehmen; Condé fällt in der Schlacht von Jarnac 1569; im Frieden von Saint-Germain 1570 wird die bedingte Glaubensfreiheit der Hugenotten bestätigt, ihnen werden mit La Rochelle, Montauban, Cognac und La Charité vier Sicherheitsplätze zugestanden); 1572–1574 (nach dem Blutbad der Bartholomäusnacht vom 24. August 1572,[32] in der etwa 10.000 französische Protestanten in Paris und der Provinz durch die Anhänger der Guise im Verbund mit denen der Königin Katharina abgeschlachtet wurden und auch Coligny den Tod fand, brach ein vierter Krieg aus, der den Hugenotten in einigen Gebieten Zentral- und Südfrankreichs Autonomie bescherte); 1575/76 (Heinrich von Navarra flieht vom Hof und kehrt zum Protestantismus zurück; er wird der neue Führer der protestantischen Partei; der jüngere Bruder des Königs, der Herzog von Alençon, schließt sich den Protestanten an, was im Mai 1576 zu dem für die Protestanten günstigen Frieden von Monsieur führt); 1576/77 (die Liga wird gegründet; ein neuer Krieg endet mit dem Edikt von Poitiers, das die Ergebnisse des vorangegangenen Friedens wieder zurücknimmt); 1580 (sog. Guerre des Amoureux; dieser siebte Krieg besteht vor allem aus Massakern an Katholiken in Cahors, das Heinrich von Navarra als Heiratsgut seiner Frau, der Schwester des Königs, beansprucht; der Friede von Fleise beruhigt die Situation nicht); 1584–1598 (Krieg der drei ›Heinriche‹; Heinrich III. vereinigt sich mit Heinrich von Guise gegen Heinrich von Navarra, wird aber in Paris am Tag der Barrikaden gedemütigt und geht ins Lager seines Schwagers über; er wird am 31. Juli 1589 von einem fanatischen Mönch in Paris ermordet.[33] Heinrich von Navarra belagert Paris, tritt 1593 zum Katholizismus über,[34] wird 1594 in

Chartres gekrönt und setzt das **Edikt von Nantes (13.** April 1598) durch, *Edikt von* das den **Protestanten für etwa hundert Jahre Religionsfreiheit beschert).**[35] *Nantes*

Mit seinen 95 Artikeln (die Zahl entspricht, gewollt oder ungewollt, der von Luthers Thesen) ist dieser Erlaß ein umfangreicher Text, der das sog. Januaredikt von 1562 ablöst, in dem zum ersten Mal beide Konfessionen rechtlich nebeneinander anerkannt worden waren. Er sollte »perpétuel et irrévocable« sein (*Religionsvergleiche*, S. 16), was Ludwig XIV. 1685 nicht an der Revokation hinderte, die die Einheit des Glaubens vordergründig wiederherstellte. Wichtig ist die Präambel, in der, wie im Text selber, der Wunsch dominiert, die Wunden der Vergangenheit zu heilen und für ein einvernehmliches Nebeneinander der Bürger in der Zukunft Sorge zu tragen. Der König will ein Friedensfürst sein, weil der Friede die erste Voraussetzung für den Wiederaufbau des Landes ist. Der Text, ein juristischer Text, ist knapp und deutlich und läßt am Willen des Königs, den Krieg zu beenden, keinen Zweifel. Der Monarch handelt vorgeblich nach Gottes Willen und in seinem Auftrag, aber klugerweise läßt er offen, ob es sich um einen katholischen oder evangelischen Gott handelt, der ja im Prinzip derselbe für beide Religionen ist:

> Sur qui nous implorons et attendons de sa divine bonté [sc. de Dieu] la même protection et faveur qu'il a toujours visiblement départie à ce royaume depuis sa naissance et pendant tout ce long âge qu'il a atteint, et qu'elle fasse la grâce à nosdits sujets de bien comprendre qu'en l'observation de cette notre ordonnance consiste, après ce qui est de leur devoir envers dieu et envers nous, le principal fondement de leur union et concorde, tranquillité et repos, et du rétablissement de tout cet état en sa première splendeur, opulence et force, comme de notre part nous promettons de la faire exactement observer, sans souffrir qu'il y soit aucunement contrevenu. (*Religionsvergleiche*, S. 16)

Zum Zeitpunkt des Edikts gab es in Frankreich etwa 1,2 Millionen Protestanten, was einem Zehntel (nach anderen Berechnungen sogar 15%) der Gesamtbevölkerung entspricht. Die Anhänger der ›religion prétendue réformée‹, wie die Katholiken sie ironisch nannten, erhielten Gewissensfreiheit im ganzen Land, durften überall dort Gottesdienst halten, wo er im Jahr 1596 und bis zum August 1597 ausgeübt worden war, nur in Paris selber und im Umkreis von fünf Meilen um die Stadt herum nicht. Sehr viel weiter gingen die rechtlichen und politischen Konzessionen: uneingeschränkte Rechtsfähigkeit, Einrichtung von gemischten Kammern in einigen Parlamenten, Zutritt zu allen Ämtern, Bereitstellung von Sicherheitsplätzen. Mehr konnten die Hugenotten nicht erwarten, und die Bedenken der Katholiken gegen diese Zugeständnisse waren nicht gering. Das Land lag darnieder; ohne die Konversion Heinrichs IV. und den Friedensschluß wäre Frankreich vermutlich untergegangen und unter die Nachbarn aufgeteilt worden. So endete ein Bürgerkrieg, der ein halbes Jahrhundert gedauert hatte:

> Der Zustand Frankreichs im Jahre 1598 glich in mancher Hinsicht dem Status, in den Deutschland ein halbes Jahrhundert später infolge des Dreißigjährigen Krieges geraten ist. Nur ein kleiner Teil des Landes war von Verwüstungen verschont geblieben; die durch den Krieg betroffenen Gegenden hatten in sehr verschiedenem Grade gelitten. Überall spürbar waren die mittelbaren Kriegswirkungen, hervorgerufen vor allem dadurch, daß sich der Adel allzu oft nicht um die Bewirtschaftung seiner Güter hatte kümmern können. [...] So chaotisch die Zustände während der schlimmsten Jahre des Bürgerkrieges in vieler Hinsicht gewesen sind, so darf doch nicht außer acht gelassen werden, daß trotzdem die regionalen und lokalen Behörden häufig noch leidlich funktioniert haben. Die Autorität der Krongewalt reichte allerdings oft nicht über die jeweilige Residenz des Königs hinaus und war, verglichen mit der Zeit vor den Kriegen, in bedenklichem Grad vermindert. (Hassinger, S. 320–321)

Die Religionskriege im Spiegel der Literatur

Fragen wir im Anschluß an diese historische Darstellung, inwieweit diese Ereignisse einen literarischen Niederschlag gefunden haben. Am meisten zeigten sich die Zeitgenossen offenkundig von der Bartholomäusnacht betroffen,[36] die nicht nur von Franzosen, sondern auch von protestantischen Vertretern anderer Nationen aufgegriffen und literarisiert wurde. In der Nacht vom 23. auf den 24. August 1572, als zur Hochzeit des Protestanten Heinrich von Navarra mit der Königstochter Marguerite de Valois zahlreiche Hugenottenführer in Paris zusammengekommen waren, kam es auf Anstiften der Königinmutter zum Gemetzel (s. S. 42). Es handelte sich immerhin um die Heirat ihrer Tochter, was die Zeitgenossen besonders empörte. Der Blick richtete sich in den literarischen Werken, die das Blutbad thematisieren, vor allem auf den Hugenottenführer Admiral Coligny,[37] auf Heinrich von Navarra, den späteren Heinrich IV., der damals noch Protestant war,[38] und die Königinmutter Katharina mit ihrem Sohn, König Karl IX., der letztlich von ihr als Marionette geführt wurde (vgl. Frenzel, *Stoffe*, S. 75–77). Dies alles ergibt ein Geflecht von Intrigen, Lügen, Liebe, Mord und Verrat.

Der erste Bearbeiter des Stoffs ist der Elsässer Protestant Johann Fischart (um 1546–1590) mit seinen Gedichten gegen die Königin; es folgt Agrippa d'Aubignés Epos *Les Tragiques* (entstanden 1570–1600; ersch. 1616), von dem noch zu sprechen sein wird (vgl. S. 202), dann Christopher Marlowes Drama *The Massacre of Paris* (1592) oder John Barclays Roman *Argenis* (1621). Bis zu den historischen Romanen des 19. Jh.s – zu nennen sind vor allem Prosper Mérimée (*Chronique du Règne de Charles IX*, 1829) und Alexandre Dumas (*La Reine Margot*, 1845) – dauern die Bearbeitungen fort. Die ›Bluthochzeit‹ wird zur Dokumentation fürstlicher Staatsraison und verbindet sich mit der Vorstellung von hemmungslosem Machiavellismus, der nicht einmal vor Massenmord zurückscheut. Dumas' Roman ist übrigens mehrfach erfolgreich verfilmt worden, zuletzt mit Isabelle Adjani, die die geheimnisvolle Königin meisterhaft verkörpert.

Doch noch genauer spiegeln Chroniken und Memoiren die Ereignisse wider, z.B. von François de la Noue (1531–1591) die *Discours politiques et militaires* (1587), von Blaise de Monluc die im Stil Caesars abgefaßten *Commentaires* (postum 1592)[39] oder von Guillaume du Vair (1556–1621) die *Mémoire sur le But de la Guerre et de la Paix*. La Noue, Hugenottenkämpfer, wurde als ›Bras de Fer‹ bekannt – er verlor in der Schlacht einen Arm und hatte an seiner Stelle einen eisernen Haken – und zeichnete sich in den beiden ersten Religionskämpfen aus. Später geriet er in spanische Gefangenschaft, die er für die Niederschrift seiner Memoiren nutzte. Heinrich IV. nannte die Kommentare Monlucs die »Bible du soldat«. Du Vair, Essayist und Staatsmann, wurde 1584 Parlamentsrat und befürwortete 1593 die Anerkennung Heinrichs IV., falls dieser zum Katholizismus übertrete. Pamphlete und politische Traktate bezogen Stellung (etwa Bodins *Six livres de la République*; 1576/77, eine erste Theorie des Absolutismus, der uneingeschränkten Staatsgewalt, hinter der die Rechte des Individuums zurückstehen müssen) und heizten die Stimmung an (vgl. S. 199). *La Satire Ménippée*, ein aus Briefen, Reden, Traktaten und Abhandlungen zusammengesetztes Gemeinschaftswerk von Klerikern und Humanisten, meist Juristen und Schülern Bodins (Florent Chrestien, Jean Passerat, Pierre Pithou, Nicolas Rapin, Jacques Gillot), versteht sich als Satire gegen die Politik der von den Guise geführten Liga.[40] In der Tradition der antiken Menippea (auf den griechischen Philosophen und Kyniker Menippos von Gadara zurückgehende Satire, die Fragen der praktischen Philosophie in leicht spöttischem Tonfall zum Gegenstand hat) handelt es sich um eine Mischung aus Vers und Prosa, die niemanden verschont: So werden die Guise, die 1593 durch die Generalstände einen katholischen König wählen lassen wollten, entlarvt, desgleichen die imperialistische Politik Philipps II. oder die dubiose Haltung der Sorbonne (vgl. Engler, S. 877). Die berühmtesten Zeilen des ganzen Werks stehen in der *Harangue de M. D'Aubray* an die Stadt Paris und haben vermutlich Pierre Pithou (1539–1596) zum Verfasser. Ursprünglich Hugenotte, war er nach der Bartholomäusnacht konvertiert, blieb aber gemäßigt und trat für Heinrich IV. und die gallikanischen Freiheiten der französischen Katholiken ein. In einer hoch rhetorischen Passage fordert er die von fremden Söldnern besetzte Stadt Paris auf, wieder zu sich und ihrer Würde zurückzufinden:

> O Paris, qui n'es plus Paris, mais une spelonque de bêtes farouches, une citadelle d'Espagnols, Wallons et Napolitains, un asile et sûre retraite de voleurs, meurtriers et assassinateurs, ne veux-tu jamais te ressentir de ta dignité, et te souvenir

> qui tu as été, au prix de ce que tu es? Ne veux-tu jamais te guérir de cette frénésie qui, pour un légitime et gracieux Roi, t'a engendré cinquante Roitelets et cinquante tyrans? Te voilà aux fers! Te voilà en l'Inquisition d'Espagne, plus intolérable mille fois et plus dure à supporter aux esprits nés libres et francs, comme sont les Français, que les plus cruelles morts dont les Espagnols se sauraient aviser! (Pierre Pithou [?], »Harangue de M. d'Aubray«, *Satire Ménippée*, zit. nach Lagarde/Michard, S. 191)[41]

Danach folgt ein Plädoyer für Heinrich IV., der allein dem Lande Rettung bringen könne: »Nous aurons un Roi qui donnera ordre à tout, et retiendra tous ces tyranneaux en crainte et en devoir; qui châtira les violents, punira les réfractaires, exterminera les voleurs et pillards, retranchera les ailes aux ambitieux [...]« (ebd., S. 192). Die *Satire Ménippée* hatte einen solchen Erfolg, daß man mit Fug und Recht sagen kann, sie habe Heinrich IV. den Weg nach Paris gebahnt.

Die gewaltigste Auseinandersetzung mit den Religionskriegen stammt jedoch von Agrippa d'Aubigné (1552–1630): Gemeint ist sein Epos *Les Tragiques* (1577–1589) in sieben Gesängen mit fast 10.000 Alexandrinern. Sein Gegenstand ist das Schicksal der Kalvinisten und ihrer in seinen Augen einzig wahren Kirche, die zwar das Martyrium erleidet, aber aus heilsgeschichtlicher Sicht den Sieg davontragen wird (s. Kap. VII). D'Aubigné hat alle Kämpfe auf protestantischer Seite mitgefochten, seit ihn sein Vater als Knaben (1560) der hugenottischen Sache angesichts der an den Schloßzinnen von Amboise aufgeknüpften ›Verschwörer‹ ewige Treue schwören ließ. (Diese Verschwörer wollten sich angeblich des jungen Königs Karls IX. bemächtigen). Der entsprechende Bericht in seiner Autobiographie, einer der wichtigsten des ganzen Jahrhunderts, ist eindrucksvoll und pathetisch:

> A huit ans et demi le pere mena son fils à Paris, et en le passant par Amboise un jour de foire, il veit les testes de ses compagnons d'Amboise encores recognoissables sur un bout de potence: et fut tellement esmeu, qu'entre sept ou huit mille personnes il s'escria, *Ils ont descapité la France, les Bourreaux.* Puis le fils ayant picqué pres du pere pour avoir veu à son visage une esmotion non accoustumée, il luy mit la main sur la teste en disant, *Mon enfant il ne faut pas que ta teste soit espargnée apres la mienne, pour venger ces chefs pleins d'honneur; si tu t'y espargnes tu auras ma malediction.* (Agrippa d'Aubigné, *Sa vie à ses enfants*, ed. Schrenck, S. 52)

Auch der durch politisches Kalkül erzwungene Glaubenswechsel Heinrichs IV., den er für schlimmsten Verrat hält, vermag d'Aubigné im Unterschied zu anderen Glaubensgenossen, die ebenfalls konvertieren, nicht schwankend zu machen.

In seinem Epos haben die höllischen Mächte und der christliche *merveilleux*, haben Elend und himmlischer Glanz ihren wahren Platz. D'Aubigné ist zwar in erster Linie Soldat, aber das Schreiben ist für ihn auch Kampf, ein Kampf mit der Feder, so daß man von ihm mit Fug und Recht sagen kann, er verbinde in eindrucksvoller Weise *arma* und *litterae*, Schwert und Feder. Nach der Schlacht von Casteljaloux (1577) diktiert er die ersten Verse seiner *Tragiques*. Fast vierzig Jahre lang schreibt und überarbeitet er sein Werk, das zum Zeitpunkt der Veröffentlichung (1616) bereits an Aktualität verloren hat. *Les Tragiques* sind ein leidenschaftliches Werk voller Emotionen, das seine Leser mit gewaltigen Bildern, die sich von irdischen zu himmlischen Dimensionen steigern, beeindrucken und überzeugen will. Mit seiner machtvollen Sprache ist das Epos zwar noch ein Ausdruck eines ungestümen Renaissancegeistes, aber auch schon eines bombastischen Manierismus, der auf das Barockzeitalter vorausweist (vgl. Grimm, S. 117–118).

Hören wir aus Gesang VII, 661–684 eine der berühmtesten Passagen über die Auferstehung der Gerechten am Jüngsten Tag, die sich durchaus mit den *Metamorphosen* Ovids messen kann. Die zunächst apokalyptische Stimmung verwandelt sich in einen vitalistischen Triumph, als die Leichen der niedergemetzelten Protestanten aus dem Schoß der Erde, den Gräbern, Ruinen und Bäumen zu neuem Leben erwachen:

Mais quoi! c'est trop chanté, il faut tourner les yeux,
Éblouis de rayons, dans le chemin des cieux.
C'est fait: Dieu vient régner, de toute prophétie
Se voit la période à ce point accomplie.
La terre ouvre son sein; du ventre des tombeaux
Naissent des enterrés les visages nouveaux:
Du pré, du bois, du champ, presque de toutes places
Sortent les corps nouveaux et les nouvelles faces.
Ici, les fondements des châteaux rehaussés
Par les ressuscitants promptement sont percés;
Ici, un arbre sent des bras de sa racine
Grouiller un chef vivant, sortir une poitrine;
Là, l'eau trouble bouillonne, et puis, s'éparpillant,
Sent en soi des cheveux et un chef s'éveillant,
Comme un nageur venant du profond de son plonge,
Tous sortent de la mort comme l'on sort d'un songe.
Les corps par les tyrans autrefois déchirés
Se sont en un moment en leurs corps asserrés,
Bien qu'un bras ait vogué par la mer écumeuse
De l'Afrique brûlée en Thulé froiduleuse
Les cendres des brûlés volent de toutes parts;
Les brins, plus tôt unis qu'ils ne furent épars,
Viennent à leur poteau, en cette heureuse place,
Riant au ciel riant, d'une agréable audace.
(D'Aubigné, *Les Tragiques*, zit. nach Lagarde/Michard, S. 185; ed. Weber, S. 230f.)

Die Entdeckungen – die Franzosen in Nordamerika

Als Frankreich mit seinen zahlreichen Feldzügen in Italien beschäftigt war, versäumte es den Anschluß an die Entdeckungen der anderen europäischen Seemächte. Vor der verheerenden Niederlage gegen die Spanier bei Pavia (24. Februar 1525) scheint König Franz I. durchaus an einer französischen Beteiligung an der Entdeckung der Neuen Welt interessiert gewesen zu sein, und sei es nur aus ökonomischen Gründen. Der Italiener Giovanni Verrazzano (um 1484–1528) erkundete bereits 1524 in seinem Auftrag die amerikanische Ostküste. Wie Kolumbus suchte auch er eine westliche Durchfahrt ins sagenhafte Cathay (China) mit seinen Reichtümern, stieß nach strikter Westfahrt beim heutigen Cape Fear (North Carolina) auf Land und erkundete systematisch in nördlicher Richtung den Kontinent. Dabei verpaßte er zwar wegen schlechten Wetters die Chesapeake Bay, fuhr jedoch vermutlich als erster Europäer in die Bucht von New York und in den Hudson ein. Nach lebhafter Kontaktaufnahme mit den Eingeborenen setzte er seine Küstenfahrt bis Neufundland fort. Dort zwang ihn der Mangel an Nahrungsmitteln zur Heimfahrt. Noch an Bord schrieb er in italienischer Sprache einen Bericht an den französischen König, der somit das erste Dokument der französischen Entdeckungstätigkeit in der Neuen Welt ist (vgl. Schmitt, S. 255f., Dok. 56). Wir gehen hier nicht darauf ein, da das italienische Original verloren ist und es sich eben nicht um einen französischen Text handelt (*Les Français en Amérique*, S. 53–76). Aber wichtig ist Verrazzanos Bericht auch deshalb, weil Cartier sich später auf ihn stützen konnte.

In den folgenden Jahren engagierte sich die französische Krone nur noch halbherzig in Nordamerika, einem noch kaum entdeckten und keine andere Macht vorerst wirklich interessierenden Kontinent. Die wenigen dennoch unternommenen Expeditionen sind nicht so sehr auf die Weitsicht des Königs zurückzuführen, als auf die Initiative einiger beherzter (meist bretonischer, baskischer, Rochelaiser oder normannischer) Seefahrer wie Binot Paulmier de Gonneville (Anfang 16. Jh., aus Honfleur), Jacques Cartier und Jean François de La Roque, seigneur de Roberval (um 1500 – um 1560; in Paris als Protestant ermordet) oder, später im 17. Jh., Samuel de Champlain (1567/70–1635) und Jean de Thévenot (1633–1667).[42] Die reichen und wegen des tropischen Klimas fruchtbaren Territorien in Südamerika und Afrika waren unter Portugiesen, Spaniern und Engländern aufgeteilt, als die Franzosen sich endlich intensiv und systematisch an den Entdeckungsfahrten und der Kolonialisierung beteiligten; ihnen blieb nur noch das kalte und unwirtliche nördliche Amerika. Der erwähnte Gonneville war auf der ›Espoir‹ 1503–04 allerdings bis nach Brasilien gesegelt und hatte wichtige Hinweise über einzelne Indianerstämme mitgeteilt. Doch seine Initiative blieb folgenlos, auch hatte die französische Krone keinen Anteil daran. Gonneville war im Portugalhandel tätig und konnte in Lissabon, obwohl die portugiesische Krone das Geheimnis der überseeischen Schiffahrtsrouten eifersüchtig hütete und Verräter streng bestrafte, offenkundig zwei portugiesische Lotsen abwerben:

> Et premièrement, disent que traficquant en Lissebonne, il Gonneville et honnorables hommes Jean l'Anglois et Pierre le Carpentier, veües les belles richesses d'épiceries et autres raretéz venant en icelle cité de par les navires portugalloises allant ès Indes orientales, empuis aucunes années découvertes, firent complot ensemblement d'y envoyer une navire, après bonne enqueste à aucuns qui avoient fait tel voyage, et pris à gros gages deux Portugallois qui en estoient revenus, l'un nommé Bastiam Moura, l'autre Diègue Cohinto, pour en la route ès Indie ayder de leur sçavoir. (Vf. anonym, zit. nach Julien, S. 26)

Das letzte Stück der nordamerikanischen Ostküste, das noch nicht klar ins europäische Bewußtsein gedrungen war, war die Küste des St. Lorenz-Golfs (vgl. Schmitt, S. 247f.). Ob die Portugiesen (Fagundes; Esteban Gómez) oder Engländer (John Rut) ihn in den 20er Jahren des 16. Jh.s bereits entdeckt und befahren hatten, steht nicht fest. Es bleibt das Verdienst des Franzosen Jacques Cartier (1491–1557) aus Saint-Malo, ihn in drei Expeditionen (1534–41) endgültig erforscht zu haben.[43]

Anlaß für seine erste Fahrt war kein wissenschaftlicher Forscherdrang. Franz I. befand sich nach seiner Madrider Gefangensetzung wegen der immensen Lösegeldforderungen in Höhe von 200.000 Gold Ecus (*Escus au soleil*) in großer finanzieller Bedrängnis. In der Instruktion der Krone für Cartier von 1534 wurde das Ziel der Reise unverhüllt beim Namen genannt: Er sollte »gewisse Inseln und Länder [...] entdecken, wo, wie es heißt, eine große Menge Gold und andere kostbare Dinge zu finden sind« (zit. Schmitt, S. 248). Die Franzosen waren in ihrer kosmographischen Konzeption über den Kenntnisstand Kolumbus' nicht wirklich hinausgekommen. Sie glaubten noch, man könne auf dem westlichen Seeweg über den Atlantik bis nach Asien mit seinen Schätzen gelangen. Cartier fuhr mit zwei Schiffen durch die Straße von Belle Isle in den St. Lorenz-Golf ein und erkundete seine Küsten, erreichte auch die Mündung des St. Lorenz-Stroms zwischen der Halbinsel Gaspé und der Insel Anticosti, kehrte aber ohne die erhofften Schätze nach Frankreich zurück. Immerhin war die gesamte Küstenlinie Nordamerikas von Florida bis Grönland jetzt befahren. Cartier knüpfte zudem auf seinen beiden nächsten Reisen freundschaftliche Kontakte mit den in der Region siedelnden Indianerstämmen und legte mit seinem Landsmann Roberval die erste französische Siedlung in Kanada an. Zwar mußte sie schon bald, im schrecklichen Hungerwinter 1542, als Skorbut und unvorstellbare Entbehrungen die Siedler schwächten, wieder aufgegeben werden, doch Cartier war der erste Europäer, der in »jene riesige Querachse des nordamerikanischen Kontinents eingedrungen war, auf der im 17. und 18. Jh. im wesentlichen die Erforschung und Entschleierung Nordamerikas ansetzen sollte: in jenen Wasserweg, der über den St. Lorenz-Strom in die Großen Seen und über ihre westlichen Zuflüsse bis zu den Rocky Mountains führte« (Schmitt, S. 248). Cartiers Landnahme ebnete aber auch nachfolgenden französischen Entdeckungsreisenden wie Champlain, Jean Cavelier de La Salle (1636–um 1720) und Pierre Gaultier de Varennes de La Vérendrye (1685–1749) den Weg. Allerdings wurde die französische Herrschaft über Kanada im Siebenjährigen Krieg (1763) beendet.

Cartier überquerte mit seinen beiden Schiffen den Atlantik in zwanzig Tagen, eine Rekordleistung, und stieß in der Neuen Welt auf die Spitze Neufundlands.[44] Von dort wandte er sich nach Norden, durchfuhr Ende Mai 1534 die Belle-Isle-Straße, die Neufundland von Labrador trennt, und fuhr in den St. Lorenz-Golf ein. Offenkundig waren Mitglieder seiner Mannschaft mit iberischen Seefahrern bereits einmal dort gewesen und ortskundig, und noch 100 Meilen westlich der Belle-Isle-Straße traf Cartier auf ein Fischereifahrzeug aus La Rochelle.

Er tastete sich sodann an der Westküste Neufundlands nach Süden bis in die Mitte des Golfs vor und wandte sich nach Westen, wo er am 14. Juli 1534 das amerikanische Festland berührte, und zwar an der später ›baie de Gaspé‹ genannten Bucht. Hier freundete er sich mit den Irokesen an, die dort fischten. Am 24. Juli 1534 ließ er auf der heutigen Pointe Penouille ein großes hölzernes Kreuz aufstellen, das die Besitzergreifung des Territoriums für die französische Krone markieren sollte. Die Indianer waren damit gar nicht einverstanden, doch gelang es, sie zu beruhigen. Im Einvernehmen mit dem Irokesenhäuptling Donnacona nahm Cartier zwei seiner Söhne – Domagaya und Taignoagny – mit nach Frankreich, um sie zu Dolmetschern auszubilden und zu ›französisieren‹ (vgl. Schmitt, S. 266f.).

Über die erste Reise 1534 existiert ein ausführlicher anonymer Bericht, dessen Original erst 1867 in der Pariser Bibliothèque Nationale entdeckt wurde. Bis dahin mußte man sich mit einer verstümmelten italienischen Version des Kompilators Giambattista Ramusio (1485–1557) begnügen. Heute hält man den erstgenannten Bericht, der in der dritten Person abgefaßt ist, für Cartiers Original. Bereits in diesem Text wird die Täuschungsabsicht der Franzosen deutlich, die das Mißtrauen der Indianer geschickt überspielen. Als das Kreuz errichtet ist, werden der Häuptling, sein Bruder und drei seiner Söhne an Bord von Cartiers Schiff gelockt:

> Et eulx estans entréz, furent asseuréz par le cappitaine qu'ilz n'auront nul mal, en leur monstrant grant signe d'amour; et les fist on boyre et manger, et faire grant chère. Et puis leurs monstrasmes par signe, que ladite croix avoit esté plantée pour

faire merche [= Landmarke] et ballise [= Wegweiser], pour entrer dedans le hable
[= havre, port]; et que nous y retourneryons bien tost, et leurs apporteryons des
ferremens et aultres choses; et que nous voullyons emmener deux de ses filz avec-
ques nous, et puys les rapporteryons audit hable. Et acoustrames ses-dits deux fils
de deux chemises, et en livrées, et de bonnetz rouges, et à chaincun, sa chainette
de laton au col. Dequoy se contentèrent fort, et baillèrent leurs vieulx haillyons à
ceulx qui retournoient. Et puis donnasmes aux troys que renvoyames, à chaincun
son hachot et deux cousteaulx, dequoy menèrent grant joye. Et eulx estans
retournéz à la terre, dyrent les nouvelles aux aultres. Envyron midi d'icelluy jour,
retournèrent six barques à bord, où il y avoit à chaincune cinq ou six hommes,
lesquelz venoyent pour dire adieu aux deux que avyons retins; et leurs apportèrent
du poisson. Et nous firent signe qu'ilz ne habbatroyent ladite croix, en nous
faisant plusieurs harengues que n'entendions. (Anonymus, zit. nach *Les François
en Amérique*, S. 106–107; dt. Schmitt, S. 268–269, Dok. 57)[45]

Diese und andere Texte begründeten den Mythos vom ›bon sauvage‹, dem
›edlen Wilden‹, der für die französische Literatur von Montaigne bis zu
Rousseau als Gegenbild des zivilisationsgeschädigten Europäers so wichtig
werden wird (vgl. Frenzel, *Motive*, S. 830–844).[46] Bei der zweiten Fahrt
1535 kehrten die Söhne des Häuptlings mit Cartier wieder nach Kanada
zurück. So nannte Cartier das Land; das Indianerwort bedeutet so viel wie
›Dorf‹; die Franzosen bezeichneten den Teil am St. Lorenz-Strom, den sie
besiedelten, als ›Nouvelle France‹ oder ›Acadie‹, ein Name, der auf Verrazzano zurückgeht, der das soeben gefundene Territorium euphemistisch
›Arcadie‹ (Arkadien) taufte.

Unter Heinrich II. (1547–1559; *1519) gab es dann noch einmal
einen kurzlebigen Versuch, in Südamerika Fuß zu fassen. Der Admiral
Nicolas Durand de Villegaignon (1510–1571), ein Verwandter des Groß-
meisters des Johanniterordens, brach 1555 von Le Havre auf, um eine
Gruppe zumeist protestantischer Siedler nach Brasilien zu geleiten. Er gründete auf der Insel Guanabara vor dem heutigen Rio de Janeiro eine Siedlung, die er Fort Coligny nannte. 1557 kamen dort Genfer Missionare an,
die Calvin persönlich entsandt hatte, doch ihre Ankunft führte zu inneren
Streitigkeiten, und 1560 eroberten portugiesische Truppen Fort Coligny
(vgl. *EnzRen* 548–549). Villegaignon, selber kein Hugenotte, war bereits
1558 nach Frankreich zurückgekehrt.

Der von ihm besiedelte Küstenstreifen hieß auch ›la France antarctique‹, und 1558 erschien der vermutlich bedeutendste Reisebericht des
Jahrhunderts in französischer Sprache, *Les singularitez de la France antarctique autrement nommée Amérique: et de plusieurs terres et isles decouver-
tes de nostre temps*. Sein Verfasser ist der Franziskaner André Thevet
(1504?–1592), selber ein passionierter Reisender, der bereits 1537 den
Nahen Osten (Griechenland, Kleinasien, Palästina) bereist und darüber in
der *Cosmographie du Levant* (Lyon 1554) berichtet hatte.[47] Als er Villegaignon 1555–56 begleitete, hatte er lutherische Neigungen, die es ihm

vielleicht vernünftig erscheinen ließen, sich für einige Zeit außer Landes zu begeben. Die *Singularitez* berichten nicht nur über die Einwohner Brasiliens sowie die Flora und Fauna des Landes, sondern auch über die Entdeckungen der Spanier und Portugiesen in Südamerika und ihre Besitzungen. Vermutlich stützte sich Thevet auf Unterlagen des Medizinstudenten und Hellenisten Mathurin Héret († 1585), was wir aus einem Plagiatsprozeß wissen. Die *Singularitez* erschienen erstmals 1558, dann erneut 1575, wurden ins Englische und Italienische übersetzt. Der moderne Herausgeber Thevets, Frank Lestringant, nennt das Werk zu Recht »une œuvre phare« (S. 7) in der Geschichte der Reiseliteratur,[48] dem man allerdings sozusagen als Konkurrenzschrift die *Histoire d'un voyage fait en la terre du Brésil* (1578) des protestantischen Pfarrers Jean de Léry (um 1534–um 1613) zur Seite stellen muß. Dieser gehörte zu den Genfern, die Calvin nach Brasilien entsandte, und blieb etwas länger als Thevet dort, war auch nicht wie dieser ans Krankenlager gefesselt, weshalb sein Bericht viel genauer ist. Allerdings ist er parteiisch, von Gegnerschaft zu Villegaignon gefärbt. Seine Nachrichten über den Stamm der Tupinamba sind jedoch einzigartig, zumal er, was seine Sonderstellung begründet, tief von der Exotik der Tropen beeindruckt wird:

> Parquoy toutes les fois que l'image de ce nouveau monde, que Dieu m'a fait voir, se représente devant mes yeux: et que je considère la sérénité de l'ayr, la diversité des animaux, la variété des oyseaux, la beauté des arbres et des plantes, l'excellence des fruicts: et brief en général les richesses dont ceste terre du Brésil est décorée, incontinent ceste exclamation du prophète au pseaume 104 me revient en mémoire: O Seigneur Dieu que tes œuvres divers/ Sont merveilleux, par le monde univers: O que tu as tout fait par grand sagesse!/ Bref, la terre est pleine de ta largesse. (Léry, zit. nach Julien, S. 402)

Bereits an diesem kurzen Zitat wird Lérys herausragende Position deutlich. Seine Vorgänger sahen die neu entdeckten, nicht-christlichen Teile des Kosmos als Monstruositäten an, für die sie nur wenig Sympathie aufbringen konnten. Es ist deshalb angebracht, einen kurzen Blick auf die Beschaffenheit der Gattung Reiseliteratur zu werfen.

Die Reiseberichte der Renaissance sind insofern noch ganz mittelalterlich geprägt, als sie keine persönlichen Erlebnisse vermitteln und keine autobiographischen Erfahrungsberichte sein wollen, sondern in erster Linie geographische und naturkundliche Fakten enthalten und damit der Information und Belehrung des Publikums zu dienen haben. Das schließt aber nicht aus, daß auf die Erwartungen des Lesers Rücksicht genommen wird. Dieser erwartet von Reiseberichten die Einlösung gewisser Topoi, weshalb die Forschung mit den beiden Kategorien ›Toposwissen‹ versus ›Erfahrungswissen‹ arbeitet. So kann man erklären, daß selbst in den Berichten zuverlässiger Reisender Fabelwesen auftauchen, deren Schilderung der Sachlichkeit eklatant widerspricht, von denen jedoch bereits der Heilige Brendan fabuliert, so daß sie auf eine lange Tradition verweisen. Das Publikum wäre demnach sehr enttäuscht gewesen, wenn ein Berichterstatter derartige Höhepunkte ausgelassen hätte, die die ansonsten sehr additiven und das Gesehene unverbunden hintereinanderstellenden Reiseerzählungen auflockerten. Aus der mittelalterlichen Literatur übernimmt der Reisebericht nämlich die reihende Beschreibung (*enumeratio*). Bei vielen Schilderungen ist übrigens wegen dieser stereotypen Elemente nicht mehr mit Sicherheit festzustellen, ob ihre Verfasser authentische Reisen wiedergeben, an denen sie selber teilgenommen haben, oder als Stubengelehrte erzählen, die nur geschickt Fremdberichte auswerten. Die Zeitgenossen verschlangen alle Berichte offenkundig mit großem Interesse, wollten etwas über die fremden Völker und Länder, ihre Flora und Fauna und weitere Eigentümlichkeiten wissen (vgl. Obermeier, S. 22f.). Eine derartige Literatur stillte gleichermaßen den Wissensdurst und gab der Phantasie Nahrung.

Reisen und Entdeckungen bei Rabelais, Marguerite de Navarre und Montaigne

Wie beliebt die Reiseliteratur selbst bei Schriftstellern und Dichtern war, belegen Rabelais, Marguerite de Navarre und Montaigne. Im *Pantagruel* (»guerre des Dipsodes«) eilt der gleichnamige Held seinem Vater Gargantua, König von Utopien, einem Land, das angeblich nördlich von China gelegen ist, auf dem soeben entdeckten Seeweg um das Kap der Guten Hoffnung und durch den Indischen Ozean hindurch zu Hilfe. Im späteren *Quart Livre* (1552) findet die Flotte auf dem Weg zum Orakel der Göttlichen Flasche die in Wirklichkeit inexistente Nordwestpassage, bei deren Suche Cartier gescheitert war:

> Car l'advis sien et de Xenomanes aussi feut, veu que l'oracle de la dive Bacbuc estoit près le Catay en Indie supérieure, ne prendre la routte ordinaire des Portugaloys, lesquelz passans la Ceincture ardente et le cap de Bona Speranza sus la poincte méridionale d'Africque oultre l'Æquinoctial, et perdens la veue et guyde de l'aisseuil Septentrional, font navigation énorme; ains suyvre au plus près le parallèle de ladicte Indie et gyrer autour d'icelluy pôle par Occident, de manière que, tournoyans soubs Septentrion, l'eussent en pareille élévation comme il est au port de Olone, sans plus en approcher, de paour d'entrer et estre retenuz en la mer Glaciale. Et suyvans ce canonique destour par mesme parallèle, l'eussent à dextre, vers le Levant, qui au département leurs estoit à senestre. (Rabelais, *Quart Livre* Kap. I, ed. Demerson, S. 584–585; dt. Regis II, 36)

Auch in der 67. Novelle des *Heptaméron* (1558) der Marguerite de Navarre, der berühmtesten Novellensammlung der Renaissance (s. S. 192f.), finden sich Reisereminiszenzen, diesmal an die kanadische Expedition Robervals im Jahr 1542 (vgl. Schönberger, S. 388f.). Die Geschichte beginnt mit einer Erwähnung des Entdeckers, der seine Neusiedler schnell zusammensuchen muß und dabei Leute jeden Standes aus den Gefängnissen sammelt. Sie heißen im vorliegenden Kontext diskret »artisans«:

> C'est que faisant le dict Robertval ung voiage sur la mer, duquel il estoit chef par le commandement du Roy son maistre, en l'isle de Canadas; auquel lieu avoit deliberé, si l'air du païs eut esté commode, de domourer et faire villes et chasteaulx; en quoy il fit tel commencement, que chacun peut sçavoir. Et, pour habituer le pays de chretiens, mena avecq luy de toutes sortes d'artisans, entre lesquelz y avoit un homme qui fut si malheureux, qu'il trahit son maistre et le mist en danger d'estre prins des gens du pays. (Marguerite de Navarre, *Heptaméron* Nov. 67, ed. François, S. 392)

Was der Mann im einzelnen tut, um Roberval zu gefährden, erfahren wir nicht. Die Autorin interessiert sich nämlich nicht besonders für die Neue Welt und ihre Entdeckung. Er wird auf Bitten seiner Frau – die Novelle soll einen Beleg für unverbrüchliche Gattenliebe liefern – mit ihr zusammen auf einer kleinen Insel ausgesetzt, die Marguerite mit Löwen (»lyons et aultres bestes«) bevölkert. Man mag darin einen kleinen Beleg für den Gegensatz von Topos- und Erfahrungswissen sehen. Der Mann stirbt vor Entkräftung, die Frau, ganz verhungert und abgehärmt, wird im letzten Moment von einem Schiff der Roberval-Flotte auf der Rückfahrt wieder an Bord genommen und damit für ihre Treue belohnt, zumal sie sich die Zeit in der Einsamkeit mit der Lektüre des NT.s vertreibt und deutlich evangelische Neigungen zu erkennen gibt (vgl. Julien, S. 351–362).

Der bekannteste literarische Hinweis auf die Neue Welt stammt aber sicherlich von Montaigne, der seinen Essai I, 31 »Des Cannibales« betitelt.[49] Es handelt sich um ein erstes Plädoyer für den ›bon sauvage‹, der noch nicht von der Zivilisation verdorben ist und deshalb den Abendländern als Muster dienen kann. Montaignes *Essais* wurden bei allen europäischen Gebildeten, nicht nur den Franzosen, so hoch geschätzt (s. S. 196f.), daß er als der Begründer dieses neuen Topos gelten darf, der dann im 18. Jh. Furore machen wird. Er findet sich allerdings bereits in einer Ode Étienne Jodelles (1532–1573), aus der wir ein Stück zitieren wollen:

> Car qui voudroit un peu blasmer
> Le pays qu'il nous faut aimer,
> Il trouveroit la France Arctique
> Avoir plus de monstres, je croy
> Et plus de barbarie en soy
> Que n'a pas la France Antarctique.
> Ces Barbares marchent tous nuds,
> Et nous nous marchons incogneus,
> Fardés, masquez. Ce peuple estrange

A la pieté ne se renge.
Nous la nostre nous mesprisons,
Pipons, vendons, & deguisons.
Ces Barbares pour se conduire
N'ont pas tant que nous de raison:
Mais qui ne voit que la foison
N'en sert que pour nous entre-nuire?
(Jodelle, »Ode sur les singularitez de la France antarctique, d'André Thevet,
Cosmographe du Roy«, in: Œuvres, ed. Marty-Laveaux II, 207)

Jodelles Ironie ist unüberhörbar, wenn er Frankreich das ›arktische‹ und Brasilien das ›antarktische‹ nennt, dessen Einwohner zwar als Barbaren bezeichnet, in den Franzosen mit ihren Sitten und Gebräuchen jedoch die wahren Barbaren erkennt. Zwar kommt Montaigne zu ähnlichen Schlüssen, doch ist sein Text subtiler und geschmeidiger:

J'ay eu long temps avec moy un homme qui avoit demeuré dix ou douze ans en cet autre monde qui a esté decouvert en nostre siecle, en l'endroit où Vilegaignon print terre, qu'il surnomma la France Antartique. Cette descouverte d'un païs infini semble estre de consideration. [...] Cet homme que j'avoy, estoit homme simple et grossier, qui est une condition propre à rendre veritable tesmoignage; car les fines gens remarquent bien plus curieusement et plus de choses, mais ils les glosent [...]. Or je trouve, pour revenir à mon propos, qu'il n'y a rien de barbare et de sauvage en cette nation [...] Ils sont sauvages, de mesme que nous appellons sauvages les fruicts que nature, de soy et de son progrez ordinaire, a produicts: là où, à la verité, ce sont ceux que nous avons alterez par nostre artifice et detournez de l'ordre commun, que nous devrions appeler plutost sauvages. En ceux là sont vives et vigoureuses les vrayes et plus utiles et naturelles vertues et proprietez, lesquelles nous avons abastardies en ceux-cy, et les avons seulement accommodées au plaisir de nostre goust corrompu. (Montaigne, Essais I, 31, ed. Micha I, 251–254; dt. Franz, S. 109f.)

Montaigne will natürlich den Europäern nicht die südamerikanische Lebensweise oktroyieren, doch bedient er sich ihrer detaillierten Schilderung als Kontrastfolie für alle europäischen Entartungen (vgl. Les Français en Amérique, S. 420f.). Bedeutsam ist auch die gleichzeitige Aufwertung der ›Natur‹, die den, der ihren Gesetzen gehorcht, reichlich belohnt. Hugo Friedrich (S. 192f.) führt aus, wie wichtig die europäische Reiseliteratur für Montaigne war. Abgesehen von den empirischen Materialien, die er ihr entnahm, regte sie wichtige Ideen an: das religiöse Toleranzprinzip durch die Kenntnis fremder exotischer Völker, die Erschütterung der Autorität der Alten durch Feststellung ihrer geographischen Irrtümer, so daß man insgesamt von der Herausbildung eines theoretischen Relativismus sprechen kann.

III. ITALIEN UND FRANKREICH

Der italienische Einfluß in Frankreich an der Wende vom 15. zum 16. Jahrhundert

(handschriftlich am Rand: Literatur des Übergangs)

Die französische Literatur des 15. Jh.s ist eine Literatur des Übergangs[1] – man spricht gemeinhin sogar von einer ›Epochenschwelle‹ am Ende des Jh.s – und kennt nur wenige bedeutende Autoren wie Alain Chartier (um 1385–um 1435), der die politische Funktion der Dichtung betont und Minnekonflikte allegorisch überhöht, Charles d'Orléans (1394–1465),[2] den man den letzten mittelalterlichen Minnesänger genannt hat, und François Villon (um 1430–nach 1463), den satirischen Dichter in der Tradition des ›poète maudit‹.[3] Dies mag damit zusammenhängen, daß bereits der spätmittelalterliche Dichter Eustache Deschamps (1346–1406[?]) die eigene Zeit als »aage en tristour«, als »âge mineur, près du definement« bezeichnet und die moderne Geschichtswissenschaft bezüglich dieses Zeitabschnitts von einer besonderen ›Katastrophendichte‹ spricht (Zimmermann, in: Grimm, S. 67).

(handschriftlich am Rand: Grands Rhétoriqueurs Ende 15. / Anfang 16. Jh.)

Gegen Ende des 15., vor allem zu Beginn des 16. Jh.s erblüht plötzlich die Schule der ›Grands Rhétoriqueurs‹,[4] einer Gruppe von Hofdichtern im Umkreis der Herzöge von Burgund und der Könige von Frankreich (vgl. Grimm, S. 108f.). Neben allegorischen, moralischen und rhetorischen Elementen finden sich in ihren Dichtungen bereits Hinweise auf Tendenzen bzw. dichterische Techniken, die später für die Renaissanceliteratur wichtig werden: ein ausgeprägter Individualismus, Wiederentdeckung der Alten, italienischer Einfluß.[5] Die Religion ist nicht mehr Dreh- und Angelpunkt des Denkens wie im Mittelalter, etwas Neues bahnt sich an, ohne daß man schon weiß, wie es aussieht und woher es kommt. Die Italienkriege führen viele Franzosen als Diplomaten, Soldaten, Verwaltungsbeamte oder Kleriker in das bekriegte Land; der Kontakt mit dem voll ausgeprägten italienischen Renaissancehumanismus, der allerdings in seiner reinen lateinischen Form bereits den Zenit überschritten hat, ist unausweichlich. Frankreich wird in der ersten Hälfte des 16. Jh.s und noch darüber hinaus in mehrfacher Hinsicht – außenpolitisch, kulturell, ökonomisch, technisch, dynastisch – im Banne Italiens stehen, von Italien lernen und sich seine Ideen so zu eigen machen, daß sie nicht mehr als fremdes Gedankengut erkannt werden. Wenn wir im folgenden vorzugsweise von den Franzosen sprechen, die Italien besuchten und sich dort bildeten, darf darüber nicht die große Zahl italienischer Künstler, Schauspieler, Diplomaten, Bankiers und Wissenschaftler vergessen werden, die von den französischen Königen entweder ins Land geholt wurden oder freiwillig kamen und an dem neuen Aufschwung Frankreichs lebhaften Anteil hatten:

> La prédominance des modes littéraires italiennes s'explique aisément par l'influence des Italiens fixés en France; banquiers, négociants, ecclésiastiques, courtisans et intellectuels: A la cour, la reine, encore effacée au temps d'Henri II, est une florentine et une Médicis; plusieurs princesses françaises épousent des Italiens. [...] Les femmes italiennes fixées en France encouragent naturellement la mode des sonnets pétrarquistes, protègent dans le monde leurs auteurs.[6]

Lyon als Schnittpunkt der Kulturen

Diese für den italienisch-französischen Kulturaustausch so wichtige Stadt wurde 43 v. Chr. von dem Legaten L. Munatius Plancus als Colonia Copia Claudia Augusta Lugdunum gegründet. Im 16. Jh. wußte man das nicht mehr oder wollte es nicht mehr wissen. Die damaligen Historiker liebten genealogische Ursprungssagen und versuchten nach italienischem Vorbild – die Rolands-Epen eines Boiardo und Ariosto sind dem Ferrareser Fürstenhaus Este gewidmet und führen dieses auf Ritter der Karlsrunde zurück – für französische Herrscherhäuser und Städte ebenfalls vornehme und ehrwürdige Deszendenzen zu etablieren, die bis in die Antike zurückreichten. Lyon soll, so schreibt schon Jean Lemaire de Belges in seinen *Illustrations de Gaule et Singularitez de Troye* (1511–13), die später von vielen historisch interessierten Schriftstellern ausgebeutet wurden, von einem keltischen König mit Namen Lugdus gegründet worden sein. Diese Legende wird von einem anonymen Lyoneser Historiker, der 1542 bei dem Drucker Jean Brotot ein Werk *L'Arbre de France* erscheinen läßt, übernommen und vertieft:

> Lugdus roy de Gaule fonda la cité Lugdunum, en langage françois dicte Lyon sur le Rosne, aujourd'huy le second œil de France. Elle a donné nom à sa province lyonnaise, qui est une grande partie de la Gaule celtique. Elle fut fondée par le dict Lugdus, apres le deluge six cens quatre vingts, devant Paris deux cens et vingt, devant Rome cinq cens septante huict ans, devant l'incarnation de notre Seigneur seize cens trente sept ans. Depuis destruicte deux foys. Voyez ses antiquitez et verrez choses magnifiques, dignes de veoir. (Anonymus, *L'Arbre de France*, zit. nach *Actes du Colloque sur L'Humanisme Lyonnais*, S. 129)

Die Benennung Lyons als »second œil de France« ist Lemaire, dem Anonymus und anderen Historikern sehr wichtig: Ohne die Stadt Lyon wäre Frankreich eben nur ›einäugig‹, wobei wohl Paris das eine (erste) Auge symbolisiert. Symphorien Champier (1472–ca. 1539), Lyoner Arzt und Humanist, und Gilles Corrozet (1510–1568), Pariser Drucker und Antiquar, werden Lyon sogar als neues Athen feiern, ein Epitheton, das ansonsten der Hauptstadt Paris vorbehalten ist. Sie ordnen sich damit in die alte biblischantike Tradition der *translatio studii* ein (*Franz. Mittelalter* 11f.), der Vorstellung von der Wanderung der Wissenschaften von Ost nach West, vom Orient (Meder, Babylonier) in den Okzident (Griechenland, Rom). Corrozet schreibt in *La fleur des antiquitez, singularitez et excellences de la plus noble et triumphante ville et cité de Paris* (1532):

> [...] au temps de Minos plusieurs philosophes d'Athènes laisseront le pays de Grèce et passans par Marseille, vindrent le long du Rosne jusqu'à l'Isle gotique [...] où ils édifièrent une achadémie qu'on nomme de present université et du nom des Athéniens leur cité Athanaehus nommèrent et qui de présent est Lyon appellée. (Corrozet, zit. nach *Actes du Colloque sur L'Humanisme Lyonnais*, S. 141).

Der Kern der Stadtgründung liegt auf dem rechten Saôneufer auf einem Hügel und heißt heute Fourvière, was auf das lat. ›Forum vetus‹ zurückgeht. Unter Augustus wurde Lyon Hauptstadt der Provinz ›Gallia Lugdunensis‹ und entwickelte sich zum wirtschaftlichen und intellektuellen Mittelpunkt Galliens. Sehr früh (2. Hälfte 2. Jh.) entstand dort bereits eine Christengemeinde, weshalb der Erzbischof von Lyon seit dem 4. Jh. den Titel ›Primas von Gallien‹ führt. Dies gilt bis heute, auch wenn inzwischen insgesamt sieben französische Erzbischöfe den Titel ›Primas‹ für sich reklamieren und damit keinerlei Jurisdiktion mehr verbunden ist. Aber der Titel bezeugt im Falle von Lyon ein ehrwürdiges Alter von Stadt und Diözese und eine weit zurückreichende christliche Tradition. Daneben wird Lyon seit alters als keltisches Kernland betrachtet, zumal ihr sagenhafter Gründer Lugdus angeblich ein mächtiger keltischer König ist.

Bei Lyon, am Zusammenfluß von Rhône und Saône, kreuzten sich schon immer wichtige Handelswege, die von der Nordsee zum Mittelmeer (Provence) und, weniger ausgeprägt, von den Alpen zum Atlantik führten. Das Saônetal öffnet sich nach Norden nach Burgund, dem Elsaß, dem Rheinland bis hin zur Nordsee und den Niederlanden und letztlich sogar bis Skandinavien; das obere Rhônetal zur Schweiz und nach Süddeutschland; über die Alpenpässe, insbesondere den Mont Cenis, den bereits von Hannibal benutzten Kleinen Sankt Bernhard und den Col de l'Iseron, führten die Straßen nach Italien; aus dem Rhônetal nach Westen gelangte man ins Massif central und von dort an den Atlantik.

Mit der Teilung des Karolingerreichs (843) wurde Lyon Teil des Mittelfränkischen Reichs Lothars I., nach der Auflösung des Königreichs Lothringen gegen Ende des 9. Jh.s kam es zu Burgund und wurde 1033 mit diesem Königreich zum Heiligen Römischen Reich geschlagen. Der wirtschaftliche Aufschwung begann im 11., verstärkt im 12. Jh. und bescherte der Stadt beträchtlichen Wohlstand. Der Niedergang der kaiserlichen Macht in der Provence und im Königreich Burgund brachte der Stadt und ihren Erzbischöfen quasi politische Unabhängigkeit. Nach 1250 wurde jedoch der französische Einfluß immer mächtiger; die Stadtbürger orientierten sich nach Frankreich und reklamierten französischen Schutz, da sie sich von der kaiserlichen Macht im Stich gelassen fühlten. Im Jahr 1307 annektierte Philipp IV. der Schöne Lyon und nahm den Erzbischöfen ihre Unabhängigkeit. Lyon wurde jetzt zur königlichen Grenzstadt, denn die Rhône bildete ein Stück weit die Grenze zum Herzogtum Savoyen, das noch lange zum Reich gehörte. Unter den französischen Herrschern hielt der wirtschaftliche Aufstieg der Stadt an; im 15. Jh., als durch den Hundertjährigen Krieg die Handelswege im nördlichen Frankreich, vor allem in der Champagne, gestört wurden, wurde als Ersatz für die ›foires de Champagne‹ (Champagne-Messen) die berühmte Lyoner Messe errichtet[7] und (1466/67) unter Ludwig XI. die Seidenweberei eingeführt, deren französisches Zentrum Lyon wurde; ab 1473 lassen sich Buchdrucker in der Stadt nieder, deren Zahl ständig steigt, so daß man zum Zeitpunkt der Hochblüte 1545 insgesamt 63 Drucker zählt. Die Druckgeschichte von Lyon ist durch die 13bändige *Bibliographie lyonnaise* von Baudrier-Tricou gut erforscht.

Der erste Drucker von Rang ist Johann Trechsel (Ende der 80er Jahre des 15. Jh.s), am bekanntesten ist aber der aus Reutlingen stammende Sébastien Gryphe (Greiff; 1493–1566), der etwa 25 Jahre später wirkte und eine ganze Druckerdynastie begründete. Seine Druckermarke war ein Greif. Beide, Trechsel und Greiff, stammten wie die meisten Frühdrucker an verschiedenen Plätzen Europas aus Deutschland, wo die Druckerkunst erfunden worden war. Viele hatten später Kontakte zur Reformation und ihren Vertretern im Reich und mußten in den katholisch gebliebenen oder schon bald wieder rekatholisierten romanischen Ländern starke Repressionen erdulden. Dies führte wiederum dazu, daß auch in Lyon um die Mitte des 16. Jh.s ein wirtschaftlicher und intellektueller Niedergang einsetzte. Der Drucker und Verleger Noël Abraham in Lyon besaß übrigens zu Beginn des Jahrhunderts das königliche Privileg für alle die Italienkriege betreffenden Publikationen, und in Lyon wurden sogar mehrere italienische Autoren im Originaltext gedruckt, so daß beispielsweise Petrarca und sein lyrisches Werk, die Novellen Boccaccios oder die neuplatonische Philosophie Marsilio Ficinos, die alle die französische Literatur des 16. Jh.s stark prägen und beeinflussen werden, von Lyon aus ihren Weg nach Frankreich nahmen.

Wenden wir uns wieder der Stadt selber zu: Im Jahr 1506 wurde in Lyon die erste Börse Frankreichs gegründet (*Enz. Mittelalter* 387; *EnzRen* 306), Lyon wurde die Stadt der Banken und des modernen Wirtschaftsverkehrs schlechthin. Fast der gesamte Handel mit Textilien, Pelzen, Metallwaren und Gewürzen lief über seine Handelskontore. Schon bald gab es in der Stadt neben der flämischen und deutschen eine bedeutende italienische Kolonie, denn die Medici verlegten bereits 1465 eine Zweigstelle ihrer Bank von Genf nach Lyon. Von 209 französischen Banken des 16. Jh.s befanden sich allein 169 in Lyon; 1502 gab es hier 52 Florentiner Handelsniederlassungen (vgl. Voss, *Geschichte Frankreichs*, S. 19), so daß die Stadt als Ort kultureller Vermittlung zwischen beiden Ländern wirken konnte. Die wichtigsten Bankiersfamilien hießen Bonvisi, Pazzi, Gondi, Capponi, Salviati; sie stammten aus Florenz, Lucca und Pisa. 1515 hatte die Stadt 40.000 Einwohner, 1550 bereits 50.000. Der gut informierte venezianische Gesandte schreibt in diesen Jahren:

> Lyon ist eine volksreiche und ansehnliche Stadt. Ein großer Teil seiner Einwohner sind Fremde, vor allem Italiener, die wegen der Messen dorthin kommen und um Handel zu betreiben. Viele Kaufleute stammen aus Florenz und Genua. Viermal im Jahr werden Messen veranstaltet, und viel Geld strömt von allen Seiten herbei und wird umgesetzt. Lyon stellt die Grundlage des italienischen Handels und zum großen Teil auch des spanischen und flämischen dar. Ich spreche vom Geldverkehr als jenem Teil des Handels, der die größten Vorteile bringt. Auch fehlt es nicht an Arbeitern und nicht an Unternehmern. Auf den Messen zeigt man die verschiedenartigsten Waren, die in großen Magazinen gestapelt werden. Die Stadt braucht viele Lebensmittel und hat nie genug. (zit. nach Heintze, S. 69f.)

Da 1349 die Dauphiné, das Land zwischen Rhône, Alpen, Provence und Savoyen, von der französischen Krone annektiert wurde, wurde Lyon zum ständigen Aufmarschgebiet und Ausgangspunkt für alle militärischen Unternehmungen der Könige von Frankreich in Richtung Savoyen, Piemont und Italien.[8] So kommt es, daß sich seit Beginn der Italienkriege fast alle Könige, Diplomaten und viele Intellektuelle in ihrem Gefolge in der Stadt aufgehalten haben; zu nennen sind François Rabelais, Clément Marot, Etienne Dolet, Sébastien Castellion und Bonaventure Des Périers. Weniger bekannt sind der neulateinische Dichter Jean Vouté (Vulteius) und Heinrich Cornelius Agrippa von Nettesheim (1486–1533), den die Nachschlagewerke als Gelehrten, internationalen Abenteurer und Okkultisten ausweisen (*EnzRen* 16). Er war kurze Zeit Leibarzt von Louise von Savoyen, der Mutter Franz' I., und hatte zuvor in Genf und Fribourg gelebt.

Berühmte Lyon-Besucher – Rabelais, Dolet, Marot

Rabelais kam 1532 aus Montpellier und blieb bis 1536 als Stadtarzt am Hôtel Dieu (vgl. Heintze, S. 67f.). Er freundete sich mit vielen Gebildeten und auch Druckern an (Dolet, dem Dichter Mellin de Saint-Gelais, dem Neulateiner Salmon Macrin, dem »grand rhétoriqueur« Antoine du Saix,

Kommandeur des Hospitalierordens in Saint-Antoine-du-Bourg), wirkte wohl bei Gryphe als Korrektor, wurde Arzt am Hôtel-Dieu de Notre-Dame de la Pitié du Pont-du-Rhône mit einem jährlichen Salär von 40 Livres, und veröffentlichte im gleichen Jahr bei der Herbstmesse unter dem Anagramm Maistre Alcofrybas Nasier *Les horribles et épouvantables faicts de Pantagruel.* Bei Gryphius hatte er zuvor schon die *Épistres médicales* des Jean Ménard (Giovanni Manardi), eines Ferrareser Arztes, publiziert und dem Juristen André Tiraqueau (um 1480–1588; *DLF* 665) gewidmet, und er übersetzte ebenfalls für Greifs Druckoffizin die Aphorismen des Hippokrates aus dem Griechischen ins Lateinische, zusammen mit einem Kommentar. Aus Lyon sind auch in dieser Zeit mehrere Briefe abgesandt (s. S. 72f.), darunter der berühmteste an Erasmus, dem Rabelais verspricht, ihm eine Handschrift des Flavius Josephus zu schicken. Der Brief enthält den bekannten Satz »patrem te dixi, matrem etiam dicerem, si per indulgentiam mihi id tuam liceret – ich nannte dich Vater und würde dich auch Mutter nennen, wenn du mir dies gestattetest« (Ed. Demerson, S. 948). Weitere Werke folgten (*Testament de Cuspidius*, ein juristischer Text; *Pantagruéline Prognostication*, ein astronomischer Kalender; *Römische Topographie Marlianis* usw.)

Etienne Dolet (1509–1546; *DLF* 232–235) lebte mit Unterbrechungen von 1534–46 in der Stadt, wo er eine bekannte Buchdruckerei eröffnete und die Werke Marots, Rabelais' *Gargantua* und andere für den Humanismus wichtige Schriften druckte.[9] Sein Druckerzeichen war, einem Spiel mit dem Namen folgend, wie es die Zeitgenossen in der Tradition der Rhétoriqueurs liebten, eine ›douloère d'or‹, ein goldenes Breit- oder Böttcherbeil (Abb. Berthelot/ Cornilliat, S. 226). Dies Signet ist durchaus sprechend, denn – »wo gehobelt wird, da fallen Späne«, könnte man abwandelnd sagen – Dolet nahm kein Blatt vor den Mund, war ein Satiriker und Freigeist von Rang. Er selber fügte seiner Druckermarke die lateinische Inschrift »Scabra, et impolita ad amussim dolo, atque perpolio – Das Rauhe und Ungebildete bearbeite ich mit dem Richtscheit und verfeinere es« hinzu. Mehrfach bekam er es mit der Justiz zu tun: 1536 wurde er erstmals in Lyon wegen Mordes eingekerkert, denn er erschlug den Maler Compaing, doch der König begnadigte ihn, weil er in Notwehr gehandelt hatte. Als er reformatorische Bücher aus Genf einführte, denunzierten ihn neidische Konkurrenten bei der dem Erzbischof unterstellten Inquisition; Gegenstand der Anklage war vor allem ein ›atheistisches Werk‹ (*Cato christianus*, 1538). Er wurde Ende 1542 erneut inhaftiert, aber noch einmal kam er frei, als er seinen Irrtümern feierlich abschwor. 1544 wurde er abermals denunziert, weil er einen Abschnitt des Platon zugeschriebenen Dialogs *Axiochos* übersetzt hatte, in dem die Unsterblichkeit der Seele geleugnet wird. Der inkriminierte Satz lautet: »Après la mort tu ne seras plus *rien du tout*«. Er wurde nach Paris geschafft, zum Tode verurteilt, gehängt und auf dem Scheiterhaufen auf der Place Maubert verbrannt. Und trotzdem war, da es in Lyon kein Parlement und keine Universität gab, die Meinungsäußerung dort lange Zeit freier als anderswo; man war in religiösen Dingen sogar tolerant und huldigte einem Synkretismus (Verschmelzung mehrerer religiöser Standpunkte), der alle Religionen für Manifestationen einer einzigen Wahrheit deklarierte. Nur so erklärt sich der Umstand, daß es Dolet zweimal gelang, wieder freizukommen. Denn König Franz I. hatte 1534 erst nach der bekannten *affaire des placards*, dem Anbringen protestantischer Pamphlete an seiner Schlafzimmertür in Amboise, einen härteren Kurs gegen die Protestanten eingeschlagen und gebärdete sich offen reformationsfeindlich. Bewegend ist das Gedicht, das Dolet kurz vor seiner Hinrichtung im Gefängnis verfaßte. Sein tragischer Tod hat ihm Unsterblichkeit verschafft, was seine philologischen Leistungen (er war ein glänzender Terenz- und Cicero-Kommentator) allein vermutlich nicht vermocht hätten:

> Si au besoing le monde m'abandonne,
> Et si de Dieu la volonté n'ordonne
> Que liberté encores on me donne
> Selon mon vueil:
> Dois-je en mon cœur pour cela mener deuil,
> Et de regrets faire amas et recueil?
> Non, pour certain, mais au ciel lever l'œil
> Sans aultre esgard.
> Sus donc, esprit, laissez la chair à part,
> Et devers Dieu, qui tout bien nous despart,
> Retirez-vous, comme à vostre rempart,
> Vostre fortresse.
> (*Cantique d'Estienne Dolet, prisonnier à la Conciergerie de Paris, sur la désolation et la consolation*, 1546, zit. nach *DLF* 235)

Clément Marot (1496–1544; *DLF* 488–494) folgte dem Hof und diente zunächst Marguerite de Navarre, dann König Franz I. als Sekretär. Die genauen Daten seiner Aufenthalte in der Stadt Lyon sind nur schwer festzustellen. Doch da er sich stets in der Nähe des Königs aufhielt, bevor er 1534 wegen der bereits erwähnten *affaire des placards* nach Nérac zu Marguerite d'Alençon und danach zu Königin Renée de France (1510–74), einer Tochter Ludwigs XII. und bekennenden Kalvinistin, nach Ferrara floh, dessen Fürsten sie geheiratet hatte, dürfte es sich um die Jahre 1515–30 handeln. Über seine Dichtungen wird noch zu sprechen sein (s. S. 141f.). Dominique de Colonia, der erste Verfasser einer umfangreichen Literaturgeschichte von Lyon, schreibt:

> Pour peu qu'on ait parcouru les Poësies de Marot, on doit avoir remarqué qu'il y paroît fort content de la Ville de Lyon, & de ses habitans; & qu'il ne laisse guére échapper d'occasion de manifester son estime & sa reconnoissance à leur égard.
> (Colonia, *Histoire littéraire* II, 512)

In der Tat hat der Dichter, nach dem ein eigener Dichtstil, der *style marotique*, benannt ist, der in einfacher liedhafter Form das lyrische Ich mit seinen Befindlichkeiten zum Gegenstand macht, mehrere Gelegenheitsgedichte (Epigramme) auf Lyon gedichtet, die wegen ihrer Wortspiele die Nähe zu den Rhétoriqueurs nicht verleugnen können. Da *lion* auch der *Löwe* ist, ein beliebtes Wappen- und Fabeltier, kann Marot damit trefflich jonglieren:

Epigramme sur la Ville de Lyon

On dira ce que l'on voudra
Du Lion, & de sa cruauté.
Toûjours, où le sens me faudra,
J'estimerai sa privauté [= Vertraulichkeit, Zahmheit].
J'ai trouvé plus d'honnêteté,
Et de noblesse en ce Lyon,
Que n'ai pour avoir frequenté
D'autres bestes un million.
(zit. nach Colonia II, S. 512)[10]

Ein letzter zu nennender Lyonbesucher ist Sébastien Castellion (1515–1563),[11] französischer Reformer und Befürworter religiöser Toleranz, der aus der Nähe von Genf stammte. Er weilte 1535 bis 1540 als Professor in der Stadt, bevor er nach Straßburg weiterzog, wo er Jean Calvin kennenlernte und, nachdem er sich mit ihm zerstritten hatte, nach Basel als Gräzist berufen wurde. Seine Hauptleistung ist eine französische Bibelübersetzung. Alle genannten Denker hatten pro-reformatorische Neigungen. Eine Zeitlang sah es sogar so aus, als ob die Reformation auch in Lyon festen Fuß fassen könnte, doch nach ihrer Einführung im Jahre 1562 hielt sie sich nur bis 1563 und blieb eine ephemere Episode.

Dennoch, wenn an anderer Stelle bereits festgestellt wurde, daß Lyon für die französische Renaissancekultur eine Vorreiterfunktion übernommen hatte[12] und Paris in vielen Bereichen übertraf, dann gilt das auch für die Literatur. Hier kann man schon bald von einem eigenen Lyoneser Humanismus sprechen, dessen erster namhafter Vertreter der bereits erwähnte Arzt Symphorien Champier ist.[13] Sein bekanntestes Werk ist die *Nef des dames vertueuses* (1503), die genau wie sein lateinisch verfaßter *Liber de quadruplici vita* (1507) neuplatonisches ficinianisches Ideengut aufgreift und die antifeministischen Tendenzen seiner ein Jahr zuvor erschienenen Schrift *La Nef des Princes* zurücknimmt. Fast gleichzeitig mit ihm schrieb Pierre

Sala (vor 1457–1529) seinen *Livre d'amitié*, eine Verherrlichung des Freundschaftskultes im Sinne Ciceros. Andere wichtige Autoren sind Jean Grolier de Servières (1479–1565), der vor allem als Büchersammler und Bibliophiler bekannt wurde und kostbare Einbände für seine vielen Bücher anfertigen ließ,[14] Claude de Bellièvre (1487–1577), Magistrat und Archäologe, dem wir die Auffindung und Konservierung (1528) der *Table claudienne* verdanken, einer Rede des römischen Kaisers Claudius I., die den Notablen der *Gallia comata* [*la Gaule chevelue* = das bis zur Ankunft Caesars unabhängige Gallien] den Zutritt zu den Ämtern erlaubte; dann noch Guillaume du Choul (um 1500–nach 1555), in dessen Lyoneser Haus, in dem heute die Chambre des Notaires untergebracht ist, sich solche Gelehrte trafen, die an der Erforschung der römischen Altertümer interessiert waren (*DLF* 261). Alle genannten Autoren stehen für wichtige Tendenzen des französischen Frühhumanismus, seien sie antiquarischer, bibliophiler, philosophischer oder literarischer Art; zudem können sie – im weitesten Sinne – als Wegbereiter einer Gruppe bedeutender Lyriker gelten, die man später die ›Lyoneser Schule‹ nennen wird[15] und die der Pléiade voranging, welche dann ihren Primat jedoch bestritt. Zu dieser ›Lyoneser Schule‹ (*École Lyonnaise*), die etwa von 1530–60 aktiv ist, gehörten als ›Oberhaupt‹ Maurice Scève (um 1500–um 1560) und sein meist unterschätzter Bruder Guillaume sowie ihre Schwestern Claudine und Jeanne, Barthélemy Aneau († 1561), Antoine Héroët (um 1492–1568), Pernette du Guillet (um 1520–1545) und vor allem Louise Labé (vor 1524–1566), genannt »la Belle Cordière«. Zu erwähnen sind auch die weniger bekannten Dichter Claude de Taillemont (um 1506–nach 1558; *DLF* 659), Philibert Bugnyon (um 1530–1587; *DLF* 143–144), François de Billon (1522–nach 1566; *DLF* 108), der Pariser Charles Fontaine (1514–1564/70; *DLF* 328), ein Wahllyoner, u.a. (*DictLitt* 1,713).

Die Stadt Lyon hat übrigens in ihren Werken nur geringe Spuren hinterlassen. Dies verwundert nicht, denn sie sind empfindsame Lyriker und haben neuplatonisch inspirierte petrarkistische Lyrik, kaum Gelegenheitsdichtungen, hinterlassen; Bugnyon z.B. auf eine »belle et docte Gélasine«, die in vielen Zügen Scèves Délie ähnelt. Ein bedeutendes ›Encomium urbis Lugduni‹ (Lobgedicht auf die Stadt Lyon) fehlt daher, wenn man von den bereits zitierten Versen Marots einmal absieht, doch kann man auch aus ganz persönlichen Gedichten die Faszination der Stadt herauslesen. So lautet der Dizain (Zehnzeiler) Nr. XXVI von Scèves *Délie*:

> Je voy en moy estre ce Mont Forviere
> En mainte part pincé de mes pinceaulx.
> A son pied court l'une et l'aultre Riviere,
> Et jusqu'aux miens descendent deux ruisseaulx.
> Il est semé de marbre à maintz monceaulx,

Moy de glaçons: luy aupres du Soleil
Ce rend plus froid, et moy près de ton œil
Je me congele: ou loing d'ardeur je fume.
Seule une nuict fut son feu nompareil:
Las! toujours j'ars, et point ne me consume.
(Scève, *Délie* XXVI, in *Poètes du XVIe Siècle*, S. 83)

Ich sehe in mir den Mont Fourvière
an mehreren Stellen mit meinen Pinseln gemalt [= eingefangen].
Zu seinen Füßen fließen die beiden Flüsse,
Und [auch] bis zu meinen fallen zwei Bäche herab.
      Er ist mit mancherlei Haufen von Marmorstücken übersät,
Ich mit Eisbrocken: ihn macht das in der Sonnenhitze
kühler, und ich erstarre
vor deinem Blick: aber fern von ihm dampfe ich vor Hitze.
Nur eine Nacht lang war sein Name ohnegleichen:
Weh mir! Ich brenne immer, und verzehre mich nicht.
(eigene Übers.)

Um diesen Dizain (Schreibung der Zeit: Dixain) zu verstehen, muß man
zunächst einmal wissen, daß die Keimzelle der Stadt, der Mont Fourvière
(Altes Forum), fälschlich als ›Mons Veneris‹ (Hügel der Venus) etymologisiert wurde (sog. Volksetymologie). Dies ist auch wichtig, um den Dizain
als Liebesgedicht einzuordnen: Die beiden Flüsse zu Füßen des Dichters sind
natürlich Saône und Rhône; sie werden mit den Tränen parallelgesetzt, die
dem Liebenden vor Schmerz aus den Augen bis auf die Füße rinnen. Auf
dem Mont Fourvière befinden sich die meisten römischen Baureste Lyons,
wie die beiden allerdings erst in diesem Jahrhundert vollständig ausge-
grabenen Amphitheater, der Tempel der Kybele und andere mehr. Scève
nimmt herumliegende Marmortrümmer zum Ausgangspunkt eines weiteren
Vergleichs: So wie die Marmorreste im Sommer auf dem Hügel vor den
Strahlen der Sonne Schatten spenden und Kühle erzeugen, herrscht in ihm
durch den Blick der Geliebten Eiseskälte. Ist er jedoch fern von ihrem Blick
(man beachte die Gleichsetzung ihrer Augen mit der Sonne), erglüht er in
Liebe und verzehrt sich nach ihr. Nur ein einziges Mal, eine Nacht lang, hat
sie ihn, was immer das heißen mag, mit ihrem Blick erhört. Der abschließende Vergleich beruht auf der sog. Feuer-Eis-Metaphorik, einem bekannten petrarkistischen Topos oder Paradox: Liebesglut und ängstliches Er-
starren gehen stufenlos ineinander über und verbinden sich zudem mit den
Farben Rot und Weiß.

Die Lyoneser Schule

Die Literaturwissenschaft neigt aus praktischen Erwägungen zum Klassifizieren; sie ist sich dabei allerdings bewußt, daß dieses ordnende Vorgehen Sachverhalte verkürzt und rafft und gelegentlich zu unzulässigen Verallgemeinerungen führt. Der Schulbegriff ist ein solcher, mit einer gewissen Vorsicht zu verwendender Klassifikationsbegriff. Von ›Schule‹ kann man jedoch immer dann sprechen, wenn ihre Mitglieder an einem Ort wirken, so daß persönlicher Austausch, aber auch gegenseitige Kontrolle und Kritik, gewährleistet sind. Hinzu kommen ähnliche dichterische Themen, Techniken und Ausdrucksmittel, vor allem aber auch das Bewußtsein der Gemeinsamkeit.[16] Dies ist im Falle der genannten Lyoner Dichter durchaus gegeben. Worin bestehen nun ihre Gemeinsamkeiten? Aus Italien kommt eine humanistische Grundstimmung, die eine starke Liebe zu den Naturwissenschaften, vor allem zur Mathematik und Astrologie, erzeugt. Weiterhin verbindet sich die Dichtung mit der Musik, denn fast alle Dichter begleiten ihren Vortrag mit Laute, Spinett oder Harfe oder äußern sich theoretisch zur Verbindung beider Künste. Die Stadt Lyon kennt bis zum Ausbruch der Religionskriege ein glänzendes gesellschaftliches Leben, das dem der italienischen Fürstenhöfe ähnelt, ohne höfisch zu sein. Petrarkismus, Neuplatonismus und Esoterismus (kabbalistische Mystik) sind die wichtigsten Beiträge, die italienische Literatur und Philosophie an die Lyoneser Schule weitergeben. Die drei genannten Richtungen verbinden sich mit den Namen Francesco Petrarca (1304–1374), Marsilio Ficino (1433–1499) und Giovanni Pico della Mirandola (1463–1494). Von den in der Stadt wirkenden Formkünstlern Clément Marot und Mellin de Saint-Gellais [Gelays] war bereits gesprochen worden. Die italienische Lyrik lieferte schließlich auch das Sonett als Ausdrucksform (*DLF* 646–651; *DictLitt* 1, 713).

Beginnen wir mit dem *Petrarkismus*.[17] Der Terminus bezeichnet die in ganz Europa verbreitete Nachahmung und Nachdichtung von Petrarcas *Rime*, auch *Canzoniere* genannt, der ab 1470 immer wieder gedruckt wurde. Diese Sammlung galt den traditionsbewußten Italienern als Thesaurus oder Vorratskammer. »Huldigung an die Geliebte, Lobpreis ihrer körperlichen und geistigen Erscheinung, Unerfülltheit der Liebe, Schmerz und Melancholie, Todesgedanke, Natur als Ausdruck der persönlichen Stimmung sind Hauptthemen« (*LWR* 312–314). Die Petrarkisten übernahmen auch Petrarcas liebste dichterische Formen, Sonett und Kanzone, sowie seine rhetorischen Mittel (Antithese, Anapher, Oxymoron, Hyperbel). Der Humanist und Kardinal Pietro Bembo (1470–1547) stutzte den exzessiven Petrarkismus zurecht und entfaltete im zweiten Buch seiner *Prose della volgar lingua* (1525) »eine an Petrarca entwickelte normative Stillehre und damit eine Ästhetik lyrischen Dichtens« (Friedrich, S. 316). Der moderne Originalitätsbegriff tut sich schwer, in dieser wirkungsmächtigen Nachahmung Petrarcas kein steriles Epigonentum zu sehen. Hugo Friedrich deutet den Petrarkismus vor allem als Stilproblem. Petrarcas Dichtung vereine wie keine andere die beiden Ideale *gravitas* (*onestà*, *dignità*, *maestà*, *grandezza*) und *levitas* (*piacevolezza*, *grazia*, *vaghezza*, *dolcezza*, *scherzi*, *giuochi*), eine Begriffskette, die besage, »daß innerhalb des im ganzen maßvollen lyrischen Dichtens ein wohltuender, die Monotonie vermeidender Wechsel zwischen gehobener und entspannter Sprachhaltung, zwischen feierlicher und spielerischer Tonart stattfinden« solle (ebd., S. 316).

Die theoretische Grundlage des Petrarkismus lieferte der auf Plotin (204–270) zurückgehende *Neuplatonismus* oder besser *Plotinismus*, der die platonische Eroslehre in Richtung einer religiösen Ekstase umlenkte (ebd., S. 286–293; *DLF* 572–576). Eros ist in der platonischen Philosophie eine Kraft, die die empirisch-sinnenhafte und die geistig-göttliche Welt miteinander verbindet. Dies vermag jedoch nur der Eros, der nicht leiblich-begehrend ist, sondern in der sichtbaren Schönheit das Abbild der unsichtbaren erkennt und zu ihr emporstrebt. Der Florentiner Arzt und Priester Marsilio Ficino synthetisierte diese Vorstellungen in seinem 1469 abgefaßten und immer wieder umgearbeiteten *Commentarium in Convivium Platonis sive de Amore*.[18] Er übersetzte seinen Kommentar selber später aus dem Lateinischen ins Italienische. Seine wichtigsten Gedanken lauten in der Paraphrase Friedrichs:

> Eros und Schönheit gehören zusammen. Schönheit ist Licht, aber auch Wahrheit ist Licht. Die Schönheit des Körpers, sichtbares Licht, weckt Eros, der den Liebenden befähigt, durch das sichtbare Licht der körperlichen Schönheit hindurch das intelligible Licht der urbildhaften Schönheit und der Wahrheit zu schauen. Aber der Weg des Liebenden zu solcher Schau ist ein schmerzhafter. Der Liebende steht ja unter der Gewalt des Eros, der ihn überkommt wie ein Herr den Knecht. Eros raubt ihm die Freiheit. Wer aber die Freiheit raubt, der erzeugt Haß. Doch wodurch raubt Eros die Freiheit? Durch die Schönheit des geliebten Wesens, die so herrlich ist, daß der Liebende sich nicht von ihr losreißen kann. So kommt es zu der Wirrnis, daß der Liebende sich entwinden und doch wieder fesseln will, daß er hassen muß, weil er zu lieben gezwungen wird. (Friedrich, S. 291)

Nicht minder wichtig für die Rezeption des Neuplatonismus in Frankreich waren die *Dialoghi d'amore* (Rom, 1535; Venedig, 1541) des portugiesischen Juden Leone Ebreo (um 1465–vor 1535), die Pontus de Thyard (Tyard; 1521–1605) 1551 (Lyon: Jean de Tournes) ins Italienische übersetzte.[19] Tyard war zunächst Mitglied der Lyoneser Schule, bis ihn Ronsard für die Mitarbeit in der Pléiade gewann. Auch für ihn ist das Schöne Abglanz des Göttlichen, ist Liebe daher an der Gottesliebe orientiert. Ähnliche Traktate wie der Leone Ebreos, die in Frankreich rezipiert wurden, sind Bembos *Asolani* (übers. 1545, Paris: Vascosan, durch Jean Martin),[20]

Jacopo Caviceos (1443–1511) *Il libro del Peregrino* (Paris: Nicolas Couteau, für Galliot Du Pré; übers. von François D'Assy)[21] und Leon Battista Albertis (1404–1472) *Ecatomfila* (übers. 1534, Paris: Louis Blaubloom für Galliot Du Pré; anonym). Man beachte die frühen Übersetzungsdaten 1527, 1534 und 1545, die die These vom italienischen Einfluß stützen. Mario Equicolas (um 1470–1525) *Libro de natura de amore,* ebenfalls ein Schlüsseltext, wurde dagegen erst 1584 in Paris bei Jean Houzé in der Übertragung Gabriel Chappuys' (1546–um 1611) veröffentlicht.

Um zahlreiche philosophische Gedanken erweiterte ein anderer Italiener, Giovanni Pico della Mirandola, die neuplatonische Liebesauffassung. In *De dignitate hominis* (entstanden 1486; gedruckt 1572) verbindet Pico synkretistisch Aristotelismus, Platonismus, Christentum, Judentum, Hermetismus, Kabbala und jüdischen Mystizismus.[22] Die Schrift soll auf die wesentliche Frage nach dem Wert des Menschen und seiner Aufgabe im Gesamtgefüge des Kosmos Antwort geben. Zwar kennt Pico die humanistische Diskussion um den Adel des Menschen genau, aber er gibt eine eigenständige neue Antwort: Die Besonderheit des Menschen liegt nicht in seiner adligen Natur, sondern in der Tatsache, daß er über keine Natur verfügt, die sein Tun von vornherein determiniert. Er kann sich, im Unterschied zu allen anderen Lebewesen, seine Natur in einem primären Akt freier Entscheidung schaffen, die dann determinierend wirkt (*De dignitate hominis*, ed. Garin, S. 7–24). So ist er keine Stufe im Makrokosmos, sondern er ist als Gottes Abbild ein autonomer Mikrokosmos, in dem sich die Seinsarten des Elementarischen, Tierischen und Himmlischen verbinden:

> Gott hat am Ende der Schöpfungstage den Menschen geschaffen, damit derselbe die Gesetze des Weltalls erkenne, dessen Schönheit liebe, dessen Größe bewundere. Er band denselben an keinen festen Sitz, an kein bestimmtes Tun, an keine Notwendigkeit, sondern er gab ihm Beweglichkeit und freien Willen. »Mitten in die Welt«, spricht der Schöpfer zu Adam, »habe ich dich gestellt, damit du um so leichter um dich schauest und sehest, was drinnen ist. Ich schuf dich als ein Wesen weder himmlisch noch irdisch, weder sterblich noch unsterblich allein, damit du dein eigener, freier Bildner und Überwinder seiest; du kannst zum Tiere entarten und zum gottähnlichen Wesen dich wiedergebären«. (Pico della Mirandola, *De dignitate hominis*, übers. Burckhardt, *Die Kultur*, S. 241)

Es soll im folgenden wenigstens an einem Beispiel gezeigt werden, wie sich petrarkistische, neuplatonische und kosmisch-mystische Elemente in der Dichtung der Lyoner Schule verbinden.[23] Ihr geistiger Vordenker Maurice Scève erregte 1533 Aufsehen, als er in Avignon – angeblich – das Grab der von Petrarca besungenen Laura gefunden haben wollte. Wirklich und zu Recht berühmt wurde er jedoch erst mit seinem 450 (449 Dizains und ein Einleitungsdizain) Zehnsilber umfassenden Canzoniere *Délie, objet de plus haute vertu* (1544), einem der bedeutenden lyrischen Meisterwerke der französischen Poesie.[24]

In dem Maße, wie man sich in unserem Jahrhundert mit den französischen Symbolisten, allen voran Mallarmé, beschäftigte, stieg auch die Wertschätzung für den änigmatischen Maurice Scève, einen esoterischen Hermetiker, so die Urteile der Kritik, auf halbem Weg zwischen Lykophron aus Chalkis, dem Verfasser der *Alexandra* (3. Jh. v. Chr.), und eben Mallarmé. Scève lebte zurückgezogen, was er sich als Abkömmling einer wohlhabenden Familie leisten konnte. Hochgebildet – er konnte Griechisch, Latein, Italienisch und Spanisch – übersetzte und dichtete er. Mit der *Délie* schrieb er den ersten französischen Canzoniere in der Petrarca-Manier, einen mehr oder minder kohärenten Gedichtzyklus, der die Liebe von ihrem Entstehen in der Jugend bis zum antizipierten Tod des Dichters beschreibt. Der Name generiert, analog zu Petrarcas Laura, ein ›Délie-System‹.[25] Délie ist (zufällig?) ein Anagramm von l'idée, meint Idealität und Abstraktion, ist also Anspielung auf die wichtige platonische Ideenlehre. Anagramme waren übrigens eine beliebte Mode in diesem Jahrhundert, mit der jedoch Du Bellay radikal brach, der sich in vielen Punkten von den Techniken der Rhétoriqueurs distanzierte (*DLF* 47–48). Weiterhin verbirgt sich wohl zugleich hinter dem Namen Délie ein anderes Mitglied der *école lyonnaise*, Pernette du Guillet (um 1520–1545),[26] selber Verfasserin von *Rymes* und dem Dichter seit ihrem sechzehnten Lebensjahr in leidenschaftlicher Liebe verbunden. In Anbetracht der starken Idealisierung vermag man nicht zu entscheiden, ob die Bedichtete noch ein Wesen aus Fleisch und Blut oder nurmehr ein Symbol und damit eine Abstraktion ist. In Délie klingt aber auch Delos an, die Insel, auf der Diana und Apoll geboren wurden. (Nach einer anderen Überlieferung wurde Diana zwar auf der Nachbarinsel Ortygia geboren, stand aber ihrer Mutter Leto bei der Geburt Apollons auf Delos bei). Diana-Artemis ist jungfräuliche Göttin der Jagd, aber auch der Geburt, und damit Schützerin alles neugeborenen Lebens, und zuletzt des Mondes. Als nächtliche Schwester Apolls, erscheint Artemis als ein lunarisches Wesen, das dem Dichter in dreifacher Gestalt als Hekate (Göttin der Unterwelt), Artemis und Selene (Luna) begegnet und somit die Bereiche des Unterirdischen, Irdischen und Überirdischen verkörpert. Als vierter Bezug bietet sich die römische Elegiendichtung des Albius Tibullus (um 55–19 v. Chr.) an (*Elegiarium libri IV*), deren erstes Buch der Geliebten Delia zugeeignet ist. Die immer wiederkehrenden Motive dieser Elegien sind u.a. die Schönheit der Geliebten, die Ruhe des Landlebens, Friedenssehnsucht, Rivalität und Eifersucht. So gehören zum ›Délie-System‹ Idealität/Idealisierung, metapoetische Reflexion, Naturbeschreibungen, Verletzung und Schmerz, der Tod-Leben-Gegensatz, Lichtmetaphysik, Kühle usw., was eine hochartifizielle, häufig hermetischpreziöse und stark stilisierte Dichtersprache ergibt. Bereits das Motto der Sammlung »Souffrir non souffrir – Leiden, Nicht-Leiden/ Nichtdulden erdulden/ Leiden ohne Leid« ist rätselhaft und paradox. Als Beispiel wählen wir den Eröffnungs-Dizain (I) aus:

> L'ŒIL trop ardent en mes jeunes erreurs
> Girouettoit, mal cault, à l'impourveue:
> Voicy – ô paour d'agreables terreurs! –
> Mon Basilisque avec sa poingnant' veue
> Perçant Corps, Cœur, et Raison despourveue,
> Vint penetrer en l'Ame de mon Ame.
>   Grand fut le coup, qui sans tranchante lame
> Fait que, vivant le corps, l'Esprit desvie,
> Piteuse hostie au conspect de toy, Dame,
> Constituée Idole de ma vie.
> (Scève, *Délie* I, in: *Poètes du XVIᵉ Siècle*, S. 75)

> Mein all zu kühnes Auge drehte sich in jugendlichem Wahn
> unvorsichtig und unvermutet:
> Als plötzlich – oh Furcht voll angenehmem Schrecken! –
> mein Basilisk mit seinem stechenden Blick,
> indem er Leib, Herz und die überraschte Vernunft durchbohrte,
> ins Innerste meiner Seele eindrang.
>   Schlimm war der Schlag, der ohne blanken Stahl
> bewirkt, daß mein Geist, obwohl der Leib noch lebt, entweicht,
> eine erbarmenswerte Hostie bei deinem Anblick, Herrin,
> die du der Götze meines Lebens bist.
> (eigene Übers.)

Wie in zahlreichen neuplatonischen Texten ist auch hier das Auge Quelle der Liebe, Ursache von Lust und Schmerz.[27] Der Text schreibt sich sogleich in die Petrarca-Tradition ein, denn »mes jeunes erreurs« ist ein Direktzitat aus Petrarcas programmatischem Einleitungssonett (*Canzoniere* I), wo er seine Liebe ebenfalls als »jugendlichen Irrtum« (»giovenil errore«) deklariert. Und auch für das »Grand fut le coup« lassen sich Parallelen bei Petrarca finden (z.B. *Canzoniere* II, 7; III, 6). Délie soll sich aus der Sinnlichkeit zur reinen Idee läutern. Der Dizain ist übrigens im Verhältnis 6 : 4 geteilt und reimt ababbccdcd. Dieses Schema ist symmetrisch. Teilung und Reimschema bieten dem Dichter zahlreiche Variationsmöglichkeiten. Stilistisch sind Oxymora und Paradoxien auffällig. Die Liebe als »agreables terreurs« zu bezeichnen, kommt dem »dulce malum« (süßes, angenehmes Übel) der römischen Elegiker gleich. Der Blick ist wie ein Schwertstreich oder Degenstoß und dringt in die »Ame de mon Ame« – eine aus Leone Ebreo genommene Hyperbel – ein. Dieser Blick ist zwar ohne schneidende Klinge, hat aber eine viel schlimmere Wirkung: Der Leib lebt noch, aber der Geist ist getroffen und entweicht, so daß der Liebende zum lebenden Leichnam, zur »Piteuse hostie«, wird, was eine christliche Parodie ist. Die herausragenden Wortfelder sind *œil* oder *veue* bzw. *coup* (*poingnant, perçant, penetrer, tranchante*). Zum Wortfeld *Blick* gehört auch der Basilisk, ein schlangenartiges Fabelwesen der mittelalterlichen Bestiarien (*Franz. Mittelalter* 213f.), dessen Blick tötet. Die Geliebte ist nicht nur als dieses Fabelwesen, sondern auch als Herrin und Göttin, »Dame et Idole«, gegenwärtig. Assonanzen wie *corps, cœur, coup* bzw. *veue, vie, vivant, desvie* unterstreichen die Bedeutung der beiden Bereiche.

Der Zyklus ist zahlensymbolisch vor allem um die Zahlen 9 und 10 konzentriert. 449 Dizains werden durch einen Widmungsdizain (›À sa Délie‹) zu 450 ergänzt. Jeder Dizain besteht aus 10 Zehnsilbern, hat also 100 Silben. Jede Strophe wird so zu einem vollkommenen Quadrat, in das sich ein Inhalt einschreibt. Möglich, daß auch 449 eine kabbalistische Geheimzahl ist. Die Dizains sind zu Neunergruppen geordnet (*neuvaines*), die jeweils thematisch verbunden sind und in der Originalausgabe mit einem Emblem kombiniert werden, so daß sich insgesamt 50 derartiger Embleme finden.[28] Das 50. mit der Überschrift »Le Tumbeau & les chandeliers« besteht beispielsweise aus einem Sarg, einem Weihwassereimer mit Wedel und zwei Leuchtern an den Enden des Katafalks. Sein Motto lautet: »Apres la mort ma guerre encor me suyt – Nach meinem Tod geht mein Krieg noch weiter«. Dies stellt eine Verbindung von Wasser (Eis), Feuer und Tod dar, kombiniert eine religiöse Dimension mit einer persönlichen; Délie ist phonetisch in chan*delie*r präsent. Diese Embleme stammen aus einem Emblem-Buch von Gilles Corrozet (*Hécatomgraphie*, 1540 – vgl. darin die Hundertzahl), werden aber hier von Scève neu kontextualisiert. Ihre Visualisierung (*picta poesis*) hat eine multiple Funktion: Für den Leser verbindet sich Konkretes mit Abstraktem, Bild mit Text. Dies hat pädagogische und erinnernde Bedeutung, da derartige Embleme bekannte Klischees abrufen. Scèves Canzoniere erhält dadurch eine Art thematischer Kapitelgliederung, auch wenn die einzelnen Dizains diese nicht immer stringent ausfüllen. Das alles ist keine Spielerei, sondern noch ein spätallegorisches ›System‹, das dem Leser Lesehilfen bietet.

Berühmter als Pernette Du Guillet ist Louise Labé,[29] ebenfalls Mitglied der Lyoneser Schule und gebildete, aber ungetreue Ehefrau des Lyoner Seilermeisters Ennemond Perrin, weshalb sie auch die ›belle cordière‹ genannt wurde bzw. als ›cortigiana onesta‹, als ›ehrbare Dirne‹, gescholten wurde. Mit dem Dichter Olivier de Magny (um 1529–1561),[30] der auf dem Weg nach Italien im März 1555 durch Lyon kam, hatte sie angeblich eine leidenschaftliche Beziehung, die sich in ihren jeweiligen Canzonieri niederschlug, (wie auch in seinen *Souspirs*, die sich als Romdichtung durchaus mit Du Bellays *Regrets* und *Antiquitez* messen können).[31] Wem sie ihre von enttäuschter Liebe und unerfülltem Verlangen handelnden Gedichte (3 Elegien, 24 Sonette, darunter ein italienisches) gewidmet hat, ist ungewiß. Ihre Sonette wie ihre Elegien zeugen von tiefer Empfindsamkeit,[32] psychologischem Gespür für die Rollenzwänge der Frau und heftiger Leidenschaft, die sie in traditionellen Metaphern und petrarkistischen Antithesen zum Ausdruck bringt. In *Le débat de Folie et d'Amour* (1555) berichtet die Dichterin, formal an den philosophischen Dialog und die mittelalterliche *altercatio* (franz. *débat* = Streitgedicht) anknüpfend (*Franz. Mittelalter* 206f.), von einer Diskussion zwischen Amor und der Torheit. Narrheit und Torheit sind seit Sebastian Brants *Narrenschiff* (1494), vor allem aber seit Erasmus' *Encomium moriae* (1509), ein Lieblingsthema der Renaissance (s. Kap. VI), das ungestraft Gesellschaftskritik ermöglicht, da der Narr nicht zur Verantwortung gezogen werden kann. Bei Louise Labé werden Amor zur Strafe die Augen verbunden, die Torheit ihm zur Führerin bestimmt. Die Forschung hat die starken petrarkistischen Anklänge in ihrer Lyrik betont und läßt allenfalls die *Basia*, die Kußgedichte des Neulateiners Johannes Secundus (Jan Nicolai Everaerts; 1511–1536, ersch. 1539), als Inspirationsquelle gelten. Aber wenn man ihr vielleicht bekanntestes Gedicht »Je vis, je meurs ...« liest, das an Petrarcas »Pace non trovo« gemahnt, stellen sich unwillkürlich auch Erinnerungen an Villon (»Je meurs de soif auprès de la fontaine«) und andere spätmittelalterliche Dichter ein, die die Unruhe des Liebenden in ähnlich paradoxaler Weise beschwören:

> Je vis, je meurs: je me brule et me noye.
> J'ay chaut estreme en endurant froidure:
> La vie m'est et trop molle et trop dure.
> J'ai grans ennuis entremeslez de joye:
>   Tout à un coup je ris et je larmoye,
> Et en plaisir maint grief tourment j'endure:
> Mon bien s'en va, et à jamais il dure:
> Tout en un coup je seiche et je verdoye.
>   Ainsi Amour inconstamment me meine:
> Et, quand je pense avoir plus de douleur,
> Sans y penser je me treuve hors de peine.
>   Puis, quand je croy ma joye estre certeine,
> Et estre au haut de mon desiré heur,
> Il me remet en mon premier malheur.
> (Louise Labé, in: *Poètes du XVIe siècle*, ed. Schmidt, S. 283, Nr. VII; Ed. Rigolot Nr. VIII, S. 125)

Italienerlebnis und Italienerfahrung – Rabelais, Du Bellay, Montaigne

Zahlreiche bedeutende Dichter sind nach Italien gereist und haben ihre Eindrücke literarisch verarbeitet, allen voran Rabelais, Du Bellay und Montaigne. François Rabelais hat in den Jahren 1535/36 drei Rom-Briefe an

Geoffroy d'Estissac gesandt; Joachim Du Bellay dichtet mit den *Regrets* und den *Antiquitez de Rome* zwei durch Rom inspirierte Gedichtzyklen, und Michel de Montaigne hat ein ausführliches, teilweise sogar auf italienisch verfaßtes Reisetagebuch über seine vom 22. Juni 1580 bis zum 30. November 1581 dauernde Reise, deren Ziel Badekuren waren, um sein Nierensteinleiden zu bessern, hinterlassen. Alle drei Werke oder Werkgruppen sollen uns zugleich mit wichtigen Gattungen der Renaissanceliteratur vertraut machen, und zwar dem *Brief*, dem *Gelegenheitsgedicht* und dem *Reisetagebuch*.

Unter den Briefen Rabelais' nehmen drei in französischer Sprache verfaßte Briefe aus Rom, die sog. *lettres écrites d'Italie*, einen besonderen Rang ein. Rabelais schreibt als Vertrauter des Bischofs d'Estissac, seines ersten Gönners. Von den nachweislich insgesamt acht an ihn expedierten Briefen sind lediglich die drei letzten (30. Januar 1535; 28. Januar und 13. Februar 1536) erhalten. Sie wurden erstmals 1651 von den Brüdern Sainte-Marthe, bedeutenden Humanisten und königlichen Historiographen, veröffentlicht, doch sind die Originale verloren. Diese ›Rombriefe‹ konstituieren sozusagen eine eigene Gattung, die im 16. Jh. blüht. »Fast immer handelt es sich dabei um Briefe gebildeter Franzosen, die im Auftrage eines hochgestellten, oft geistlichen Würdenträgers, diesem über die Zustände und Erfahrungen in der Ewigen Stadt berichten, meist mit bestimmten Wünschen und Zielsetzungen ihrer Auftraggeber. Dies war natürlich immer nur dann möglich, wenn jene in Frankreich zurückgeblieben waren« (Neubert, S. 164).

Rabelais befand sich in Begleitung eines neuen Gönners, des Pariser Bischofs Kardinal Jean du Bellay (1534), in Rom, vermutlich als sein Leibarzt. Er nutzte seinen Aufenthalt, um mit Gelehrten zu sprechen, vor allem aber um die Topographie der Ewigen Stadt zu studieren (er veranstaltete, wie wir bereits hörten, eine zweite Ausgabe der Rom-Topographie des Italieners Bartolomeo Marliani) und sich mit der Flora des Landes vertraut zu machen, wodurch seine naturwissenschaftlichen und antikefreudigen Interessen belegt sind. Er sollte seinem alten Gönner d'Estissac, der sich als Bischof für die Vorgänge an der Kurie interessierte, über seine Erlebnisse berichten, und zwar vertraulich. Daher sind diese Briefe, die nicht für die Veröffentlichung bestimmt waren, stilistisch einfach gehalten. In ihrer sachlichen Nüchternheit erinnern sie an die gleichzeitigen Journaux-Memoiren im ersten Jahrhundertdrittel, z.B. *Le Journal d'un Bourgeois de Paris* (vgl. Neubert, S. 165). Geldsorgen spielen eine besonders große Rolle, seine eigenen (er wollte päpstlichen Dispens für seine Apostasie, seinen durch die Flucht aus dem Kloster offenkundig gewordenen Glaubensabfall), aber auch die der öffentlichen Hand, handele es sich um den Papst, den Kaiser oder den König. Wie der bekannte Rabelais-Forscher J. Plattard vor Jahren schrieb: »Ses lettres sont une chronique de la vie romaine, tenue au jour le

jour. Le tableau est vivant, relevé de temps à autre d'une pointe de malice«
(zit. nach Neubert, S. 166). Rabelais ahnt den heraufziehenden Konflikt
zwischen Kaiser und französischem König; er berichtet von einer Schlacht
zwischen Türken und Persern, und er ist keinesfalls blind gegenüber den ei-
genartigen moralischen Verhältnissen an der Kurie. Der gegenwärtige Papst
Paul III. (bekannt ist sein Porträt von Tizian) hat einen Bastardsohn, Pierluigi Farnese, und pflegt einen ausgemachten Nepotismus. Pierluigis ältester
Sohn Alessandro wurde bereits mit 25 Jahren Kardinal. Da aber der Post-
verkehr von Italien nach Frankreich möglicherweise überwacht wurde (Rabelais beförderte seine Briefe bis Lyon mit der königlichen Diplomaten-
post), ist Vorsicht geboten. Rabelais war insgesamt viermal in Italien; 1549
berichtet er in der *Sciomachie* (eigentl. ›Schattenkampf, Scheingefecht‹) von
einer Festlichkeit, die Kardinal Du Bellay anläßlich der Geburt des Dau-
phins Louis (Sohn Heinrichs II.) in Rom veranstaltet. Dieses Werk wird
Kardinal Guise gewidmet, dem kommenden starken Mann.

Für die Entwicklung des französischen Kunstbriefs kommt Rabelais'
Briefen besondere Bedeutung zu (vgl. Neubert, S. 185). Briefe sind eine
Lieblingsgattung der Humanisten, und man teilt sie meist in politische, religiöse und literarische Briefe ein (*DLF* 298–300). In einer Epoche, die noch
keine Zeitung kennt, übernehmen kunstvoll gestaltete Briefe die Funktion
des Informationsmediums in der Gelehrtenrepublik.[33] Der Schreiber wird
zum Garanten der Briefbotschaft, er kann von sich selber berichten und
allen stilistischen Glanz entfalten. Schon bald kommt es zur Rivalität zwischen lateinischen und volkssprachlichen Briefen. Auch Rabelais hat in
beiden Sprachen geschrieben, doch seine volkssprachlichen Briefe offenkundig für private Zeugnisse gehalten, die zu Lebzeiten nicht publiziert
werden und damit nicht wirklich zum Genus der hohen Epistolographie
gehören sollten. Dies könnte auch erklären, warum er in seinen Briefen nie
über seine dichterische Tätigkeit spricht. In jedem Fall sind die Rombriefe
ein wichtiges Zeugnis einmal für Rabelais' Präsenz in der Ewigen Stadt, für
seinen präzisen Informationsstand über die öffentlichen Angelegenheiten
sowie seine kühl-nüchterne Beobachtungsgabe, die man bei dem Verfasser
der komisch-satirischen, stets das bekannte Maß sprengenden Pentalogie
nicht so ohne weiteres erwartet.

Als Joachim Du Bellay[34] im Jahr 1553 seinem Verwandten, dem Kardinal Jean gleichen Namens, den schon Rabelais begleitet hatte, auf seiner
diplomatischen Mission im Dienst Heinrichs II. nach Rom folgte, war er bereits ein gefeierter Dichter. Zudem galt er als der Theoretiker der führenden
Dichtungsschule seiner Zeit, der Pléiade (vgl. Ley), hatte er doch in der *Def-*
fence et Illustration de la langue françoise (1549) Anleitungen dazu gegeben, wie das Französische zu einer Sprache aufgewertet werden könne, die
dem Italienischen, der durch Dante, Petrarca und Boccaccio sanktionierten

Dichtungssprache par excellence, ebenbürtig an die Seite gestellt werden müsse. Zu diesem Zweck hatte er die Formen der bisherigen französischen Dichtung durchmustert und zugunsten solcher der griechischen und lateinischen Literatur abgelehnt sowie die besondere Pflege des in Italien ›erfundenen‹ Sonetts anempfohlen. Seine erste Gedichtsammlung *L'Olive* (1549), deren Vorwort ähnliche Konzepte beschwört wie die *Deffence*, feierte denn auch in zunächst 50, später 115 petrarkisierenden Sonetten die Liebe zu einer schönen Frau, Olive, die dem Zyklus ihren Namen leiht. Mit viel mythologischem Aufwand werden Lorbeer (Apoll), Efeu (Dionysos) und Myrte (Aphrodite) zurückgewiesen; der Dichter begehrt allein den Olivenzweig, das Symbol Athenes, das zugleich Namensgeber der Geliebten ist:

> Je ne quiers pas la fameuse couronne,
> Sainct ornement du Dieu au chef doré,
> Ou que du Dieu aux Indes adoré
> Le gay chapeau la teste m'environne.
>   Encores moins veulx-je que lon me donne
> Le mol rameau en Cypre decoré:
> Celuy qui est d'Athenes honoré,
> Seul je le veulx, & le Ciel me l'ordonne.
>   O tige heureux, que la sage Déesse
> En sa tutelle & garde a voulu prendre,
> Pour faire honneur à son sacré autel!
>   Orne mon chef, donne moy hardiesse
> De te chanter, qui espere te rendre
> Egal un jour au Laurier immortel.
> (Joachim Du Bellay, *L'Olive*, Sonett I, ed. Chamard/Bellenger, S. 27)

Rom, die Residenz des Papsttums, zugleich aber auch die ehemalige Hauptstadt des größten abendländischen Imperiums und als Krönungsort der deutschen Kaiser auch des Heiligen Römischen Reichs Deutscher Nation, bedeutete für jeden humanistisch gesinnten Intellektuellen ein Bildungserlebnis besonderer Art.[35] Rom verkörperte die Symbiose von Antike und Christentum, den Wurzeln der abendländischen Kultur. Du Bellay und die übrigen Mitglieder der Pléiade orientierten sich an der griechisch-römischen Antike, deren sämtliche Lebensformen ihnen in jeglicher Beziehung mustergültig und nachahmenswert schienen, und sie verbanden diese Vorstellungen mit der christlichen Heilswahrheit.

Bei näherer Betrachtung und vertiefter Überlegung konnte der Romaufenthalt Du Bellays jedoch auch Skepsis, ja sogar Verzweiflung wecken. Von der einstigen Größe waren nur noch der Staub und die Trümmer der Monumente übriggeblieben, die Kurie war eine Brutstätte von Korruption und Intrigen und bot ein Bild menschlicher Schwächen, die Universalmonarchie war de facto inexistent. Der Dichter mußte zudem erleben, wie Frankreich immer tiefer in den Strudel der inneritalienischen Querelen hineingezogen wurde. Nach der Besetzung Roms durch französische Truppen, holte Philipp II. zum Gegenschlag aus und besiegte die Franzosen vernichtend bei Saint-Quentin (August 1557). Jean Du Bellay war damit als Botschafter gescheitert, die Rolle Frankreichs in Italien ausgespielt.

Ende August 1557 verließ der Dichter Rom und kehrte nach Paris zurück. Dort veröffentlichte er 1558 seine beiden bedeutendsten Gedichtsammlungen, die *Regrets* und die *Antiquitez de Rome*,[36] die die römischen Erfahrungen in doppelter Hinsicht verarbeiten. Diese beiden Sammlungen korrelieren nämlich insofern, als der erste Zyklus die Welt als eine gegenwärtige, der zweite sie in ihrer Vergänglichkeit und Zeitlichkeit zeigt. Die *Regrets*, 191 Sonette, sind Ovids Exildichtung *Tristia* nachempfunden. In ihnen kommen, wie der Titel andeutet, Heimweh und Sehnsucht nach Frankreich zum Ausdruck, aber eine aggressiv-satirische Absicht (z.B. Nr. LXVIII, LXXVIIIf.) ist ebenfalls nicht zu verkennen: Du Bellay reißt dem Renaissancepapsttum die Maske vom Gesicht und entlarvt es als einen nie enden wollenden Karneval der Lüste, des Betrugs und der Heuchelei. Rom ist Kloake und Augiasstall in einem, und selbst ein gutwilliger Papst wie Marcellus II. scheitert daran, die Sitten zu verbessern, die sein Vorgänger Julius II. völlig korrumpiert hat. Man beachte die plastischen und zugleich drastischen Bilder, mit denen Du Bellay die herkulische Arbeit der ›Reinigung‹ der Sitten Roms beschreibt:

> Comme un, qui veult curer quelque Cloaque immunde,
> S'il n'a le nez armé d'une contresenteur,
> Estouffé bien souvent de la grand'puanteur
> Demeure ensevely dans l'ordure profonde:
>   Ainsi le bon Marcel, ayant levé la bonde
> Pour laisser escouler la fangeuse espesseur
> Des vices entassez, dont son predecesseur
> Avoit six ans devant empoisonné le monde:
>   Se trouvant le pauvret de telle odeur surpris,
> Tumba mort au milieu de son œuvre entrepris,
> N'ayant pas à demy ceste ordure purgee.
>   Mais quiconques rendra tel ouvrage parfait,
> Se pourra bien vanter d'avoir beaucoup plus fait,
> Que celuy qui purgea les estables d'Augee.
> (J. Du Bellay, *Les Regrets* Nr. CIX, in: *Poètes du XVIe siècle*, ed. Schmidt, S. 488f.)

Während die *Regrets* der persönlichen Indignation, der Empörung über den Sittenverfall in der Ewigen Stadt, entspringen und eine Art kritisches römisches Tagebuch darstellen, schlagen die wenig später gedruckten *Antiquitez de Rome* einen anderen Ton an. In den 47 Sonetten, von denen die letzten fünfzehn unter dem Titel *Songe* eine eigenständige (Traum-)Vision bilden, führt Du Bellay Klage über den Niedergang einstiger Größe und greift damit einen bereits zum Topos gewordenen Gedanken auf. So bedient er sich zahlreicher lateinischer, italienischer und neulateinischer Vorbilder (Verse von Horaz, Vergil, Properz, Ovid, Petrarca, George Buchanan, Janus Vitalis, Baldassare Castiglione u.a.), deren Motive er fast wörtlich übernimmt. Dies ist jedoch kein Plagiat, sondern Imitatio, Aneignung von Vorgefundenem, getreu der eigenen Forderung »convertir les anciens en sang et nourriture«.

Seine Eigenständigkeit kommt in doppelter Weise, formal und inhaltlich, zum Ausdruck. Du Bellay setzt meisterhaft die dichotomische (zweigliedrige) Form des Sonetts ein, das aus zwei Quartetten und zwei Terzetten besteht, von denen die Quartette im allgemeinen These und Antithese, die Terzette die Synthese enthalten, um den Gegensatz von Einst und Jetzt, von Aufstieg und Fall, von Größe und Erniedrigung zum Ausdruck zu bringen. Er erlaubt aber auch eine Nutzanwendung seiner Erfahrungen und Erkenntnisse auf die französische Gegenwart.

Die *Antiquitez de Rome* sind nämlich kein larmoyantes Schwelgen in der Vergangenheit, bleiben nicht bei der Klage über die menschliche Vanitas stehen, betrauern nicht nur die Zerstörung, die die Zeit bewirkt, sondern sie sind zugleich Warnung und Mahnung für die Lebenden. Du Bellay deckt nämlich die Gründe auf, die Roms Ende herbeigeführt haben. Nicht äußere Feinde haben den Staat besiegt, sondern Rom hat sich durch die Bürgerkriege und die nicht-italienischen Kaiser selber entscheidend geschwächt, so daß es eine Beute der germanischen Barbaren wurde. Die Parallelen zur Gegenwart des Dichters springen ins Auge: Rom ist Frankreich, oder besser, Frankreich ist Rom, und die sich bereits abzeichnenden Religionskriege, die dann im Todesjahr des Dichters ausbrechen, könnten es den verhaßten Habsburgern in die Arme treiben. So erklärt sich auch der genaue Titel der Sammlung, *Le premier livre des Antiquitez de Rome contenant une générale description de sa grandeur et comme une déploration de sa ruine plus un Songe ou Vision sur le mesme subject.* Die *Antiquitez* sind nicht so sehr, wie im modernen Sprachgebrauch, die antiken Bauwerke, die in der Sammlung kaum vorgestellt werden, etwa die Tempel, Thermen, Amphitheater und Triumphbögen, *Antiquitez* sind alle Spuren, die Rom hinterlassen hat, sind der Name Roms und das Fortwirken seiner Größe.

Der Autor hat kein ›zweites Buch Altertümer‹ mehr geschrieben, obwohl er dies wohl intendiert hatte. Im Widmungsgedicht an König Heinrich II. bietet er diesem an, auch seine und Frankreichs Größe zu schildern, denn Frankreich sei der wahre Erbe Roms, nicht die Deutschen. Francus, der Sohn Hektors, ist, so die mittelalterliche Tradition und noch Ronsard in *La Franciade*, von den Göttern einst nach Gallien entsandt worden, um dieses Volk zu begründen. ›Le second livre des Antiquitez de Rome‹ wäre, wenn es denn geschrieben worden wäre, ein Ruhmgesang auf Frankreichs

Größe und Namen, aber nur, wenn der König, der dem Kardinal Du Bellay und seinem Gefolge seine Gunst entzogen hatte, den Dichter wieder in Gnaden annähme und zu seinem Hofpoeten machte. So ist das Hauptthema des Zyklus nicht der Verfall Roms, sondern letztlich seine Größe, denn es würde ein verhängnisvolles Omen sein, wenn der Dichter seinem König ein Werk mit so unheilvollem Inhalt zueignete. Es ist ihm jedoch erlaubt, vor den innenpolitischen Gefahren einer Zersplitterung und den sich daraus ergebenden außenpolitischen Konsequenzen zu warnen. Als Beweis möge dienen, daß der »demon Romain« noch lebt (Sonett XXVII) und der Dichter den Leser (oder nur den König?) hier unmittelbar anspricht:

> Tu jugeras que le démon romain
> S'efforce encor d'une fatale main
> Ressusciter ces poudreuses ruines.
> (Ed. de Sacy, S. 44)

So interpretieren wir die *Antiquitez* als ein eminent politisches Werk, als einen Ausdruck nationalen Stolzes, aber noch größerer nationaler Sorge. *Regrets* und *Antiquitez* ergänzen sich. Du Bellay glaubt die staatliche Ordnung Frankreichs sowohl durch die Anhänger der Reformation als auch durch die militanten Ultramontanisten, die bedingungslosen Anhänger des Papsttums, gefährdet und sieht als Ausweg den nationalstaatlich gesonnenen Monarchismus und Gallikanismus, die der Gefahr der Zersplitterung und des sich daraus ergebenden Chaos wehren. Du Bellays poetisches Schaffen ist in seiner Gesamtheit ein Versuch der Anpassung des neuplatonischen Humanismus an die Erfordernisse der Zeit, die durch Reformation, fortschreitende Säkularisierung und Herausbildung des modernen absolutistischen Machtstaates anderen Bedingungen gehorcht als etwa die Epoche Petrarcas oder die Blütezeit des Neuplatonismus im mediceischen Florenz (Du Bellay, *Die Ruinen Roms*, S. 1–11).

Wenden wir uns dem dritten Italienreisenden[37] zu: Am 22. Juni 1580 brach der 47jährige Michel de Montaigne in Begleitung seines jüngsten Bruders, seines Schwagers, zweier Freunde der Familie und einiger Diener nach Italien auf, um dort vor allem Heilung von seinem Steinleiden zu finden (*Journal de voyage*, ed. Rigolot, *Introduction*). Er wollte sich allerdings auch von seiner Arbeit an den *Essais* erholen, deren erste Ausgabe soeben in Bordeaux erschienen war (s. S. 197). Im Reisegepäck führte er zwei Kopien mit sich: eine für König Heinrich III., die er in Paris, das er auf einem Umweg in seine Reiseroute mit einbezog, überreichte, eine für Papst Gregor XIII. in Rom. Montaigne wählte nicht den schnellsten Weg nach Italien, sondern besuchte, wie gesagt, Paris, nahm als königstreuer Untertan sogar an der Belagerung von La Fère (Aisne), einer damals hugenottischen Festung, teil, durchquerte dann Ostfrankreich, das Elsaß (Mülhausen), die

Schweiz (Basel, Baden), Deutschland (Bodensee, Allgäu, Augsburg, München, Mittenwald), Österreich (Innsbruck, Brixen, Bozen) und Italien (Verona, Vicenza, Padua, Venedig, Ferrara) und gelangte auf diesem Weg zur Ewigen Stadt. Die Rückreise führte über die ›klassische‹ Strecke Mailand, Turin, Lyon, Clermont-Ferrand, Bordeaux. Montaigne erhoffte von der Reise Zerstreuung, denn nach dem Tod des Freundes Étienne de La Boétie[38] hatten ihn Unruhe und Todesfurcht ergriffen; auch stand es mit seiner Ehe nicht zum besten. So analysiert er sich hellsichtig:

> Je sçay bien qu'à le prendre à la lettre, ce plaisir de voyager porte tesmoignage d'inquietude et d'irresolution. Aussi sont ce nos maistresses qualitez, et prædominantes. (*Essais* III, 9, ed. Rat, S. 966)

In dem bekannten Essai I, 26 (»De l'institution des enfans«) hatte er jungen Leuten, wie es der Pädagogik der Zeit entsprach, Reisen in fremde Länder zu Bildungszwecken empfohlen:

> A cette cause, le commerce des hommes y est merveilleusement propre, et la visite des pays estrangers [...]; pour en rapporter principalement les humeurs de ces nations et leurs façons, et pour frotter et limer nostre cervelle contre celle d'autruy. (*Essais* I, 26, ebd., S. 152)

Das Hauptziel dieses *homo viator* (Reisender) ist Rom; er möchte sehen, wie diese Stadt, die auf die französische und damit seine eigene Kultur einen so mächtigen Einfluß genommen hat und immer noch nimmt, wirklich beschaffen ist. Seit dem Frieden von Cateau-Cambrésis (1559) ist das Reisen sicherer geworden. Man hat früher geglaubt, Montaigne habe vom König einen diplomatischen Auftrag erhalten, aber dafür gibt es keine Belege. Allerdings traf er als hochgestellter Magistrat und Schriftsteller zahlreiche wichtige Persönlichkeiten. Doch die Aufenthalte in den bekanntesten Thermalbädern Lothringens, der Schweiz und Italiens sprechen eine beredte Sprache, daß es ihm vor allem um Heilung der schlimmen Nierenschmerzen ging.

Die Editionsgeschichte der Reiseaufzeichnungen ist höchst kompliziert, da etwa die Hälfte von einem Sekretär, die andere Hälfte von Montaigne persönlich geschrieben wurde, und zwar von ihm der Teil, der Italien betrifft, auf italienisch. Neuere Forschungen haben gezeigt, daß der anonyme Diener Montaignes durchaus auch eine eigene Meinung vertritt und nicht blind, sozusagen als unselbständiges Werkzeug, in Montaignes Auftrag schreibt. Wenn somit von Montaigne in der dritten Person gesprochen wird, ist das nicht nur die Distanz der Stilisierung. So ist der Text auf den ersten Blick in sich wenig kohärent. Die Frage, warum Montaigne einen Teil auf italienisch schreibt, verdient eine genauere Betrachtung. Ausgehend von dem Einleitungssatz »Assaggiamo di parlar un poco questa altra lingua«, der ein »essayer la langue italienne« meint, reicht der Hinweis nicht aus, daß Montaigne (wie später auch Goethes Vater Johann Caspar, der seinen *Viaggio per l'Italia* ebenfalls in der Landessprache verfaßte), sich nur spielerisch in einem anderen Idiom versuchte. Wenn man den italienischen Teil liest, dann fällt auf, daß gerade hier die physiologischen Details besonders deutlich geschildert werden. Was liegt näher, als an die verdeckende Sprechweise der Ärzte zu denken, die alles, was mit den Pudenda (Schambereich) zu tun hat, lateinisch bezeichnen. Sie tun dies übrigens nicht nur, um den Laien auszugrenzen, sondern auch, wie es immer die Aufgabe der Fachsprachen ist, um sich besser zu verständigen und die Dinge präzise beim Namen zu nennen. Wenn es heißt, »La prima acqua che buttai fuora, fu naturale con arenella assai: le altre, albe e crude. Flati infiniti. Circa la terza libra ch'io smaltii, cominciò di ripigliare non so che di rosso. Più della metà aveva messa giù innanzi il desinare – Das erste Wasser, das ich ließ, war von natürlicher Farbe voller Gries; das danach weiß und trüb. Unendliche Darmwinde. Beim dritten Liter, den ich schluckte, kam irgendetwas Rotes heraus. Mehr als die Hälfte hatte ich vor dem Essen runtergeschluckt«, so kommt das dem Latein der Ärzte recht nahe. Montaigne schreibt übrigens ein umgangssprachliches Italienisch. »En Italie, je disois ce qu'il me plaisoit en devis communs; mais, aus propos roides, je n'eusse osé me fier à un Idiome que je ne pouvois plier, ny contourner outre son alleure commune« (III, 5, ebd., S. 851). Das dürfte jedoch ein Bescheidenheitstopos sein. Da sich Montaigne allzusehr auf seine Krankheit konzentriert, sind die Schilderungen der italienischen Städte eher aussagearm. Dies gilt nicht für den französisch geschriebenen Teil des Sekretärs, der allerdings auch für Montaignes Sicht Italiens recht aufschlußreich ist.

Dies könnte wiederum damit zusammenhängen, daß sich Montaigne bewußt von der zeitgenössischen apodemischen Literatur absetzt [Apodemik = Reiseliteratur, zu gr. ἀποδέομαι = sich entfernen], die einerseits den Reisenden Handreichungen zur Planung ihrer eigenen Fahrten liefern, andererseits ein breites Publikum durch Abenteuer und Wunderwerke unterhalten will. Dabei hat sich diese Literatur seit dem Humanismus bereits versachlicht und läßt das sog. Toposwissen fort, um sich fast ausschließlich auf das empirische Erfahrungswissen zu konzentrieren. Paul Hentzner, ein vielgereister Rechtsgelehrter und Autor des *Itinerarium Germaniae, Galliae, Angliae, Italiae* (Breslau 1618), rät beispielsweise dem Verfasser von Reisebeschreibungen, die einzelnen Orten gewidmeten Passagen wie folgt aufzubauen: 1. Anrufung Gottes; 2. Beschreibung der Gegend; 3. Topographie der Städte; 4. Sitten und Gebräuche des Landes; 5. Beschreibung der Gewässer, Gebirge und Wälder; 6. Liste der öffentlichen und privaten Denkmäler und Gebäude; 7. die politischen Institutionen. Sebastian Münster fügt in seiner berühmten *Cosmographia universalis* (1544) noch Flora und Fauna, Religion und Herrscherhäuser hinzu. Montaigne will derartiges mit seinem *Journal* nicht leisten: »J'y consideray toutes choses fort particulierement; j'essayerois de le peindre icy, mais il y a des livres et peintures publicques de ce sujet« (Ed. Rigolot, S. 128). Was die anderen interessiert, läßt ihn, den Individualisten, eher kalt. Alles, was nach Pedanterie, Belehrung, Wissensanhäufung aussehen könnte, vermeidet er. Daher ist sein italienisches Reisetagebuch für die Kenntnis der italienischen Renaissance eher unergiebig. Man kann in dieser unterkühlten Indifferenz aber auch einen ersten Beweis einer Emanzipation des französischen kulturellen Selbstwertgefühls sehen, das bis zum Ende des Jahrhunderts immer stärker wird. Im übrigen ist es nicht so, daß Montaigne sich nicht für Kunstwerke interessiert. Er besucht Kirchen, Paläste, das Forum, das Kapitol, und, etwas überraschend, eine Synagoge, wo er einer Beschneidungszeremonie beiwohnt. Ähnlich wie bei Du Bellay ist Rom für ihn Menetekel einstiger Größe. Die Ruinen wirken auf ihn als Grab, als Zeichen rächender Zerstörung durch die von Rom einst besiegten Völker, die so der Großmacht ihre Verachtung erweisen:[39]

> Le monde, ennemy de sa longue domination, avoit premierement brisé et fracassé toutes les pieces de ce corps admirable; et, parce qu'encore tout mort, renversé et desfiguré il luy faisoit horreur, il en avoit enseveli la ruine mesme. Que ces petites montres de sa ruine qui paroissent encore au dessus de la biere, c'estoit la fortune qui les avoit conservées pour le tesmoingnage de cette grandeur infinie que tant de siecles, tant de feux, la conjuration du monde reiterée à tant de fois à sa ruine, n'avoient peu universellement esteindre. (Montaigne, *Journal de voyage*, ed. Rigolot, S. 100)

Je mehr das 16. Jh. voranschritt, desto ausgeprägter wurde das französische Selbstwertgefühl, was man als eine Folge der Stärkung des Individualismus im Rahmen des Humanismus interpretieren kann. Nachdem die Italienkriege verloren waren, rückte das Land ohnehin aus dem Blickfeld der Franzosen. Die Partei der Hugenotten mußte zudem in Catherine de Médicis, die sich nach der Gefangensetzung Karls IX. durch die Hugenotten in Meaux eindeutig auf die katholische Seite geschlagen hatte, eine erbitterte Gegnerin sehen und identifizierte Italien nur allzuleicht mit der antiprotestantischen Reaktion. Königin Katharina galt als verabscheuungswürdigste Vertreterin des Machiavellismus (vgl. Farinelli, S. 368–70).[40] Man lese z.B. Innocent Gentillets (DLF 346) Pamphlet *Discours merveilleux de la vie, actions et deportemens de Catherine de Medicis* (1575),[41] das an Heftigkeit nicht zu überbieten ist und die protestantische Sehweise wiedergibt. So verwundern Stimmen wie die eines Henri Estienne (Henri II. seines Namens, ›le Grand‹; 1531–1598) nicht, der nicht nur die Gleichwertigkeit der beiden Sprachen (und Kulturen), wie sie beispielsweise recht früh (1511) von Jean Lemaire de Belges in der *Concorde des deux langaiges*[42] und auch in der Folgezeit immer wieder behauptet worden war, bestreitet, sondern in seinem *Proiect du livre intitulé De la precellence du langage François* (1579) die Überlegenheit des Französischen proklamiert:

> Mon intention n'est pas de monstrer seulement que le langage françois est plus capable d'eloquence, ou capable de plus grande eloquence que les autres, quand il est question de haranguer; mais que generalement, en toutes choses esquelles on s'en veut servir, on y trouve des commodités beaucoup plus grandes. (Henri Estienne, *De la precellence*, zit. nach *DLF* 312)

Bereits in den ein Jahr zuvor erschienenen *Deux Dialogues du nouveau langage françois italianizé*[43] hatte er nicht nur den übermäßigen Gebrauch des Italienischen und italienischer Lehnwörter im Französischen kritisiert, sondern auch den Hof Katharinas und Heinrichs III. persifliert mit seinen »gentilshommes bien godronez, bien frisez, bien fraisez, bien passefilonnez – den pomadebeschmierten, gelockten, halsbekrausten, gepaspelten Edelleuten«. Damit ist ein Ende der Italienbegeisterung erreicht, schließt sich der Kreis zu Guillaume Budé und anderen, die vor der blinden Nachäffung der Italiener gewarnt hatten, getreu dem Vorwurf Budés, »Gallia transalpinarum ipsa rerum plus quam et par et utile cupida – Frankreich ist mehr als gerecht und nützlich begierig auf Italienisches«.

Italienische Künstler in Frankreich

Während in Malerei und Architektur der italienische Einfluß durch nach Frankreich ausgewanderte Künstler dort sozusagen ›persönlich‹ ausgeübt wurde, übernahmen im Bereich der Literatur und der Wissenschaften meist Übersetzungen diese Aufgabe. Der Vollständigkeit halber seien zunächst jedoch die bekanntesten dieser in Frankreich wirkenden italienischen Künstler genannt, von denen einige sogar die französische Staatsangehörigkeit (»lettere de naturalità«) erhielten: Leonardo da Vinci (1452–1519) ging 1517 mit Franz I., der nach seinem Sieg bei Marignano gerade in Italien weilte, nach Frankreich und wurde erster königlicher Maler, Architekt und Ingenieur. Er wohnte in Cloux bei Amboise, wo er auch starb. In seinen letzten Lebensjahren schuf er z.B. die berühmte Wendeltreppe im Schloß Chambord. In und für das Lieblingsschloß Franz' I., Fontainebleau,[44] arbeiteten der Maler Giovanni Battista Guasparre gen. Il Rosso (1494–1540), der 1530 auf Einladung des Königs nach Frankreich kam und im Schloß eine Reihe allegorischer Fresken ausführte. Wenig später (1532) holte der König auch Francesco Primaticcio (um 1504–70), Maler, Bildhauer und Baumeister aus Bologna, der mit Rosso zusammen als Gründer der Schule von Fontainebleau gilt. Der Künstler reiste noch mehrfach nach Italien und kehrte von dort 1540 mit 133 Kisten voller Abgüsse der berühmtesten antiken Statuen zurück. Der Architekturtheoretiker Sebastiano Serlio (1475–1554/55) kam 1541 ebenfalls nach Frankreich und arbeitete an den

Schlössern Fontainebleau und Ancy-le-Franc mit; sein Traktat *Architettura* (1537) war bereits Franz I. gewidmet. Auch Benvenuto Cellini (1500–1571) ging 1540 nach Frankreich, wo er bis 1543 blieb und in Fontainebleau Bronzestatuen und kleine Goldschmiedearbeiten, darunter das berühmte Salzfäßchen, das heute in Wien aufbewahrt wird, für König Franz I. schuf. Seinen Memoiren (*Vita*), einer der interessantesten Autobiographien der Neuzeit, kann man zahlreiche Hinweise auf Frankreich aus der Sicht des Italieners entnehmen. Von seinen Vorgängern Karl VIII. und Ludwig XII. hatte Franz I. den bedeutenden Historiker Paolo Emili aus Verona sozusagen ›geerbt‹. Er kam bereits um 1483 nach Paris und schrieb im Auftrag Ludwigs XII. eine zehnbändige monumentale Geschichte *De rebus gestis Francorum*, die von 1516 bis zu seinem Tod 1529 erschien (*DBI* 42, 593–596) und die Biographien von 55 französischen Königen von 420 bis 1498 enthält.

Noch einige Hinweise zu Cellini. Als er zusammen mit Kardinal Ippolito d'Este, der übrigens von 1539–51 Erzbischof von Lyon war und dort viele Günstlinge als Pfründenverwalter einsetzte, nach Fontainebleau kam, gestaltete sich die Begegnung mit dem König, der sich für seine Freilassung aus der Engelsburg eingesetzt hatte, wo Cellini unter Klemens VII. eingekerkert worden war, wie folgt:

> Andai da sua Maestà con il ditto bacino e boccale, e giunto alla presenza sua, gli baciai il ginochio e lui gratissimamente mi raccolse. Intanto che io ringraziavo sua Maestà dell'avermi libero del carcere, dicendo che gli era ubrigato, ogni principe buono e unico al mondo, come era sua Maestà, a liberare uomini buoni a qualcosa, e maggiormente innocenti come ero io; che quei benifizii eran prima iscritti in su' libri de Dio, che ogni altro che far si potessi al mondo; questo buon Re mi stette a 'scoltare finché io dissi, con tanta gratitudine e con qualche parola, sola degnia di lui. Finito che io ebbi, prese il vaso e il bacino, e poi disse: »Veramente che tanto bel modo d'opera non credo mai che degli antichi se ne vedessi: perché ben mi sovviene di aver veduto tutte le miglior opere e dai miglior maestri fatte, di tutta la Italia; ma io non viddi mai cosa che mi movessi più grandemente che questa«. Queste parole il ditto Re le parlava in franzese al cardinale di Ferrara, con molte altre maggior che queste. Di poi voltosi a me mi parlò in taliano, e disse: »Benvenuto, passatevi tempo lietamente qualche giorno, e confortatevi il cuore e attendete a far buona cera; e intanto noi penseremo di darvi buone comodità al poterci far qualque bell'opera«. (Benvenuto Cellini, *Vita*, ed. Camesasca II,9, S. 430–431)[45]

Der König erweist sich als wahrer Kunstkenner, obendrein als höflicher Herr, der den Künstler nicht duzt, wie dies die italienischen Gönner tun, sondern siezt. Er spricht ihn auf italienisch an und stellt ihm auch materielle Förderung in Aussicht. Allerdings war Cellini schon ein Jahr vorher in Frankreich gewesen und trotz der Intrigen Rosso Fiorentinos vom König freundlich empfangen worden. Er hatte ihn bis nach Lyon begleitet, wo er schwer erkrankt war, so daß er das Gefolge des Königs verlassen mußte. Der

König nahm auch den Dichter Luigi Alamanni (1495–1556) auf, einen Gegner der Medici, Verfasser von Lehrgedichten, Heldenepen und mittelmäßigen Dramen, der in direktem Kontakt mit der Pléiade stand. Der Druck seiner *Opere toscane* in Lyon (1532) erregte großes Aufsehen.

Seit der Gründung des Collège Royal (›Collège des lecteurs royaux‹) im Jahr 1517 werden zudem immer mehrere Lehrstühle für Italiener freigehalten. Der berühmteste unter ihnen ist der nicht unumstrittene Publio Fausto Andrelini (1460/61–1518). Aber auch an den Provinzuniversitäten lehren Italiener, so z.B. der Jurist Alciat (Andreas Alciato/Alciati; 1492–1550), seit 1518 in Bourges, Verfasser moralischer Kurzgedichte unter dem Titel *Emblemata*. Italiener konnten, wie wir schon von Ippolito d'Este hörten, Bischofssitze in Frankreich bekleiden und wurden dadurch zu Kulturvermittlern, z.B. Lodovico Canossa (um 1475–1532) in Bayeux (*DBI* 18, 186–192), Antonio Caracciolo (um 1515–1570) in Troyes (*DBI* 19,203–307), Matteo Bandello (1485–1461), Verfasser einer berühmten und beliebten Novellensammlung in der Boccaccio-Nachfolge, in Agen (ab 1550). Die italienische Präsenz in Frankreich reißt auch später nicht ab, denn Catherine de Médicis (1519–1589), die Frau Heinrichs II. und Mutter dreier französischer Könige, ist eine italienische Prinzessin, die sich mit Italienern umgibt, die ›fuorusciti‹ (die Exilierten) genannt werden, weil sie aus politischen Gründen ihre Heimat verlassen mußten, in der seit dem Mittelalter der Parteienhader der Guelfen und Ghibellinen tobte (*DLF* 390–394).

Übersetzungen aus dem Italienischen

Gemessen an Deutschland, wo bereits seit den 70er Jahren des 15. Jh.s aus dem Italienischen übersetzt wird,[46] finden wir französische Übersetzungen aus dem Italienischen erst später.[47] Übertragungen aus den alten Sprachen sind natürlich schon viel früher zu verzeichnen (vgl. Brückner, passim). Grundsätzlich gilt auch hier, daß das übersetzt wird, was man selber nicht hat, handele es sich um Gattungen, Stoffe oder sprachliche Muster. Für die ersten vier Jahrzehnte des 16. Jh.s sind – unsere Aussagen gelten nur für literarische Texte – nur 14 französische Übersetzungen italienischer und spanischer, aber italienisch vermittelter Autoren nachweisbar. Davon werden interessanterweise 13 in Paris und nur eine in Lyon verlegt. In Paris gehen die Initiativen von den Druckern Galliot du Pré und Gilles Corrozet aus. Doch auf Dauer kann sich Lyon durchaus mit Paris messen, da es in der Stadt zahlreiche italienischstämmige äußerst kulturbeflissene Familien gibt, für deren Aktivitäten Marguerite de Cambis in dem ihrem Vater gewidmeten Exemplar der von Boccaccio an Pino de' Rossi gerichteten *Epistola consolatoria* beredt Zeugnis ablegt:

> Au fort, de pertinente excuse me servira (s'il vous plaict) l'obeissance filiale que ie vous doy, accostee d'un desir que i'ay eu dez l'aage de mon iugement, faire entendre en ceste nostre langue Françoise, aux damoiselles mes amyes et bonnes voisines, non accoustumees en la Tuscane, aucuns beaux et bons livres des gens doctes d'Italie, qui me tumbent par foys en main, mesmes venans de la tant fameuse cité de Florence, vraye Academie de bien et proprement parler [...]. (Marguerite de Cambis, zit. nach Hausmann, »*Italia in Gallia*«, S. 93)

Den Übersetzervorworten und Herausgebervorreden lassen sich überhaupt wichtige Hinweise auf die Einschätzung der italienischen Primärautoren, die Art und Qualität des Übersetzens, das Verhältnis von Vers und Prosa usw. entnehmen. Für Literaten und Übersetzer hat das Italienische offensichtlich den gleichen Rang wie die beiden alten Sprachen Griechisch und Latein, was auch für die Autoren der Pléiade (z.B. Du Bellay) gelten wird. Die Überzeugung vom hohen Wert der eigenen Sprache, die sich ab der Jahrhundertmitte herauskristallisiert, wird in Frontstellung gegen das Lateinische und das Italienische herausgebildet. Dabei läßt sich beobachten, daß im 16. Jh. Inhalt und Form der italienischen Literatur zunächst als der französischen grundsätzlich überlegen aufgefaßt werden, was das Übersetzen recht eigentlich rechtfertigt. Im 17. Jh. wird immer noch, wenn auch weniger, aus dem Italienischen übersetzt, aber man interessiert sich nurmehr für den Inhalt. Die italienische Sprache wird voller Stolz und Selbstbewußtsein als preziös abgelehnt, Frankreich hat den Barock mit seinen manieristischen Tendenzen überwunden und gibt puristisch-kartesianischen Tendenzen in der Sprachpflege Raum. Hören wir dazu einen Auszug aus der Vorrede von Claude de Malleville (1597–1647) und Pierre d'Audigier le Jeune, den Übersetzern von Luca Assarinos (um 1602–72) farbigem Roman *La Stratonice* (Paris: A. Courbé, 1640):

> La traduction ne dement point l'original, & si l'auteur la voyoit, il auoüeroit qu'il doit beaucoup a son Jnterprete, et qu'il gaigne en cette version ce que perdent la plus-part des excellens escriuains en celle qui se fait de leur ouurages. La beauté de la diction s'y rencontre auec celle de la pensée, & le iugement des François auec l'esprit des Italiens. C'est vne fleur qui rend vne odeur plus agreable & plus forte, bien qu'elle ayt passé dans vn climat moins ardent. C'est vn arbre qui porte des fruits plus doux, & plus sauoureux encore qu'il soit transplanté. Les François qui escriuent d'vn stile plus net & plus fort, ne peuuent souffrir dans la disette mesme de leur langue cette puerile antithese de termes ou ceux-cy se portent continuellement. (Malleville/ D'Audigier, in: Assarino, *La Stratonice*, Bl. a3a)

Immerhin sind im 16. Jh. alle wichtigen italienischen Dichter der Renaissance mindestens einmal, manchmal sogar mehrfach, ins Französische übertragen worden und haben der französischen Literatur ihre Gegenstände, ihre Genera und ihre sprachlichen Muster zur Verfügung gestellt. Bezeich-

nend ist eine Aussage von Antoine Le Maçon in seiner bekannten Übersetzung des *Decamerone* (Paris, 1545), wo er seiner Auftraggeberin Marguerite de Navarre schreibt:

> Jl vous souuient (ma dame) du temps que vous feistes seiour de quatre ou cinq
> moys à Paris, durant lequel vous me commandastes (me voyant venu nouuelle-
> ment de Florence, ou i'aiuoye seiourné vng an entier) vous faire lecture d'aucunes
> nouuelles du Decameron de Bocace. Apres laquelle il vous pleut me commander
> de traduire tout le liure en nostre langue Francoyse, m'asseurant qu'il seroit troué
> beau, & plaisant. Ie vous feiz alors responce que ie sentois mes forces trop foybles
> pour entreprendre vne telle oeuure. Et mes raisons estoient, que Bocace auoit esté
> (comme i'ay tousiours ouy dire aux plus scauans l'homme de toute l'Jtalie) qui à
> paraduenture le mieulx escript en sa langue que nul autre feit oncques, voyre, ius-
> ques soustenir que Ciceron, ne Demosthene n'auoient point mieulx, ne plus pro-
> prement, & aysement parlé, l'ung en Latin & l'autre en Grec, que Bocace auoit
> faict en Tuscan: & dauantage, i'auroye ouy dire a plusieurs de sa nation, qu'ilz ne
> pouuaient penser, ne croire, qu'il fust possible, qu'on le sceust bien traduire en
> Francoys, ne dire tout ce qu'il auoit dit. (Antoine Le Maçon, zit. nach Hausmann,
> »*Italia in Gallia*«, S. 93–94)

Boccaccio ist also ein neuer Demosthenes und Cicero zugleich, sein Werk
ein unnachahmliches sprachliches wie inhaltliches Muster. Eine Aufstellung
der aus dem Italienischen übersetzten Dichter enthält 151 verschiedene
Werke für das 16. Jh. Auf die Zeit von 1530–39 entfallen 7, 1540–49: 21,
1550–59: 30, 1560–69: 7, 1570–79: 27, 1580–89: 35, 1590–99: 23 Übersetzungen. Der Rückgang in den 60er Jahren könnte mit den Wirren der
Religionskriege zusammenhängen. In Lyon wurden 43, in Paris 89, in Tours
4, in Troyes 2(3) gedruckt; je eine in Poitiers und Antwerpen; 3 sind ohne
Druckort. Die beliebtesten Autoren sind Ariosto (12), Boccaccio (10),
Machiavelli und Tasso (je 10), gefolgt von Petrarca (6), alle bereits damals
sog. kanonische Autoren. Florenz und das Florentinische genießen Vorrang,
wie Jacques Gohory (1529[?]–1576) in seiner Übersetzung von Machiavel-
lis *Principe* (1571) schreibt. Mit Feder und Tinte beherrschten die Florentiner die Welt:[48]

> Les plus clair et subtilz esperis de toute l'Italie (comme l'Italie sur toute autre
> nation), tellement qu'ilz vont par le monde garnis seulement de plume et d'ancre
> (comme i'oy dire un iour à un personnage fort pratic de ceste nation), et en cet
> equipage manient toutes les finances de l'Europe. (Gohory, zit. nach Farinelli,
> S. 368)

Aber nicht nur die große Zahl übersetzter Primärtexte überrascht, sondern
auch die der Übersetzer, die heute vielfach vergessen sind. Der fleißigste ist
Gabriel Chappuys (1546–um 1611), der 16mal in Erscheinung tritt (insgesamt hat er 70 Werke publiziert, darunter auch Übersetzungen aus dem
Spanischen), gefolgt von Roland Brisset, sieur Du Jardin mit 5 (*DLF* 135
unterscheidet zwischen Roland Brisset, sieur de Saintonge, und Roland du

Jardin, sieur des Roches) und Jehan Martin mit 4 Belegen (*DLF* 495). Unter den Gattungen liegen lehrhafte (moralphilosophische, religiöse, pädagogische) Gattungen vorne (31 Dialoge, 21 Traktate, 5 Briefsteller; darunter 16 Werke mit Anthologie-Charakter), dicht gefolgt von Epos (24), Anstandslehre (18) und Novelle (15); in einigem Abstand finden wir Liebeslyrik (11) und Hirtendrama (9) bzw. ›Commedia erudita‹ (9).

Originalausgabe und Übersetzungen erscheinen oft gleichzeitig im Druck, so daß wir nicht genau wissen, an welches Publikum sich die Übersetzungen wenden, ob an ein weibliches, das zu dieser Zeit noch weniger sprachenkundig ist als das männliche, oder ob man durch die Übersetzungen auf eine intensive und schnellere Bereicherung der französischen Muttersprache hoffte. Dafür spricht, daß sich unter den Übersetzern namhafte Dichter wie Pontus de Tyard (1521–1605), Mellin de Saint-Gelais (1487–1558), Jacques Peletier du Mans (1517–1582), Philippe Desportes (1546–1606), Jean Antoine Baïf (1532–1589), François de Malherbe (1555–1628), Jean de la Taille (um 1535–1617), Pierre de Larivey (1536/40–1619), Thomas Sebillet (Sébillet; 1512–1589), François de Belleforest (1530–1583) u.a. finden. Man geht jedoch in keinem Falle fehl, wenn man den italienischen Einfluß auf die französische Kultur der Renaissance als dominierend ansieht, da auch selbständige Autoren wie Rabelais, Ronsard, Montaigne u.v.a. von italienischem Gedankengut zehren und neben griechischen und lateinischen Klassikern fast ausschließlich italienische Quellen zitieren.

Die Poetiken

Der antike Terminus ›Poetik‹ bezeichnet alles, was mit Dichtung zu tun hat (*DLF* 54–59). Dieser Ausdruck ist jedoch im Lauf der Jahrhunderte einem Wandel unterworfen: mal ist Poetik Unterweisung im Dichten, ein anderes Mal bindender Regelkanon mit normativem Anspruch. Die Poetiken von Aristoteles, Horaz und Quintilian behandelten Fragen der Gattung, der Stofffindung, der Gliederung, der stilistischen Ausgestaltung, der Stilebenen, der Publikumslenkung, der Widerspiegelung, kurz alles, was Produktion und Rezeption schriftlicher und mündlicher Rede betraf. Im Mittelalter waren Aristoteles und Quintilian vergessen und wurden erst von den Humanisten wiederentdeckt, weshalb es in dieser Zeit keine wirklichen Poetiken gab und die Rhetorik das Feld beherrschte.[49] Die bekannteste Rhetorik, *Le grant et vray Art de pleine Rhetorique*, stammt von Pierre Fabri und erschien 1521 in Rouen. Der Autor behandelt in zwei Büchern Prosa und Verskunst. Obwohl Fabri erklärt, »J'ay intention de traicter de l'art de rith-

mer, lequel pour aulcun cas est plus plaisant que la prose: car les proposi-
tions et mesures delectent plus l'entendement que simple prose« (*DLF 55*),
bleibt er bei diesen oberflächlichen Bemerkungen stehen und dringt nicht
zum Wesenskern der Dichtung vor.

Als die italienischen Humanisten sich verstärkt mit antiker Literatur
beschäftigten, entdeckten sie auch die Poetik des Aristoteles wieder, die sie
eifrig studierten; auch Horaz wurde gelesen und 1535 von Lodovico Dolce
in die Volkssprache übersetzt. Bereits um 1350 hatte Petrarca Quintilian
wiederentdeckt. Im Jahr 1508 lag die Aristotelische Poetik im Urtext
gedruckt vor, 1548 schrieb Francesco Robortello (1516–1567) den ersten
dazugehörigen Kommentar und fand zahlreiche Nachahmer, die auch andere antike Poetiken mit einbezogen. Zu einer Durchdenkung und kritischen Aufnahme der antiken poetischen Theorien kam es demnach erst, als
der italienische Humanismus seinen Zenit bereits überschritten hatte und
zahlreiche Werke der volkssprachlichen Literatur geschrieben waren. Große
Nachwirkungen hatten vor allem zwei Renaissance-Poetiken: die Reimpoe-
tik *De arte poetica*[50] des Albaner Bischofs Marco Girolamo Vida
(1485–1566) und die in Frankreich erschienene, aber von dem Italiener
Julius Caesar Scaliger (1484–1558) verfaßte Monumental-Poetik *Poetices
libri septem* (1561).[51] Letztere ist eine umfassende systematische Darstellung, die auch die Bereiche der Dichtung behandelt, die bei Aristoteles und
Horaz zu kurz kommen, sich aber vor allem auf das Epos, die Lieblingsgattung der Renaissancedichter, konzentriert. Zu nennen wäre auch Sperone
Speronis (1500–1588) *Dialogo delle lingue* (1542),[52] in dem die italienischen Dichter Petrarca und Boccaccio mit den Autoren der Antike auf eine
Stufe gestellt werden. Speronis Gedanke vom hohen Eigenwert volks-
sprachlicher Dichtung und dem Modellcharakter bedeutender Autoren
wird später von der Pléiade aufgegriffen.

Während in Italien die Poetiken mehr Wert auf die Behandlung ästhe-
tischer Probleme legten, war dies in Frankreich genau umgekehrt: hier über-
wogen zu Beginn metrische und rhetorische Fragen.[53] Dennoch lieferte das
italienische Cinquecento die Quellen und Grundlagen für die französischen
Poetiken der Renaissance. Die wichtigste stammt von Joachim Du Bellay,
dem Theoretiker der Pléiade und Autor der *Deffence et Illustration de la
Langue Françoyse* (1549). Er erkannte bereits die Eigenbedeutung des
Kunstschönen und wandte sich gegen die mittelalterliche Auffassung, Dichtung bestehe fast ausschließlich in formalistischem Raffinement und ausge-
feilter metrischer Technik. Eine genaue Lektüre griechischer Lyrik (*Antho-
logia graeca*) und die Beschäftigung mit Cicero und Quintilian riefen bei
den Vertretern der Pléiade das Verlangen wach, den Alten nachzueifern und
auch in französischer Sprache etwas ihnen Vergleichbares zu schaffen, sie
sogar zu übertreffen. Gleichzeitig orientierten sie sich an den Werken der

italienischen Nachbarn, bei denen der Petrarkismus hochstehende dichterische Leistungen in der Volkssprache hervorgebracht hatte.[54]

Du Bellays Poetik hat eine doppelte Zielsetzung: er kämpft für die Verwendung der Volkssprache beim Dichten, die sich dabei allerdings an klassisch-antiken Vorbildern orientieren soll. Dazu liefert er zugleich skizzenhaft eine Dichtungslehre, die die antiken Genera als vorbildlich hinstellt. Der zweite Theoretiker der Pléiade ist Jacques Peletier du Mans, der 1544 die Horazische *Ars poetica* ins Französische übersetzt hatte, 1555 mit einem eigenen *Art Poëtique* hervortrat und darin bereits eine etwas weniger polemische Position als Du Bellay bezog (vgl. *Peletier*, in: *Traités*, ed. Goyet, S. 237f.). Auch Ronsard selber hatte sich verschiedentlich in Vorworten und Einleitungen zu seinen Gedichtbänden zu Grundfragen der Lyrik geäußert. Du Bellay hatte sich zwar an Horaz und Vida ausgerichtet, kannte aber vermutlich Aristoteles noch nicht, der erst 1555 von Guillaume Morel (1505–1564) in Frankreich ediert wurde. Hand in Hand mit dem immer größeren Bekanntwerden Aristoteles' ging auch der Einfluß Scaligers, obgleich sein Werk nie in Paris gedruckt wurde.

Im Jahr 1548 hatte der Pariser Parlamentsadvokat Thomas Sebillet, für die gelehrte Welt ein Außenseiter, einen *Art poétique françoys pour l'instruction des jeunes studieus & encor peu auancéz en la Poésie Françoyse*[55] veröffentlicht (vgl. *Sébillet*, in: *Traités*, ed. Goyet, S. 41f.), der bereits viele Theorien der Pléiade beinhaltete. Sebillets Poetik war allerdings keine große Nachwirkung beschieden, wahrscheinlich, weil er nicht der Pléiade angehorte. Ihr Werk hat dann François de Malherbe am Ende des Jahrhunderts vollendet. Zwar übernahm er die von ihr gepflegten dichterischen Formen, lehnte jedoch ihren sprachlichen Eklektizismus ab. Er schrieb der poetischen Sprache Regeln und Gesetze vor, die sich an der Pariser Umgangssprache orientierten. Und er wirkte fast ausschließlich durch seine Persönlichkeit, wobei ihm zugute kam, daß er lange am Hof in einflußreicher Stellung tätig war. Theoretische Schriften hat er übrigens nicht hinterlassen, sieht man von seinen handschriftlichen Randglossen zu den *Œuvres* des Dichters Philippe Desportes ab, die sich auf dessen Stil und poetische Ausdrucksformen beziehen (*Franz. Poetiken* I,4–10).

Die letzte Poetik des Jahrhunderts stammt von Jean Vauquelin de la Fresnaye (1535/36–1606) und trägt den Titel *L'art Poëtique François, où l'on peut remarquer la perfection et le defaut des anciennes et des modernes poësies* (gedr. 1605, begonnen 1575 auf Einladung Heinrichs III.). In vielen Punkten deckungsgleich mit den Vorschriften der Pléiade, ist er doch dem Mittelalter gegenüber nicht so streng wie diese. Er liefert – seine Poetik ist immerhin 3520 Alexandriner lang – eine rudimentäre Geschichte der französischen Literatur. Zwar erkennt er noch die Bedeutung der italienischen Kultur an, aber er weist nach, daß sie auch von der französischen zehrt. So habe (was in Wirklichkeit nicht stimmt) Petrarca das Sonett von den Provenzalen übernommen:

> Mais il marcha si bien par cette vieille trace,
> Qu'il orna le sonnet de sa première grace:
> Tant que l'Italien est estimé l'autheur
> De ce dont le François est premier inventeur.
> (Vauquelin de la Fresnaye, zit. nach *DLF* 59)

Und Ariost habe bekanntlich seine Stoffe der französischen Sagenwelt entnommen:

> Et quand nous reprendrons ces beaus larcins connus,
> De rien nous ne pouvons leur en estre tenus.
> (ebd.)

Vauquelins mäßige Verskunst hat eine größere Rezeption verhindert; die Form verdiente diese auch sicherlich nicht, der Inhalt jedoch allemal.

Erwachendes Keltentum

Es könnte nach dem bisher Gesagten so aussehen, als ob sich die Franzosen kulturell einseitig an Italien orientiert hätten. Dies gilt, wie bereits mehrfach gesagt, allenfalls für die erste Jahrhunderthalfte; danach entstand ein autonomes Nationalgefühl, das die eigene Kultur über die der Nachbarn erhob. Der Historiker Etienne Pasquier wird im I. Teil seiner französischen Geschichte zum wahren Herold des Keltentums:

> Sur tous les peuples qui se sont adonnez à courir l'Univers, l'on en peut à mon jugement remarquer trois de grande recommandation: entre lesquels faut donner le plus ancien lieu aux Gaulois, le second aux Germains, et le tiers aux Sarrazins. D'autant que les premiers avant que Rome eust atteint au grand degré de souveraineté, les seconds sur la fin de l'Empire d'Italie, et les derniers, celuy de Constantinople commençant à tomber en ruine, donnerent tant d'espreuves de leurs vaillantises, qu'il y eut peu de contrées desquelles selon la varieté du temps ils ne goustassent. (Pasquier, *Les Recherches de la France*, ed. Fragonard/ Roudaut I, Kap. III, S. 266)

Allerdings spielen Spanier, Deutsche, Engländer u.a. nur eine geringe Rolle als Konkurrenten: die Franzosen grenzen sich vor allem gegen die Antike und Italien ab. Wenn die ersten Humanisten um Nicolas de Clamanges (um 1363–1437) noch die Unabhängigkeit von Italien betont hatten (*DLF Mittelalter* 1063–1065) – Clamanges schalt vor allem Petrarca einen Schwätzer –, war man sich seit etwa 1470 durchaus bewußt, was man den Nachbarn schuldete (vgl. Böhm, passim). Die Italiener wurden kritiklos verehrt, das eigene Volk galt als bildungsunfähig. Dies änderte sich erst um 1550, und nach 1560 sind nur noch vereinzelte Bemerkungen zum italienisch-französischen Verhältnis nachweisbar. Immer blieb jedoch der italienische Humanismus intellektuelles Richtmaß. Um die Jahrhundertmitte war man auch der Meinung, die Antike eingeholt zu haben: das augusteische Zeitalter war erneuert, ein neues Goldenes Zeitalter eingeleitet. Die Franzosen sahen sich als Erben und Vollender der Antike an und reklamierten für sich kulturelle Hegemonie. Eine Auseinandersetzung mit der Apenninenhalbinsel in Gegenwart und Vergangenheit war damit obsolet geworden.

Unter Heinrich II., als die französische Außenpolitik Italien aus dem Blick ließ, setzte zugleich eine Rückbesinnung auf die eigene keltische Kultur ein, was zunächst eine Reaktion auf die Bedrohung des Selbstwertgefühls der Franzosen war. Die Zahl der sog. Keltisten ist nicht klein. Wir können zwei Gruppen unterscheiden: Jean Lemaire de Belges, Guillaume Postel (1510–1581), Guy Le Fèvre de La Boderie (1541–1598) und Etienne Forcadel (1534–1573) behaupteten, die Gallier hätten bereits vor den Griechen und Römern die Kultur besessen, und zwar hätten sie sie ohne Umwege von den Phöniziern übernommen. Symphorien Champier, Guillaume Rouillé (Rouville; 1544–1589) u.a. vertraten dagegen die These, die druidische Wissenschaft sei in Gallien ohne Einfluß von außen entstanden und bilde folglich den Ausgangspunkt der Menschheitskultur. Einigkeit bestand darüber, daß die Philosophie und die Wissenschaft allgemein durch eine *translatio studii* von gallischem Wissen abgeleitet seien (vgl. Böhm, S. 61f.). Die Keltistenthese wurde interessanterweise zunächst nicht von Franzosen, sondern von dem Italiener Annius von Viterbo vertreten (1498; gedruckt als: Berosus sacerdos Chaldaius, *Antiqvitatvm libri qvinqve*. Cum commentariis Ioannis Annii Viterbensis, Antverpiae: Ioannes Steelsius 1545).

Aber erst der Postel-Schüler Guy Le Fèvre de La Boderie (*DLF* 436–437), ein Universalgelehrter, den alle katholischen Fürsten wegen seiner Glaubensstrenge an ihren Hof ziehen wollten, der aber seine heimatliche Normandie nur einmal widerwillig verließ, um in Antwerpen den Druck einer Polyglotta (Bibel mit Text in mehreren Sprachen) zu überwachen, wird in seiner *Galliade, ov De la revolvtion des arts et sciences* (1578) konsequent die These einer Renaissance in keltischem Gewand vertreten (vgl. Böhm, S. 212f.). Die Identität Galliens mit Frankreich steht dabei außer Zweifel. Hier sei der Ursprung der Wissenschaften und Künste gewesen, und der Autor zählt Grammatik, Rhetorik, Logik, Naturlehre, Theologie, Geometrie, Malerei und Architektur auf und betont immer wieder den keltischen Einfluß auf jegliche Kultur. In Gallien habe es die ersten Universitäten und sonstigen Schulen gegeben. Von hier aus hätten sich die Wissenschaften über Etrurien (Toskana), Sizilien, Griechenland, Afrika und

Indien, Chaldäa, Ägypten, die Cyrenaika, Persien und Israel ausgebreitet. Offenkundig auf den Spuren von Annius wurde die Deszendenz der griechischen Kultur von der gallischen behauptet, denn Gallien habe sich einst im Besitz allen Wissens befunden:

> Bref il n'y eut iamais ny art ny discipline
> Pour sçauoir les vertus du depuis la racine
> Qui de la terre sort, [...]
> Qui n'ait esté connue aux Druydes Gaulois:
> Et seuls ils ont connu les sciences diuerses
> Des Chaldez d'Assyrie, et des Mages des Perses,
> Et des fils d'Orient Brachmanes Indiens,
> De ces Sofistes nus aux sablans Lybiens,
> Des Heliopolitains ou sages de l'Egipte,
> Des chauues Aggripez, honneur du terroir Scythe,
> Des Philosophes Grecs, des Augures Toscans,
> Des Turdetans d'Espagne, et des Saincts florissans
> Aux monts Hyperborez les sages Arimfees:
> Voire des Heroes, et Caroles Nymfees
> Habitans dans l'Ether, et des Calodemons,
> Qu'ils sçauoient euoquer dessus nos Gaulois monts.
> (Le Fèvre de la Boderie, *La Galliade*, zit. nach Böhm, S. 213)

Wenig später wird über diese vielleicht schon konventionellen Gedanken eine Brücke zur Gegenwart geschlagen. Es wird postuliert, die Wissenschaften und Künste seien im Verlauf ihrer Wanderung von den Gastgebern nur genährt, nicht im Kern verändert worden, und im Humanismus unter Franz I. und Heinrich II. nach Frankreich zurückgekehrt:

> Sous FRANÇOIS et HENRY nos Rois venus des Cieux
> Et és Cieux retornez, retornerent en France
> Les Lettres et les Arts, qui ont prins leur naissance
> En Gaule, tost apres le degast pluuieux.
>   Aßyriens, Chaldez, Egiptiens, Hebrieux,
> Perses, Grecs, et Rommains en leur adolescence,
> Ieunesse et age meur florissants en puissance,
> Les nourrirent chez eux au cours des siecles vieux.
> (ders., zit. nach Böhm, S. 213)

Claude de Seyssel (1450–1520), Professor, Diplomat und Theologe aus Savoyen im Dienst der französischen Krone, wird sich als erster in Frankreich Rechenschaft über die Möglichkeiten ablegen, durch die Verbreitung der Sprache auch politischen Einfluß auszuüben, wie dies die Römer zuvor mit Erfolg betrieben hatten. Er tritt für Übersetzungen aus dem Lateinischen ins Französische ein und bereitet damit anderen Sprachtheoretikern den Weg, die in zähem Ringen mit den Vorbildern Latein und Italienisch dem Französischen zum Sieg verhelfen. Seine Ideen verweisen aber auch auf das folgende Jahrhundert, als Richelieu die Académie française gründet und eine gezielte Sprachenpolitik beginnt, die darauf zielt, die eroberten Völker auch sprachlich zu assimilieren:

> Le Peuple et les Princes Romains tenants la Monarchie du monde (Trèschrétien et Trèsvictorieux Roi) qui à riens ne tâchaient qu'à icelle perpétuer et rendre éternelle, ne trouvèrent autre moyen plus certain ni plus sûr pour ce faire que de magnifier, enrichier et sublimer leur langue latine, laquelle du commencement de leur empire était bien maigre et bien rude, et après de la communiquer aux pays, provinces et peuples par eux conquis (ensemble leurs lois romaines couchées en icelle) de laquelle lesdites provinces, peuples et pays n'avaient pour lors aucune connaissance. (Seyssel, *Exorde an la Translation de l'histoire de Justin*, in: *La Monarchie de France*, Paris 1510; ed. 1966, S. 65; zit. nach Böhm, S. 232)

IV. DAS NEUE BILDUNGSIDEAL

Das Erbe der Antike

Athen und Rom beherrschten noch bis in die jüngste Gegenwart hinein nicht nur unsere westeuropäische Literatur, sondern unser ganzes westeuropäisches Denken, auch wenn uns das vielleicht nicht immer bewußt war und ist. Die abendländischen Vorstellungen vom Menschen, dem Staat, der Gesellschaft, der Geschichte, Kunst, Wissenschaft und Religion, dem Recht und der Technik sind nicht ohne den tiefen und nachhaltigen Einfluß von Griechenland und Rom denkbar. Gegen Ende seines Lebens schreibt der Maler Eugène Delacroix (1798–1863), der hier für viele spricht, in seinem *Journal*:

> Je connais les Anciens, c'est-à-dire que j'ai appris à les mettre au-dessus de tout: c'est le meilleur résultat d'une bonne éducation. Je m'en applaudis d'autant plus que les Modernes, enchantés d'eux-mêmes, négligent ces augustes exemples de toute intelligence et de toute vertu. Il est à la honte de notre temps que la ville et le gouvernement maintiennent et encouragent des collèges où l'on pose en principe que l'on peut se passer de l'étude des langues anciennes. (Delacroix, *Journal*, zit. nach *DictLitt* 2, 976)

Was würde der Maler wohl heute sagen? Gerade die letzten Jahrzehnte haben andere, von Informationstechnik, Freizeitwert und Konsumverhalten geprägte Denk- und Perzeptionsformen befördert, die nicht mehr im Banne der Antike, ihrer grammatisch durchgeformten Sprachen, ihres rigorosen Staatsethos und ihrer mannigfaltigen Mythologie stehen. Das ›Humanistische Gymnasium‹, das in Deutschland eineinhalb Jahrhunderte lang das Modell höherer Schulbildung war, um das Europa das Land beneidete und das es imitierte, scheint überall ausgedient zu haben.

Die Frage, warum aber fast anderthalb Jahrtausende lang die Kultur der Antike das abendländische Denken beherrschte, ist wohl immer noch eine Überlegung wert, zumal sich die romanischen Literaturen des Mittelalters, der Renaissance und der Neuzeit nicht zuletzt darin unterscheiden, wie sie jeweils mit dem antiken Erbe umgingen und welchen Stellenwert sie ihm im einzelnen einräumten (*Franz. Mittelalter* 159f., 191f.). Zunächst einmal gilt, daß die Römer sich als Erben der Griechen und sich die Romanen und Germanen, jedenfalls die Deutschen, wiederum als die Erben der Römer verstanden, womit eine Traditionskette geknüpft war. Das Latein als die Sprache der Kirche, der Universität, der Justiz und Verwaltung trug ebenfalls zur Konzentration auf die Antike und ihre Manifestationen bei. Das theoretische Modell kultureller Kontinuität lieferte die bereits erwähnte dreifache Translatio (*imperii, studii, religionis*). Eng damit zusammen hängt ein Autoritätsdenken, das die Phänomene in eine mustergültige Tradition einordnet und so ihre Richtigkeit und Angemessenheit betont. Alle kulturellen Manifestationen der Antike galten schon bald als vorbildlich, unübertrefflich und nachahmenswert; nur wer auf ihren Spuren wandelte, konnte hoffen, ernst genommen zu werden. Ein allen Abendländern gemeinsamer Bildungs- und Vorstellungskosmos erleichterte die Verständigung. Die Kultur Roms war trotz aller Machtpolitik wesentlich intellektuell, d.h. Rechtstexte, Staatslehren, moralphilosophische Abhandlungen, dazu praktische Traktate über Landbau, Architektur, Militärwesen, Jagd usw. sowie Darstellungen der römischen Geschichte, die staatstragende und systemstabilisierende Epik, hatten Einfluß auf die Gestaltung der Welt, und das gilt auch für die eher ›schöne‹ Literatur, die stets zugleich erfreuen (*delectare*) und belehren (*prodesse*) sollte. Da alle wichtigen Lebensbereiche in irgendeiner Weise in der Antike bereits abgehandelt worden waren, konnten sich die nachfolgenden Generationen, wenn sie wollten, darauf stützen, die entsprechenden Texte rezipieren, übersetzen, sich anverwandeln und später die volkssprachlichen Werke daran anpassen.

Die große Leistung des Mittelalters besteht zunächst einmal darin, die Werke der Antike mit den christlichen Glaubensinhalten kompatibel gemacht und sie dadurch nicht ausgelöscht zu haben. Das entsprechende hermeneutische Verfahren ist die Lehre vom *vierfachen (mehrfachen) Schriftsinn* (Allegorese), die in kühner Behauptung die heidnischen Texte zu Präfigurationen der christlichen Wahrheit und ihrer intellektuellen oder schriftstellerischen Umsetzung erklärte oder gar Autoren wie Seneca, Vergil und Lukan christlich umdeutete (*Franz. Mittelalter* 204–238). Durch dieses Verfahren wurde, was keineswegs selbstverständlich ist, das geistige Erbe der Antike gerettet, das ansonsten wie bedeutende Zeugnisse anderer Kulturen (Kelten, Germanen, Slaven, Iberer, Illyrer usw.) bis zur Unkenntlichkeit entstellt oder ganz verschwunden wäre. Der Nachteil des mittelalterlichen Umgangs mit der Antike ist evident; diese wird nicht in ihrem Eigenwert erkannt, sondern für die eigene Ideologie funktionalisiert. Auch war im Gefolge der Völkerwanderungszeit das Bildungswesen vielfach zum Erliegen gekommen, so daß wichtige Texte entweder verlorengingen oder unbenutzt in irgendwelchen Klosterbibliotheken verstaubten. Vergil, Ovid, Terenz und Horaz waren den mittelalterlichen Klerikern jedoch immer vertraut. Eine große Leistung des italienischen und später europäischen Renaissancehumanismus besteht darin, wichtige Texte wieder ans Licht gezogen, zunächst abgeschrieben, dann korrigiert und emendiert (= Verbessern falscher Lesarten) dem Druck übereignet und somit einem größeren Lesepublikum zugänglich gemacht zu haben. Auch wurden so die Voraussetzungen für eine ideologiefreie Interpretation dieser Texte geschaffen. Nennen wir wenigstens eine Zahl (vgl. Delumeau, S. 111f.): Von 1460 bis 1600 erschienen in Europa insgesamt 546 Vergildrucke. Legt man eine mittlere Auflagenhöhe von 1000 Exemplaren zugrunde, erhält man die beeindruckende Zahl von gut einer halben Million Texte, deren Verbreitung durch Ausleihe und Vorlesen noch erheblich vergrößert wurde.

Die Leistung der Humanisten – der französische Anteil daran wird später im Zusammenhang mit der Geschichte des Bildungswesens zu besprechen sein (s. S. 107f.) – besteht aber nicht nur in der Wiederentdeckung antiker Texte, in ihrer textkritischen Aufbereitung (›Philologie‹) und ihrer Veröffentlichung. Sie setzen die Antike erneut in ihre Rechte ein, betonen ihre Autonomie.[1] Auch machen sie durch Übersetzungen wichtiger Autoren den literarischen Fundus griechisch-römischer Werke einem nicht klassisch vorgebildeten Lesepublikum zugänglich. An die Stelle der allegorisierenden Hermeneutik tritt als neue Hermeneutik die Nachahmungslehre, die Lehre von der *imitatio*. Sie wird insbesondere in der Auseinandersetzung mit den Poetiken von Aristoteles und Horaz herausgebildet, die immer wieder gedruckt, übersetzt und kommentiert werden.[2] Wenn die ersten französisch schreibenden humanistisch geprägten Dichter (Marot, Rabelais u.a.) durchaus noch aus der mittel- und spätmittelalterlichen Literatur und Volkskultur schöpften, zeichnet sich die Pléiade durch eine radikale Ablehnung mittelalterlicher Formen und Inhalte aus, die Du Bellay in der *Deffence* als »autres telles épiceries« (Abgeschmacktheiten) abwertet. Insofern stellt die Jahrhundertmitte einen abrupten Bruch in der literarischen Entwicklung dar. Erst jetzt setzt in der volkssprachlichen Literatur der ungetrübte Humanismus ein.

So finden sich folgerichtig in allen wichtigen Renaissancepoetiken Hinweise auf die Imitatio der Alten, z.B. in Jacques Peletiers *Art poëtique* (1555) im 5. Kapitel: Die Nachahmung ist für ihn Grundlage jeder dichterischen Schulung; aber sie allein genügt nicht. Blinde Nachahmung führt zu Sterilität, und dies ist sicherlich das Geheimnis für den bleibenden Erfolg der Humanisten, daß sie nämlich vielfach ihre Modelle weit hinter sich ließen:

> Par seule imitation rien ne se fait grand: c'est le fait d'un homme paresseux et de peu de cœur, de marcher toujours après un autre. Celui sera toujours dernier, qui toujours suivra: ait donc le Poète premièrement l'esprit, le courage, la majesté, la facilité, et bref ce que la nature peut donner. Puis ne doute point qu'il ne soit possible de se faire le plus grand. L'office d'un Poète, est de donner nouveauté aux choses vieilles, autorité aux nouvelles, beauté aux rudes, lumière aux obscures, foi aux douteuses, et à toutes leur naturel et à leur naturel toutes [...]. S'il y a des vices,

qu'il les évite, chose facile: les vertus, qu'il les égale, chose possible: ou les sur-
monte, chose honorable. (Peletier, *Art poëtique*, ed. Goyet, S. 256–257; dt. Hausmann, *Poetiken*, S. 34–35)

Es kann im folgenden nicht darum gehen, alle klassischen Autoren zu
nennen, die in der Literatur des 16. Jh.s eine Rolle gespielt haben, und wir
müssen uns mit drei Beispielen begnügen, die ausnahmslos der griechischen
Literatur entstammen, die im Mittelalter kaum eine Rolle gespielt hatte
(*Franz. Mittelalter* 148f.) und deren Wiederbelebung eine der großen Inno-
vationen des Humanismus ist: Wir wählen Lukian von Samosate, Pindar
und Plutarch aus. Nach Lukian wird sogar der Terminus des ›Lukianismus‹ (vgl. Lauvergnat-Gagnière) geprägt, der oft fälschlich mit Freigeiste-
rei und Atheismus gleichgesetzt wird, und man hat sogar gesagt, daß die
französische Literatur der Renaissance weitgehend im Zeichen des ›Lukianismus‹ stand; der zweite Autor Pindar liefert dem Oberhaupt der Pléiade,
Ronsard, mit der feierlichen Ode ein wichtiges formales wie inhaltliches
Muster; der dritte, Plutarch, wird von Jacques Amyot kongenial ins Französische übersetzt und gilt als Bezugspunkt für biographisches und morali-
stisches Schreiben schlechthin. Die griechische Kultur ist, es kann nicht oft
genug betont werden, eine wirkliche Entdeckung der Humanisten, die
durch den Fall Konstantinopels (1453) befördert wurde, als zahlreiche
griechische Flüchtlinge mit ihren Manuskripten und Bücherschätzen nach
Italien kamen.[3] Allerdings hatten sich bereits Petrarca und Boccaccio und
nach ihnen andere Humanisten um das Griechische bemüht, und Florenz
und Venedig waren Zentren des Griechischstudiums geworden. Boccaccio
hatte einen entsprechenden Lehrstuhl in Florenz schaffen können. Platon,
Homer, Herodot, Xenophon waren die am meisten studierten Autoren.
Aldus Manutius in Venedig wurde der bedeutendste Drucker griechischer
Autoren, der eine eigene elegante griechische Schrifttype schuf und über 30
editiones principes von Aristophanes, Thukydides, Sophokles, Theophrast
und Euripides herausgab.[4] Seine Arbeit wurde in Frankreich von Robert
Estienne, einem Angehörigen der berühmten Druckerdynastie, fortgesetzt
(*EnzRen* 197).[5]

Lukian, Pindar, Plutarch

Beginnen wir mit Lukian aus Samosata in Syrien (heute Samsat/Türkei)
(ca. 120–180 n. Chr.), einem Verfasser satirischer Dialoge, dem nichts heilig
war und in dem Spätere nur den Spötter, den wendigen Journalisten (Wila-
mowitz) sehen wollten (vgl. Hausmann, *Rabelais*, S. 69–71). Er war ein un-
steter Geist, ein Skeptiker und Rationalist, und wer in der Folgezeit ähnlich

dachte, berief sich auf ihn. Unter seinem Namen sind ca. 80 Schriften überliefert, doch ist einiges unecht, die Chronologie unsicher. Lukians Werk
zeichnet ein planmäßiger Kampf gegen die falsche Philosophie aus, denn zu
seiner Zeit wimmelte es von dünkelhaften, heuchlerischen und habgierigen
Pseudophilosophen, die dem Volk den Kopf verdrehten und den Beutel
schröpften. Den Wortkram der philosophischen Systeme hielt Lukian für
wertlos, da sie nicht dazu dienten, die Menschen gesitteter zu machen. Auch
zog er gegen den Aberglauben vom Leder, der damals wahre Blüten trieb.
Die Parallelen zwischen den Sophisten zur Zeit Lukians und den Mönchen
zur Zeit der beginnenden Renaissance sind unübersehbar. Lukian ist Pazifist *ante litteram*, hat Abscheu vor zwecklosem Blutvergießen und Tier-
quälerei.

Auch in stilistischer Hinsicht liegt er der Renaissance. Er pflegt die
Parodie, häuft Zitate, Sprichwörter und Bilder aufeinander und ist zudem
ein Meister der Anekdote. Seine Geschichten zerfallen in einzelne Episoden,
und dieses additive episodenhafte Erzählverfahren kommt den Renaissanceautoren, die noch ganz im Banne oralen Erzählens stehen (man denke
an die vielen Novellen- und Schwanksammlungen), sehr entgegen. Lukian
ist zudem stark in der Schilderung der Alltagsrealität. Den Höhepunkt seines Schaffens und die Meisterschaft der Satire entfaltet er in den sog.
Menippeischen Satiren. Dabei handelt es sich um Nachahmungen der heute nicht mehr erhaltenen Satiren des Kynikers Menippos von Gadara (Phö-
nizien; 1. Hälfte 3. Jh. v. Chr.). Dieser Menipp dichtete in einer Mischform
aus Prosa und Vers im ernst-komischen Stil (σπουδαιογέλαιον), wobei die
Verse die Handlung voranbringen müssen und organisch in die Prosa inte-
griert sind. Die (erhaltenen) Titel der verlorenen Schriften lauten *Unter-
weltsfahrt, Himmelfahrt, Götterbriefe, Symposion, Geburtslegende Epi-
kurs, Verkauf des Diogenes*. Es handelte sich bei Menipps Werken
offensichtlich um Mythenparodien. Er spottet über die Menge und den Wis-
sensdünkel der Philosophen, lobt das einfache Leben und karikiert grob-
schlächtig den Götterglauben (*LexAntLit* 3,158). Lukian behandelt ähnliche Themen wie Menipp und setzt verwandte Techniken ein: Phantastische
Abenteuerreisen, Totengespräche, Bankettparodien usw. Mit ›Lukianismus‹
bezeichnet man daher ein Mehrfaches: Gattungsmischung und Autorefe-
rentialität, d.h. (metafiktionale) Thematisierung des schriftstellerischen Ar-
beitsprozesses; paradoxale Schreibtechniken, vor allem das komisch-ironi-
sche Eulogium, wobei Dinge gelobt werden, die eigentlich zu tadeln sind;[6]
eine witzig-spöttische Grundhaltung, die sich durch völlige Bedürfnislosig-
keit, Nichtachtung der Konventionen, Individualität, Praxisnähe und Spott
charakterisieren läßt; phantastische Motive, Reisen und Abenteuer, die die
Realität vermeintlich demontieren. Aber man kann diese menippeisch-
lukianischen Schreibtechniken, die sich durch die Jahrhunderte hindurch in

Texten an Epochenschwellen und an Schnittstellen von Gattungen finden, noch differenzieren.[7] Unsere Aufzählung ihrer Charakteristika lautet stichwortartig: Autorintervention und Publikumsanrede (*parabase*), Abschweifung (*digression*), Zufallsprinzip (*aléatoire*), Vorwegnahme des noch Folgenden (*métalepse*), Publikumsschelte und -verspottung (*le lecteur parodié/parodiste*), Unterbrechung/ Vertagung (*suspension*), Verzicht auf Linearität (*le refus de la linéarité*), Verzicht auf Abgrenzung einzelner Episoden (*la mise en question de l'appareil démarcatif*), parodistische Verfahrensweisen (*les sommaires parodiques*), das Buch im Buch (*le livre comme objet*).

Erasmus von Rotterdam und Thomas Morus gaben 1506 gemeinsam bei Josse Bade[8] eine lateinische Übersetzung lukianischer Schriften heraus, und Erasmus selber wurde von Freund und Feind ein zweiter Lukian genannt. Er bezeichnete in einem seiner *Adagia* (I.VII.LXXVII) den Samosaten als »diamantharten Verfolger des Aberglaubens«. Dieses Epitheton kommt allerdings mit noch größerem Recht Rabelais zu, den Scaliger einen »modernen Lukian« (*Exotericarum exercitationum liber*, Paris: Vascosanus 1557, S. 400) nennt. Du Bellay äußert sich in der *Deffence et Illustration* ähnlich und lobt Rabelais – ohne Namensnennung, aber klar genug –, »(d'avoir) feint si bien le nez de Lucien« (*Poésies*, ed. de Sacy, S. 263).

Interpretieren wir zum Abschluß eine menippeisch-lukianische Episode aus Rabelais' Pentalogie *Pantagruel et Gargantua*, und zwar das bereits von Erich Auerbach in *Mimesis* (Kap. 11) kanonisch gedeutete Kapitel P 32 (»Comment Pantagruel de sa langue couvrit toute une armée, et de ce que l'auteur veit dedans sa bouche«). Auerbach überschreibt das entsprechende Kapitel »Die Welt in Pantagruels Mund«[9] und verweist zu Recht auf Lukians *Wahrhaftige Geschichten* (I, 30 ff.)[10] als Quelle, was durch den expliziten Hinweis des Erzählers »Cependant je, qui vous fais ces tant véritables contes, m'estois caché dessoubz une fueille de bardane [= Klette]«, noch unterstrichen wird. Das Kapitel hat zweifelsohne als frühe Form eines Berichts über die *pluralité des mondes*[11] die Funktion, die Wahrheit des Berichteten zu relativieren, sie aber gerade dadurch wieder als plausibel erscheinen zu lassen und die Mehrschichtigkeit der Realität ins Bewußtsein zu rufen. Gleichzeitig handelt es sich um einen Textdiskurs über das Wechselspiel von dichterischer Phantasie und Wahrheit. Wenn eine adäquate Abschilderung der Realität nicht möglich ist, weil es die Realität und damit ihre Widerspiegelung nicht gibt, dann können die Erzeugnisse der dichterischen Phantasie den gleichen Realitätsgrad beanspruchen wie die Wirklichkeit. Beide Ebenen gehen unmittelbar ineinander über, die Realität wird Sprungbrett zum Phantastischen und umgekehrt.

Als der Erzähler Alcofribas nach über sechsmonatigem Aufenthalt aus Gargantuas Mund herausklettert, wird er von diesem bemerkt und in ein Gespräch verwickelt, in dem sich der Riesenkönig nach seinem Aufenthalt erkundigt. Den Höhepunkt bildet die Frage: »doch wohin schissest du?«, worauf der Erzähler antwortet: »In euren Hals, Herr«. Das soll natürlich witzig sein, und ist es vielleicht auch in Maßen, aber erzähltechnisch ist dieser Dialog viel aufregender. Der Autor Rabelais erfindet eine literarische Gestalt, macht sie zum Helden eines Romans, tritt in diesem Roman selber auf (die häufigen Ich-Interventionen im *Pantagruel* erklären sich zunächst aus der marktschreierischen Tradition der Volksbücher, die auf werbewirksames Anpreisen bei den Lesern nicht verzichten können), klettert in den Mund dieser Gestalt und unterhält sich am Schluß mit ihr. Die Produkte seiner Phantasie sind damit Realität geworden, der Text hat sich verselbständigt. Nicht übersehen werden darf letztendlich, daß der Mund, in den Maître Alcofribas hineinklettert, auch der Ort der Artikulationswerkzeuge und damit der Hervorbringung der Sprache ist. Die Pentalogie erweist damit deutlich ihre metasprachlichen Dimensionen, kann also auch als Romanzyklus über die Vielschichtigkeit sprachlicher Aussagen verstanden werden (vgl. Teuber, S. 20–128).

Kommen wir zum zweiten der näher zu behandelnden griechischen Autoren: Der Lyriker Pindar aus Kynoskephaloi bei Theben (522/518 v. Chr., † unbekannt) ist heute nur noch geschulten Gräzisten vertraut. Seine Lieder wurden von den antiken Editoren in 17 Bücher eingeteilt: 11 mit religiöser und 6 mit profaner Dichtung (je 1 Buch Enkomia und Threnoi, 4 Bücher Epinikien); handschriftlich sind nur vier Bücher Epinikien erhalten, aus den übrigen nur Fragmente. Ein Epinikion ist ein Siegeslied nach der Schlacht, meist jedoch ein Siegeslied, das dem Sieger eines gymnischen Agons (Wettkampfes) von einem Chor gesungen wurde. Die Epinikien wurden bei der Siegesfeier des Kämpfers in der Heimat regelrecht aufgeführt. Ihre Länge schwankt zwischen 20 und 300 Versen; sie sind meist triadisch, selten monostrophisch. Die wichtigsten Themen sind die Personalien des Siegers und die Art des Sieges, der Mythos, d.h. der Bezug auf den Festort oder –gott, die Person, Familie, Stadt des Siegers, danach die Gnomik, d.h. eine Nutzanwendung oder Unterweisung (*LexAntLit* 2, 54–55). Threnoi sind ähnlich wie die Epinikien gebaute Totenklagen. Pindar schrieb auf Bestellung für alle in Griechenland stattfindenden Wettkämpfe, besonders für Olympien und Pythien.

Eine nähere Beschäftigung mit dem Text der Epinikien findet sich in Frankreich seit den 40er Jahren des 16. Jh.s. Der Gräzist Jean Dorat (1508–1588), ein begeisterter wie gleichermaßen begeisternder Pädagoge, der den Schülern Latein über das Griechische beibrachte (*DLF* 236), erläuterte den jungen Dichtern der späteren Pléiade am Collège de Coqueret diese schwierigen Gedichte.[12] Daraufhin faßte sein Schüler Pierre de Ronsard den Plan, Epinikien in französischen Oden zu imitieren. Man kann also deutlich sehen, wie eine antike Dichtweise in die Volkssprache umgesetzt wird. 1550 erschienen in Paris bei Guillaume Cavellart seine *Quatre premiers liures des Odes* (zusammen mit dem *Bocage*), in denen dieser Plan in die Tat umgesetzt wird, wenngleich nur 13 Oden (Preisoden auf bedeutende Persönlichkeiten) pindarisch, die übrigen horazisch oder anakreontisch sind. Beide Odenformen sind nicht nur äußerlich unterschiedlich, denn die Chorlyrik Pindars ist kollektiv, die Dichtung des Horaz (und auch Anakreons) ist persönlich-kontemplativ (vgl. Wittschier, S. 67–78). Diese Oden tragen Ronsard den Titel »Pindare français« ein, so daß man in der zeitgenössischen Dichtung nicht immer genau weiß, wer gemeint ist, Pindar oder Ronsard, zumal Ronsard sich auf Pindar beruft, um sich gegen Kritik an seiner eigenen Dichtung abzusichern. Die Ronsardschen Oden erlangten rasch eine solche Autorität, daß auch Zeitgenossen wie nachfolgende Generationen (Jean Bastier de La Péruse, Jacques Tahureau, Pontus de Tyard, Jacques Peletier du Mans, Lazare Baïf) sich auf Pindar bezogen und Ronsard 1552 noch ein fünftes Odenbuch hinzufügte. Das Verb *pindariser* (später auch das Substantiv *pindarisme*) entstand, das erst gegen Ende des Jahrhunderts pejorativ konnotiert wurde (›bombastisch, preziös oder pedantisch reden oder schreiben‹). Unter der *ode pindarique* versteht man eine triadische [= dreigliedrige] Ode (Strophe, Antistrophe, Epode), die sich durch besonders zahlreiche Entlehnungen aus Pindars Epinikien auszeichnet. Die metrische Form der *ode pindarique* wird nach Ronsard rasch ein beliebtes Genus der französischen Literatur (vgl. Schmitz, S. 16–21).

Die Pléiade-Dichter, die meist dem Adel angehören und für den Hof und seine Mitglieder schreiben, nutzen die panegyrische Tradition der Epinikien für ihr Herrscherlob. Aber sie verankern in den Oden im pindarischen Stil auch Selbstaussagen, die ihre eigene Rolle als Dichter und den dichterischen Schaffensprozeß (*furor, inventio, dispositio* usw.) reflektieren. Ronsard stellt den *laudator* (sich selber) vor den *laudandus* oder die *laudanda* (Adressat der Widmung), was vom hohen Selbstbewußtsein des Schreibers zeugt. Die Lyrik der Pléiade ist vielfach noch Gelegenheitsdichtung. Die ›Gelegenheit‹ oder den ›Anlaß‹ liefern der Königs- oder die Fürstenhöfe, deren Herren sich als Mäzene betätigen und dafür von den Dichtern Ruhm und Verherrlichung als eine Form der Legitimation ihrer Herrschaft erwarten. Adressaten Ronsards sind beispielsweise Heinrich II., seine Gemahlin Catherine de Médicis, seine Schwester Marguerite de France (Herzogin v. Savoyen), dann die Notablen Kardinal Charles de Guise v. Lothringen, François de Bourbon (Comte d'Anguien), François de Kernevenoy, Seigneur de Carnavalet (Écuyer du Roi), Guy de Chabot (Seigneur de Jarnac), der Kanzler Michel de l'Hôpital, sodann die Dichterkollegen Joachim Du Bellay, Jacques Bouju, Jean Dorat, Antoine de Baïf und Jean Martin. An die Stelle der sportlichen Wettkämpfe der Epinikien treten die militärischen, diplomatischen oder kulturellen Ereignisse aus der jeweiligen Herrschaftszeit.

Wir haben heute den Geschmack an derartigen Schmeicheleien und Geistreicheleien verloren, denn Ronsard und seine Nachfolger übertreffen sich in immer gewagteren Analogien, die die besungenen Fürsten und ihre eher unbedeutenden Kriegs-, Waffen- und sonstigen Herrschertaten mit dem Wirken der antiken Götter gleichsetzen. Auch fehlt uns vielfach das Verständnis für bestimmte Anspielungen, denn Ronsard zieht alle mythologischen Register und kennt auch noch die seltensten antiken Personen, um seine Oden auszuschmücken. Hier wird aber einmal mehr auch der Grund für die starken Antikebezüge der Renaissance deutlich: In der Volkssprache gibt es sprachlich wie thematisch keine Vorläufer; die Literatur benötigt diese jedoch zur eigenen Modellbildung. Wenn die mittelalterliche Dichtung im Zeichen des Glaubens stand und Herrscherlob recht eigentlich nur Gott zukam, ist in der Renaissancelyrik eine starke Säkularisierung und Personalisierung zu beobachten. Da sich die Dichter immer auch selber als Garanten des Enkomiums [= Lobrede] in die Panegyrik einbringen, erreichen sie ein doppeltes Ziel: Sie dienen dem Mäzen, werden von ihm unterstützt und protegiert, aber sie wirken gleichzeitig für ihren eigenen Ruhm. Ronsard hat den Oden eine programmatische Widmung vorangestellt, in der dies ganz klar zum Ausdruck kommt. Die Oden sind ein Geschenk für den aus dem Krieg mit Karl V. zurückkehrenden König, der seine Zeit zwischen Krieg und Frieden teilt:

> Maintenant que tu dois pour quelque peu de temps,
> Apres mille travaux, prendre tes passe temps
> Pour retourner plus frais aux œuvres de Bellonne [= Kriegsgöttin].
> Toutefois le desir qui le cœur m'eguillone
> De te monstrer combien je suis ton serviteur,
> Me fait importuner ta Royale grandeur;
> Et si en ce faisant je commets quelque vice,
> Il vient du seul desir de te faire service,
> Qui presse mon devoir de mettre un œuvre mien
> Sous la protection de ton nom tres-chrestien,
> Le sacrant à tes pieds: c'est Prince, un livre d'Odes
> Qu'autres-fois je sonnay suivant les vieilles modes
> D'Horace Calabrois, et Pindare Thebain,
> Livre trois fois heureux, si tu n'as à desdain
> Que ma petite lyre ose entre tes trompettes
> Rebruire les chansons de ces divins Poëtes,
> Et que mon petit Myrte ose attoucher le rond
> Des lauriers, que la guerre a mis dessus ton front.
> (Ronsard, Œuvres complètes, ed. Cohen I,356)

Diese thematischen Transpositionen erfolgen oft geschickt, und sie wirken nicht selten geistreich, aber durch sie unterscheiden sich Ronsards Werke deutlich von denen Pindars, dessen Lyrik einen viel urtümlicheren und spezifischeren Charakter zu besitzen und im Grunde unnachahmbar zu sein scheint. Ronsards Oden stellen eigentlich nur Panegyriken dar, die zu einem bloßen Personenkult tendieren, während sich die Werke Pindars durch eine weniger begrenzte Optik und eine allgemein menschliche Dimension auszeichnen. Als eine weitere Abweichung von dem griechischen Vorbild muß man auch die Konzentration auf die eigene Dichterpersönlichkeit ansehen. Gemäß den Dichtungstheorien der Pléiade, die allerdings im Prinzip mit Pindars Auffassungen koinzidieren, verstand sich Ronsard als Propagator göttlicher Gedanken, als ein *poeta vates* (Seherdichter), der in einem heiligen Wahn dichtet (vgl. Wittschier, S. 70).

Wenden wir uns dem dritten griechischen Autor zu, und zwar Plutarch in der Übersetzung Amyots. Jacques Amyot (1513–1593)[13] stammte aus einer Gerberfamilie in Melun, die nicht unvermögend war, so daß der Sohn in Paris studieren konnte. Er interessierte sich besonders für das Griechische und brachte es darin zu großer Meisterschaft. Von 1536 bis etwa 1546 lehrte er als Griechischprofessor in Bourges, später reiste er auf der Suche nach unbekannten Handschriften durch Italien und wurde vor allem in venezianischen Bibliotheken fündig. Heinrich II. machte ihn zum Erzieher seiner Söhne Karl IX. und Heinrich III. Noch von Franz I. hatte er den Auftrag erhalten, Plutarchs *Parallelleben*,[14] aber auch seine *Vermischten Schriften* (*Moralia*)[15] ins Französische zu übersetzen. Diese monumentale Arbeit beschäftigte ihn etwa siebzehn Jahre lang (1542–1559), und ihr Ergebnis hatte wegen ihrer sprachlichen Meisterschaft großen Einfluß auf die weitere Entwicklung der französischen Prosa. Vaugelas preist sie noch in der Vorrede seiner *Remarques* (1647) als beispielhaft. Die renommierte ›Édition de la Pléiade‹ hat Amyots Übersetzung übrigens als ein Monument nationaler Literatur in ihre Sammlung aufgenommen (Ed. Walter). Schon 1579 erschien eine englische Übersetzung, die z.B. Shakespeare den Stoff für seine römischen Stücke lieferte. Amyot übersetzte auch zahlreiche andere griechische Autoren wie Euripides, Longos, Heliodor u.a. Montaigne, der nur mangelhaft Griechisch konnte und Plutarch ausschließlich in Amyots Übersetzungen las, war einer seiner eifrigsten Leser und Benutzer und sagt von den *Parallelviten*:

Je donne avec raison, ce me semble, la palme à Jacques Amiot sur tous nos escrivains François, non seulement pour la naïveté et pureté du langage, en quoy il surpasse tous autres, ny pour la constance d'un si long travail, ni pour la profondeur de son sçavoir, ayant peu développer si heureusement un autheur si espineux et ferré (car on m'en dira ce qu'on voudra: je n'entends rien au Grec; mais je voy un sens si beau, si bien joint et entretenu par tout en sa traduction, que, ou il a

certainement entendu l'imagination vraye de l'autheur, ou, ayant par longue con-
versation planté vivement dans son ame une generale Idée de celle de Plutarque, il
ne luy a aumoins rien presté qui le desmente ou qui le desdie); mais sur tout je lui
sçay bon gré d'avoir sçeu trier et choisir un livre si digne et si à propos, pour en
faire present à son pays. Nous autres ignorans estions perdus, si ce livre ne nous
eust relevez du bourbier; sa mercy, nous osons à cett'heure et parler et escrire; les
dames en regentent les maistres d'escole; c'est nostre breviaire. (Montaigne,
Essais II, 4 »A demain les affaires«, ed. Rat, S. 344)

Dieses Lob ist nicht übertrieben. Die Übersetzung der *Moralia*, die Montaigne zusammen mit Senecas *Epistolae morales* fast noch mehr schätzte als
die *Parallelviten*,[16] erschien erst dreizehn Jahre später, im gleichen Jahr wie
Henri Estiennes griechisch-lateinische Ausgabe (1572). Sie wurde in ihrer
Zeit nicht weniger geachtet, ist allerdings heute weitgehend in Vergessenheit
geraten. Beide Übersetzungen sind zweifellos Höhepunkte der französischen Übersetzungskunst überhaupt, aber auch eine der Hauptquellen,
»aus der die französische Laien- und Weltbildung künftighin ihre Kenntnis
alter Geschichte, Anekdoten und Weisheiten schöpft« (Friedrich, *Montaigne*, S. 71f.)

Plutarch (um 46–125 n.Chr.) stammte aus Chaironeia in Böotien und
war der letzte bedeutende griechische Schriftsteller, der letzte große Vertreter hellenistischer Gelehrsamkeit. Nach Studien in Athen und weiten Reisen
(in Rom hatte er die Gunst der Kaiser Trajan und Hadrian genossen) lebte
er in seiner Heimat als Kommunalbeamter, umgeben von einem großen
Freundeskreis. Von seinem umfangreichen literarischen Werk ist ungefähr
ein Drittel erhalten: 1. Die Biographien von Feldherren und Staatsmännern
(Βίοι παράλληοι = Parallelviten), wobei immer ein Grieche und ein Römer
gegenübergestellt und miteinander verglichen werden (bei Plutarch insgesamt 24 Paare, z.B. Alexander-Caesar, Demosthenes-Cicero; dazu finden
sich noch vier Einzelbiographien, z.T. aus lokalpatriotischem Interesse).
Sein Verfahren, das auf griechisch ›Synkrisis‹ heißt, wird später in der Literaturgeschichte Schule machen, wenn man z.B. Dante mit Petrarca, Ariosto mit Tasso, Shakespeare mit Racine, Sartre mit Camus usw. vergleicht.
2. Die *Vermischten Schriften* unter dem griechischen Titel Ἠθικά (lat.
Moralia), die z.T. in Dialogform diverse Themen aus Ethik, Religion, Phy-
sik, Politik, Literatur und Pädagogik behandeln. Plutarch läßt sich bei seiner schriftstellerischen Arbeit stets von einer pädagogisch-philosophischen
Absicht leiten. »Eine von Rhetorik völlig freie Sachlichkeit, eine lautere
Humanität und ein sicherer literarischer Geschmack haben seinen Schriften
bis in die Gegenwart eine überaus starke, bildende und erzieherische
Wirkung verschafft« (*LexAntLit* 4, 7). Er will mustergültige tugendhafte
Persönlichkeiten vorstellen, von deren Verhalten die Leser etwas lernen
können. Die Herausarbeitung ihrer Charaktere ist sein Hauptziel.[17]

Montaigne hat mehr als 500 Entlehnungen aus Plutarch übernommen; erst in seinen letzten Lebensjahren wird dieser Autor von Cicero und Plato verdrängt. Montaigne kopiert Plutarch darin, daß er seine Gedanken immer wieder durch Gleichnisse, Zitate und Anekdoten veranschaulicht. Schon die Zeitgenossen bemerkten, daß der Montaignesche Essay mit den *Moralia* aufs engste verwandt ist. Aber wichtiger noch ist das Inhaltliche, denn der Schwerpunkt der Interessen des französischen Moralisten liegt

> in der Persönlichkeitskultur und der eudämonistischen Lebensführung. Auch hier hat er die Toleranz und Großzügigkeit des späten Erben. Selbsterkenntnis des Menschen (im griechischen Sinne des Grenzgefühls gegenüber dem Göttlichen), philanthropisches Verständnis für alle Lebensformen auch außerhalb der griechisch-römischen Welt, ein Maßhalten in der Anwendung sittlich-bindender oder auch hedonistisch-freier Grundsätze und eine ganz und gar nicht schwermütige Neigung, den Menschen in seiner Begrenztheit gelten zu lassen: dies etwa sind die Umrisse seiner Weisheit. Es sind stoische, epikureische, skeptische Züge in sie eingewoben, aber keiner derselben nimmt überhand. (Friedrich, *Montaigne*, S. 73–74)

Der Einfluß der antiken Mythologie

Wenn in den vorgenannten drei Beispielen der dominierende Einfluß jeweils eines antiken Autors untersucht wurde, der von einem bestimmten französischen Schriftsteller besonders intensiv rezipiert wurde, so gilt ganz allgemein, daß spätestens mit der Pléiade Reminiszenzen aus der antiken Mythologie die französische Dichtung durchdringen. Dies geht so weit, daß die Dichter bei der Beschreibung von Personen, Orten und Ereignissen die Gegenwart ganz aus dem Blick lassen und ihre Bilder und Vergleiche ausschließlich in der Antike suchen.[18] Hugo Friedrich hat in einer berühmt gewordenen Interpretation des XX. Sonetts der »Amours de Cassandre« demonstriert, wie dies vonstatten geht. Viermal beschwört Ronsard verhüllt bekannte Episoden der griechischen Mythologie (dreimal aus dem Zeusmythos), um das Ausmaß seiner Leidenschaft in Worte zu fassen: Der Dichter will erst als Goldregen in den Schoß der geliebten Cassandra niedersinken, die somit zur Danaë wird; dann will er sich in einen Stier verwandeln und Cassandre wie Europa auf seinem Rücken entführen, will zum Narziß werden, der sich in ihr als Quelle spiegelt, und schließlich wie Zeus bei Alkmene die Sonne anhalten, damit die Nacht länger dauert:

> Die Gewähr, daß wir diese Einheit in unserem Sonett verstehen, ist freilich nicht mehr ohne weiteres gegeben. Wie ich schon sagte, haben wir es mit Bildungsdichtung zu tun. Ihre Voraussetzungen sind nicht mehr so selbstverständlich zur Hand

wie damals. Solche Dichtung spricht ihre Themen, Situationen und Empfindungen nicht in einer totalen Unmittelbarkeit oder traditionslosen Originalität aus, sondern durch das Medium von Bildungsgütern. Sie kann das sogar, wie hier, in der Weise bloßer Anspielung tun, weil durch den Besitz der gleichen Bildungsgüter bei den damaligen Lesern nicht nur das Verstehen dessen gesichert war, worauf angespielt wird, sondern auch das Verstehen der vielleicht nur leisen Verwandlung und Neu-Pointierung, die das Gedicht vornahm.[19]

Das folgende Gedicht (»Sonnets pour Hélène« II, 8) geht allerdings noch weiter. Die engere Heimat des Dichters, das Vendômois am Loir (er wurde dort auf Schloß La Possonnière geboren), wird zu einem Stück heidnischen Arkadiens, in dem sich Faune herumtreiben und Hirten auf der Schilfflöte spielen:

> Je plante en ta faveur cest arbre de Cybelle,
> Ce pin, où tes honneurs se liront tous les jours:
> J'ay gravé sur le tronc nos noms et nos amours,
> Qui croistront à l'envy de l'escorce nouvelle.
>   Faunes qui habitez ma terre paternelle,
> Qui menez sur le Loir vos dances et vos tours,
> Favorisez la plante et luy donnez secours,
> Que l'Esté ne la brusle, et l'Hyver ne la gelle.
>   Pasteur, qui conduiras en ce lieu ton troupeau,
> Flageolant une Eclogue en ton tuyau d'aveine,
> Attache tous les ans à cest arbre un tableau,
>   Qui tesmoigne aux passans mes amours et ma peine;
> Puis l'arrosant de laict et du sang d'un agneau,
> Dy: »Ce pin est sacré, c'est la plante d'Helene«.
> (Ronsard, *Œuvres complètes*, ed. Cohen I, 246)

Was muß man zum Verständnis dieses Sonetts wissen? Die phrygische Muttergöttin Kybele (auch Agdistis genannt) verliebte sich in den jungen Attis, der dies jedoch nicht bemerkte und eine Tochter des Königs von Pessinos zu heiraten begehrte. Aus rasender Eifersucht trieb Kybele-Agdistis Attis und den König zum Wahnsinn. Sie kastrierten sich selber und mußten sterben. Auf Bitten Kybeles verwandelte Zeus Attis in eine immergrüne Pinie, damit sein Leichnam nie verwese. Einen solch schicksalsbelasteten Baum, vielleicht auch nur eine Fichte oder Kiefer, will der Dichter zu Ehren Hélènes pflanzen, um ihrer beider Namen in seine Rinde schneiden zu können. Die Faune sollen ihn beschützen, die Hirten ihn mit der Milch und dem Blut eines Lämmleins besprengen, um ihn durch dieses Opfer der Geliebten zu weihen. In diesem Sonett wirkt die dem Pinienzapfen eigene Zeugungssymbolik mit (*LexAnt* Kulturgeschichte 1, 137f.; 2, 73f.; 2, 88), denn indirekt bringt der Dichter der Geliebten seine Männlichkeit dar, was im vorliegenden Fall den Verzicht auf sinnliche Erfüllung beinhaltet und das Sonett der neuplatonischen Liebeslyrik zuordnet, die spirituelle, nicht körperliche

Liebe bedichtet. Ronsard kannte den Kult der Kybele vermutlich aus einem Pindar-Fragment; auch Catull erinnert an die Attis-Feste mit ihrer Bluttaufe, die im Frühjahr begangen wurden, wenn man die Felder bestellte.

Das alte und das neue Unterrichtssystem

Zwei Einrichtungen haben in dieser Zeit dazu beigetragen, daß jedermann im Prinzip Zugriff zu den Quellen der Antike erhalten konnte: die Universitäten und der Buchdruck. Die Dichter, von deren antiquarischen und literarischen Kenntnissen zuvor gesprochen worden ist, hatten fast alle an einem Universitätskolleg studiert, weshalb im folgenden näher auf das Unterrichtswesen eingegangen werden soll. Zu Beginn des 16. Jh.s lag das Ausbildungsmonopol wie in Spätantike und Mittelalter immer noch in der Hand der römischen Kirche, die sich zur Durchsetzung ihrer Ideen der Schulen und Universitäten bedienen konnte, über die sie die Aufsicht führte (*Franz. Mittelalter* 122–147). In Frankreich war die Pariser Universität, die Sorbonne, die berühmteste.[20] Wie die alten Universitäten Toulouse und Orléans war sie 1452 reformiert worden; hinzu kamen zahlreiche Neugründungen des 15. Jh.s, die als Zeichen eines gesteigerten Bildungsinteresses gewertet werden können: Aix (1409), Poitiers (1421), Bordeaux (1441), Caen (1450), Valence (1452), Nantes (1461) und Bourges (1463). 1467 wurde in Paris der Besuch paralleler Lehrveranstaltungen und Kurse zur Pflicht erklärt, was die Position der Traditionalisten schwächte, da unterschiedliche Lehrmeinungen zum Tragen kamen. Robert Gaguin (um 1433–1501),[21] einer der ersten Humanisten, lehrte zwar Kirchenrecht, interessierte sich aber besonders für die Wiedererweckung des klassischen Lateins und stellte nicht ohne Genugtuung fest: »Unsere Universität ist janusköpfig geworden« (Chastel/ Klein, S. 23). Erasmus und Reuchlin waren seine Schüler; später ging er für Ludwig XII. und Karl VIII. auf diplomatische Mission nach Italien, England und Deutschland. Mit *De origine et gestis Francorum compendium* schrieb er 1495 ein erstes wichtiges Werk über die französische Geschichte.

Die Universitäten sind alle wie im Mittelalter immer noch in vier Fakultäten (Artes, Theologie, Recht, Medizin) gegliedert, wobei die Artes die notwendige Propädeutik für die anderen Fächer liefern. Ursprünglich nicht zuletzt wegen ihrer geringen Zahl international geprägt (daher in *nationes* gegliedert, was den Zusammenschluß von Studenten gemeinsamer landsmannschaftlicher Herkunft bezeichnet; die moderne Bedeutung des Wortes ›Nation‹ kommt erst viel später auf), werden die Universitäten immer nationaler, wozu auch die steigende Kontrolle beiträgt, die die Monarchie, jedenfalls in Frankreich, auf sie ausübt. Die Ausbildung der Artisten und Theologen beruht wesentlich auf dem Studium der *Septem artes liberales* (Quadrivium, Trivium) und des *Corpus aristotelicum*, das in lateinischen Übersetzungen des Mittelalters gelesen wird. Vielfach läßt man aber die Originaltexte beiseite und konzentriert sich auf die in großer Zahl und Ausrichtung existierenden Kommentare. Einer eher weltlichen nominalistischen Schule stand eine universalistisch-realistische gegenüber. Während die Universalisten die Allgemeinbegriffe als real, als Gedanken Gottes, auffaßten und ihnen eine von den konkreten Eigenschaften des Einzelobjekts losgelöste Existenz bescheinigten, sahen die Nominalisten in ihnen bloße Namen. Zwischen 1474 und 1481 wurde der Nominalismus, die modernere Philosophie, auf Betreiben der Thomisten und Scotisten verdammt. Dialektische Spitzfindigkeiten ließen wenig Raum für die Diskussion lebensnaher, die Menschen bewegender Fragen, die das Seelenheil, die Freiheit, die Gerechtigkeit bzw. ihr Gegenteil Verdammnis, Unfreiheit und Unrecht betrafen. Die Universitäts- und Schullehrer, auch ›Grammatiker‹ genannt, klammerten sich an das Gestern und vergaßen darüber das Heute:

> Immer hungrig und schmutzig, altern sie inmitten eines Gewühls von Kindern, in Schulen oder vielmehr in Stätten der Trübseligkeit und der Qualen, ertaubt durch das Geschrei, ekelhaft durch den schlechten Geruch und die Unsauberkeit; und dennoch halten sie sich für die ersten unter den Menschen. [...] Sie halten ihre Schmutzigkeit für Eleganz, ihren Gestank für Majoranessenz, ihre Sklaverei für Herrschaft. (Erasmus, *Stultitiae laus*, zit. nach Chastel/ Klein, S. 20)

Im 16. Jh. verblassen diese Debatten; die Universitäten sind zwar im allgemeinen ein Hort eines rückwärtsgewandten Denkens und sträuben sich lange hartnäckig gegen das humanistische Gedankengut, können dessen Vordringen jedoch nicht aufhalten, zumal der König mit dem Collège de France eine eigene, von Humanisten bestimmte Ausbildungsstätte neben der Universität errichtet.

Rabelais hat im *Gargantua* dem Ausbildungssystem mehrere derbironische Kapitel gewidmet. Der im Prinzip intelligente und arbeitswillige Königssohn Gargantua wird zunächst einem mittelalterlich orientierten Lehrer, dem Doktor der Sophistik Meister Thubal Holofernes, zur Ausbildung übergeben, der jedoch an den Pocken stirbt und durch einen keineswegs moderneren Lehrer mit Namen Jobelin Bridé ersetzt wird. Beide lesen vor allem mittelalterliche Kommentare (*De modis significandi*) und moralisch-didaktische Schriften (Donatus, *Facetus*, *Theodulus*, Alanus):

> Jobelin Bridé las mit ihm Hugutio, Everards *Graecismus*, das *Doctrinale*, die *Partes*, das *Quid est*, das *Supplementum*, das *Marmotret*, *De moribus in mensa servandis*, *De quatuor virtutibus cardinalibus* von Seneca, *Passavanti* mit Kommentar und das *Dormi secure* für die Festtage und einige andere von gleichem Schrot und Korn. Durch diese Lektüre wurde er so weise, daß wir von seinem Typ seither keinen mehr gebacken haben. (Rabelais, *Gargantua*, Kap. 14, übers. Steinsieck, S. 56)

Nur der Spezialist kennt heute noch diese grammatisch-theologischen Lehr-werke, aber zu Rabelais' Zeit waren sie jedem Gebildeten aus eigenem Studium bestens vertraut. Rabelais macht durch geschickte Zusammenstel-lung ein Horrorinventar daraus, zumal Gargantua umständlich gotische Lettern schreibt und eine gewaltige Schreibgarnitur dazu benutzt, »die mehr als siebentausend Doppelzentner wog, wobei das Schreibetui genauso umfangreich und so groß war wie die dicken Säulen von Saint-Martin d'Ainay; das Tintenfaß, das an dicken Eisenketten daran hing, faßte eine Tonne« (ebd. S. 55). Da Gargantua trotz dieser Ausbildung schwerfällig geblieben ist, wird er dem neuen Lehrer Ponokrates übergeben, der sein Meisterstück mit der Ausbildung des zwölfjährigen Eudämon geliefert hat. Dieser Knabe tritt zu einem Intelligenzwettbewerb mit Gargantua an, den er haushoch gewinnt:

> Dies alles trug er mit der entsprechenden Gestik vor, wobei er sehr deutlich sprach, mit beredter Stimme und einer bilderreichen Sprache und in einem so guten Latein, daß er eher an einen Gracchus, Cicero oder Aemilius früherer Zeiten erin-nerte als an einen jungen Mann aus der Gegenwart. Alles, was Gargantua dem zu entgegnen wußte, war, daß er wie eine Kuh zu flennen begann und das Gesicht in seiner Mütze versteckte. Es war ebenso unmöglich, ihm auch nur ein einziges Wort zu entlocken, wie einen Furz aus einem toten Esel. (ebd., S. 57–58)

Gargantua, Ponokrates und Eudämon werden zum Studium nach Paris ge-schickt, wo Gargantua abermals Sophisten (dies ist Rabelais' Name für die Scholastiker der Sorbonne, deren wirklichen Namen er aus Zensurgründen nicht nennen darf) in die Hände fällt (Kap. 21). Sie lassen ihn vor allem Messen hören und Rosenkränze beten, bis Ponokrates (Kap. 23) endlich ein humanistisches Lehrprogramm entwickelt und umsetzt, das um vier Uhr morgens beginnt, Körper und Geist gleichermaßen schult und spielerisch bis zum Abend dauert. Einzelheiten können hier aus Platzgründen nicht mit-geteilt werden, aber man lese diese amüsanten Kapitel, und man wird den Unterschied zwischen den beiden Ausbildungssystemen sofort erkennen.

Lefèvre d'Étaples, Erasmus und Budé

Drei humanistische Persönlichkeiten sind in diesem Zusammenhang zu nen-nen, die der Bildung neue Wege wiesen und fast eines Alters waren: Jacques Lefèvre d'Étaples (1455–1536),[22] Desiderius Erasmus (1466–1536) und Guillaume Budé (1468–1450). Keiner von ihnen brach offiziell mit der alten Kirche, aber alle drei leisteten der Reformation Vorschub. Keiner von ihnen machte in der Universität Karriere, aber alle drei veränderten das Bildungs-system so sehr, daß sich die Universitäten beugen und dem Neuen anpassen mußten. Alle drei schrieben lateinisch und stehen für eine erste französische Humanistengeneration. Sie hatte zwar auch in Frankreich viele Schüler und Nachfolger, aber diese zweite Generation der Schüler wirkte unvergleichbar weniger in die Breite und bestimmte das öffentliche Leben kaum noch, man denke an Jacques Bongars (1554–1612), Isaac Casaubon (1559–1614), Jacques Cujas (1522–1590), Antoine Loisel (auch: Loysel; 1536–1617), Pierre Pithou (1539–1596), Julius Caesar Scaliger, Jacques Auguste Thou (Thuanus; 1553–1617) und wie sie alle heißen. Die Gedanken der ›großen Drei‹, wie wir sie einmal nennen möchten, wurden von Fürsten, Prälaten, Professoren und Dichtern begierig aufgenommen, nachgeahmt und abgewandelt, so daß sie folgenreich genannt werden können: Frankreich gewann Anschluß an die Moderne, was positive wie negative, kleine wie große Folgen hatte. Zu denken ist an ein säkulares Ereignis wie die Entstehung des Kalvinismus, aber auch an ein weniger spektakuläres wie die Gründung des Collège Royal (Collège de France) im Jahr 1530. Wie eng Humanismus und Reformation miteinander verzahnt sind, belegen zahlreiche Aussagen des bereits erwähnten Lefèvre. Seit 1507 gewährt ihm sein Schüler Guillaume Briçonnet Gastfreundschaft in der Abtei Saint-Germain-des-Prés, deren Abt er ist. Hier veröffentlicht Lefèvre 1508 einen *Commentaire des Psaumes*, in dessen Vorwort er den Umschlag der humanistischen in die bibelphilologischen Studien genau beschreibt:

> Pendant longtemps je me suis attaché aux études humaines et j'ai à peine touché du bout des lèvres les études divines, car elles sont augustes et il ne les faut pas aborder témérairement. Mais déjà, dans le lointain, une lumière si brillante a frappé mes regards que les doctrines humaines m'ont semblé n'être que des ténèbres, en comparaison des études divines, tandis que celles-ci m'ont paru exhaler un parfum dont rien sur la terre n'égale la douceur. (Lefèvre d'Étaples, *Commentaire des Psaumes*, zit. nach Mours, S. 22)

Kein anderer Humanist hat jedoch in Frankreich solchen Einfluß ausgeübt wie der aus Rotterdam stammende Desiderius Erasmus, in dessen Bann die erste französische Humanisten- und Schriftstellergeneration steht (Marot, Rabelais, von dessen Brief, in welchem er Erasmus Vater und Mutter zugleich nennt, wir bereits gesprochen haben; dann der Kreis von Meaux, Marguerite de Navarre, Bonaventure Des Périers u.a.).[23] Sein Leben lang strebt Erasmus nach der Synthese von Antike und Christentum, tritt für den rechten Gebrauch der Vernunft und des freien Willens ein und erschließt in Editionen und Handbüchern das Wissen der Alten. Erasmus ist Theologe und Bibelphilologe, Philosoph, Pädagoge und Literat in einem und hat in jeder Sparte vielbeachtete Werke hinterlassen. Als Pazifist und Gegner jeglichen Fanatismus glaubt er an das Gute im Menschen, der nur richtig erzogen werden müsse. Bis zuletzt bleibt er dem alten Glauben treu, obwohl er die Reformbedürftigkeit der katholischen Kirche nicht verkennt. Später sollte es heißen: »Erasmus hat das Ei gelegt und Luther hat es ausgebrütet«. Ihm ist eine andere Sprache gegeben als seinen Vorgängern im Geiste, Wyclif und Hus, auch verfügt er über die philologischen Mittel, seine Gedanken abzusichern. Seine unzeremonielle, rationalistisch-moralische Religiosität übt bis weit ins 18. Jh. hinein auf Orthodoxe wie Reformierte eine große Faszination aus.

Erasmus' wichtigste Werke sind zunächst die *Adagia* [= Sprichwort, zu dem griech. Stamm aio – ich sage] (1500), eine Sammlung antiker Sprichwörter und Maximen [= *maxima regula*], die zum Zweck haben, den Menschen unablässig an den Gebrauch der Vernunft zu ermahnen. Die meisten dieser Sprichwörter sind übrigens noch heute bekannt.[24] Nicht minder wichtig als die *Adagia* sind die acht Bücher *Apophtegmata* [= gerade heraus sagen], Aussprüche berühmter Männer, Philosophen und Weiser, die Erasmus zusammengetragen hatte. Die Vernunft ist die vornehmste Gabe Gottes an die Menschen, so lautet erneut seine Botschaft, das Vertrauen in die *ratio* ist einer der wesensmäßigsten Grundzüge der religiösen Haltung des Erasmus. Dies belegt das vielleicht erfolgreichste Werk, *Morias enkomion*, das *Lob der Torheit*, aber es ist auch die Botschaft der *Colloquia familiaria*. Eine spezifisch christliche Frömmigkeit zeichnet den niederländischen Humanisten aus, deren Grundlagen er im *Enchiridion militis christiani* [= Handbüchlein eines christlichen Streiters] (1502) in spielerischer Form ausbreitet. Wichtiger als die Dogmen ist die Tugend der *caritas*. Die praktische Nächstenliebe darf nicht bloßer Zeremoniendienst, aber auch nicht übersteigerter Dogmatismus noch mönchische Weltflucht sein – Fehler, die Erasmus unter dem Begriff des ›Judäismus‹ zusammenfaßt. Sein religiöses Ideal speist sich aus der ›Devotio moderna‹ (einer im 14. Jh. in den Niederlanden entstehenden geistigen Erweckungs- und Erneuerungsbewegung, die sich informell – ›Brüder vom gemeinsamen Leben‹ – zusammenschloß, bei denen Erasmus acht Jahre lang in Deventer erzogen wurde) und den Lehren der Windesheimer Reformkongregation, eines Zweiges der ›Devotio moderna‹, der 1387 in Windesheim bei Zwolle in Holland von Schülern Geert de Groodes und Florentius Radewyns gegründet wurde, bzw. der antiken Moralphilosophie. Es erweist sich damit als eine Fortsetzung des christlichen Humanismus, für den im 14. Jh. bereits Petrarca einsteht.[25] Neben dem NT, das Erasmus, wie gesagt, im griechischen Urtext in Basel 1516 in mustergültiger Form edierte (übrigens mit der Genehmigung Leos X., was ihn vor jeglicher Zensur schützte), und den Quellen der Antike möchte er auch die altchristliche Väterlehre (Patristik) wieder lebendig machen, weil dort Antike und Christentum in Einklang gebracht und noch nicht vom Mönchtum pervertiert sind. Seine Lieblingsautoren sind Hieronymus und Origenes, die von allen Kirchenvätern die klassischen Autoren wohl am gründlichsten kannten und sich am eindringlichsten mit dem Problem ihrer Verwendbarkeit für den Christen auseinandergesetzt hatten. Von Erasmus haben wir glänzende Patristikeditionen, die einen Großteil seiner Schaffenskraft absorbierten, wie man überhaupt sagen kann, er habe vielfach publiziert um des Publizierens willen und sei der Druckerpresse hörig gewesen. Mit seinen Zitatsammlungen entbindet er übrigens viele Leser vom eigenen Quellenstudium; sie dienen als eine Art ›Steinbruch‹ für die Späteren, die nicht mehr über seinen besessenen Fleiß und seine umfangreichen Kenntnisse verfügen (vgl. Hausmann, *Rabelais*, S. 87). Es wäre aber falsch, in ihm nur den klassisch gebildeten Humanisten zu sehen. Er vertrat die Auffassung, die Bibel sei für alle da und jeder könne sie verstehen:

> Je souhaiterais, que les femmes puissent lire l'Evangile, les épîtres de saint Paul; que le tisserand pût les chanter à son travail, le voyageur se les réciter pour oublier les fatigues du chemin [...]. Tous ceux qu'anime et qu'exalte l'esprit du christianisme possèdent la vraie théologie, seraient-ils fossoyeurs ou tisserands. (Erasmus, zit. franz. nach Mours, S. 20)

Die Reformation kann sich, wie wir noch genauer hören werden (s. Kap. V), zwar auf Dauer nicht in Frankreich behaupten, doch besteht zu Beginn des 16. Jh.s eine Zeitlang die Möglichkeit, daß auch dieses Land protestantisch wird, da drei unterschiedliche Gruppen mit reformatorischen Absichten über eine nicht unerhebliche Anhängerschaft verfügen. Ab 1520 hält sich Jacques Lefèvre d'Étaples bei dem reformerisch gesonnenen Bischof Guillaume Briçonnet, dem Beichtvater der Schwester des Königs, Marguerite de Navarre, in Meaux (Seine-et-Marne, nordöstlich von Paris) auf. Er gründet den sog. Kreis von Meaux, der den Klerus reformieren will, hält aufgrund seiner Beschäftigung mit Paulus fast gleichzeitig mit Luther die göttliche Gnade für wichtiger als die guten Werke, tritt für Predigt, Gebet und Bibellesung in der Volkssprache ein und erstellt 1523 die erste französische Übersetzung des NT.s aus dem Griechischen.[26] Seine Lehre, die heute als Reformkatholizismus oder Evangelismus bezeichnet wird und der Reformation bereits sehr nahe kommt, wird nach der lateinischen Form seines Namens (Fabri) auch ›Fabrismus‹ genannt:

> Qui que tu sois, pécheur, convertis-toi, avec une foi parfaite et tu seras sauvé, si tu te confies ni en toi, ni en tes œuvres [...]. En Christ est la rémission de tous les péchés, en Christ la justification de tous, en Christ la réconciliation de tous. (Lefèvre d'Étaples, *Commentaire sur les épîtres de Paul*, 1512; zit. franz. nach Mours, S. 23)

Obwohl Lefèvre und Briçonnet nie an einen Bruch mit Rom dachten und hierin ganz Erasmus folgten, begünstigte ihr Wirken auch das Eindringen lutherischer Lehren nach Frankreich, die, aus dem Elsaß und Lyon, den beiden Zentren der jungen Buchdruckerkunst, kommend, sich ab 1520 im ganzen Land verbreiten. Besonders in den Städten finden sie bei Bürgern und Handwerkern Gefolgschaft. 1521 verdammt die Sorbonne Luthers Schriften, zunächst noch ohne Erfolg. Sie übt (ab 1521), zeitweise in Konkurrenz mit dem Pariser Parlament und (ab 1566) mit der Königlichen Kanzlei, die Zensur im Lande aus. An vielen Orten werden dennoch protestantische Gemeinden gegründet, unter anderem auch am Hof von Marguerite de Navarre in Nérac (Lot-et-Garonne; Armagnac), wo Lefèvre seit 1530 lebt. Die Niederlage Franz' I. 1525 bei Pavia und seine Gefangensetzung in Madrid (bis 1526) stärken jedoch den Einfluß der Sorbonne, bei der sich seine Mutter, Louise von Savoyen, als Regentin Rat holt, und schwächen so das Luthertum. Die bereits mehrfach erwähnte *affaire des placards* (1534), das Anbringen lutherischer Plakate im ganzen Land, selbst an der Schlafzimmertür des Königs in Amboise, die die Mißstände der Messe angreifen, bewegt den König zum Einschreiten gegen die Protestanten, deren Eigenständigkeit er als Beeinträchtigung der erstarkenden Zentralgewalt fürchtet, so als ob sie einen Staat im Staat zu bauen begriffen seien (vgl. Grimm, S. 102–103).

Für die französische Geistesgeschichte ist Guillaume Budé unter allen Humanisten vermutlich jedoch der bedeutendste.[27] Er stammte aus einer geadelten Pariser Beamtendynastie und studierte in Orléans die Rechte bis zum Abschluß. Sein wohlhabender Vater besaß, was für die damalige Zeit ungewöhnlich war, eine ausgewählte Bibliothek, die auch dem Sohn zur Verfügung stand. Dieser Sohn liebte zunächst das mondäne Leben, entschloß sich dann aber, mit 23 Jahren erneut zu studieren, und wurde in der humanistischen Bildung ein höchst erfolgreicher Amateur und Dilettant, der allerdings von der Universität nichts erhoffen durfte. 1494 nahm er bei dem griechischen Abenteurer Hermonymos aus Sparta Griechischunterricht, den er aus seinem Privatvermögen bezahlen mußte. Schon bald konnte er von diesem besseren Scharlatan nichts mehr lernen. Die Schülerschaft bei dem berühmten Griechen Konstantin Laskaris (1434–1501), der 1495 vorübergehend nach Paris kam, war ebenfalls nur von kurzer Dauer. Danach lernte Budé alleine und brachte es im Griechischen zu größerer Meisterschaft als im Lateinischen, das er jedoch als Gelehrtensprache wie alle Zeitgenossen ohne Mühe schrieb.

Mit seinen Büchern revolutioniert Budé mehrere Wissenszweige: zunächst sein Studienfach, die Rechtswissenschaft, und zwar mit den *Annotationes in quattuor et viginti Pandectarum libros* (Paris: Josse Bade, 1508). Er läßt die Kommentare beiseite und liest den Originalwortlaut des Corpus Iuris Civilis, und von da kommt er zu den alten Rechtsquellen Frankreichs. Bei aller Sprunghaftigkeit sind die Anmerkungen zu den Pandekten oder Digesten die erste moderne Institutionengeschichte. Budé polemisiert als Moralist gegen die juristischen Praktiker, die mit ihrer Kunst

Geld machen wollen, wohingegen es ihm um das reine Recht zu tun ist. In *De asse et partibus eius libri V* (Paris: J. Bade, 1514) geht es vordergründig um römische Münzen, aber Budé leistet in Wirklichkeit die Fundierung der Altertumswissenschaften. Philologie und Archäologie verbinden sich miteinander zu einer Alltagsgeschichte des alten Rom. Wieder läßt er sich zu folgenschweren Abschweifungen hinreißen: Damit die Wissenschaft blüht, muß das Land blühen, und so ist *De Asse* zugleich auch ein Lob der französischen Monarchie bei gleichzeitiger Absage an den Italienkult.

Die Universitäten und Collèges

Franz I. förderte Budé und machte ihn 1522 zum Direktor seiner Bibliothek in Schloß Fontainebleau. Die schon genannten Bücher sind philologisch bedeutsam; weitere treten hinzu wie *De philologia libri II* (Paris: J. Bade, 1532), das unserer Disziplin den Namen leiht, ein griechisch-lateinisches Wörterbuch u.a. mehr. Aber unvergeßlich ist sein Name durch eine Institution, die auf ihn zurückgeht, das Collège de France (*DLF* 140–143). Budé rannte bei dem König, den man später zu Recht »le Père des Lettres« nannte, mit seinem Plan, ein Collège zu gründen, offene Türen ein. Modelle nicht-universitärer Collegien von höchstem wissenschaftlichem Niveau gab es bereits in Spanien, Italien und den Niederlanden. 1517 wird versucht, Erasmus als Gründer und Leiter für ein königliches Kolleg in Paris zu gewinnen, jedoch vergebens. Auch Laskaris lehnt ab; nach der Niederlage von Pavia haben alle Wichtigeres zu tun. Im Vorwort seiner 1529 veröffentlichten *Commentarii linguae graecae* wendet sich Budé mahnend an den König (im Original in griechischer Sprache):

> Accordez, Prince, une part de votre sollicitude, de votre magnificence, à la profession la plus libérale et la plus utile de toutes! Appliquez votre haute pensée et votre générosité à encourager les lettres et les bonnes études! Souvenez-vous, Prince, de ce que vous nous avez promis, d'abord en ne suivant que vos propres inspirations, ensuite pour répondre à nos instances. Nous avons représenté la Philologie comme une fille pauvre qui était à marier, et nous vous avons prié de lui faire une dot. Vous nous avez promis, avec cette bonté naturelle et spontanée qui vous est propre, que vous fonderiez une école, une pépinière, en quelque sorte, de savants, d'érudits renommés. Vous nous avez dit que vous orneriez votre capitale de cet établissement, qui doit être pour toute la France une sorte de musée. D'après vos promesses, un magnifique bâtiment devait s'élever, où les deux langues seraient enseignées. Dans ce temple de bonnes études, vous deviez fournir à ceux qui voudraient s'y livrer un entretien convenable et les loisirs nécessaires; le nombre des membres de cette communauté, consacrée à Minerve et aux Muses, vous ne l'aviez pas limité à l'avance; vous aviez décidé qu'il serait considérable. Voilà ce que vous avez promis! Or, à l'heure qu'il est, on dit que vous n'avez pas

tenu vos promesses, et comme je m'en suis porté caution, on s'en rend à moi de ce retard. On se moque de moi, et on me traite de parjure. (Guillaume Budé, *Commentarii linguae graecae*, zit. franz. nach *DLF* 187)

Diesen Vorwurf ließ Franz I. nicht auf sich sitzen; er errichtete Anfang März 1530 die erbetenen Lehrstühle (*lecteurs royaux*). Da er kein Geld für ein Gebäude ausgeben wollte, begnügte er sich damit, de »bâtir son collège en hommes«. Die ersten Professoren hielten mangels geeigneter Hörsäle ihre Kurse in benachbarten Kollegs der Artes ab, insbesondere den Collèges de Cambrai und de Tréguier. In der Folgezeit zerschlugen sich jedoch alle Baupläne für ein eigenes Collège; immerhin wurden die Mitglieder 1546 der allgemeinen Jurisdiktion entzogen. Erst der neunjährige Ludwig XIII. sollte am 28. August 1610 den Grundstein zu einem eigenen Gebäude legen, das am Platz des früheren Collège de Cambrai gebaut wurde. An der Spitze des Collège Royal standen meist die jeweiligen Beichtväter der Könige. Die Kurse waren öffentlich und wurden mit eigenen Plakaten in der Stadt in lateinischer Sprache angekündigt. Der Philosoph Petrus Ramus (1512–1572), seit 1551 bestallt, war der erste Lehrer, der französisch dozierte. Sein gräzistischer Kollege Jean Dorat war außer sich über diesen ›Skandal‹, »Francice docere/ De Regis solitus (nefas) cathedra! – Oh Schande! er hat sich angewöhnt, von der Höhe eines königlichen Katheders herab französisch zu lehren!« Die Professoren wurden angemessen bezahlt, lehrten immerhin bis zu fünf Stunden pro Tag und zogen ein großes Publikum an. Schon bald wurden auch Lehrstühle für Hebräisch, Mathematik (einschließlich Musik, Geographie, Arithmetik, Geometrie, Optik, Mechanik, Astronomie, also Naturwissenschaften), orientalische Sprachen, Medizin, Anatomie, Botanik und Philosophie geschaffen. Das Neue ist, daß hier der Unterricht nicht mehr in der Hand der Kirche lag; daß also zwei Grundvoraussetzungen des modernen Unterrichtswesens – Kostenfreiheit und weltanschauliche Neutralität – bereits verwirklicht wurden. Der König schützte sein Kolleg gegen die Angriffe der Sorbonne. Berühmte Männer lehrten hier, doch in der Renaissance bedeutete die Anwesenheit des in der Bartholomäusnacht aus Rachsucht ermordeten Petrus Ramus einen Höhepunkt. Er bekämpfte den alten Aristotelismus, um ihn durch den moderneren Platonismus zu ersetzen. Er versuchte, Logik und Rhetorik zu einer eigenen Deduktionsmethode zu verschmelzen und reformierte entschieden das Unterrichtswesen (vgl. *DLF* 596).

Unter den ersten Anhängern der Reformation finden wir zahlreiche Lehrer und Professoren des Collège Royal, z.B. Calvins ersten Lehrer Mathurin Cordier (1479–1564), der zunächst in Paris am Collège de la Marche lehrte, dann nach Nevers und Bordeaux ging und später in Lausanne und Genf wirkte. Er war ein begnadeter Pädagoge, dem wir vor allem eine Bestandsaufnahme des damals von Studenten und Professoren gesproche-

nen Lateins verdanken (*De corrupti sermonis emendatione*, 1530; vgl.
DictLitt 1, 540). So ist es kein Wunder, daß die Reformbewegung auch
eigene Universitäten gründen wollte, die aus protestantischen Collèges
(Gymnasien) hervorgingen. In Nîmes entstand 1561 die erste Académie – so
der protestantische Name für die Universität –, Orange folgte 1562, Or-
thez/Béarn 1566 (von Jeanne d'Albret, der Mutter Heinrichs IV. und Tochter Marguerite de Navarres, beschützt), 1571 La Rochelle. Unter Ludwig
XIV. wurden alle diese Akademien aufgehoben. In den *lettres patentes*
Jeanne d'Albrets, die in La Rochelle einen griechischen bzw. hebräischen
Lehrstuhl stiftete, heißt es, und wir können hier gut das pädagogische Programm der Reformation studieren:

> Comme nous n'avons rien plus cher ni recommandé que l'honneur et la gloire de
> Dieu et l'avancement du règne de notre Sauveur Jésus-Christ et de son Eglise, et
> connaissons très bien que pour éclairer les ténèbres que l'ignorance, cause d'infi-
> nis troubles, y a épandus, il n'y a rien plus nécessaire que la connaissance des
> bonnes lettres et sciences, qui dépend pour la plus grande part [...] des langues
> hébraïque et grecque: desquelles étant la jeunesse bien instruite se pourront for-
> mer, par la grâce du Seigneur, plusieurs grands et doctes personnages, propres
> pour le rétablissement et confirmation du saint ministère de la Parole de Dieu,
> établi en son Eglise, et des politiques et sacrées ordonnances et pour l'entretene-
> ment de la société humaine en toute paix, union et charité. (Jeanne d'Albret, *Lett-
> res patentes*, zit. nach Mours, S. 230–231)

Ein besonderes Kennzeichen der neuen Humanistenkultur besteht darin,
daß sie auf den Spuren Platons vielfach ›symposial‹ strukturiert, d.h. in
Freundeskreisen und Tischrunden (sog. Zenakeln) organisiert ist, und daß
man sich schriftlich und mündlich in freundschaftlichem Umgang aus-
tauscht. Der Gelehrte im Elfenbeinturm oder, wie der Kirchenlehrer
Hieronymus, in ›seinem Gehäuse‹, seiner Arbeitsklause (*LCI* 6,519–529,
mit Abb.), ist kein Ideal mehr. Man wirft der mittelalterlichen Wissenschaft
ihren Solipsismus (Ichbezogenheit) vor: Sie habe Wissenschaft betrieben,
aber die Weisheit vernachlässigt, die an soziale Interaktion und Kommu-
nikation gebunden sei. Es entsteht der Begriff der ›Gelehrtenrepublik‹
(*respublica litteraria; république des lettres*), einer Gemeinschaft aller Ler-
nenden und Lehrenden, die keine andere Hierarchie als die des Wissens
kennt und nicht von Stand, Alter oder Nation abhängt. Sie nimmt die
neuesten Schriften entgegen, rezensiert sie, verteilt Lob und Tadel und weist
dem Einzelnen seinen Platz zu. Der wissenschaftliche Austausch erfolgt
brieflich oder mündlich in Dialogen und Disputationen, die, bei allzu
krassen Meinungsverschiedenheiten, auch in Invektiven (Beleidigungen)
ausarten können.[28]

Latein, Mittel- und Neufranzösisch

Das Französische mußte sich im 16. Jh. gegen das Latein, die Sprache der Humanisten, behaupten, und es ist ein bemerkenswerter Vorgang, daß das Französische in alle Bereiche, die bis dahin dem Latein vorbehalten waren (Justiz, Kirche, Hochschule, Wissenschaft), erfolgreich eindrang. Die Gründe sind in den volkspädagogischen Tendenzen der Reformation und einem sich langsam ausprägenden Nationalismus zu sehen. Für das letztere Argument liefert die Vorrede von Ronsards *Franciade* (»Au lecteur apprentif«, 2. postume Ausg. 1587), die auch sonst eine Fundgrube wichtiger sprach-und literaturtheoretischer Gedanken (nicht bloß über die *Poësie Héroïque*) ist, einen sprechenden Beleg, der allerdings schon recht spät liegt:

> Car c'est un crime de leze-majesté d'abandonner le langage de son pays, vivant et florissant, pour vouloir deterrer je ne sçay quelle cendre des anciens, et abbayer les verves des trespassez, et encore opiniastrement se braver là-dessus [...]. (Ronsard, *La Franciade*, ed. Cohen, Pléiade, II, 1015–1030, hier S. 1028)

> Denn es ist eine Majestätsbeleidigung, der lebendigen, blühenden Sprache seines Landes den Rücken zu kehren und dafür irgendwelche Aschenreste der Alten auszugraben und mit lauter Stimme die Worte der Toten erschallen zu lassen und sich dessen auch noch rechthaberisch zu rühmen [...]. (Zit. *Franz. Poetiken*, S. 102).

Andere Belege stammen von Claude de Seyssel (1450–1520), dem Bischof von Marseille und einflußreichen Ratgeber Ludwigs XII., der bereits 1509 in einer dem König gewidmeten Justin-Übersetzung darauf hinwies, daß die Römer ihre Sprache auch zur Ausdehnung ihrer Herrschaft benutzt hätten.

Ein Schlüsseltext ist in diesem Zusammenhang der königliche Erlaß (Ordonnance) von Villers-Cotterêts (1539), der das Latein als Sprache der Gerichtsbarkeit abschaffte. Villers-Cotterêts ist übrigens ein Kleinstädtchen im Département Aisne (Valois, südl. Teil der Picardie), wo Franz I. ein Jagdschloß errichtet hatte. Zwar hatte man sich vorher in der Justiz eines stark der Volkssprache angenäherten Lateins (»planum latinum et grossum, pro laïcis amicum«) bedient, das ein gebildeter Franzose ohne Mühe verstand, aber das Volk konnte nur die französisch gehaltenen Plädoyers, nicht jedoch die lateinisch ausgefertigten Urteile und Beschlüsse verstehen. Von den 192 Artikeln der Ordonnance sind die Nummern 110 u. 111 besonders aufschlußreich:

> Et afin qu'il n'y ait cause de douter sur l'intelligence desdits arrêts, nous voulons et ordonnons qu'ils soient faits et écrits si clairement, qu'il n'y ait ni puisse avoir aucune ambiguité ou incertitude ne lieu à demander interprétation. Et pour ce que telles choses sont souvent advenues sur l'intelligence des mots latins contenus esdits arrests, nous voulons d'oresnavant que tous arrests, ensemble toutes autres

> procédures, soient de nos cours souveraines et autres subalternes et inférieures, soient de registres, enquestes, contrats, commissions, sentences, testaments, et autres quelconques, actes et exploicts de justice, ou qui en dépendent, soient prononcés, enregistrés et délivrés aux parties en langage maternel françois et non autrement. (*Ordonnance de Villers-Cotterêts*, zit. nach Berschin/ Felixberger/ Goebl, S. 193).

Wenden wir uns einem weiteren Bereich zu, dem der Wissenschaften. Der französische Chirurg Ambroise Paré (1510–1590)[29] – übrigens auch er ein Hugenotte, was für seine pädagogischen Absichten vermutlich nicht unerheblich ist – wollte sein Wissen jedermann zugänglich machen und sich nicht hinter einer hermetischen lateinischen Fachsprache verschanzen. Im Vorwort der 1572 erstmals erschienenen *Cinq livres de chirurgie* (Paris: P. Wechel) bekennt er sich mit den folgenden Worten zur Verwendung des Französischen:

> Ie n'ay voulu aussi l'escrire en autre langage [...] ne voulant estre de ces curieux, et par trop superstitieux, qui veulent cabaliser les arts et les serrer sous les loix de quelque langue particuliere, en tant que i'ay appris, que les sciences sont composees de choses, non de paroles, et que les sciences sont de l'essence, les paroles pour exprimer et signifier. (Ambroise Paré, *Cinq livres de chirurgie*, zit. nach Berschin/ Felixberger/ Goebl, S. 195)

Die Chirurgie war keine akademische, sondern eine praktische Wissenschaft, wie dies schon der Name belegt (χείρ = Hand; ἔργον = Werk, Arbeit); sie wurde von Badern oder Feldschern ausgeübt, die kein Latein konnten. Bereits 1500 wurden sie in Montpellier in einem eigenen ›Studiengang‹ in französischer Sprache ausgebildet. Der königliche Leibarzt Jean Canape aus Lyon (*DLF* 153) tritt in seiner *Anatomie du muscle* (Lyon, 1541) für eine strikte Loslösung der Medizin vom Latein ein. So dringt die Volkssprache über die praktische Medizin langsam auch in die eigentlichen Naturwissenschaften ein, greift ein allgemeines Verständlichkeitsprinzip Platz:

> [...] l'art de medecine et de chirurgie ne gist pas du tout aux langues, car cest tout ung de lentendre en Grec ou Latin au Arabic ou Francoys, ou (si tu veulx) en Breton Bretonant, pourueu qu'on lentende bien. (Canape, *Du mouvement des muscles*, ebd., S. 198)

Der Mathematiker Etienne Forcadel (1534–1573) schreibt seine *Arithmétique* (1556) französisch; der bereits häufig erwähnte Ramée seine *Dialectique* (1555) ebenfalls (Éd. critique M. Dassonville, 1964). Die Universität selber bleibt bis zum Jahr 1762, der Vertreibung der Jesuiten aus Frankreich, überwiegend lateinischsprachig. Noch 1599 bekräftigen die Statuten der Sorbonne:

Nemo scholasticorum in Collegio lingua vernacula loquatur, sed Latinus sermo eis sit usitatus et familiaris.

Kein Student soll sich im Kollegienhaus in der Volkssprache unterhalten, sondern er soll das Latein benutzen und mit dem Latein vertrauten Umgang pflegen. (ebd., S. 197)

Die erwähnten Professoren am Collège Royal, die französisch dozierten wie Petrus Ramus u.a., bleiben eine Ausnahme.

Wegen der Möglichkeit individueller Textauslegung und damit der Gefahr der Ketzerei war die katholische Kirche ursprünglich grundsätzlich gegen die Verwendung von Volkssprachen im religiösen Bereich (vgl. Cottret, S. 103f.). Dies änderte sich mit dem Aufkommen des Humanismus, der, vor allem von Erasmus angeregt, intensive Bibelphilologie betrieb und für Bibelübersetzungen eintrat, so Erasmus erstmals 1515. Lefèvre d'Étaples legte 1523 (anonym) ein französisches NT, 1528 die ganze Bibel vor, die 1546 auf den Index der verbotenen Bücher kam. Eine zweite, für den Kalvinismus wichtigere Version stammt von Calvins Vetter (nach anderen Angaben: Neffen) Pierre-Robert Olivier gen. Olivetan (Noyon, Ende 15. Jh. – Ferrara, 1538), *Les deux Testaments translatez en Françoys, le Vieil de L'ébrieu et le Nouveau du Grec.*[30] Sie verdankt Lefèvre nicht wenig, jedenfalls das NT; im Hebräischen war der Übersetzer sehr gut geschult, so daß die Übersetzung des AT eine genuine Leistung darstellt. Die reformierten Waldenser, eine bereits im 12. Jh. entstandene urchristlich ausgerichtete Sekte, benannt nach ihrem Gründer Petrus Waldus, konnten nie ganz ausgerottet werden. Sie suchten Kontakt zu den Schweizer Protestanten und finanzierten 1535 den Druck von Olivetans auch *La Bible qui est toute la Saincte Escripture* (Neuchâtel: Pierre de Wingle oder Vingle) genannter Übersetzung. An ihrer Spitze steht ein lateinischer Brief von Calvin, der erste überlieferte Text aus seiner Feder nach seiner Bekehrung: »Sans l'Evangile, nous sommes inutiles et vains; sans l'Evangile, nous ne sommes chrétiens; sans l'Evangile, toute richesse est pauvreté; sagesse est folie devant Dieu; force est faiblesse; toute justice est damnée. Mais, par la connaissance de l'Evangile, nous sommes faits enfants de Dieu, frères de Jésus-Christ, combourgeois des saints, citoyens du Royaume des cieux, héritiers de Dieu avec Jésus-Christ« (zit. franz. nach Mours, S. 54). Ein deutlicheres Bekenntnis zum Wort Gottes ist kaum vorstellbar. Danach folgt Olivetans Widmung »à l'Eglise de Jésus-Christ«:

Jésus [...] m'a donné cette charge [...] de tirer et déployer icelui trésor hors des armoires et coffres hébraïques et grecs pour, après l'avoir entassé et empaqueté en bougettes [= boîtes] françaises, [...] en faire un présent à toi, ô pauvre Eglise [...]. Vraiment cette parole t'était proprement due, [...] parole, par laquelle, par la foi et assurance que tu as en (elle), en pauvreté tu te réputes très riche; en malheureté, bienheureuse; en solitude, bien accompagnée; en doute, acertainée; en périls, assurée; en tourments, allégée [...]. Tu accepteras donc, ô pauvrette petite Eglise, cestuy présent, d'aussi joyeuse affection que de bon cœur il t'est envoyé et dédié [...]. Christ ne s'est-il pas donné à [...] gens abjects, petits et humbles [...]. C'est sa petite bande invincible, à laquelle il donne courage et hardiesse par sa présence, et chasse toute frayeur et crainte par sa vive et vigoureuse Parole. (Olivetan, zit. nach Mours, S. 53–54)

Olivetans Übersetzung mußte, da allzu schnell erstellt, mehrfach revidiert werden, und hieß ab 1588 *Bible de Genève*. Die Revisionen von 1696 u. 1707 trugen den Titel *Bible de Martin*, die von 1744 *Bible d'Ostervald*, und sie ist bis heute in Gebrauch (*DLF* 105–106). Die 1555 von dem bereits erwähnten Sébastien Castalion (Castellion, Chateillon) in einem dem Patois der Bresse angenäherten Französisch gedruckte *La Bible nouvellement translatée avec la suite de l'histoire depuis le tems d'Esdras jusqu'aux Maccabées, et depuis les Maccabées jusqu'à Christ, item avec des annotations sur les passages difficiles*, erschien den Genfer Kirchenoberen unerträglich und wurde nicht offizialisiert. Heute ist das Urteil über diese Übersetzung wegen der Nähe zum Ausgangstext und wegen ihrer Volkstümlichkeit viel positiver. Aber zurück zu Olivetan. Er mußte aus Frankreich flüchten, lebte in Straßburg, wo er den Protestantismus kennenlernte, dann in Piémont und in den Tälern des Waadtlandes (1532–35).

Der Reformer Guillaume Farel (1489–1565), ein Schüler Lefèvres, erst aus Meaux, dann aus Genf, Basel und Neufchâtel vertrieben, schuf eine französischsprachige Liturgie; Clément Marot übersetzte (wie zuvor schon Luther) die Psalmen und schenkte den französischen Protestanten damit die ersten Kirchenlieder; Théodore de Bèze (1519–1605), Calvins Nachfolger in Genf, übertrug sie ebenfalls, aber weniger gelungen. Dem setzte bereits 1527 die Sorbonne das Verbot entgegen, »sacras litteras [...] in omnes linguas versari – die heiligen Texe [...] in irgendeine Sprache zu übertragen«, und dem trotz seiner kalvinistischen Frau altgläubigen Montaigne war der Gedanke unerträglich, jeder beliebige »garçon de boutique« könne etwa den Bibeltext lesen (*Essais* I, 56). Er bestätigt in *Essais* III, 9 noch die traditionelle Auffassung, Texte von Dauer müßten lateinisch, andere könnten volkssprachlich sein:

J'escris mon livre à peu d'hommes et à peu d'années. Si ç'eust esté une matiere de durée, il l'eust fallu commettre à un langage plus ferme. Selon la variation continuelle qui a suivy le nostre jusques à cette heure, qui peut esperer que sa forme presente soit en usage, d'icy à cinquante ans? Il escoule tous les jours de nos mains et depuis que je vis s'est alteré de moitié. (Montaigne, *Essais* III, 9, ed. Rat, S. 960–961)

Dennoch versuchte Jean-Antoine de Baïf 1587 eine katholische Gegenübersetzung aller Psalmen, und die katholische Psalmenparaphrase wurde überhaupt zu einer Lieblingsgattung der Gegenreformation.[31] Im gleichen Jahr ließ auch Blaise de Vigenère (1523–1596) seine Übersetzung von 25 Psalmen erscheinen. Da ihm bewußt war, daß die französische Prosodie für eine Psalmenübertragung ungeeignet ist, erfand er eine *prose mesurée*, die Rhythmus, Struktur und Symmetrien des hebräischen Originals angemessen ist (*Poètes du XVIe siéle*, ed. Schmidt, S. 957f.), »joint aussi que cela part d'un Poëte tel que fut David, orne et delicat en sa langue autant que nul autre fut onques en la sienne« (ebd., S. 961).

Es wäre falsch, in den Reformern Verächter der antiken Kultur erblicken zu wollen.[32] Sie begrüßten den philologischen Aufschwung, und die besten Humanisten waren reformiert. Sie wollten jedoch, anders als die Anhänger der Orthodoxie, ihre Erkenntnisse auch einem weniger gebildeten Publikum zugänglich machen. Bèze schreibt in seiner *Histoire ecclésiastique des Églises réformées au royaume de France* (1580):

> La barbarie aiant du tout enseveli la cognoissance des langues, esquelles les secrets de Dieu sont escrits, il estoit requis, ou que Dieu derechef envoiast le don des langues sur les hommes miraculeusement, comme au commencement de l'Église primitive sur les Apostres, ou bien qu'il remist en usage les moiens ordinaires d'apprendre les langues, et de pouvoir lire derechef l'escriteau [il était trilingue] mis sur la teste du Seigneur en la croix: joint que ces estudes des sciences libérales réveillèrent les esprits auparavant du tout endormis. (Bèze, *Histoire ecclésiastique*, zit. nach Delumeau, S. 111)

Das Französische bleibt auch im 16. Jh. noch eine uneinheitliche *lingua vulgaris*, die sich ihren Rang erst erkämpfen muß. Wir bezeichnen dieses Französisch als **Mittelfranzösisch**, da es chronologisch zwischen dem Alt- und dem Neufranzösischen liegt (1350–1600) und mit beiden Überschneidungen aufweist, die jedoch noch keine einheitliche Zuordnung erlauben. Die wichtigsten Kennzeichen des Mittelfranzösischen sind der Fortfall des Zweikasussystems, die Stärkung des Artikels, die Analogisierung der Verbformen, die auf das Neufranzösische deuten; die relativ freie Wortstellung, die Aussprache, die Regionalismen, der Gebrauch des Konjunktivs zeigen noch die Nähe zum Mittelalter. Besonders der Wortschatz verändert sich: Zahlreiche Archaismen verschwinden, andere werden wiederbelebt; die Zahl der Lehnwörter aus den klassischen Sprachen, dem Italienischen und Spanischen steigt rapide an. Das begriffliche Gegensatzpaar bei der Schaffung neuer Worte lautet ›Erbwort‹ (z.B. soudard/ vgl. dt. Söldner; geht unter) und ›Lehn-‹ oder ›Buchwort‹ (soldat/ vgl. dt. Soldat, aus dem Ital., setzt sich durch). Ableitungen von bestehenden Wörtern sind ebenfalls häufig.

Das Mittel- oder Frühneufranzösische litt daran, daß es noch nicht standardisiert war und zahlreiche regionale Varietäten aufwies. Daran konnten auch die ersten Grammatiker nichts ändern, hießen sie nun John Palsgrave (um 1480–1554), dem wir *L'Eclarcissement de la langue françoy-*

se, compose par maistre Jehan Palsgrave, angloys natyf de Londres et gradué de Paris (um 1530; nur der Titel ist franz., ansonsten ist das Werk englisch geschrieben) verdanken, Jacques Dubois gen. Sylvius (1478–1555), Verfasser von *In linguam gallicam Isagoge, unà cum eiusdem Grammatica Latino-gallica, ex Hebraeis, Graecis, & Latinis authoribus* (1531), Louis Meigret (1510[?]–nach 1560), Verfasser des *Traitté de la grammere françoeze* (1550), oder Robert Estienne, *Traité de la grammaire françoise* (1558). Sie ließen sich alle zu sehr von dialektalen Gesichtspunkten bzw. vom lateinischen Vorbild leiten, obwohl es für die Erfassung des Französischen völlig ungeeignet war.[33] Eine Loslösung vom lateinischen Modell, an dem alle Verfahren und Kategorien der Sprachbeschreibung entwickelt worden waren, konnte noch nicht realisiert werden. Da die Grammatiken des 16. Jh.s zudem meist auf das Verhältnis von Schreibung und Lautung bzw. auf die Morphologie beschränkt waren und Syntax-Probleme ausklammerten, waren sie für die Sprachnormierung hinfällig. Insbesondere Meigret wollte in seinem *Tretté* (1550; ed. Tübingen 1980) dem phonetischen Prinzip zuliebe die durch die etymologisierende Schreibung erreichte graphische Identität der Wortstämme in der Flexion und Derivation sowie die graphische Unterscheidung von homophonen Wörtern opfern (vgl. Berschin/ Felixberger/ Goebl, S. 234). Er hatte bereits 1542 mit seinem *Traité de l'escriture françoise* das phonetische Prinzip zu verankern gesucht, »fère quadrer le' lettres e l'ecritur' ao voes e à la prononciacion, sans avoer egart ao loes sophistiqes dé derivesons e diferences« (*DLF* 507). Jacques Peletier u.a. sollten diese versuchte Reform wenig später kritisieren.

Buchdruck

Eng mit der Sprachenfrage ist die Druckgeschichte des Französischen verbunden.[34] Die ersten drei (deutschen) Drucker ließen sich 1470 in Paris nieder; drei Jahre später wurde auch in Lyon der Buchdruck eingeführt. Beide Städte rivalisierten, wie wir bereits hörten, nun auch in dieser Domäne. Von 1500 bis 1599 wurden in Paris ca. 25.000, in Lyon 15.000 Bücher gedruckt. Interessant ist auch das Verhältnis von lateinischen zu französischen Titeln:

	insgesamt	französisch	%
1501	88	8	9
1528	269	38	14
1549	332	70	21
1575	445	245	55

(zit. nach Berschin/ Felixberger/ Goebl, S. 196)

Wenn wir hier von Französisch sprechen, meinen wir die Sprache der Ile-de-France, wo der Hof residierte. Da der Sprachgebrauch immer noch nicht einheitlich war, stellte man, wie bereits gesagt, Überlegungen an, wie die Sprache normiert werden könnte. Gestützt auf lateinische und italienische Muster wurden im Lauf der Zeit zwei Instanzen für normbildend erklärt: der mündliche Sprachgebrauch des Hofes, wenn und soweit er – zweitens – mit dem schriftlichen Sprachgebrauch der guten zeitgenössischen Autoren übereinstimmte. Es ist das, was man als *usage* oder *bon usage* bezeichnet und was Vaugelas 1647 im zweiten Satz seiner *Remarques* unterstreichen wird. Ausgangspunkt derartiger Überlegungen war einmal Quintilian, der in der *Institutio oratoria* (I, 5, 63) gesagt hatte, »auctoritatem consuetudo superavit – die Gewohnheit hat sich gegen die Autorität [einzelner Autoren] durchgesetzt«. Daß die Sprache der Ile-de-France das höchste Ansehen genoß, können wir einem oft zitierten Satz des englischen Grammatikers Palsgrave in seinem *L'esclarcissement* (vgl. »The fyrst boke«, fol. XIII^v) entnehmen:

> In all this worke I moost folowe the Parisyens and the contreys that be conteygned bytwene the ryver of Seyne and the ryver of Loyre which the Romayns called somtyme Gallya Celtica; for within that space is contayned the herte of Fraunce where the tongue is at this day most parfyte and hath of moost auncyente so contynued ... There is no man of what parte of Fraunce so ever he be borne, if he desire that his writynges shulde by had in any estymation, but he writeth in suche language as they speke within the boundes that I have before rehersed. (Palsgrave, *L'esclarcissement*, zit. nach Lough, S. 33)

Und auch Henri Estienne unterstreicht in seiner *Précellence* (1579; Ausg. 1896, S. 170) die Vorreiterstellung des Hofes. Dies war nicht unumstritten, denn Ramus (La Ramée) hatte die Auffassung vertreten, alle Schichten, vom Hof bis zu den einfachen Leuten, besäßen die gleiche Autorität in sprachlichen Dingen. Aber die Protestanten waren vielfach monarchomachisch (königsfeindlich) gesonnen, und das könnte auch einen gewissen Einfluß auf die Sprachenfrage gehabt haben. Ramée vertritt sozusagen eine Volkssouveränität in Belangen des Sprechens, und er räumt der Lautung einen höheren Wert ein als der etymologisierenden Graphie der Gelehrten:

> Bref selon le iugement de Platon, Aristote, Varron, Ciceron le peuple est souuerain seigneur de sa langue, & la tient comme vn fief de franc aleu, & nen doit recognoissance a aulcun seigneur. Lescolle de ceste doctrine nest point es auditoires des professeurs Hebreus, Grecs, & Latins en luniuersite de Paris comme pensent ces beaux Etymologiseurs, elle est au Louure, au Palais, aux Halles, en Greue, a la place Maubert. (La Ramée, *Grammaire* 1572, S. 30, zit. nach Berschin/ Felixberger/ Goebl, S. 228)

Die am Schluß genannten Orte beinhalten allerdings doch eine Hierarchie, die Hof und Adel den Spitzenplatz zuweist. Peletier und Meigret räumten dem Hof den Vorrang ein, andere dem Parlement. Als die Monarchie gestärkt aus allen Wirren ins Zeitalter der Klassik eintrat, konnte sie auch die Sprachenfrage für sich entscheiden (vgl. Berschin/ Felixberger/ Goebl, S. 226–229). Ronsard hatte dies vorausgesehen: »Je te conseille d'user indifferemment de tous dialectes, comme j'ay desja dict: entre lesquels le Courtisan est toujours le plus beau, à cause de la Majesté du Prince; mais il ne peut estre parfaict sans l'aide des autres ...« (Ronsard, *La Franciade*, Préface, zit. nach Lough, S. 33).

Der Einzugsbereich des Französischen war zunächst das Gebiet zwischen Seine und Loire, doch durch die immer größere Festigung der königlichen Macht drang es als Verwaltungssprache in den okzitanischen Süden ein und begann, langsam das Okzitanische zu verdrängen. Wer als Schriftsteller reüssieren wollte und aus dem Süden stammte, mußte sein Französisch pflegen und dem Gebrauch des Hofs anpassen. Interessant ist diesbezüglich Montaignes Zeugnis :

> Mon langage françois est alteré, et en la prononciation et ailleurs, par la barbarie de mon creu: je ne vis jamais homme des contrées de deçà qui ne sentit bien evidemment son ramage et qui ne blessast les oreilles pures françoises. Si n'est-ce pas pour estre fort entendu en mon Perigordin, car je n'en ay pas plus d'usage que de l'Alemand; et ne m'en chaut guere. C'est un langage, comme sont autour de moy, d'une bande ou d'autre, le Poitevin, Xaintongeois, Angoumoisin, Lymosin, Auvergnat: brode, trainant, esfoiré. Il y a bien au dessus de nous, vers les montaignes, un Gascon que je treuve singulierement beau, sec, bref, signifiant, et à la verité un langage masle et militaire plus qu'autre que j'entende; autant nerveux, puissant et pertinant, comme le François est gratieux, delicat et abondant. (Ed. Villey I,613–614, zit. nach Lough, S. 33–34; *Essais* II, 17, ed. Rat, S. 622)

Die gebildeten Südfranzosen waren demnach zweisprachig; Kultur blieb in Nord und Süd aber meist auf die Städte konzentriert. Dort entstanden zunächst unter protestantischem Einfluß Grundschulen (*petites écoles* oder *écoles primaires*), die den Gläubigen das Bibelstudium ermöglichen sollten, in größerem Maße jedoch erst nach dem Religionsfrieden im Edikt von Nantes. Aber bereits vorher heißt es in der *Discipline des Eglises réformées*: »Les Eglises feront tout devoir de faire dresser des écoles, et donneront ordre que la jeunesse soit instruite«. Nach dem Tridentinum (Konzil von Trient, 1545–1563), das der Gegenreformation den Weg bahnte und das katholische Kirchensystem neu organisierte, machte auch die katholische Seite verstärkt pädagogische Anstrengungen und baute unter der Leitung von Jesuiten *collèges* für den höheren Schulunterricht aus. Die protestantischen *collèges*, ursprünglich humanistische Einrichtungen, blieben immer in der Minderzahl.

Kommen wir noch einmal auf den Buchdruck zu sprechen, der den Schulunterricht natürlich wesentlich erleichterte. Er trug zugleich zur Normierung der Sprache bei, denn Bücher sollten nicht zuletzt aus verkaufsökonomischen Gründen einheitlich sein. Bahnbrechend sind die Vorschläge zur Vereinheitlichung der Orthographie, die der Humanist, Drucker, Philologe und Künstler Geoffroy Tory (um 1480–1533) in seinem *Champ fleury, auquel est contenu l'art et science de la deue et vraye proportion des lettres Attiques, qu'on dit autrement lettres Antiques, et vulgairement lettres Romaines, proportionnées selon le corps et visage humain* (1529; Reprint Genève 1973) entwickelte und die viel praktischer sind als die Meigrets. Tory plädiert, wie auch Dolet, und hier erkennt man den Fachmann, für Einführung von Accent aigu, Apostroph und Cédille. Bevor man die alten Sprachen studiert, solle man die Muttersprache gut und sicher lernen:

> J'en voy qui veulent escripre en grec et en latin, et ne sçavent encore pas bien parler françois [...]. Il me semble soulz correction qu'il séroit plus beau à ung François escripre en françois qu'en autre langage, tant pour la seureté de son dict langage françois, que pour décorer sa nation et enrichir sa langue domestique, qui est aussi belle et bonne que une autre, quant elle est bien couchée par escript [...]. Elle est une des plus belles et gracieuses de toutes les langues humaines. (Tory, *Champ fleury*, zit. nach *DLF* 667).

Tory hatte in Rom und Bologna studiert und 1516 erneut eine Romreise gemacht. Er ließ sich 1518 als Graveur und Buchhändler am Petit Pont in Paris nieder, eröffnete 1526 selber eine Offizin und wurde königlicher Buchdrucker. Er setzte sich für den Druck mit lateinischen Buchstaben ein, die die gotischen verdrängten, und sein Studium der Werke von Vitruv, Alberti und Leonardo ließ ihn Überlegungen zum goldenen Schnitt anstellen und die Buchstaben organizistisch mit dem menschlichen Leib vergleichen (vgl. Chastel/ Klein, Abb. S. 19). Jedenfalls ist er der wichtigste Drucker vor Dolet, und sein *Champ fleury* enthält bereits viele Ideen, die Du Bellay in der *Deffence* vertreten wird.

So wenig normiert wie die Sprache war zunächst auch das Druckgewerbe. Jeder konnte drucken was und wie er wollte. Ein Urheberrecht gab es nicht, der Begriff des Originals war unbekannt. Langsam setzte sich jedoch das Druckprivileg durch, das einem Autor und/oder Drucker für eine bestimmte Zeit das exklusive Recht der Verbreitung gab. Für die Ausstellung der Privilegien waren mehrere Instanzen zuständig, z.B. der König, der Prévôt de Paris (Polizeichef), das Parlement de Paris (Erstbeleg 1508). Bald bürgerte es sich ein, vor Ausstellung des Privilegs den Inhalt zu prüfen und dabei eine Art von Zensur auszuüben. Die theologische Fakultät der Sorbonne hatte das Zensurrecht (1521 vom König bestätigt), übte es längere Zeit in Konkurrenz mit dem Parlement aus. Der König zog in der Folgezeit jedoch das Zensurrecht immer stärker an sich, führte 1537 das bis heute bestehende *dépôt légal* ein, d.h. die kostenlose Deponierung wenigstens eines Exemplars von jedem gedruckten Buch bei den königlichen Autoritäten (heute bei der Bibliothèque Nationale). Die Krone übertrug durch die ›Ordonnance de Moulins‹ (Art. 78) 1566 das Zensurrecht dem Kanzler:

> Défendons aussi à toutes personnes que ce soit, d'imprimer ou faire imprimer aucuns livres ou traitez sans notre congé et permission, et lettres de privilége expédiées sous nostre grand scel: auquel cas enjoignons à l'imprimeur d'y mettre et insérer son nom, et le lieu de sa demeurance, ensemble ledit congé et privilége, et ce sur peine de perdition de biens et punition corporelle. (*Ordonnance de Moulins*, zit. nach Lough, S. 40)

Im Zuge dieser ›ersten Medienrevolution‹ kam langsam Ordnung in das Druckgewerbe; gegen den Willen der Zensur zu drucken, konnte, wie der bereits besprochene Fall Dolets lehrt – er wurde auf dem Scheiterhaufen verbrannt –, gefährlich werden. 1529 war bereits ein anderer Humanist, Louis de Berquin (*DLF* 100), wegen Ketzerei verbrannt worden; noch 1572 oder 1574 wurde Godefroi Vallée (*DLF* 684) wegen Verbreitung eines deistischen Pamphlets gehängt. Auch das Theater unterlag strengen Auflagen. Dabei ist an die Aufführungen der Basoche (zu lat. *basilica*; Juristenvereinigung mit zahlreichen Privilegien, die auch Theaterstücke aufführte) zu denken, deren Repertoire von geistlichen Spielen bis zu Farcen reichte. Das Parlement beschied die ›Confrères de la Passion‹ im Jahr 1548 wie folgt:

> La Cour a inhibé & deffendu, inhibe & deffend auxdits Suppllians, de joüer le Mystere de la Passion de Notre Sauveur, ne autres Mysteres sacrez, sous peine d'amande arbitraire, leur permettant néantmoins de pouvoir joüer autres Mysteres prophanes, honnestes, & licites, sans offenser ou injurier autres personnes [...] (zit. nach Lough, S. 41–42)

Im Mai des gleichen Jahres wurde die italienische Truppe ›I Gelosi‹, die auf Einladung Heinrichs III. vor dem Hof spielte und im Hôtel de Bourbon großen Erfolg hatte, stark eingeschränkt, weil »toutes ces comœdies n'enseignoient que paillardises et adultères, et ne servoient que d'escole de desbauche à la jeunesse de tout sexe de la ville de Paris«. Aber ihr Spiel war so beliebt, daß sie ein Jahr später wieder Stücke aufführen durfte. Die religiösen Spannungen ließen die Behörden immer auf der Hut sein, da man hinter allem und jedem ketzerische und aufrührerische Motive vermutete. 1588 nennt ein gewisser Rolland du Plessis in seinen *Remonstrances très humbles au Roy de France* die Theater »une Cloaque & maison de Sathan«:

> En ce lieu se donnent mille assignations scandaleuses au preiudice de l'honnesteté & pudicité des femmes & à la ruine des familles des pauvres artisans, desquels la salle basse est toute plaine, & lesquels plus de deux heures avant le jeu, passent leur temps en devis impudiques, en ieux de cartes & de dez, en gourmandise & yvrongnerie tout publiquement, d'où viennent plusieurs querelles & batteries [...].

Par ce moyen Dieu est grandement offensé tant en laditte transgression des festes, que par les susdits blasphemes, ieux & impudicitez qui s'y commettent. D'avantage Dieu y est courroucé en l'abus et prophanation des choses sainctes, dont ils le servent. Et le public interessé par la desbauche et ieux des artisans [...]. (Du Plessis, *Remonstrance*, zit. nach Lough, S. 66)

Am besten waren Schriftsteller beraten, wenn sie ihre Werke mächtigen Mäzenen widmeten, die sie beschützten und auch finanziell unterstützten. Doch oft hielten diese den Beutel fest verschlossen, und zahlreich sind die Klagen der Dichter über das Elend der Höflinge, zu denen sie als Dichter zählten.

V. ORTHODOXIE, REFORMATION UND UNGLAUBE

Calvin als Erbe reformatorischer Tendenzen

Für Frankreichs kirchliche Entwicklung im 16. Jh. ist von großer Bedeutung, daß die kirchenpolitischen Differenzen mit Rom noch vor dem Ausbruch der großen Krise in Deutschland, die von Luther bewirkt wurde, bereinigt werden konnten und der französische Monarch ein weitgehendes Verfügungsrecht über die Kirche seines Reiches behielt. Die von Karl VII. erlassene ›Pragmatische Sanktion von Bourges‹ (1438), auf Grund deren sich das Kirchenwesen Frankreichs einer beträchtlichen Selbständigkeit im Rahmen der allgemeinen Kirche erfreut hatte – wir sprechen bekanntlich vom Prinzip des Gallikanismus – wurde 1516 durch ein Konkordat ersetzt, das für den Papst etwas, für den französischen König erheblich vorteilhafter war als der bisherige Status. Die finanziellen und jurisdiktionellen Ansprüche Roms gegenüber Frankreich blieben im Konkordat ähnlich beschränkt wie zu Zeiten der ›Pragmatischen Sanktion‹. Zu einem Ablaßstreit wie in Deutschland konnte es deshalb in Frankreich kaum kommen, denn es gab keinen Anlaß, sich über den kurialen Fiskalismus zu ereifern. Dennoch bot auch die katholische Kirche Frankreichs als geistige Institution insgesamt ein wenig erfreuliches Bild, da es sich der Klerus mit seinen Pflichten zu leicht machte und sich mehrheitlich aus Pfründenjägern zusammensetzte. So kam es auch hier zu reformatorischen Ansätzen und zu einer Rückbesinnung auf Wortlaut und Forderungen des Evangeliums. Besonders tat sich seit 1518 der Bischof Guillaume Briçonnet (um 1470–1534) als Reformer hervor, der von dem französischen Humanisten Jacques Lefèvre d'Étaples (Jacob Faber Stapulensis; ca. 1450–1536) und von Erasmus beeinflußt war. Lefèvre war ein Reformkatholik, der auch der Rechtfertigung durch die guten Werke eine Absage erteilte, aber sie nicht durch den Glauben, wie Luther, sondern durch Gottes Eingriff vollzogen sah. Lefèvre siedelte 1521 nach Meaux über und machte sich zusammen mit Briçonnet daran, die geistlichen und moralischen Gebrechen der Kirche zu heilen (vgl. Bedouelle, S. 90f.). In einem Brief an Antoine Ardillon vom 29. November 1521 schreibt er: »Voici notre travail, voici notre effort, voici à quoi tend notre énergie: publier des commentaires sur les Evangiles« (ebd., S. 102).

Seit 1520 wurden Luthers Schriften in Frankreich verbreitet, die der erasmianisch gesinnte Humanist Louis de Berquin (1490–1529), ein Edelmann aus dem Artois (*DLF* 100), und der provenzalische Adlige Antoine d'Oraison ins Französische übersetzten. König Franz I. hielt zunächst über Berquin schützend seine Hand, denn die allmächtige Sorbonne und das Pariser Parlament, beide jeweils Hort des Konservatismus, bereiteten einen Ketzerprozeß gegen ihn vor, der dann auch, aus ihrer Sicht, zum Erfolg führte. Einrichtungen wie die Sorbonne und das Pariser Parlament gab es in Deutschland nicht, und sie haben in Frankreich wesentlich zur Bremsung des revolutionären reformatorischen Schwungs beigetragen. Sie konnten in der ersten entscheidenden Phase besonders hart durchgreifen, weil Franz I. nach der Schlacht bei Pavia (24. Februar 1525) in habsburgische Gefangenschaft geriet und etwa ein Jahr in Madrid festgehalten wurde. Die Königinmutter, die die Regentschaft führte, verließ sich auf den Sachverstand jener orthodoxen Institutionen. Schon bald flammten die Scheiterhaufen für die Ketzer auf, denn proreformatorische Vorstöße der Bevölkerung von Meaux, Lyon, im Norden der Picardie, im Süden der Dauphiné und der Provence boten der öffentlichen Gewalt Anlaß zum Einschreiten. 1529 wurde Berquin auf der Place de Grève hingerichtet, 1546 erlitt Etienne Dolet, der in Lyon, wie bereits erwähnt (s. S. 61f.), freigeistige Texte druckte, die sonst niemand zu publizieren wagte, das gleiche Schicksal.[1] Doch die neue Bewegung war auf die Dauer nicht aufzuhalten: Selbst die Schwester des Königs, Marguerite de Navarre († 1549), öffnete sich reformerischen Einflüssen und bot an ihrem Hof in Nérac und Alençon manchem um seines Glaubens willen Verfolgtem Asyl, z.B. Lefèvre d'Étaples.

Martin Luther war nur einer der Großen, dem sie tiefgreifende Anregungen verdankte. Die Hüter der Rechtgläubigkeit an der Sorbonne verdächtigten als Ketzer nicht nur Persönlichkeiten, die lutherische Neigungen hatten, sondern auch solche, die für Erasmus eintraten, und natürlich solche, die mehr oder weniger weit vom Weg der christlichen Tradition abzuweichen wagten, wie der vorerwähnte Dolet und sein Sekretär Bonaventure Des Périers (1500–1544), der zeitweise zum Hofstaat Marguerites gehörte und der (vermutlich oder nur vielleicht) Verfasser des noch zu besprechenden *Cymbalum mundi* ist (s. S. 145f.), einer in französischer Sprache geschriebenen Satire[2] auf die Dogmen der Kirche und die Glaubenskämpfe. Die Anhänger von Desiderius Erasmus kamen, obwohl dieser sich offiziell nie vom katholischen Dogma entfernte, ins Gerede, weil er als Befürworter des Biblizismus und als scharfer Kirchenkritiker zu den bedeutendsten Wegbereitern der Reformation gehörte. Auch seine Theologie gründete wie die Luthers im Studium der Bibel und der Kirchenväter, durch deren Erschließung er eine kirchliche Erneuerung herbeiführen wollte, indem er den Blick statt auf die Dogmen, auf das Ideal der apostolischen

Einfachheit lenkte. Von Luther war er übrigens gar nicht so weit entfernt; für ihn sprach aus der päpstlichen anti-lutherischen Bannbulle »Exsurge Domine« nur Haß auf die guten Wissenschaften, und an Luther mißfiel ihm lediglich das Marktschreierische und allzu Kämpferische.

Aber vielleicht wäre es auch in Frankreich schon zu diesem frühen Zeitpunkt wie in Deutschland zum Schisma gekommen, wenn der französische Protestantismus einen führenden Kopf besessen hätte und andererseits Franz I. in religiösen Dingen genauso entschlossen gewesen wäre wie in kulturellen, da er ja z.B. den Bestrebungen des von Italien kommenden Renaissancehumanismus gewogen war und seinen Anhängern in Frankreich eine Heimstatt schuf. Zwar ging er nicht in allen Punkten mit den Theologen der Sorbonne konform und entriß dem Zensor ab und an ein Opfer, aber dies besagte nicht, daß er dem Abfall von Rom Vorschub leisten wollte. Wenn er gelegentlich mit den deutschen Protestanten politisch zusammenarbeitete, dann allein, um den habsburgischen Kaiser zu schwächen. Franz I. verfolgte die Protestanten in seinem Reich nach einer Phase anfänglicher Duldung, die vielleicht der Rücksicht auf seine Schwester entsprang, weniger aus religiöser Überzeugung als vielmehr aus verletztem Autoritätsbewußtsein heraus (man denke an die bereits mehrfach erwähnte *affaire des placards*).[3] In den letzten Regierungsjahren verschärfte sich der Widerstand des Königs gegen die Reformbewegung immer mehr: 1542 wies er die Parlamente an, von sich aus, ohne erst in jedem Fall auf einen Wink der Kirche zu warten, gegen jede Art der Ketzerei einzuschreiten. Sein Nachfolger Heinrich II. errichtete 1547 beim Pariser Parlament eine eigene Kammer für Ketzerprozesse, die ›Chambre ardente‹, deren Name sprechend genug ist.

Bis 1540 war die neue reformatorische Bewegung in Frankreich ohne einen leitenden Kopf, sie war zudem in sich gespalten und wußte sich auch nicht gegen erasmianische Tendenzen oder die Reformbestrebungen von Meaux abzugrenzen. Im fünften Jahrzehnt erstand ihr dann in Jean Calvin ein Führer, der später das Stadtregiment von Genf auf seine Seite ziehen konnte und somit auch über den für die Durchsetzung seiner Ideen notwendigen weltlichen Arm verfügte (vgl. Cottret, mit wichtiger Bibliogr.).[4]

Jean Cauvin (lat. Calvinus, daher auch franz. Calvin) wurde am 10. Juli 1509 in Noyon an der Grenze der Picardie und der Ile-de-France in eine Beamtenfamilie hineingeboren. Er wurde für den Priesterstand bestimmt und studierte in Paris (Collège de la Marche bzw. Collège de Montaigu) die Artes und die alten Sprachen. In Orléans nahm er danach ein Jurastudium auf (1528), das er ein Jahr später in Bourges unter Andreas Alciatus (1492–1550) fortsetzte. Der deutsche Reformer Melchior Rufus Wolmar (auch: Volmar; 1497–1561), übrigens ein vorzüglicher Gräzist, wurde in Bourges sein Lehrer und säte den ersten Keim des Zweifels an der herrschenden katholischen Lehre (*ADB* 40, 270–272). Nach der juristischen Promotion in Orléans sollte Calvin Generalvikar des Bischofs von Noyon werden, übernahm aber statt dessen (1533) eine Lehrkanzel am Pariser Collège de Fortet. Dessen Rektor Michel (von einigen irrtümlich Nikolaus genannt) Cop (um 1505–1566), Basler Bürger, stand Erasmus und der Reform nahe. Nach der *affaire des placards* mußten Cop und alle reformerisch Gesinnten Paris verlassen, und auch Calvin ging nach Basel.[5] Hier im Exil entstand die *Christianae religionis institutio*, eine gemeinverständliche Unterweisung (Dogmatik) in der christlichen Religion, die auch besonders ausführlich auf das Verhältnis von kirchlicher Gewalt und weltlicher Obrigkeit eingeht. Diese wichtige Schrift wurde im März 1536 veröffentlicht (2. Aufl. 1539) und ist König Franz I. gewidmet. Sie wurde sofort ins Französische übersetzt, aber die definitive französische Fassung der *Institution de la religion chrétienne* aus des Verfassers eigener Feder, übrigens eines der frühesten Meisterwerke neufranzösischer Prosa, datiert erst von 1541.[6] In der fast 30seitigen Widmung an den König (»Épistre au Roy«) heißt es:

> Et principalement vouloye, par ce mien labeur, servir à noz François, desquelz j'en voyois plusieurs avoir faim et soif de Jesus Christ, et bien peu qui en eussent receu droicte congnoissance. Laquelle mienne délibération on pourra facilement appercevoir du livre, en tant que l'ay accommodé à la plus simple forme d'enseigner qu'il m'a esté possible. Mais voyant que la fureur d'aucuns iniques s'estoit tant esleveé en ton Royaume, qu'elle n'avoit lais[s]é lieu aucun à toute saine doctrine, il m'a semblé estre expedient de faire servir ce present livre, tant d'instruction à ceux que premièrement j'avoye deliberé d'enseigner, que aussi de confession de Foy envers toy: dont tu congnoisses quelle est la doctrine contre laquelle, d'une telle rage, furieusement sont enflambéz ceux qui par feu et par glaive troublent aujourd'huy ton Royaume. (Calvin, *Institution*, ed. Pannier, Bd. I, 7–8)

Die falsche Lehre wird demnach von denen verkündet, die nur so tun, als ob sie den rechten Glauben bewahrten; an eine Kirchenspaltung ist nicht gedacht, auch nicht an Opposition gegen den Monarchen. Diese Haltung nimmt jedoch Calvin – wie andere Reformatoren auch – nur für sich und seine Partei in Anspruch:

> Mais toutesfois il fault que nostre eglise consiste esleveé et insuperable par dessus toute la gloire et puissance du monde. Car elle n'est pas nostre, mais de Dieu vivant et de son Christ, lequel le Père a constitué Roy pour dominer d'une mer à l'autre et depuis les fleuves jusques aux fins de la terre. (ebd., S. 11)

Die *Institutio* will vor allem ein Schlüssel zum Verständnis der Bibel sein, jedoch kein geschlossenes Lehrsystem anbieten, was sie dennoch tut. Sie zerfällt, wie das Inhaltsverzeichnis ausweist, in vier Teile:

De la connaissance de Dieu en titre et qualité de Créateur et souverain gouverneur du monde; De la connaissance de Dieu, en tant qu'il s'est montré rédempteur en Jésus-Christ; De la manière de participer à la grâce de Jésus-Christ, des fruits qui nous en reviennent et des effets qui s'ensuivent; Des moyens extérieurs ou des aides dont Dieu se sert pour nous convier à Jésus-Christ son Fils et nous retenir en lui.

Calvin geht davon aus, daß die Menschheit als Folge des adamitischen Sündenfalls im Zustand der dauernden Gottlosigkeit lebt. Er vertritt eine rigorose Prädestinationsauffassung, die vermutlich der wichtigste und markanteste Teil seiner Lehre ist: Der Mensch habe keinen freien Willen, seine Erlösung sei vorherbestimmt und hänge von Gottes Gnade und seinem unerforschlichen Ratschluß ab. Auch Calvin erkannte (wie Luther) nur zwei Sakramente an, Taufe und Abendmahl. Er leugnete zwar die Transsubstantiation (Wandlung) beim Abendmahl, sprach aber von Christi geistiger Gegenwart und der Übertragung von seiner Kraft auf den Gläubigen (*Enz-Ren* 88–89).

Calvin, es verdient noch einmal hervorgehoben zu werden, betont die göttliche Vorsehung (*Institution* I, 16–18), die in der Prädestinationslehre zugespitzt wird. Gott erwählt die Menschen zum Heil, kann sie aber auch in Sünde und Verdammnis stürzen. Weder gute Werke noch bedingungsloser Glaube können Gottes Willen beeinflussen. Der Mensch ist zwar dadurch nicht aus seiner Verantwortlichkeit entlassen, denn ein gottgefälliges Leben ist Voraussetzung für jedes Heil, aber das Geheimnis von Gottes Gnade und Rechtfertigung ist in seiner höheren Gerechtigkeit für ihn unentwirrbar. Der Mensch kann allenfalls die Gemeinschaft mit Gott im Glauben und im Abendmahl suchen. Calvin denkt auch stärker ekklesiologisch als Luther.[7] Die universale Herrschaft Gottes wird konkret sichtbar in der verfaßten Kirche (Buch IV). Die Kirche ist ein äußeres Mittel, durch welches Gott den Menschen zur Gemeinschaft mit Christus einlädt. Diese Kirche muß einheitlich sein. Calvins Ziel ist es, durch die Reformation die ursprüngliche katholische Universalität wiederherzustellen, die durch das Papsttum zerrüttet worden sei. Unerbittlich hat er deshalb in Genf Abweichlern von seinem Dogma und seiner Kirchenauffassung den Prozeß gemacht, allen voran dem spanischen Glaubensflüchtling, der als Korrektor bei Trechsel in Lyon, dann als Arzt (wir verdanken ihm wichtige Erkenntnisse über den Blutkreislauf) und Theologe wirkte: Michel Servet (Serveto y Reves; 1511–1553), den er wegen seiner anti-trinitarischen Lehren auf dem Scheiterhaufen verbrennen ließ;[8] weiterhin Jacques Gruet (*HBLS* 3,778, ohne Daten), der 1547 wegen gegen das Konsistorium gerichteter Plakate enthauptet wurde.[9] Die anderen Opfer heißen Sebastian Castellio (1515–1563), der sein Eintreten für Toleranz mit Armut und Exil bezahlte,[10] Pierre Ameaux (†1552), der öffentlich Abbitte tun mußte, indem er im Hemd, barhaupt, eine Fackel in der Hand durch die Stadt wanderte, weil er die Tyrannei Calvins kritisiert hatte (*HBLS* 1, 338), oder Jérôme-Hermès Bolsec († ca. 1585), ein Karmeliter, der, weil er die rigide Prädestinationslehre angriff, aus Genf, Bern, Lausanne und Montbéliard fliehen mußte, wieder katholisch wurde und 1577 eine gehässige Biographie Calvins (übrigens auch eine von Théodore de Bèze) veröffentlichte.[11] Kehren wir zu Calvins Lebenslauf zurück.

Im Herbst 1536 ließ sich der Reformator in Genf nieder, das sich gerade gegen die Oberhoheit der Bischöfe von Savoyen seine Freiheit erkämpft hatte.[12] Ende April 1538 wurde er allerdings schon wieder aus der Stadt ausgewiesen, weil er sich eine Einmischung der Ratskollegien in die geistlichen Angelegenheiten verbeten hatte. Er ging als Pfarrer der dortigen französischen Flüchtlingsgemeinde nach Straßburg und lernte hier die Welt des deutschen Protestantismus kennen,[13] vertreten durch ihre eifrigsten Anhänger: Martin Bucer (Butzer; 1491–1551) aus Schlettstadt, gewesener Dominikaner, ab 1523 in Straßburg (*EnzRen* 79),[14] und Philipp Melanchthon (1497–1560) aus Bretten, Neffe Reuchlins und später Nachfolger Luthers als Führer der deutschen Protestanten, die ebenfalls versuchten, gegen die Widerstände der Obrigkeit eine Verchristlichung des gesamten öffentlichen Lebens zu erzwingen. Inzwischen hatte in Genf die Partei die Oberhand gewonnen, die in Calvins Rückberufung den einzigen Ausweg aus den schwer zerrütteten kirchlichen und politischen Verhältnissen sah. Calvin nahm den Ruf an und zog am 13. September 1541 unter dem Jubel der Bevölkerung in der Stadt ein. Nach einigem Hin und Her wurden am 20. November 1541 die *Ordonnances ecclésiastiques* vom Großen Rat gebilligt, die die urkirchliche, auf Christus selber zurückgehende Gemeindeordnung zum verpflichtenden Vorbild für das öffentliche Leben erklärten. Wöchentlich trifft sich einmal ein Konsistorium aus zwölf Ältesten aus den Ratskollegien und den Pfarrern und verhandelt Eheangelegenheiten, Fragen der Sittenzucht wie der Glaubensgesinnung. Das Konsistorium darf jedoch lediglich durch brüderliche Ermahnungen wirken; fruchten diese nichts und erweist sich eine Bestrafung als notwendig, kommt der Fall vor den Rat, der dann autonom entscheidet. Durch die *Ordonnances* ist demnach keine Überordnung der Kirche über die weltliche Obrigkeit begründet worden, und es geht nicht an, von einer Genfer Theokratie zu sprechen, denn geistliche und weltliche Gewalt bleiben getrennt, auch wenn dem Gemeinwesen ein stark kirchlicher Zug beigelegt ist. Die Hauptaufgabe der Obrigkeit ist zwar ein »avancement du royaume de Dieu«, aber der Glaube kann nicht durch staatlichen Zwang, sondern allein durch Gottes Wort mittels der Verkündigung geweckt und lebendig gehalten werden.

Fünfzehn Jahre benötigte Calvin, ehe seine Ordnung durch keine Widerstände von innen oder außen mehr gefährdet werden konnte. 1549 einigten sich übrigens Kalvinisten und Zwinglianer im sog. *Consensus*

Tigurinus über die strittige Abendmahlsfrage und beseitigten, wenigstens teilweise, die Zersplitterung des Protestantismus reformierter Provenienz, jedenfalls in der Schweiz. Spätere Zeiten haben in Calvin vorzugsweise den finsteren Fanatiker und geistlichen Tyrannen gesehen. Aber ohne die straffe Organisation der Genfer Kirche und ihrer Tochterkirchen, die eher als das deutsche Luthertum in der Lage waren, sich gegen die sich regenerierende und militante römische Kirche durchzusetzen, hätte die reformatorische Bewegung kaum die zweite Jahrhunderthälfte überlebt, als das französische Königshaus und Philipp II. von Spanien ihren unerbittlichen Kampf gegen den Protestantismus aufnahmen. Calvin gewährte auch englischen Glaubensflüchtlingen Schutz und sorgte für die Verbreitung seiner Ideen in Frankreich und den Niederlanden. 1559 gründete er die Genfer Theologische Akademie, die von Théodore de Bèze geleitet wurde. Von 1555/62 an sandte die ›Compagnie‹ von Genf aus 88 Pastoren nach Frankreich, die ihr gefährliches Amt in einer Art Untergrund ausübten. Zwar wagten es Kalvinisten, 1558 in Paris öffentlich Psalmen zu singen, aber die Anhänger der neuen Lehre ließen ihre Kinder oft noch in der alten Kirche taufen und nahmen noch an der Messe teil, um Nachteile für ihr Leben zu vermeiden. Erst im Edikt von Nantes (1598) wurden den Kalvinisten Religionsfreiheit und andere Sicherheiten garantiert.

Calvin selber führte ein asketisches Leben, verlangte Disziplin, harte Arbeit, Sparsamkeit und strenge Moral. Die englischen Puritaner brachten seine Lehren in die Neue Welt und trugen so in den USA zur Fundierung der Nationalethik des mächtigsten kapitalistischen Staates der Moderne bei.

Hören wir wenigstens einen kohärenten Absatz aus dem III. Buch der *Institution*. Calvin verweist auf Christi Schicksal, das gottgewollt ist. Wenn Gottvater aber nicht einmal seinen Sohn schont, um die Menschheit zu retten, kann der einzelne Mensch für sich ebenfalls nichts Besseres verlangen:

> Encore faut-il que l'affection de l'homme fidèle monte plus haut, à savoir où Christ appelle tous les siens: c'est qu'un chacun porte sa croix. Car tous ceux que le Seigneur a adoptés et reçus en la compagnie de Ses enfants se doivent préparer à une vie dure, laborieuse, pleine de travail et d'infinis genres de maux. C'est le bon plaisir du Père céleste, d'exercer ainsi Ses serviteurs afin de les expérimenter. Il a commencé cet ordre en Christ, son Fils premier-né, et le poursuit envers tous les autres. Car comme ainsi soit que le Christ fût Son Fils bien-aimé, auquel Il a toujours pris son plaisir, nous voyons toutesfois qu'Il n'a point été traité mollement et délicatement en ce monde, tellement qu'on peut dire que non seulement Il a été en assiduelle affliction, mais que toute Sa vie n'a été qu'une espèce de croix perpétuelle [...]. Comment donc nous exempterons-nous de la condition à laquelle il a fallu que Christ, notre chef, soit soumis, vu même qu'Il s'y est soumis à cause de nous, afin de nous donner exemple de patience? Pourtant l'Apôtre dénonce que Dieu a destiné cette fin à tous Ses enfants: de les faire conformes à son Christ. (Calvin, *Institution*, zit. nach Schmidt, S. 111–112)

Die Anhänger Calvins hießen schon bald Hugenotten. Der Name taucht um 1561, beim Ausbruch der Religionskriege, zunächst als Spitzname auf. Wahrscheinlich handelt es sich um eine Verballhornung des deutschen Worts ›Eidgenossen‹. Mit Eidgenossen bezeichnet man die Schweizer, nach dem 1291 erstmals geschlossenen Bund der drei Urkantone Uri, Schwyz und Unterwalden, der sich immer weiter ausbreitete und 1516 auf 15 Kantone angewachsen war; da mehrere reformiert wurden (katholisch blieben die Urkantone, dazu Luzern, Zug, Fribourg und Solothurn) und Zürich mit Zwingli bzw. Genf mit Calvin bedeutende reformatorische Denker hervorbrachten, setzte man in Frankreich die Protestanten generell mit den Schweizer ›Eidgenossen‹ gleich. Die anderen Etymologien – nach Johann Hus oder Hugues Besançon, dem Bürgermeister von Genf, bzw. in Verbindung mit der Sage um König Hugo – sind irrig; der folgende Beleg zeigt gut die Verwirrung, die damals über den Namen herrschte:

> Je laisseray ceux qui pensent que ce soit quelque mot Allemand, ou pris de quelque autre pays estrange: et viendray à ceux qui pensent parler plus pertinemment, et en rendre quelque bonne raison. Les uns croyent qu'il vient de Joannes Hus, les autres tiennent pour seur qu'il a son origine de Hugues Capet. Les autres disent qu'il est pris d'un nommé Hugues, en la maison duquel on commança à prescher secrettement à Tours: mais les autres maintiennent que c'estoit le prescheur qui avoit ce nom. Aucuns disent que Hugues du nom duquel a esté forgé le mot Huguenot, estoit un fol courant les rues en quelque ville de France. Il-y-a encore un'opinion qui est la moins divulgee, et qui toutesfois est la vraye: c'est que ce mot Huguenot est pris du roy Huguon, qui vaut autant à dire à Tours qu'à Paris le Moine bourré. Et celuy qui de Huguon deriva Huguenot, fut un moine, qui en un presche qu'il faisoit là, reprochant aux Lutheriens (ainsi qu'on les appeloit lors) qu'ils ne faisoyent l'exercice de leur religion que de nuict, dit qu'il les falloit dores navant appeler Huguenots, comme parens du roy Huguon, en ce qu'ils n'alloyent que de nuict non plus que luy. (Henri Estienne, *Apologie*, ed. Ristelhuber I, xvii)

Zu Beginn des Ausbruchs der Religionskriege (1562) zählten die Hugenotten in Frankreich an die 2000 Gemeinden und bildeten 10–15% der französischen Gesamtbevölkerung. Zwar gab es unter ihnen einige Mitglieder des Hochadels, doch die Mehrheit gehörte dem Kleinadel und der städtischen Mittelschicht an. Die Hugenotten widerstanden 30 Jahren Bürgerkrieg, der in den Schrecken der Bartholomäusnacht (1572) kulminierte, ehe sie im Edikt von Nantes für knapp ein Jahrhundert Rechtssicherheit erlangten (s. Kap. II).

Reformation und französische Literatur – Rabelais und Calvin

Fast die gesamte französische Literatur des 16. Jh.s steht im Bann der religiösen Auseinandersetzungen, beginnend bei Marot am Eingang und endend bei Agrippa d'Aubigné am Ausgang des Jahrhunderts (vgl. Delumeau, S. 139f.). Aber es ist zu differenzieren zwischen vorreformatorischer und hugenottischer Literatur im engeren Sinn, d.h. solchen Werken, die sich in literarischer Form mit theologischen Inhalten und den aus ihrer unterschiedlichen Auslegung resultierenden Glaubenskämpfen zu unterschiedlichen Momenten der französischen Geschichte auseinandersetzen, sodann solchen, in denen religiöse Fragen eher verhüllt eine Rolle spielen, und zu guter Letzt solchen, die keinen erkennbaren religiösen Bezug aufweisen.[15] Die religiöse Kampfliteratur nimmt noch einmal einen eigenen Platz ein; zu denken ist beispielsweise an die massiven Angriffe der Protestanten gegen Ronsard.[16] Die schwierigste Gruppe ist die zweite, zu der z.B. Rabelais' Riesen-Pentalogie *Gargantua et Pantagruel*, einige Gedichte Clément Marots sowie das *Cymbalum mundi* zu zählen sind. Festzuhalten ist auch, daß die Abgrenzung zwischen Humanismus und Klassik ganz wesentlich mit der Einschätzung religiös gefärbter mystischer Dichtung zusammenhängt, die man im allgemeinen als Barockliteratur bezeichnet. Der literarische Barock, zu dem man sich in Frankreich nie wirklich bekannt hat,[17] schiebt sich dann als Verbindungsstück zwischen die beiden Epochen und umfaßt die Zeit von 1570–1660.[18]

Wenden wir uns zunächst François Rabelais zu, der vor allem auch theoretisch-hermeneutische Hinweise zu einer religiösen Interpretationsmöglichkeit seines Romanzyklus mitteilt. An mehreren herausgehobenen Stellen seines Werks gibt Rabelais nämlich dem Leser explizite Hinweise, wie er seinen Romanzyklus verstanden wissen will. Die wichtigste Passage findet sich im *Gargantua*-Prolog, wo der Autor sein Werk in der platonischen Tradition einen Silen nennt. Er greift damit ein erasmianisches *Adagium* (III, III, 1 »Alcibiadis Sileni«) auf.[19] Bei Erasmus sind die Silene[20] kleine lustige Tonstatuetten, die man öffnen und schließen kann. Je nachdem stellen sie einen lächerlichen häßlichen Flötenspieler oder das Bild eines Gottes dar. Erfunden hat sie angeblich der Silen, der Lehrer des Dionysos, der in der Mythologie selber ein Mischwesen, halb Mensch, halb Tier, betrunken, mit Glatze, dickem Wanst, stumpfer Nase und wulstigen Lippen ist. Der Arzt Rabelais fügt, hier frei erfindend, hinzu, die Silene seien in der Antike Apothekerdöschen gewesen, die, außen lustig dekoriert, innen wertvolle Drogen und Medikamente aufbewahrt hätten. Hinter der heiterlustigen Fassade seines *Gargantua* verbirgt sich, so muß der Leser schließen, auch ein ernsthafter Inhalt, dem man nicht gerecht wird, wenn man bei den komischen Äußerlichkeiten stehen bleibt. Rabelais führt sodann die Kategorien »wörtlicher Sinn – übertragener Sinnn (*sens litéral – plus hault sens*)« ein und ist damit beim Kern seines Prologs angelangt.

Diese beiden Grundbegriffe werden mit einer von Aulus Gellius übernommenen Metapher (*Noctes Atticae* 18, 4, 2) verdeutlicht: Für einen Hund gebe es nichts Schöneres, als einen Markknochen aufzubrechen; auch der Leser solle zu einem solchen philosophischen Tier werden und die »sustantificque mouelle« (gehaltvolles Mark) aus dem Werk heraussaugen, die sich auf drei Bereiche erstrecke: »nostre religion que aussi l'estat politicq et vie oeconomicque«, auf Religion, Staat und Familie (vgl. Hausmann, *Rabelais*, S. 56f.). Dieser Trias entspricht eine in sich logische Abfolge, wenn man darunter das Verhältnis des Menschen zu Gott, zum Staat und seine Stellung als Hausvater und Privatmann im Rahmen der Familie versteht. Die Pentalogie zerfällt in zahlreiche Einzelepisoden, und mit ein wenig Mühe kann man jede auf den vorerwähnten Dreischritt beziehen und entsprechend lesen. Das Verfahren der doppelten Sinnschicht ist aus Spätantike und Mittelalter bekannt und heißt Allegorese oder ›Lehre vom vierfachen Schriftsinn‹ (*Franz. Mittelalter* 206f.). Rabelais bekennt sich aber nicht eindeutig dazu, wie es seine Art ist, sondern läßt mehrere Schichten nebeneinander gelten. »Es gibt einen wörtlichen und einen übertragenen Sinn, die von einem komischen laufend verfremdet werden und damit aufeinander zurückverweisen. Keine Sinnschicht für sich alleine genommen kann letzte Gültigkeit beanspruchen; erst die Gesamtheit mehrerer Sinnschichten macht den Kunstcharakter des Werkes aus« (Hausmann, *Aufkommen*, S. 23f.).

Rabelais ist in hohem Maß in religiöser, politischer, philologischer und pädagogischer Hinsicht von Desiderius Erasmus abhängig.[21] Gerade seine religiöse Position kennzeichnet ihn als einen Denker und Schriftsteller, der mit Erasmus einen eigenen Weg abseits von dem der Reformatoren Luther, Zwingli und Calvin, aber auch vom orthodoxen Katholizismus geht. Dieser religiöse Standort ist durch Ablehnung des Mönchstums und der religiösen Orden als der Verderber der guten Bildung und der Entsteller der theologischen Quellen gekennzeichnet. Die Mönche werden von Erasmus dafür verantwortlich gemacht, daß dem Gläubigen der unmittelbare Weg zu Gott verstellt wird und hemmende theologische Zwischeninstanzen eingeschaltet werden. Erasmus tritt für die Ehe zum Zweck der Erzeugung legitimer Nachkommenschaft ein, weil ihm diese Institution als die humanste Lebensform erscheint. Das Keuschheitsgelübde lehnt er dementsprechend ab. Er macht sich für ein Studium der Bibel und der Kirchenväter im Originaltext stark, um durch derartige Lektüre das evangelische Leben der urchristlichen Gemeinde zu rekonstruieren und so den direkten Zugang zu Gott wiederzugewinnen.

Dieser theologischen Grundeinstellung, die Rabelais weitgehend übernimmt und nur dahingehend modifiziert, daß er die scholastischen Theologen der Sorbonne für ebenso gefährlich hält wie die Mönche, entspricht ein moralphilosophisch fundiertes Menschenbild: Der Mensch, der diesem Ideal lebt, ist der Pantagruelist, der keine Traurigkeit kennt, der Verzweiflung, Heuchelei und falsche Autorität zurückweist und auf Grund eigenen Willensentschlusses zupackt, um die Schwierigkeiten des Lebens zu meistern (ebd., S. 25f.).

Rabelais und Calvin kannten sich vermutlich nicht persönlich und gehören verschiedenen Generationen an. Aber es sind nicht so sehr die fünfzehn Jahre Altersunterschied, welche sie trennen, als die gegensätzlichen Auffassungen in fast allen Lebensbereichen. Als Reformator der zweiten Generation und auch aufgrund seiner geistigen Struktur sowie seines juristischen Studiums – in Theologie war Calvin eher ein eindrucksvoller Autodidakt – ist Calvin viel mehr Systematiker als Luther. Er muß Rabelais mit seinem Dogmatismus und Institutionalismus nicht weniger kritikbedürftig erschienen sein als die römische Kirche. Hier konnte es nur schwerlich Gemeinsamkeit geben, zumal Calvin auch ein offizieller Gegner der Monarchie war und seine Lehre als staatsgefährdend galt. Für Calvin war Rabelais ein ›Nikodemit‹, d.h. jemand, der aus dogmatischen Gründen beim alten Glauben beharrte, statt sich offen als Anhänger der neuen Lehre zu bekennen und von Rom loszusagen.[22] Bereits 1544 hatte Calvin in seiner *Excuse à Messieurs les Nicodémites* diesen Personenkreis (so benannt nach dem Mitglied des Hohen Rates, dem Pharisäer Nikodemus, der nachts zu Jesus kommt und sich von ihm belehren läßt, aber sich nicht offen zu ihm bekennt) verdammt:[23]

> Ceste bende est quasi toute de gens de lettres; non pas que toutes gens de lettres en soyent; car j'aimerais mieux que toutes les sciences humaines fussent exterminées de la terre que si elles estoyent cause de refroidir ainsi le zéle du Chrestien et les destourner de Dieu. (Calvin, *Excuse*, zit. nach der 59bändigen Gesamtausg. ed. W. Baum/ E. Cunitz/ E. Reuss, Braunschweig-Berlin 1863–1900; hier Bd. 6, col. 600)

Calvin stellt die Nikodemiten auf eine Stufe mit den »Lucianiques ou Epicuriens qui font semblant d'adhérer à la parolle et dedans leurs cueurs s'en moquent et ne l'estiment non plus qu'une fable«. Dieser gegen Schriftsteller gerichtete Anti-Intellektualismus ist bezeichnend für seinen verhärteten Dogmatismus, der vermutlich nur reine Bibeldichtung, wie wir sie von Du Bartas (s. Kap. VII) kennenlernen werden, religiöse Lyrik über die Sakramente, wie sie Jean de Sponde hinterlassen hat, oder epische Verarbeitung von Glaubenskämpfen, wie sie Agrippa d'Aubigné leistete, anerkannt hätte.

Da jede Episode der *Pentalogie* auch einen religiösen Sinn ergibt, kann in diesem Zusammenhang wieder nur eine einzige paradigmatisch interpretiert werden, und zwar der sog. pikrocholinische Krieg, der die Kapitel 23 bis 48 des *Gargantua* füllt. Allerdings wollen wir uns auf diejenigen Abschnitte konzentrieren, die den eigentlichen Ablauf des Krieges schildern, d.h. die Kapitel 23, 24, 26–31, 46–48. Rabelais' Romane weisen in ihrer Abfolge erstaunliche Parallelen zu den mittelalterlichen Ritterromanen auf, die zu seinen Lebzeiten aber nicht mehr im altfranzösischen Original, sondern in den zeitgenössischen Adaptationen der Volksbücher (*romans de colportage*) gelesen wurden und große publizistische und kommerzielle Erfolge erzielten. Im *Gargantua* wie im *Pantagruel* folgen auf den Prolog Abstammung und Geburt des Helden, Erziehung, Waffentaten im Krieg und milde Herrschaftsausübung im Frieden.

Gargantua wird aus seinem Studienort Paris in die Heimat zurückgerufen, nachdem König Pikrochole III. seinen Vater Grandgousier angegriffen hat. Der eigentliche Anlaß des Streits ist ein banaler, aber er zerreißt abrupt die Freundschaftsbande, die seit alters die Nachbarn miteinander verbunden haben: Hirten des Grandgousier sind bei der Traubenernte und bitten vorüberkommende Wecken- oder Fladenbäcker Pikrocholes, ihnen Wecken zu verkaufen. Als diese sich weigern und einen der Hirten, Frogier, sogar grundlos tätlich angreifen, nehmen sie sich die Wecken mit Gewalt und verprügeln ihrerseits die Bäcker. Die pikrocholinischen *fouaciers* (Fladenbäcker) führen darob bei ihrem König Klage, der sofort mit seinen Truppen in das Territorium Grandgousiers einfällt. Er nimmt dessen Festung La Roche-Clermault ein, worauf dieser beschließt, einen Boten zu Pikrochole zu schicken, der um Frieden bitten soll (Kap. 26). Grandgousier erstattet auch die geraubten Wecken zurück und entschädigt den Oberbäcker Marquet aufs großzügigste (Kap. 30). Doch alle diese Einlenkungsversuche bleiben ohne Erfolg – die Hofschranzen und Berater Pikrocholes hetzen ihren Herrn weiter auf und suggerieren ihm den Plan, die Welt zu erobern (Kap. 31). Nach diversen Scharmützeln wird dank der guten Ratschläge des Gymnastes und der Tapferkeit Bruder Jeans La Roche-Clermault zurückerobert und Pikrochole vernichtend geschlagen (Kap. 46). Der Sieger Gargantua zeigt große Milde, beläßt den kleinen Sohn Pikrocholes im Amt, beschenkt seine eigenen Mitstreiter großzügig und bestraft nur die Kriegstreiber (Kap. 48).

Was hat das alles mit der Religion zu tun? In der Entstehungsgeschichte des Kriegs spielen die *bergers* (Hirten) und die *fouaciers* (Bäcker) eine tragende Rolle. Die einen beschützen die Herden, haben aber auch die Aufgabe, die Weinberge gegen die diebischen Stare zu bewachen. Die anderen bringen Brot in die Stadt. In dem später ausbrechenden Streit geht es offenkundig um nichts anderes als Brot und Wein, ein Hinweis, den als erster der englische Rabelais-Übersetzer Peter Le Motteux (1663–1718) gesehen hat. Die *bergers*, die Leute Grandgousiers, wollen zu ihren Trauben auch Brot haben, »car notez que c'est viande celeste manger à desjeuner des raisins aveq la fouace fraiche«. Das Brot wird ausdrücklich als himmlische Speise deklariert, will man nicht gar »viande celeste« unmittelbar mit dem Corpus Christi gleichsetzen. Der Streit entsteht an einem großen Scheideweg (»le grand quarroy«), dessen symbolische Bedeutung außer Frage steht. Symbolisch ist auch der Beruf des *berger*, da Jesus der Gute Hirte genannt wird, ein Bild, das weiterhin auf den Geistlichen und seine Gemeinde übertragbar ist. Es wird dadurch verstärkt, daß die Hirten im Weinberg tätig sind, denn auch der Weinberg als Gottesreich ist eine biblische Metapher. Die »estourneaux« (Stare), die den Weinberg bedrohen, sind im übertragenen Sinn als »étourdis« aufzufassen, eine Bedeutung, die das Wort heute noch hat. Es sind dies Leichtfüße oder vergeßliche Menschen, die es sich mit dem Glauben zu leicht machen oder dessen wahre Form vergessen haben. Man kann also ohne große Mühe im pikrocholinischen Krieg einen Hinweis auf den Abendmahlsstreit sehen. Die Leute Grandgousiers stehen für reformkatholische Bewegungen, wo nicht gar für protestantische, die das Abendmahl wieder in der urchristlichen Form mit Brot und Wein feiern wollen, wo jeder Gläubige Wein und Brot erhält. Die Leute Pikrocholes für den orthodoxen Katholizismus, der die Verbindung von beidem nicht zuläßt und die Gläubigen in Distanz zu Gott halten will. Die Schäfer und Schäferinnen, die am Ende des 23. Kap. feiern (»feirent chère lye«), sind das zukunftsfrohe Bild der wiedererstandenen apostolischen Urgemeinde, die in Freude das Liebesmahl, die Agape, feiert (vgl. Hausmann, *Aufkommen*, S. 33–38).

Schon bald nach dem Vorwurf des Nikodemismus griff Calvin (1549/50) in seinem Traktat *De Scandalis* mehrere Schriftsteller, darunter Rabelais, auch namentlich an:

> Chacun sçait qu'Agrippa, Villeneuve, Dolet, et leurs semblables ont tousjours orgueilleusement contemné l'Evangile: en la fin, ils sont tombez en telle rage, que non seulement ils ont desgorgé leurs blasphemes execrables contre Jesus Christ et sa doctrine, mais ont estimé, quant à leurs ames, qu'ils ne differoyent, en rien des chiens et des pourceaux. Les autres, comme Rabelais, Degovea, Deperius et beaucoup d'autres que je ne nomme pas pour le present, après avoir gousté l'Evangile, ont esté frappez d'un mesme aveuglement. Comment cela est-il advenu, sinon que desja ils avoyent par leur outrecuidance diabolique profané ce gage sainct et sacré de la vie éternelle? (Calvin, *De Scandalis*, ed. Fatio, S. 136–140)

Diese Kritik mußte Rabelais umso bitterer verletzen, als auch die Sorbonne die Verbreitung seiner Werke rücksichtslos verfolgte. Er antwortete, nicht minder grob und deutlich, im *Quart Livre* (1552):

Depuys [Antiphysie] engendra les Matagotz, Cagotz et Papelars; les Maniacles Pistoletz, les Demoniacles Calvins, imposteurs de Geneve; les enraigez Putherbes [= Gabriel du Pui Herbaut oder Putherbus, übers. 1563 die Psalmen ins Franz., kritisierte im *Theotimus* Rabelais], Briffaulx, Caphars, Chattemittes, Canibales, et aultres monstres difformes et contrefaicts en depit de Nature. (Rabelais, *Quart Livre*, ed. Demerson, S. 672)

Nachmals heckt' sie die Meerkatz-Mucker, Schleicher, Päpler, die hirnschelligen Pistolenzer, die Teufelsbesessenen Johann Calvins voll Genferischen Leutbetrugs, die tobenden Putherbei, die Kuttner, Nollenbrüder, Esaustätzer, Kannibalen und mehr andre mißgeschaffne Ungeheuer und Fratzen, der Natur zum Trutz. (Übers. Regis II, 109; Kap. 32 Ende)

Clément Marot

Der zweite Autor, der wesentlich eindeutigere religiöse Texte, aber zugleich auch zahlreiche mondäne Gelegenheitsgedichte hinterlassen hat, ist Clément Marot (1496–1544).[24] Er hatte deutlich reformatorische Neigungen, ohne daß man ihn schon einen Protestanten nennen könnte. Sein Leben liest sich wie ein Abenteuerroman: Zum Höfling erzogen, der seine Umgebung mit kleinen Gedichten ergötzte, bewahrte er sich ein unabhängiges Urteil und geriet schon bald unter den Einfluß der neuen religiösen Ideen und dadurch in mancherlei Gefahren, aus denen ihn nur seine königlichen Gönner zu befreien vermochten. Der Bruch des Fastengebots (1526) – angeblich war er ein ›papelard‹ (›Speckfresser‹; aber darin steckt auch das Wort ›Papst‹, so daß der ›papelard‹ ein Spottname für einen ›Päpstler‹ wäre) – trägt ihm den Vorwurf der Ketzerei ein. Wir kennen die Einzelheiten aus dem Gedicht »A son ami Lion« (Léon Jamet), den er mit der bekannten Fabel von Löwe und Maus (vgl. La Fontaine, *Fables* II, 11) um Hilfe bittet:

> Je te veux dire une belle fable
> C'est à savoir du lion et du rat.
> Cestui lion, plus fort qu'un vieil verrat,
> Vit une fois que le rat ne savait
> Sortir d'un lieu, pour autant qu'il avait
> Mangé le lard et la chair toute crue.
> Mais ce lion (qui jamais ne fut grue)
> Trouva moyen, et manière et matière,
> D'ongles et dents, de rompre la ratière,
> Dont maître rat échappe vitement [...].
> (Clément Marot, *Épître* »A son ami Lion«, zit. nach Lagarde/ Michard, *XVIe siècle*, S. 19f.; ed. Defaux I, 93)

Mehrfach flieht Marot in der Folgezeit ins Ausland, da er für den neuen Glauben Partei ergreift und nach der *affaire des placards* schlimmste Verfolgung befürchten muß. Im November 1535 kehrt er an den Hof zurück, nachdem er vorher in Lyon feierlich aller Ketzerei abgeschworen hat, und setzt seine Übertragung der Psalmen fort. Der Humanist François Watebled gen. Vatable († 1547; *DLF* 684), einer der wenigen französischen Hebräisch-Spezialisten, überträgt ihm die Originaltexte der Psalmen aus dem Hebräischen ins Französische. Seine Stellung bei Hof verleitet Marot von neuem dazu, sich für die Reformation zu exponieren. In der Versepistel »Au Roi, du temps de son exil à Ferrare« verteidigt er sich gegen den Vorwurf der Sorbonne, er sei ein Ketzer:

> [...]
> De luthériste ils m'ont donné le nom [= die Sorbonne]:
> Qu'à droit ce soit, je leur réponds que non.
> Luther pour moi des cieux n'est descendu,
> Luther en croix n'a point été pendu
> Pour mes péchés; et, tout bien avisé,
> Au nom de lui ne suis point baptisté:
> [...]
> O Seigneur Dieu, permettez-moi de croire
> Que réservé m'avez à votre gloire:
> [...]
> Puisque n'avez voulu donc condescendre
> Que ma chair vile ait été mise en cendre,
> Faites au moins, tant que serai vivant,
> Que votre honneur soit ma plume ecrivant;
> Et si ce corps avez prédestiné
> A être un jour par flamme terminé,
> Que ce ne soit au moins pour cause folle,
> Ainçois pour vous et pour votre parole [...]
> (Clément Marot, *Épître* »Au Roi, du temps de son exil à Ferrare«,
> zit. nach Lagarde/ Michard, S. 26–27; ed. Defaux II, 83)

Im Jahr 1541 beendet Marot die Übersetzung der ersten dreißig Psalmen, denen er im Genfer Exil zwanzig weitere hinzufügt und die 1543 unter dem Titel *Cinquante pseaulmes de David en français* veröffentlicht werden.[25] Marot gelingt es, die Psalmen anhand verschiedener lateinischer Vorlagen und des Kommentars des Straßburger Reformators Martin Bucer in singbare Strophen zu übertragen. Neben der Neuschöpfung der Kurzstrophe verdienen vor allem die dem Inhalt angepaßten stets variierten metrischen Formen Beachtung. Während die Theologen der Sorbonne Marots Übersetzung als Akt der Ketzerei verdammen, nehmen die Kalvinisten die Psalmen begeistert auf, gliedern sie als Lieder in den reformierten Gottesdienst ein (1562) und machen sie damit zu einem der größten dichterischen Erfolge der Zeit. Bevor Marot wegen Profanierung der Bibel vor Gericht gestellt werden kann, verläßt er 1542 Frankreich, ahnend, daß der König mit allen reformerischen Bewegungen brechen wird. Nach einjährigem Aufenthalt in Genf wendet er sich nach Turin, wo er völlig vereinsamt im Jahr 1544 stirbt. Hören wir zum Abschluß ein Stück des XXXIII. Psalms:

> Resveillez vous chascun fidèle,
> Menez en Dieu joye orendroit;
> Louange est tresseante, & belle
> En la bouche de l'homme droit:
> > Sur la doulce harpe
> > Pendue en escharpe
> > Le Seigneur louez;
> > De Luz, d'Espinettes,
> > Sainctes chansonnettes
> > A son Nom jouez.
>
> Chantez de luy par melodie,
> Nouveau vers, nouvelle chanson,
> Et que bien on la psalmodie
> A haulte voix, & plaisant son.
> > Car ce que Dieu mande,
> > Qu'il dit & commande,
> > Est juste, & parfaict;
> > Tout ce qu'il propose,
> > Qu'il faict, & dispose,
> > A fiance est faict.
> > (Clément Marot, *Psaumes* XXX, zit. nach Lagarde/ Michard, *XVIe siècle*, S. 30; Ed. Defaux, *Œuvres poétiques* II, 638)

Der liedhafte Ton dieses Psalmes fällt unmittelbar auf. Da die den Texten unterlegten Melodien damals sehr populär waren, wurden die Psalmen sogar vom König gesungen, wie man heute Schlager trällert. Der Wortlaut des biblischen Psalms, der auch zu lang wäre, wird selber nicht wiedergegeben, aber der wesentliche Kern (»Ein Loblied auf Gottes Allmacht und Hilfe«).

Bonaventure Des Périers

Im Jahr 1537 erschien in Paris bei Jehan Morin – anonym – ein Büchlein unter dem Titel *Cymbalum Mundi* (Edd. Nurse u. Delègue), das sofort verboten wurde, den Drucker ins Gefängnis brachte und gleichermaßen den Zorn von Katholiken wie Reformierten erregte, die seine »impiété« kritisierten. Alle Exemplare, deren man habhaft werden konnte, wurden dem Henker überantwortet und verbrannt. Da es kaum Originale gibt, die diese Verfolgung überlebten, ließ die ›Société des Anciens Livres‹ in Paris 1914 ein

Faksimile herstellen. Der »große« Henri Estienne, von dem wir noch hören werden (s. S. 154f.), behauptete, Bonaventure Des Périers sei der Verfasser der gottlosen Schrift, aber diese Annahme ist nicht unbestritten. Es wurde sogar die Auffassung vertreten, das Werk stamme von einem Mitglied der Sorbonne und sei gegen die Protestanten gerichtet; eine dritte Meinung erklärte einen Atheisten zum Verfasser, der dem Glauben jedweder Schattierung überhaupt eine Absage erteilen wolle. Diese Kontroverse ist nur möglich, weil das *Cymbalum mundi* eine geharnischte lukianische Satire ist, die auf Erkenntniskritik abzielt, wovon alle Glaubensrichtungen betroffen sind. Die meisten Kritiker stimmen jedoch darin überein, in Bonaventure Des Périers den Autor zu sehen. Vieles scheint dafür zu sprechen, aber es bleibt immer noch ein Rest Zweifel, denn das *Cymbalum*, wie wir es lesen, hat nicht nur den Boden des katholischen Glaubens verlassen, sondern auch den der evangelistisch-lutherischen ›Präreformation‹.

Eine genaue Biographie Des Périers' nachzuzeichnen ist, wie bei anderen Zeitgenossen auch, nicht möglich,[26] aber einiges kann man seinen Gedichten entnehmen. Bonaventure oder Jean Bonaventure Des Périers (so benannt nach dem großen franziskanischen Kirchenlehrer Bonaventura, dem *doctor seraphicus* des 13. Jh.s), wurde wahrscheinlich um 1510/1515 in dem burgundischen Städtchen Arnay-le-Duc geboren, das nordöstlich von Autun gelegen ist. Über Eltern und Vorfahren ist nichts bekannt, außer daß sie dort ansässig waren. Seine Schulbildung erhielt er im nahen Autun an der Internatsschule des Klosters Saint-Martin, dessen Leitung seit 1529 dem Abt Robert Hurault übertragen war, einem Neffen des Bischofs von Autun und ehemaligem Lehrer der Königin von Navarra, mit der auch Des Périers später noch in engen Kontakt treten sollte. Der Abt tendierte zum Protestantismus, pflegte aber einen epikureischen Lebensstil, den er im Rahmen der katholischen Kirche besser befriedigen konnte als bei den rigiden Reformierten. Da er einer definitiven Glaubensentscheidung auswich, geriet er in den Ruf, »ni chair ni poisson – nicht Fisch und nicht Fleisch« zu sein, was er übrigens mit vielen Zeitgenossen in dieser Phase des Umbruchs teilte. Er vermittelte dem Dichter allerdings nicht nur die notwendigen Kenntnisse in den klassischen Sprachen, sondern beeinflußte ihn nach seinem Selbstzeugnis auch religiös. Es schlossen sich nach der Beendigung der Schule – genaue Daten fehlen – unruhige Reisejahre an, in denen sich Des Périers im Dienst von wohlhabenden Aristokraten durchgeschlagen haben muß. Dann taucht 1535 sein Name in Zusammenhang mit der bereits erwähnten Protestantenbibel auf, die der Schwager Calvins, Robert Olivetan, betreut hatte. Des Périers hatte an dieser Übersetzung als »amanuensis interpretis – als Sekretär und Schreiber des Übersetzers« – mitgewirkt. Um 1534/35 gehörte er eindeutig der kalvinistischen Partei an, lebte vielleicht einige Zeit bei den Waldensern in Piemont oder in Neuchâtel bzw. im

Waadtland und pflegte mit ihren vornehmsten Oberhäuptern Umgang. Danach wurde er Gehilfe Dolets in Lyon (1536) und wirkte an der Drucklegung von dessen *Commentarii linguae latinae* mit.

In seinen letzten Lebensjahren diente er als Kammerherr (»valet de chambre«) der Königin Marguerite de Navarre. Dies war das große Erlebnis seines Lebens, denn er erfuhr endlich Förderung und tauschte sich auch dichterisch mit seiner Gönnerin aus, so daß man von wechselseitiger Beeinflussung sprechen kann. Er arbeitete, wenn er denn der Autor ist, an seinen vier Dialogen *Cymbalum mundi* nach Art Lukians, die bei ihrem Erscheinen (1538 erfolgte übrigens ein zweiter Druck in Lyon bei Benoit Bonnyn) einen Sturm der Empörung hervorriefen. Aber der Verfasser konnte des Schutzes der Königin sicher sein, so daß ihm kein Nachteil erwuchs; dies hängt aber auch wohl damit zusammen, daß die Anonymität nicht gelüftet wurde. Aber er war auch ohnedies Kalvinisten wie Orthodoxen gleichermaßen verhaßt; man rufe sich ins Gedächtnis, daß Calvin ihn in *De scandalis* in einem Atemzug mit Rabelais nennt: Beide hätten zwar vom Evangelium gekostet, seien dann aber unter die Hunde und Schweine geraten. So ist es vielleicht zu erklären, daß sich Des Périers um 1542/43 das Leben nahm, wenn wir wiederum dem Zeugnis des sonst zuverlässigen Henri Estienne Glauben schenken dürfen. Seine Schilderung stimmt jedoch verdächtig mit einer Novelle (Nr. 55) aus Des Périers berühmter Sammlung *Les Nouvelles récréations et joyeux devis* (»Neue Schwänke und lustige Unterhaltungen«) überein. Es handelt sich dabei um 90 ca. 1544 verfaßte, aber erst 1558 bei Robert Granjon postum in Lyon erschienene Erzählungen.[27]

> Je n'oublieray pas Bonaventure Des periers, l'auteur du detestable livre intitulé *cymbalum mundi* qui, nonobstant la peine qu'on prenoit à le garder (à cause qu'on le voyoit estre desesperé, et en deliberation de se deffaire), fut trouvé d'estant tellement enferré de son espee sur laquelle il s'estoit jetté, l'ayant appuyee le pommeau contre terre, que la pointe entree par l'estomach sortoit par l'eschine. (Henri Estienne, *Introduction au traité de la Conformité des Merveilles anciennes avec les modernes*, 1566, zit. nach Hampshire Nurse, S. VIII)

Im Jahr 1544 gab Des Périers Freund Antoine du Moulin *(DLF 270)* einen *Recueil des Œuvres de feu Bonaventure Des Périers* heraus, aber es sollte bis ins 19. Jh. dauern, bis Des Périers der ihm zustehende Dichterruhm zuteil wurde.

Die Hauptschauplätze von Des Périers Leben waren demnach Lyon und der Hof der Königin von Navarra, welcher jedoch selten mit der Hauptstadt des navarresischen Königreichs, Nérac, identisch war, da das Herrscherpaar beständig im Land umherzog und sich oft in Paris aufhielt. Wichtig für Des Périers Werdegang war die Anwesenheit der »libertins spirituels« Quintin und Pocque (beide 1530 hingerichtet), die manichäische Auffassungen vertraten,[28] bei Hof sowie deren Beziehungen zu dem refor-

merisch gesonnenen Bischof Briçonnet und den protestantischen Hofpredi-
gern Girard Roussel (*DLF* 621) und Charles de Sainte-Marthe (*DLF*
626–627). Aber fast noch wichtiger als das ›Hofleben‹ erwies sich der Aufenthalt in Lyon, das um diese Zeit, wie bereits gezeigt wurde (s. Kap. III),
intellektuell und wirtschaftlich Paris den Rang ablief.

Das *Cymbalum mundi* präsentiert sich im Gewand des lukianischen
Dialogs, »contenant quatre dialogues poétiques, fort antiques, joyeux et
facetieux«, wie es auf dem Titelblatt der Originalausgabe heißt. Lukianismus bedeutet eine satirisch-kritische Grundhaltung, mit der ein Autor allem
gegenübertritt, was außerhalb oder oberhalb der menschlichen Vernunft
liegt: den Göttern, der Zauberei und dem Aberglauben, der metaphysischen
Philosophie, Wundern, Gebet, Mystik. In der Renaissance wurde der lukianische Dialog, insbesondere in seiner Ausprägung als Totengespräch, zu
einem literarischen Mittel, Dinge auszusprechen, Zeitkritik zu üben, was in
unmittelbarer Rede niemals möglich gewesen wäre (vgl. Lauvergnat-
Gagnière). Wenden wir uns dem Inhalt des *Cymbalum* zu. Die Titelseite
stellt einen allegorischen Holzschnitt dar, von dessen richtiger Deutung das
Gesamtverständnis des Werks maßgeblich abhängt. Ihr ist ein griechisches
Motto vorangestellt (εὖ γε σοφός = »recht so, du Weiser«), das bereits auf
die kühne Stellung des Werks vorausdeutet, deren sich der Autor bewußt ist.
Ähnliches gilt für das lateinische Motto »Probitas laudatur et alget – Recht-
schaffenheit ist lobenswert [preist man] und muß darben [frieren]« (Juvenal
I,74). Der Titel heißt soviel wie ›Weltglocke‹, denn das *Cymbalum* soll die
Leser mit lautem Schlag wachrütteln. Aber der Titel enthält auch eine (ironisch gemeinte?) paulinische Anspielung, denn im 1. Korintherbrief 13,1
heißt es bekanntlich: »Si linguis hominum loquar et angelorum, caritatem
autem non habebam, factus sum velut aes sonans aut cymbalum tinniens –
Wenn ich mit Menschen- und mit Engelszungen redete und hätte die Liebe
nicht, so wäre ich ein tönendes Erz oder eine klingende Schelle«. Die Schelle ist zudem ein Narrensymbol, was noch dadurch unterstrichen wird, daß
die Gestalt der Probitas einen Eselspelz trägt, aus dem deutlich ein Eselsohr
herausragt. Boerner (S. 159) schlägt als Übersetzung ›Hanswurst, Bajazzo‹
oder ›Allerweltsschwätzer‹ vor. Der Schrift ist ein Widmungsbrief des an-
geblichen Verfassers Thomas du Clevier (verschrieben für Clenier?) an seinen Freund Pierre Tryocan beigegeben, in welchem jener erzählt, er habe
den Traktat vor acht Jahren in der Bibliothek eines Klosters auf einer Insel
nahe bei der Stadt Dabas gefunden. Das Original sei lateinisch; er habe es
in ein angemessenes und verständliches Französisch übertragen. Der ver-
meintliche Verfassername Thomas du Clenier entpuppt sich jedoch schnell
als Anagramm von Thomas Incrédule; der Adressatenname als Anagramm
von Pierre Croyant. Des Périers ist also ein ungläubiger Thomas, der bekanntlich erst durch augenscheinliche Beweise an die Himmelfahrt Christi

glauben wollte, als der Herr ihm erlaubte, die Finger in die Wundmale zu legen. Der Adressat trägt den programmatischen Namen Petrus, die religiöse Dimension des Werkes ist damit aufgezeigt. Mit diesem Namensspiel, und die Satire ist voll davon, ist auch der Skeptizismus des ganzen Werks präludiert.

Die Forschung hat das Kloster als jenes auf der Isle-Barbe bei Lyon identifiziert, die Stadt Dabas (= *d'à bas*/ dort unten, gem. saôneabwärts) als Lyon. Das Kernthema des *Cymbalum* ist religiöse Satire und Zeitsatire in einem. Von dieser Voraussetzung hat wohl jede Deutung auszugehen. Auch handelt es sich nicht um ein loses Konglomerat geistreicher Anspielungen, sondern bei aller Diversität um ein Werk aus einem Guß. Im Zentrum der Dialoge I und II stehen die wichtigsten Aussagen, der vierte Dialog ist der poetischste. Im ersten Dialog behauptet Merkur, er sei von Jupiter auf die Erde geschickt worden, um ein Buch neu binden zu lassen. Dieses wird ihm aber in einer Herberge von zwei jungen Spaßvögeln geraubt, die den Gästen versprechen, sie gegen Bezahlung in das Buch der Unsterblichen einzutragen. Im zweiten Dialog suchen, wie Trigabus (= tri + [altfranz.] gab/ dreifacher Scherz, Spaßmacher) dem Merkur erzählt, Rhetulus, Cubercus und Drarig nach dem Stein der Weisen, den Merkur, als alter Mann verkleidet, in viele kleine Stücke zerbrochen hat. Er erteilt den Suchenden den wohlgemeinten Rat, ihre utopische Suche aufzugeben und statt dessen in der Welt praktische Caritas zu üben.

Jupiters Schicksalsbuch und der Stein der Weisen gehören zusammen, stehen vermutlich für die Bibel und ihre Auslegung durch Orthodoxe und Glaubenserneuerer. Denn Jupiter ist Gottvater, Merkur, der Götterbote und zugleich sein Sohn, ist Jesus, wie eine Reihe blasphemischer Anspielungen beweist. Von Jupiters Buch – eher dem AT als dem NT – wie dem allegorischen Stein der Weisen werden zwei Dinge gesagt: beide funktionieren nicht mehr. Das Buch ist zerrissen und muß neu gebunden werden; der Stein ist in 1000 Stücke zerbrochen und zersplittert. Jenes infolge von zu hohem Alter, dieser durch die Absicht Merkurs. Wahrheit als göttliche Wahrheit ist hier mit Religion zu identifizieren; die zerstückelte Wahrheit in den Allegorien von Buch und Stein ist eine Anspielung auf das in viele Sekten aufgespaltene Christentum und den in die diversen Weltreligionen zerfallenen Glauben der gesamten Menschheit. Stein und Buch, und das ist skeptisch-häretisch, haben nicht den hohen Wert, der ihnen gerne zugeschrieben wird, lassen sie sich doch kaum von anderen wertlosen Dingen unterscheiden.

Über die Bedeutung der beiden ersten Bücher des *Cymbalum* kann es kaum Zweifel geben: Byrphanes und Curtalius ersetzen die Bibel durch die heidnische Mythologie, und Byrphanes sagt: »Tien, voyla celuy que tu diz, lequel ne vault de gueres mieulx, et te prometz que, à les veoir, il n'y a pas grand difference de l'ung à l'aultre« (*Cymbalum*, ed. Nurse, S. 50), womit er Christentum und Heidentum nivelliert. Im letzten Teil des ersten Dialogs wird geistreich auch das ›Trinken‹ thematisiert, die Frage nämlich, welcher Wein der beste ist. Im allegorischen Gewand bedeutet dies – wir erinnern uns an Rabelais (s. S. 139) – natürlich die Transsubstantiation, den die ganze Reformationszeit hindurch tobenden Abendmahlsstreit mit der Frage, ob Brot und Wein Fleisch und Blut Christi sind oder bedeuten. Merkur/Jesus wird von Curtalius und Byrphanes widersprochen. Sie zu identifizieren ist bisher nicht gelungen, aber man wird vielleicht, wenn man den Gedanken aufgreift, daß sie Merkurs Buch gegen mythologisches Geplänkel vertauschen, daraus schließen dürfen, daß es sich um die Humanisten unter den Reformern im Gefolge des Erasmus und der Italiener handelt. Aber auch eine Deutung, die in Byrphanes einen Inquisitor, in Curtalius einen Richter im Dienst der Kirche erblickt, ist nicht ganz abwegig. Die Wirtin, die den Wein ausschenkt (= Abendmahl) und Merkur den Namen der Diebe verrät, wofür ihr der Götterbote die Verlängerung des Lebens gegen den Willen des Schicksals verspricht, ist oft als die Kirche gedeutet worden. Es paßt gut ins Bild, daß sie das Geschenk von Merkur/Christus ablehnt. Sie ist an einer Erneuerung oder am Aufbrechen der Verkrustung eben überhaupt nicht interessiert. Gleichzeitig geht es um die die Renaissance so beschäftigende Frage des Determinismus und der Willensfreiheit. Des Périers lehnt den Determinismus ab. Der Dialog ist jedoch mehrschichtiger, als es in unserer kurzen Entschlüsselung erscheinen mag.

Der zweite Dialog ist das satirische Glanzstück des gesamten *Cymbalum*, und auch hier ist die Satire wieder mehrsinnig. Vordergründig geht es um die Verspottung der in mehr oder minder durchsichtigen Anagrammen bezeichneten Reformatoren Luther (Rhetulus), Bucer (Cubercus) und Erasmus oder, noch wahrscheinlicher, Girard Roussel (Drarig = Girard, der Familienname des Erasmus?), die sich um den Stein der Weisen streiten. In Wahrheit geht es um nichts anderes als die Leugnung der Existenz einer absoluten und allgemeinverbindlichen Wahrheit metaphysischen Ursprungs. Die Reformatoren werden als arme Toren hingestellt, die etwas Unmögliches versuchen, nämlich die absolute Wahrheit zu finden. Der Schuldige ist Gott oder Christus selber, der sich als Betrüger demaskiert. Der Mensch kann ihn nicht begreifen, wenn selbst die theologisch gebildeten Reformer ihn nicht erkennen, da er laufend, ein zweiter Proteus, seine Gestalt wechselt: er ist ja ›dreifaltig‹. Hier spricht kein Reformer und kein Zweifler mehr, sondern ein ›libertin‹, wie man schon bald sagen wird, ein Atheist und Ungläubiger. Für ihn ist Christus kein Wahrheitsbringer, sondern ein Scharlatan und Betrüger. Des Périers greift ein seit dem Mittelalter in Europa weit verbreitetes Thema auf, die Idee von der Gleichberechtigung der Religionen. Dieses Motiv ist in der sog. Ringparabel (*Cento Novelle antiche; Li dit dou vrai aniel;* Boccaccio, *Decamerone* I, 3; Lessing, *Nathan der*

Weise usw.) bekannt. Des Périers steht vielleicht auch unter dem Einfluß der
ominösen apokryphen Schrift *De tribus impostoribus* (›Von den drei Betrü-
gern‹, i.e. Moses, Jesus, Mohammed), die eine Zeitlang Kaiser Friedrich II.
zugeschrieben wurde, denn Des Périers geht noch viel weiter als die Ringparabel, in der wenigstens ein Ring echt ist, nur daß keiner der Söhne weiß,
welcher. Die Existenz der Wahrheit selbst bleibt in der Ringparabel ja
unangetastet, nur die Möglichkeit ihrer Erkenntnis wird bestritten. Unser
Autor geht, wie gesagt, darüber hinaus. Daß seine Satire vornehmlich anti-
christlich ist, hat die Forschung deutlich herausgearbeitet. Man konnte
belegen, daß die Aufzählung der Wunder, die die Philosophen mit Hilfe des
Steins der Weisen tun wollen, einer Parodie der Verheißungen Christi an die
Apostel gleichkommt.

Wir übergehen den dritten Dialog, in dem man ein Abbild der Herrschaft Franz' I. und ein desolates Bild der Monarchie sehen könnte, wobei
der Verfasser für die Rechte des Dritten Standes eintritt. Wichtiger ist wieder der vierte Dialog, in dem das Problem von Reden und Schweigen thematisiert wird. Der Dialog ist zunächst eine Paraphrase einer Metamor-
phose des Ovid. Aktaeon hat bei der Jagd die nackte Diana im Bad gesehen
und wird zur Strafe in einen weißen Hirsch verwandelt, den die eigenen
Hunde zerreißen:

> Überall ist er umstellt: es wühlen im Leib ihm die Schnauzen,
> Und sie zerreißen den Herrn in der falschen Gestalt eines Hirsches.
> (Ovid, *Metamorphosen* III, 138ff.)

Zwei dieser Hunde, Hylactor und Pamphagus, haben bei Des Périers die
Zunge ihres Herrn gefressen und dadurch die Gabe der Rede erhalten.
(Cervantes wird dies später in der 12. der *Novelas ejemplares* im »Coloquio
de los perros« nachahmen). Die bereits von Abel Lefranc vertretene These,
daß sich hinter Hylactor der Autor selber, hinter Pamphagus Rabelais ver-
bergen, scheint unabweisbar. Der Hund ist auch im *Gargantua*-Prolog das
klügste Tier. Er bricht den Knochen auf und saugt philosophisches Mark
daraus; zu denken ist auch an die ›kynische‹ Philosophie (zu κύων = Hund;
Philosophen, die so bedürfnislos leben wie die Hunde). Pamphagus, dessen
Name bei Ovid im Unterschied zu dem des Hylactor (ὑλακτέω = ich belle,
murre) belegt ist, heißt der ›Allesverschlinger‹, wohingegen Pantagruel ja
der ›Alldurstige‹ ist.

Worüber unterhalten sich die beiden? Ob es richtig ist zu reden oder
zu schweigen, wenn man die Wahrheit kennt, aber weiß, daß sie keiner
hören will und verstehen kann. Zum besseren Verständnis sei in Erinnerung
gerufen, daß das *Cymbalum* nach 1534/35, der *affaire des placards*, geschrieben ist, als Rabelais verstummt war (sog. Hesychasmus), der sich
übrigens auch an einen Kreis Eingeweihter, die Pantagruelisten, wendet.

Hylactor-Des Périers will sprechen (= *Cymbalum mundi*); Pamphagus-Rabelais soll sprechen, will aber nicht (= *Tiers Livre*, erscheint erst 1546). Zur Verdeutlichung muß erläutert werden, daß Aktaeon häufig als Präfiguration des am Kreuz gemordeten Christus gilt, seine Zunge, von der Hylaktor und Pamphagus ja gekostet haben, symbolisiert das Evangelium. Das, was Hylaktor erzählen will, sind antike Fabeln, wie die von dem sich selbst zum Gott machenden Menschen Psaphon, von dem angeblich nach dem Tod auferstandenen Erus, vom Urteil des Paris, von Prometheus und der Erschaffung der Welt. Hier finden sich also die gleichen ketzerischen Kühnheiten wie in den übrigen Teilen des Werkes. Das Evangelium, so lautet die Deutung, hat Hylaktor-Des Périers' Geist und Erkenntnisvermögen geschärft; er hat sich dann aber davon abgewandt und will eine neue aufklärerische Wahrheit verkünden, die keiner verstehen und hören will. Pamphagus-Rabelais, ein vermuteter Geistes- und Gesinnungsgenosse, der diese Botschaft auch kennt, rät in der gegenwärtigen Situation zu Zurückhaltung und Schweigen.

Über das *Cymbalum* ist bereits viel geschrieben worden und wäre noch viel zu schreiben.[29] Es scheint wenig zweifelhaft, daß es sich um ein Werk gewollter Vielschichtigkeit handelt, das man, wie die Pentalogie Rabelais' auch, nur mit Hilfe genauer Quellenstudien und mit viel theologisch-historischem Hintergrundwissen versteht. Der Bonaventure Des Périers des *Cymbalum* ist ein blasphemischer Epikureer, ein ›libertin érudit‹ *ante litteram*; er hat eine Glaubenskrise durchgemacht, denn in der nur wenig früheren *Prognostication des prognostications* stellt er sich noch als unangefochten gläubig dar. Seine Entwicklung wird jedoch noch weiter gehen: er gibt den intellektuellen Kampf auf und resigniert. Seine Novellen wollen nicht mehr belehren, sondern nur das »bene vivere et laetari« vermitteln, das Lebensideal einer zweckfreien Heiterkeit, durch die der Leser Halt im Leben erlangen kann.

Marguerite de Navarre

Die ersten Lebensjahre von Marguerite de Navarre liegen im dunkeln, denn sie war noch keine ›fille de France‹ (Königstochter), genausowenig wie ihr Bruder Franz (der spätere François Ier) noch nicht Dauphin war. Daß ihre Familie, die Familie Angoulême, überhaupt den Thron bestieg und ein Jahrhundert lang Frankreich beherrschte, war ein doppelter Zufall.[30] Zwei Könige blieben kinderlos, so daß nur Franz als männlicher Thronfolger übrigblieb. König Karl VIII. (1470–1498) starb erst 28jährig im Schloß Amboise und war ohne lebende Nachkommen. Dadurch kam die Linie Orléans (dies war stets der Titel von Monsieur, dem Bruder des Königs) mit Ludwig XII. (1462–1515) an die Macht. Er heiratete 1499 Anne de Bretagne († 1514), die Frau seines Schwagers und weitläufigen Vetters Karl VIII., nachdem er seine erste Ehe mit seiner Cousine Jeanne, eben Karls Schwester, 1489 hatte annulieren lassen. Der wahre Grund war, daß Anne de Bretagne die Erbin der wichtigen Bretagne war, die Krongut bleiben sollte. Ludwig XII. hatte selber nur eine Tochter, Claude de France, die nach der in Frankreich gültigen salischen Erbfolge nicht thronberechtigt war. So kam 1515 das Haus Angoulême (Titel des zweiten Bruders des jeweiligen Königs oder der Seitenlinie) an die Macht, denn Ludwig XII. hatte zuvor Franz – sein Vater Charles war bereits 1496 gestorben – dem Einfluß seiner Mutter, Louise von Savoyen (1476–1531), entzogen und ihn (1514) unter Mißbilligung seiner Gattin mit eben seiner Tochter Claude (1499–1524) verheiratet.

Bis zu diesem Zeitpunkt waren die nur stark ein Jahr voneinander getrennten Geschwister (Marguerite *1492, François *1494) in Schloß Blois erzogen worden, Marguerite im Schatten des zur wichtigsten Staatsperson aufsteigenden Bruders. Sie hatte teil an dessen Erziehung, nutzte jedoch ihre intellektuellen Möglichkeiten besser als ihr Bruder und las sich eine umfassende Bildung an (Latein, Italienisch, Spanisch; sie studierte z.B. Luthers Schriften). Für die europäischen Staatskanzleien wurde sie als Heiratskandidatin interessant, aber man verheiratete sie 1509 mit dem völlig bedeutungslosen Charles d'Alençon, einem langweiligen Berufssoldaten. In den ersten Jahren ihrer Ehe lebte sie, wie die anderen Damen des Hochadels auch, isoliert vom Hof in einer rückständigen Provinz – Alençon liegt ca. 200 km westlich von Paris an der Orne – und mußte sich mit einer ereignislosen Existenz begnügen. Mit Wehmut dürfte sie an die glänzende Zeit in Blois und Amboise gedacht haben. Zwei Ereignisse sollten ihr Leben schlagartig ändern: In der Neujahrsnacht 1515 starb Ludwig XII., einige Jahre später (1525) ihr Ehemann. Marguerite wurde von ihrem einzigen Bruder sofort am Glanz des neuen Regimes beteiligt. In Diplomatenberichten wird sie als eine der wichtigsten Personen des Königreichs bezeichnet, die ihren Schwägerinnen Claude und später Eleonore von Habsburg (verh. mit Franz I. von 1530–47; † 1558 in Talavera), der älteren Schwester Karls V., den Rang ablief und die eigentliche Königin war. Seit der Thronbesteigung Franz' I. weilte Marguerite bei Hof und griff aktiv in die Politik ein. Dies wurde besonders nach der Katastrophe von Pavia manifest, als sie in Madrid mit Karl V. über die Befreiung ihres gefangenen Bruders verhandelte. Nach ihrer triumphalen Rückkehr heiratete sie, seit zwei Jahren verwitwet, 1527 den König von Navarra, Henri II d'Albret († 1555). Das Geschlecht d'Albret regierte in einem Reich nördlich der Pyrenäen, das eine Schlüsselstellung für den Zugang nach Südfrankreich und Nordspanien besaß. Diese Heirat war politisch höchst interessant, denn Franz I. war

daran gelegen, Navarra an die Krone zu binden und so seine Südflanke
gegen Spanien abzusichern. Doch auch diese zweite Ehe war nicht glück-
lich, denn der König war unstet und untreu, wie wir Marguerites berühm-
testem Werk, ihrer Novellensammlung *L'Heptaméron*, entnehmen können,
wo er als der flatterhafte Hircan auftritt. Ihre Tochter Jeanne d'Albret
(1528–1572) heiratete später Antoine de Bourbon († 1562) und wurde die
Führerin der französischen Protestanten. Ihr Sohn ist bekanntlich Heinrich
IV. (1553–1610), der Stifter einer neuen, vermutlich der berühmtesten französischen Herrscherdynastie, der Bourbonen.

Nach dem Tod der Mutter (Louise von Savoyen) zerbrach die »trinité
royale« zwischen Marguerite, François und Louise, und Marguerite verlor
an Einfluß auf ihren Bruder. Sie mußte gegen die Politik Anne de Mont-
morencys (1493–1567) ankämpfen,[31] eines Jugendfreundes und Waffenge-
fährten ihres königlichen Bruders, der seit 1537 der militärische Ober-
befehlshaber (Connétable) war und für einen Ausgleich mit Karl V. sowie
für eine Niederzwingung der Protestanten im Innern eintrat und beim
König in immer größerer Gunst stand (*EnzRen* 353). Sehr bald kompro-
mittierte sie sich durch ihre Sympathie für die Reformer und wurde 1533
offen von der Sorbonne angeklagt, die ihr 1531 erschienenes Erbauungs-
büchlein *Miroir de l'âme pécheresse*[32] indizierte. Wie die beiden Du Bellay
trat sie für Verständigung mit den deutschen Protestanten ein. Nach der
affaire des placards zog sie sich für einige Zeit ganz an ihren Hof in Nérac
(Béarn; heute Département Lot-et-Garonne) zurück, der unter ihrer
Führung zu einem wichtigen kulturellen Zentrum in Südfrankreich geworden war und zahlreichen Glaubensflüchtlingen Zuflucht bot.

Nach 1536 steigt ihr Stern wieder. Sie hat sich politisch umgestellt
und ist ›spanienfreundlicher‹ geworden. Sie plant eine Ehe ihrer Tochter mit
dem Infanten Philipp von Spanien, dem Sohn Karls V., aber auch das ist
dem König nicht recht, der andere Pläne hat und jetzt mit den deutschen
Protestanten gegen Karl V. steht. Marguerite beugt sich, ihre Tochter heira-
tet den Herzog von Kleve, einen erbitterten Gegner des Kaisers. Diese Ehe
wird später vom Papst geschieden, als der Klever Franz I. nicht mehr nützen
kann. Marguerite ist enttäuscht und taucht hinfort nur noch sporadisch bei
Hofe auf. Sie nähert sich einem mystischen Quietismus an und bricht deshalb 1545 mit Calvin. Ihre Schaffenskraft gilt dem *Heptaméron* (s. Kap.
VII) und der Gedichtsammlung *Marguerite de la Marguerite des Princesses*,
übrigens dem einzigen größeren Werk, das nicht postum erschienen ist. Als
ihr Bruder 1547 stirbt, verliert sie vollends ihren politischen Einfluß, denn
ihr Neffe Heinrich II. interessiert sich nicht für sie. Die erneute Heirat ihrer
Tochter Jeanne, die 1555 Königin von Navarra geworden ist (dort gilt das
salische Gesetz nicht), mit Antoine de Bourbon, dem Protestantenführer, ist
ihr zuwider, aber sie kann sie nicht verhindern.

Doch kehren wir zu den Jahren ihres Aufstiegs zurück (1521–1524). Marguerite führte in diesem Zeitabschnitt mit dem Bischof von Meaux, Guillaume Briçonnet, eine intensive Korrespondenz, die so gut wie vollständig erhalten ist.[33] Briçonnet gehörte zur Elite des französischen Klerus und war aus der finanzstarken Bourgeoisie aufgestiegen. Von dem unter Umständen rücksichtslosen Kampf um politischen Einfluß schrak er keineswegs zurück. Er forderte in manchmal hundertseitigen Brieftraktaten seinen geistigen Zögling Marguerite unverblümt zur religionspolitischen Aktion auf, zumal er hoffte, über die Prinzessin an den König selber herantreten zu können, wie z.B. im Brief vom 26. Februar 1522. Man beachte die Metaphorik, man beachte weiterhin, wie abhängig Marguerite offensichtlich von Briçonnet war, von dem allein sie Hinweise für ihr Seelenheil erhoffte. Mystisches Vokabular der Tradition mischt sich hier bereits mit evangelischer Offenheit:

> Je suis asseuré, Madame, que vous sentez les injures du Roy et de Madame [i.e. ihre antireformerischen Aktionen und ihr Zögern], car vous vivez en eulx par amour viscerale qui n'empesche la divine, mais y est conforme, car vous les aymez en Dieu, auquel vivent et sont membres avec vous. Parquoy y sentez leur bien ou leur mal estre vostre, comme estant au corps de Jhesus Christ. Monstrez pareil vouloir pour celles qui touchent directement et viscerallement le chief, et soiez tousjours vraye marguerite par union indivisible avec vostre doulx et debonnaire espoux, Jesus, qui tant vous a aymée qu'il en est mort pour vous et que ses espines, qui sont les injures que l'on luy faict, vous picquent au cœur embrasé de son amour. Je ne puis comprendre que les ames qui en sont ferues et attainctes au vif puissent porter et endurer voir leur espoux, qui les a sy chieries et tant aymées, ainsy miserablement et ignominieusement traicté et, aians le pouvoir qu'ilz n'y pourvoient, et y remedient. Secourez et aydez à la bonne dame et mere opprimée d'af ferez [i.e. Louise de Savoye] que je plaings moult et par ensemble confortez le bon et sainct voulloir et desir que dieu a donné au roy et ne soiez tous trois ingratz des graces spirituelles, qui sont, sans doubte, plus grandes que les temporelles, et tellez que n'en congnois de pareilles. Je ne l'escriptz par flaterie mais pour vous resveiller et advertir que en rendrez tous compte sy les laissez steriles et oyseuses. Dieu ne vous en a point donné sy grand feu pour le couvrir, lumiere et congnoissance pour l'estaindre et l'esploicter seullement ès choses labiles et transitoires, comme magnanime abhomine choses basses. Il n'est rien grant fors ce qui touche l'honneur du seul grant. Le surplus passe comme vent et il demeure. (*Guillaume Briçonnet*, ed. Martineau/ Veissière, S. 165–176, hier S. 175f.)

Als geistigen Kopf seiner Erneuerungsbewegung brachte Briçonnet im Kloster Saint-Germain-des-Prés, dessen Abt er war, seinen alten Lehrer Jacques Lefèvre d'Étaples (s. S. 109f.) unter. Daß dieser bedeutende Lehrer der Philosophie und Theologie, der gelehrte Herausgeber aristotelischer Schriften und patristischer Texte sowie mystischer Erbauungsbücher, der angesehene Kommentator und Übersetzer der Bibel, hinter den Reformversuchen von Meaux stand, verleiht diesen erst ihre historische Tragweite. Marguerite hat der Bewegung von Meaux ihre Sympathie und Förderung nicht versagt, zumal sie hoffte, im Sinne ihres königlichen Bruders zu handeln. Das Scheitern hat sie aber nicht verhindern können, denn ihre Mutter hat in der Zeit von Franz' Gefangenschaft in Madrid der theologischen Opposition (Sorbonne und Parlement de Paris) die Hand zur Vernichtung der Gruppe von Meaux gereicht. Den zweiten Schlag gegen die Anhänger der Reformation bedeutete die *affaire des placards*, die den bis dahin noch schwankenden König endgültig gegen alle Lutheraner einnahm. Im gleichen Jahr (1535) starb auch Briçonnet.

Henri Estienne: »Apologie pour Hérodote«

Der nächste hier vorzustellende Text stammt von Henri II Estienne mit dem Beinamen ›le Grand‹, einem Mitglied der bekannten Pariser Druckerdynastie (1531 Paris – 1598 Lyon). Auguste Renouard, der deren Geschicke nachgezeichnet hat,[34] zählt insgesamt 1.590 Veröffentlichungen auf, die von 1502 bis 1664 in ihrem Verlag erschienen. Henris Vater Robert mußte nach Genf fliehen, wo er 1550 zum Kalvinismus übertrat und seinen neun Kindern testamentarisch den Auftrag gab, es ihm gleichzutun. Henri, der Älteste, gehorchte und floh ebenfalls nach Genf; Robert II, der Jüngere, blieb katholisch und wurde enterbt. Henri war ein glänzender Gräzist und richtete schon früh Ausgaben griechischer Klassiker ein; Platon wird auch heute noch nach der sog. Stephanus-Ausgabe zitiert; bleibende Leistung Estiennes ist sein umfassendes Wörterbuch der griechischen Sprache, *Thesaurus graecae linguae*, mit lateinischen Erläuterungen (5 Bde. in 2°, 1572), das so aufwendig war, daß es ihn finanziell ruinierte. Estienne war, wie bereits gesagt, auch ein wichtiger Sprachreformer. Er hatte drei Leitmaximen: Die schönste Sprache, die es gibt, ist das Griechische; von allen modernen Sprachen kommt das Französische dem Griechischen am nächsten; deshalb ist das Französische die wichtigste lebende Sprache (*Traicté de la Conformité du langage François avec le Grec*, 1566, ed. L. Feugère, Genève 1970; *Projet du livre intitulé De la précellence du langage françois*, Paris: Mamert Patisson, 1579; engl. A. Ewert, Oxford 1958). Da Estienne eine derbe und offene Sprache liebte, Autoritäten kritisch gegenüberstand, waren Konflikte mit den Genfer Behörden programmiert und blieben nicht aus. Immer wieder mußte er sich gegen den Atheismusvorwurf verteidigen, seine Schriften abändern, und er verließ Genf schließlich, nachdem er kurzfristig eingekerkert worden war. Nirgends hielt es ihn, und so starb er einsam und verlassen in Lyon, obschon er aus drei Ehen 14 Kinder hatte, die für ihn hätten sorgen können (*DLF* 311–313).

Estienne debütierte 1554 mit einer viel beachteten Edition Anakreons. Dieser Odendichter war für die Pléiade besonders modellbildend, weshalb Ronsard dichtete:

> Verse donc et reverse encor
> Dedans ceste grand' coupe d'or:
> Je vais boire à Henry Estienne,
> Qui des Enfers nous a rendu
> Du vieil Anacréon perdu
> La douce lyre Teïenne [...]
> (Ronsard, *Les Odes* V, XVI, in: *Œuvres*, ed. Cohen I, 628)

Estienne ließ 1566 eine lateinische Übersetzung des Herodot (*Memorabilien*) folgen, die er 1570 um eine griechische Ausgabe ergänzte. Im November 1566 erschien in Genf ein weiteres Werk mit dem Titel *L'introduction au traité de la conformité des merveilles anciennes avec les modernes ou Traité préparatif à l'Apologie pour Hérodote*. Diese eigenartige Schrift verfolgt zunächst wiederum die Tendenz der Parallelisierung griechischer und französischer Gegenstände, die Estienne so wichtig war und die er möglicherweise Plutarchs Parallelviten abgeschaut hatte. Vorgeblich ging es ihm darum, Herodot aus Halikarnassos (etwa 485–425 v. Chr.), den Vater der Geschichte, wie man ihn seit alters nannte, gegen Kritiker in Schutz zu nehmen, die ihm Unglaubwürdigkeit vorwarfen. Herodot schreibt die griechische Geschichte vom Trojanischen Krieg bis zu Xerxes' Zug gegen Griechenland, und er erzählt breit und anekdotenhaft, streut Erzählungen und Novellen ein, die die abendländische Tradition bereichert haben. Eine ausgemachte Freude am Fabulieren und gelegentlich am volkstümlichen Stil zeichnet ihn aus. Estienne argumentiert, wenn man die Gegenwart betrachte, seien Herodots Geschichten nur ein blasser Abglanz all der Kuriositäten und Scheußlichkeiten, die sich insbesondere die römische Kirche mit ihren Vertretern habe zu Schulden kommen lassen, ein Vorgang, der immer noch andauere. Als guter Kalvinist *bedeuten* ihm, um ein einprägsames Beispiel zu bringen, Brot und Wein im Abendmahl nur den Leib des Herrn, weshalb er sich verächtlich über die sog. Theophagen, die Gottesfresser, mokiert, die von der Realpräsenz ausgehen, und sagt, würde Herodot etwas derartiges erzählen, würde man ihn für verrückt erklären:

> Mais, puisqu'il faut faire comparaison de la folie des uns avec la folie des autres, et que tous les philomesses [= Liebhaber der Messe, Kunstname für die Katholiken] n'adorent pas les images, parlons de ce qu'adorent tous universellement qui font profession de ceste religion, et qui est le principal point, et comme le fondement d'icelle, et lequel se maintient par tant de glaives et de feux. Considérons donc sans passion que nous dirions, si Hérodote ou quelque autre historien ancien nous racontoit qu'en quelque pays les hommes seroyent théophages (c'est à dire

mangedieux), aussi bien qu'ils racontent de quelques anthropophages, éléphanto-
phages, acridophages [= Heuschreckenfresser], phthirophages [= Dreckfresser], et
autres: dirions-nous pas ceste théophagie estre incroyable, et que ces historiens
auroyent controué cela de ces hommes, encore qu'au demeurant ils fussent bar-
barissimes? (Henri Estienne, *Apologie pour Hérodote*, ed. Ristelhuber I, 14)

Die umfangreiche *Apologie* – in Ristelhubers Ausgabe immerhin über 900
Seiten – wird zu einer geharnischten Anklage gegen die katholische Kirche
mit stark anti-italienischer Tendenz, und das ist auch Estiennes Absicht.
Dabei zitiert der höchst belesene Autor alle antiken, mittelalterlichen und
zeitgenössischen Predigten, Exempla, Anekdoten, Novellen, Schwänke und
Fabeln, die für den Beweis katholischer Unmoral verwendbar sind. Ohne
hier auf seine Verzerrungen und Einseitigkeiten eingehen zu wollen, kann
man sagen, daß die *Apologie* ein bisher noch erst ungenügend ausgeschöpf-
ter Born bunten und mannigfaltigen Erzählguts ist. Von Herodot ist nur am
Anfang die Rede, und ab Kap. IV kommt der Autor bereits auf den Katholizismus zu sprechen. Er wirft Kirchenfürsten, Priestern, Mönchen und
Nonnen Ehebruch (*paillardise*), Homosexualität und Sodomie, Inzest, Blas-
phemie, Raub und Diebstahl, Rechtsbruch, Mord, Grausamkeit, Bosheit,
Verfressenheit, Unwissenheit, Simonie, kurz, alle schlimmen Laster vor und
belegt dies mit mehr oder minder dubiosen Erzählungen als Quellen. Wenn
er auch bei weitem nicht die Qualität Dantes erreicht, erinnert doch man-
ches an dessen Inferno. Erzähltechnisch gesehen zeichnet sich Estiennes
Apologie, wie andere Werke der Renaissance auch, durch Episodenhaftigkeit und lockere Verknüpfung der einzelnen Episoden aus (*DLF* 313–315).
In der Auseinandersetzung mit seinen zahlreichen Kritikern nimmt er das
Recht komisch-lukianischer Literatur in Anspruch, derb und witzig zu
erzählen, und beruft sich dabei auf Aristophanes, Plautus, Lukian u.a., ja
selbst die Bibel, die ja auch gelegentlich von Bösewichten berichte. Er reiht
sich weiterhin in die Tradition des ›esprit gaulois‹ ein, des deutlich obszön-
grivoisen Erzählens, das auch die Pudenda beim Namen nennt, wie es z.B.
François Béroalde de Verville, der Verfasser des *Moyen de parvenir* (*DLF*
98–100), tut.

VI. THEMEN DER FRANZÖSISCHEN RENAISSANCE-LITERATUR

Im folgenden sollen zunächst einige wichtige und mehrfach zu beobachtende Themen und Motive der französischen Renaissanceliteratur besprochen werden. Dabei geht es nicht so sehr um eine Aneinanderreihung von Autor- und Werknamen, sondern um den Nachweis der literarischen Funktion dieser Motive, die alle irgendwie zusammenhängen und strukturbildend für mehrere Autoren, Werke oder Werkpassagen sind. Innerliterarisch ermöglichen sie differierende Wahrnehmungs- und Darstellungsweisen; ideologisch gestatten sie Einblicke in die Komplexität und mangelnde Homogenität der damaligen Welt. Im Anschluß daran werden die wichtigsten in der französischen Renaissance gepflegten Gattungen mit ihren Hauptvertretern kurz vorgestellt.

Lachen und Komik

Bachtins berühmtem Rabelaisbuch zufolge (S. 111)[1] besteht einer der wesentlichen Unterschiede zwischen Renaissance und Mittelalter darin, daß die Renaissance das Lachen aufwertete und eigene Lach- und Komiktheorien entwickelte. Der Novellist Béroalde de Verville (1558–nach 1623)[2] läßt seine bei ihm speisenden und erzählenden Gäste in der noch kurz zu besprechenden Novellensammlung *Le moyen de parvenir* ganz hedonistisch erklären, ihre Kardinaltugenden seien nicht mehr Glaube, Liebe, Hoffnung (Christentum) bzw. Weisheit, Tapferkeit, Besonnenheit und Gerechtigkeit (Antike), sondern Lachen, Essen, Trinken und Schlafen; gleichzeitig wird den rückwärtsgewandten orthodoxen Theologen ein Seitenhieb versetzt, die Geiz, Neid und Homosexualität zu ihren Kardinaltugenden erkoren hätten:

> Achevons en gens de bien, et laissons ces theologiens avec leurs vertus theologales. Quant à nous, suivons les quatre cardinales, qui sont rire, manger, boire et dormir. Telles sont nos vertus. Quant à celles de ces malheureux theologiens, selon la penarde [= rusée] remarque des scolastiques, ennemys de nature, elles sont avarice, envie, bithuminie [= sodomie]. (Béroalde de Verville, *Le moyen de parvenir* Nr. LIX, Ed. s.d., S. 206)

Bachtin

Dies will jedoch nicht besagen, daß die Literatur der Renaissance insgesamt betrachtet ›komischer‹ oder lustiger wäre als die des Mittelalters (*Franz. Mittelalter* 239f.); sie setzt das Lachen nur bewußter ein.[3] Ein *Traité du ris, contenant son essence, ses causes et ses mervelheus effeis, curieusement recherchés, raisonnés et observés* (Paris 1579) von Laurent Joubert (1529–1582)[4] faßt die antiken Wurzeln des Lachens gut zusammen und unterscheidet (Buch II, Kap. 2) ein dreifaches Lachen: das Heillachen nach Hippokrates, der Lachen für gesundheitsfördernd erklärt (allerdings in apokryphen Texten), das philosophische Lachen nach Aristoteles, der Lachen, das allein dem Menschen möglich sei, für göttlichen Ursprungs erklärt (»Unter allen Lebewesen ist das Lachen allein dem Menschen eigen«: *De partibus animalium* III, 10; 673a 8) und das befreiende (sardonische) Lachen über Hölle und Tod nach Lukian von Samosate.

Der bedeutendste ›Lachtheoretiker‹ (und -praktiker) der Zeit ist wiederum Rabelais,[5] wie man überhaupt sagen muß, daß komische Einschübe in der ersten Hälfte des Jahrhunderts, als die Religionskriege noch nicht das allgemeine Stimmungsklima verdüstern, besonders in der Novellistik und der erzählenden Literatur verbreitet sind. Auch diesbezüglich bewahrheitet sich wieder die früher bereits geäußerte These von einer ›Epochenschwelle‹ um 1550/60. Rabelais hat Medizin studiert, und insofern geht er von einer psychosomatischen Einheit beim Menschen aus.[6] Die damalige Medizin hatte, auf Aristoteles gestützt, eine Physiologie des Lachens entwickelt und Beispiele gesammelt, wie schwerkranke Patienten durch Lachen geheilt worden waren. In dem dem *Gargantua* vorangestellten ›Dixain‹ sagt auch Rabelais, daß Lachen des Menschen Eigenart sei (»pour ce que rire est le propre de l'homme«). Wenn wir später erfahren, daß in der Abbaye de Thélème die Kranken und Verkrüppelten ausgeschlossen und nur die Schönen und Gesunden zugelassen sind, dann ist das in übertragenem Sinne zu verstehen: Es handelt sich offenkundig um eher geistige Gebrechen. Dies wird dadurch unterstrichen, daß die »Inscription mise sus la grande porte de Thélème« (Kap. 54) ausdrücklich nur die Angehörigen der Mönchsorden, die Juristen und die raffgierigen Verwaltungsbeamten nennt, denen der Zutritt zur Abtei verwehrt sein soll. Sie bilden die Gruppe der ›Kranken‹, von denen Rabelais meint und hofft, sie könnten durch die Lektüre seiner komischen, Lachen machenden Bücher zur Einkehr und Umkehr geführt werden. Eine wichtige Zielgruppe von Lesern seiner Romane wird daher als ›krank‹ bezeichnet, wobei physische und psychische Gebrechen in eins fallen. Konkret spricht der Autor die Syphilitiker (»Vérolez« I, Prolog, ed. Demerson, S. 38; »pauvres vérolez et goutteux« III, Prolog, S. 215) und Gichtbrüchigen (»Goutteux très précieux«, III, Prolog, S. 363) an, Menschen, die von zwei damaligen Volksseuchen geschlagen sind: der Gicht oder dem Rheuma, das durch übermäßigen Weingenuß und die dadurch bewirkte Übersäuerung des Körpers befördert wurde, sowie der soeben aus der Neuen Welt eingeschleppten venerischen Lustseuche, der Syphilis (s. S. 35ff.). Beide Leiden stehen paradigmatisch für Krankheit und Gebrechlichkeit schlechthin, nicht nur des Körperlichen, sondern, weil das Körperliche anschaulicher ist, auch des Geistes. Abstraktionen müssen in dieser Zeit immer konkretisiert werden, weshalb die eher psychischen Defekte durch physische verdeutlicht werden. Rabelais weiß zudem, gerade weil er Arzt ist, daß man diese schweren Krankheiten nicht mit Quacksalbereien heilen kann, und er weiß auch, daß gegen die Dummheit und Unaufgeklärtheit kein Kraut gewachsen ist. Im *Pantagruel*-Prolog beschreibt er übrigens mit unerbittlichem Realismus die Martern, die die Ärzte zu dieser Zeit den Syphilitikern angedeihen lassen: Einschmieren mit Quecksilbersublimat und barbarische Schwitzkuren. Er, wie gesagt, setzt dagegen das Lachen, welches durch Komik entsteht.

Rabelais nennt in dem wichtigsten seiner Prologe, dem *Gargantua*-Prolog, sein Werk einen Silen (vgl. Kap. V).[7] Dieser Vergleich treffe auf den *Gargantua* zu, weil dieser auf der sprachlichen Ebene komisch-lustig sei, vom Sinngehalt her jedoch eine ernsthafte und wichtige Botschaft enthalte, die ›Kranke‹ heilen könne. Dieser Vergleich ist äußerst wichtig, denn er stellt noch einmal plastisch eine Verbindung zwischen Komik und mehrfacher Sinndeutung (Allegorese) dieses Romans her. Der Gedanke wird noch vertieft, wenn wir erfahren, daß Erasmus Christus selber einen Silen nennt, was Rabelais insofern abwandelt, als er den größten Philosophen Sokrates mit diesem Epitheton belegt. Beide, Sokrates und Christus, wurden von ihrer Umwelt verlacht und verspottet, ihre Weisheit wurde im allgemeinen nicht erkannt oder verstanden, denn nur die Schüler Sokrates' und die Jünger Jesu bildeten eine Ausnahme.

Die immer wieder festzustellende komische Überhöhung der Rabelaisschen Pentalogie wie auch anderer komischer Werke der Zeit beruht stets auf einer dialektischen Spannung, die verschieden gestaltet sein kann. So erwächst Lachen beispielsweise durch Erwartungsausrichtung und Erwartungsenttäuschung, aus dem Gegensatz zwischen zweckvollem und zweckwidrigem Tun, durch ein Umschlagen eines an sich richtigen Zwecks in sein Gegenteil, durch Inkongruenz zwischen Gedachtem, Abstraktem und tatsächlich Eintretendem, durch das Überwiegen des sinnlich Schaubaren über die Idee, aus Freude am Wiederfinden eines ehemaligen kindlichen Freiraums, der zur Erwachsenenwelt in Widerspruch steht, aus einer Überlagerung des Lebendigen durch Mechanisches, um nur die wichtigsten kontrastiven Komiktheorien von Immanuel Kant bis Henri Bergson zu resümieren. Dieses dialektische Verfahren der Komik ist übrigens ein Grundmerkmal der Renaissance, die im Unterschied zu vorangegangenen Epochen das Gegebene nicht hinnimmt, sondern auf sein Zustandekommen und Sosein befragt. Man hat allgemein von einer Bluff-Technik gesprochen, die auf schockierendes Erstaunen aus ist, um so Fragen anzuregen, Widersprüche aufzuzeigen und Denkprozesse in Gang zu setzen.[8] Der damalige wie der heutige Leser muß jedoch stets den sich darbietenden komischen Kontrast verinnerlichen, d.h. einen Vergleich zwischen seiner (Normal-) Vorstellung und der Abweichung im jeweiligen Renaissancetext oder -kontext vollziehen. Von hier aus kann auch der moderne Leser noch einen Zugang zu damaliger Literatur finden, wenngleich ihm die enzyklopädischen Kenntnisse eines gebildeten Lesers des 16. Jh.s im allgemeinen fehlen und er nicht mehr identischen zeitbedingten Zwängen ausgesetzt ist (Rabelais, *Gargantua*, übers. Steinsieck, Nachwort, S. 259f.).

Die komischen Mechanismen der Renaissanceliteratur sollen an einer kurzen Schwanknovelle von Bonaventure Des Périers näher untersucht werden. Diese Fazetie ist dreigeteilt; wir konzentrieren uns auf die erste Episode:

> Le defunct roy François premier du nom (que Dieu absolve!) fut très-vertueux prince et magnanime, lequel nourrissoit un pauvre idiot pour aucunes fois en avoir quelque esbatement (après son travail ès affaires du royaume de France), et le faisoit voulontiers marcher devant luy quand il chevauchoit par les chemins. Advint quelque jour, ainsi que Triboulet marchoit devant le roy, devisant [i.e. s'amusant] tousjours de quelque sornette [= sonnette!] emmanchée au bout d'un baston, son cheval feit six ou huict pets, dont Triboulet fut fort courroucé; et pour ce il descendit incontinent de la selle de son cheval, et prend la selle sur son dos, et dit au roy: »Cousin, vous m'avez ce jour d'huy baillé le plus meschant cheval qui fut oncques. C'est un yvrogne; après qu'il a bien beu, il ne fait que peter. Par Dieu! il ira à pied. Ha! ha! il a pété devant le roy!« Et de sa massue frappoit son cheval, et luy estoit tousjours chargé de la selle. Ainsi feit environ demye lieue à pied. (Bonaventure Des Périers, *Récréations* Nr. XCVIII »De Triboulet, fol du Roy Françoys premier, et de ses facetieux actes«, in: *Conteurs*, ed. Jourda, S. 551f.)

Triboulet mag zwar ein armer Idiot sein, der von der Gnade des Königs lebt – in Wirklichkeit ist er ein Hofnarr, eine Einrichtung, die bis zur Zeit Ludwigs XIII. existiert und dann, nota bene, durch die Hofdichter ersetzt wird –, aber er hat doch eine eigene Logik, die gewisse gesellschaftliche Hierarchien treffend bloßlegt. Da sein Pferd, mit dem er dem König voranreitet, laut furzt, muß es für dieses ungebührliche Verhalten – der Narr vergleicht es mit einem Trinker, der seine Körperfunktionen nicht mehr voll beherrscht – bestraft werden. Das Pferd des Narren wird übrigens wie ein Höfling behandelt, obwohl es keinen menschlichen Verstand hat, aber der Narr macht zwischen Menschen und Tieren keinen Unterschied. Auch merkt er nicht oder will nicht merken, daß er vermutlich mit seinem dauernden Schellengeklingel für das Verhalten des Pferdes mitverantwortlich ist. Er steigt ab, legt sich selber den Sattel auf die Schultern und schlägt sein Reittier mit seiner Pritsche oder Marotte. Dem König erklärt er, dieses schlechte Pferd habe sich respektlos verhalten und müsse nun zur Strafe zu Fuß gehen. Dies unterstellt, daß Triboulet die Rolle von Pferd und Reiter verkehrt: Nicht das Pferd trägt ihn, sondern er das Pferd. Wenn er absteigt und ihm den Sattel abnimmt, ›reitet‹ das Pferd nach dieser Scheinlogik nicht mehr, sondern geht zur Strafe zu Fuß. Dieses mechanische, an und für sich sinnwidrige Tun des Narren legt einerseits die dialektische Interdependenz von Herr und Knecht bloß, die einer ohne den anderen nicht bestehen können, kann aber auch auf das Verhältnis König : Hofnarr übertragen werden. Der König ist wahrlich der ›Vetter‹ seines Hofnarren, denn auch ihre Rollen bedingen sich gegenseitig. Nur so lange es Hofschranzen und Untertanen gibt, gibt es auch einen König. Man mag in dieser Passage bereits eine erste antihöfische Reaktion sehen, die die durch Baldassare Castigliones *Libro del cortegiano* (1528) erstmals propagierte Hofmannsethik als eine Ethik des Scheins demaskiert.[9]

Das Wechselspiel von König und Narr verdeutlicht aber auch eine grundlegende Befindlichkeit des Mittelalters wie der beginnenden Renaissance. Die Menschen lebten zwei nahezu gleichberechtigte Leben, ein offizielles und ernstes, das von hierarchischen Strukturen, Zwängen, Unterdrückung, Angst und Lebenskampf gekennzeichnet war, und daneben, sozusagen als Gegenpol, ein ›karnevaleskes‹, das sich an bestimmten Plätzen (Markt, Jahrmarkt, Kirchenvorplatz) abspielte. Es war zudem an bestimmte Zeiten gebunden, an die Vorfastenzeit (daher der Name, entweder zu *carne vale* = »Fleisch, leb wohl«, oder, wahrscheinlicher, von *carrus navalis*, dem »Schiffswagen« der antiken Saturnalien und ähnlicher Feste) und die offiziellen Feste des Kirchenkalenders, und dies bezeugt einmal mehr die Polarität zum hierarchisierten ›öffentlichen‹ Leben des Mittelalters. Seit den Untersuchungen Bachtins, der auf den wichtigen Gegensatz der Elite- und der Volkskultur abhebt, die in der frühen Renaissanceliteratur noch miteinander verbunden werden, sprechen wir von der ›Karnevalisierung‹ dieser Epoche; sie ist das Ergebnis einer jahrtausendealten Lachkultur, die bis zu den römischen Saturnalien zurückreicht und sich durch Antike und Mittelalter hinzieht (vgl. Teuber, S. 51f. u.ö.).

Dieser Karneval kennt Festumzüge, Theaterspiele und Bankette; die Stimmung ist im allgemeinen zügellos. Während der Festgelage werden freizügige Tischlieder gesungen, deren Inhalt von Wein, körperlicher Liebe oder dem Wechselspiel von Leben und Tod bestimmt ist; es werden schlüpfrige Geschichten erzählt, die von derber Erotik handeln. Auffällig ist die fast brüderliche Einigkeit der Beteiligten. Bei Umzügen und Spielen treten groteske Gestalten auf: der Narr und der Riese, der Zwerg und das Monstrum, die gebärende Alte und der jungfräuliche Tod. An ihrem Äußeren fällt die provokative Hervorhebung von sinnfälligen Körperteilen auf: Phallus, Nase, geöffneter Mund, Bauch und Gesäß. Die typischen Funktionen dieses grotesken Körpers sind Begatten, Wachsen, Saufen, Fressen, Ausscheiden, Werden und Vergehen. Herausragendes Ereignis des karnevalistischen Treibens sind die Wahl und der anschließende Sturz des Karnevalskönigs. Die karnevaleske Sprache unterstreicht die Ambivalenz und die Freizügigkeit der Formen und Gestalten; denn sie besteht aus Flüchen und Schimpfwörtern, aus Segnung und Lob, und kennt keine Stiltrennung. Endlose Aneinanderreihungen und hyperkorrekte Angaben kennzeichnen sie. Ihr grammatikalischer und semantischer Kontext ist oft nur schwer erkennbar; sie bildet eine eigene Einheit. Im Karneval gibt es weder Akteure noch Zuschauer; jeder ist gleichermaßen beteiligt. Für die Dauer der Festlichkeiten sind die gesellschaftlichen Schranken und Hierarchien eingerissen, ist das Unterste zuoberst gekehrt. Wir sprechen daher auch vom Motiv der ›verkehrten Welt‹.[10]

Nach Bachtin ist die karnevaleske Weltsicht spielerisch und utopisch zugleich. Sie ist nicht Vorwand, um bestimmte philosophische, politische, religiöse und pädagogische Ideen vor dem Zugriff der Zensur zu bewahren, noch rein formaler Selbstzweck. Sie ist vielmehr Ausdruck einer Befreiung von Autorität und Hierarchie, ist revolutionärer Akt, Waffe der Freiheit in den Händen des Volkes. Das Groteske ist nicht bloße Vorstufe des Absurden, keine furchterregende Verfremdung der Wirklichkeit, sondern optimistische Bejahung einer komplizierten, jedoch veränderbaren Realität. Für Bachtin gibt es im dichterischen Text kein seiner Identität gewisses Subjekt mehr, das sich im Diskurs darstellt, sondern vielfältig facettierte Ich-Instanzen. Dies gilt für den Autor so gut wie für den Leser und die Roman- oder Novellengestalten. Dieser textintern nachzuweisenden Intersubjektivität entspricht textextern die Intertextualität des poetischen Diskurses. Der Text ist wie ein Mosaik von Zitaten aufgebaut, in denen eine unbegrenzte Zahl früherer wie zeitgenössischer Texte verarbeitet werden. Intern wie extern ist der Text also polyvalent und nicht mehr eindeutig interpretierbar. Diese Romanstruktur nennt Bachtin die Struktur des Karnevals, die demnach thematische wie sprachliche Weiterungen hat.[11]

Bachtin hat seine Vorstellungen sicherlich allzu einseitig an Rabelais entwickelt und ausgerichtet, aber die karnevaleske Doppelstruktur läßt sich auch an anderen Werken beobachten. Wir haben bereits Béroalde de Vervilles *Le Moyen de Parvenir* (entstanden um 1580; gedruckt 1610) genannt. Es handelt sich um ein (fiktives) Gastmahl, dessen Gastgeber der Dichter selbst ist. Die Gäste sind berühmte Männer und Frauen wie Herodot, Erasmus, Pythagoras, Leone Ebreo, Rabelais, Martial, Sappho, die Reine Margot u.v.a. Sie diskutieren meist spitzfindig über sexuelle Bezeichnungen und Praktiken, die sie mit pikant-skatologischen bis derb-obszönen Geschichten dokumentieren. Der Autor,[12] ein konvertierter Hugenotte, der katholischer Priester wurde, nennt sein Werk treffend ein *coqalasne* (MLL 90:

»Coq-à-l'âne«), was ursprünglich ein satirisches Kurzgedicht ist (Marot, Sebillet). Er analysiert die karnevaleske Struktur seines Schreibens scharfsichtig: Die Damen, die er als sein bevorzugtes Lesepublikum anspricht, werden mit Fleisch und nicht mit ›vegetarischen‹ Fastenspeisen versorgt:

> Dames, qui avez les oreilles chatouilleuses, de peur de rire, lisez cecy tout bas ou de nuict, durant laquelle la honte dort; et ne vous formalisez, scandalisez, ni estomirez (= étonnez) de chose quelconque que trouverez en ces textes et memoires meslez de toute sapience, moyens, eslemens et enseignemens à bien vivre. Les mélanges que vous trouverez sont survenus, à cause de l'antiquité de ce volume, et des annotations, apostilles et interpretations qui y estoient mises; et le gentilhomme qui le transcrivit, pour vostre avancement en toute sagesse, a tout escrit d'une suite, meslant, sans distinction, glose et texte, ainsi que, quand vous estes à table, vous, qui ne jeusnez pas, vous mangez des viandes prises deça et delà, selon l'occurence. Quant aux jeusneurs de caresme, ils mangent par couches, comme les bonnes femes qui mestent des herbes à distiller. Ils mangent le potage, puis des eschaudez au beurre frais, des entrées, des pois, des fesves, des harencs, des pruneaux, puis le poisson, puis le dessert; et tout à cause du jeusne. (Béroalde de Verville, *Le Moyen de Parvenir*, Nr. X: »Circoncision«; Ed. s.d., S. 21).

Resümieren wir noch einmal kurz die wichtigsten Aspekte dieser Novellensammlung: symposiale Ausgangssituation mit zahlreichen Gästen,[13] zumeist aus der griechischen, römischen und französischen Geschichte, was an ein Lukianisches Totengespräch erinnert; *esprit* und *raillerie* (Spott) sind die hervorstechende Attitüde der Konversationspartner, und dies entspricht wiederum dem Geist der Renaissancekultur.[14] Interventionen des Autors, der zahlreiche poetologisch relevante metapoetische Anmerkungen macht, sind häufig. Ziel des Erzählens ist Erheiterung, um den Leser von seinen Alltagssorgen abzulenken. Dies wird durch die offene und ungeschminkte Darstellung körperlicher Verrichtungen und Funktionen erzielt, wobei Ausscheiden und Kopulieren im Vordergrund stehen. Macht man sich die Fäkalsprache des Autors zu eigen, kann man gar von »histoires de cul et de con« sprechen:[15]

> Le cul n'est-il pas le prince des membres, puis que tous luy font service, et que ses desdains, ou ennuis, ou coleres, les affligent tous? Puis, c'est luy à qui tous font honneur, le faisant seoir le plus dignement et le premier: et de fait il chemine en prelat, aprés tous les autres membres, allant en procession. (ebd., Nr. XLI, S. 124)

Der menschliche Körper – Riesen und Zwerge

Giganten, Titanen, Zyklopen und Riesen finden sich in allen Mythologien, Sagen und Märchen der Welt (*LCI* 3,550–551). Man erklärt sie zunächst als Verkörperungen der Naturkräfte, als dämonische Inkarnationen von Naturgewalten. Sie spielen in Rabelais' Pentalogie wie schon in den verbreiteten und beliebten Volksbüchern der in den 30er und 40er Jahren des 15. Jh.s gedruckten *Chroniques gargantuines* (Ed. Lauvergnat-Gagnière/ Demerson, S. 117; 171f.), auf denen er aufbaut, eine große Rolle (der Zauberer Merlin schmiedet darin die Riesen aus Walfischknochen auf einem gigantischen Amboß). Doch konnte W. Stephens vor einigen Jahren zeigen,[16] daß um die Wende vom 15. zum 16. Jh. durch Annius von Viterbo (*Antiquitatum variarum volumina XVII a venerando et sacrae theologiae et Praedicatoris ordinis professore Ioanne Annio*, Paris: Josse Bade/ Jean Petit, 1515) und insbesondere durch Jean Lemaire de Belges (*Illustrations de Gaule et singularitéz de Troye*, Paris: Geoffroy de Marnef, 1512 u.ö.) eine positive Umdeutung der Riesen einsetzt. Waren sie bisher eher als ungeschlachte und böswillige Wesen betrachtet worden, gelten sie plötzlich als Verkörperungen der sich herausbildenden keltisch-französischen Nationalkultur (s. Kap. II). Rabelais habe, so Stephens, mit den beiden ersten Teilen seines Romanzyklus eine Parodie dieser nationalistisch vereinnahmten Riesen vorlegen wollen, dann aber festgestellt, daß er aus den Riesen Symbole moralischer und intellektueller Überlegenheit machen konnte.

Riesen – Morholt, Calogrenant, Fierabras, Morgante, Margutte, Fracassus und wie sie alle heißen – sind in allen Ritterromanen von Bedeutung, handele es sich um altfranzösische Werke der *matière de Bretagne* (*Tristan*; *Yvain* usw.) oder um heroisch-komische Ritterromane (*romanzi*) der italienischen Renaissance (Pulci; Boiardo; Ariosto; Folengo). Entsprechendes gilt von Zwergen, Elfen, Wichteln u.a. (z.B. die namenlosen Zwerge im Chrétienschen *Lancelot*), unter denen der Alberich des *Nibelungenliedes* der bekannteste sein dürfte. Rabelais kannte diese Gestalten sehr genau, und er kannte auch die Aussagen der Bibel (1. Mos. 6,1–4: »böse Goliaths«) und der griechisch-römischen Mythologie (z.B. Polyphem). Und auch die heimische Volksliteratur bot rübezahlähnliche Riesengestalten und gute wie böse Zwerge. Allerdings sind ihm die Riesen wichtiger als die Zwerge, von denen immerhin die Pygmäen in *Pantagruel*, Kap. 27 (Ed. Demerson, S. 322f.) erwähnt werden. Es scheint jedoch müßig, eine bestimmte Quelle für diese beiden Motive namhaft machen zu wollen, und sinnvoller, nach der narrativen Funktion der Riesen und Zwerge zu fragen. Wir konzentrieren uns im folgenden auf die Riesen; kehrt man die Aussagen um, erfährt man auch die Bedeutung der Zwerge.

Bachtin spricht in seinem vielbeachteten Rabelais-Buch vom Entstehen eines neuen grotesken Körperkanons in der Renaissance, der allerdings tief ins Mittelalter hineinreiche (S. 361f. u.ö.). Die Riesen seien groteske Wesen, gehörten damit der anti-hierarchischen Welt des Lachens an, stünden auf der Seite des Volkes, das im Lachen einen Freiraum gewänne. Lachen sei nämlich seine Form der Kritik an den Mächtigen. Bachtin entwirft hier, wie bereits angedeutet, ein Zwei-Kulturen-Modell, in dem volkstümliche und erudite Elemente, Massen- und Elitekultur, miteinander verschmolzen werden und untergründig stets eine bodenständige, nicht-klassische Sprach- und Themenvielfalt mit einer offiziellen normierten konkurriert. Rabelais ist für Bachtin einer der letzten Vertreter dieser Doppelkultur, seine Riesen wichtiges Indiz eines derart ›gegabelten Denkens‹.

Rabelais' Riesen sind aber keine bloße Anlehnung an die benannten Quellen. Der Autor will vielmehr die Sicherheit unseres Weltbildes relativieren, denn die Riesenwelt spielt zugleich in seiner engeren Heimat, der Touraine, im räumlich überschaubaren Umfeld der Devinière, des väterlichen Landguts, auf dem er vermutlich geboren wurde. So mischen sich vertraute Ortsnamen mit einem phantastischen überdimensionierten Nirgendwo, spiegelt die Realität die Phantasie und umgekehrt. Wenn Rabelais aber seine Ideale, z.B. sein Erziehungsprogramm (*Gargantua*, Kap. 23) oder den Pantagruelismus (*Pantagruel*, Kap. 34; vgl. Hausmann, *François Rabelais*, S. 52f.), an Riesen exemplifiziert, so nehmen diese nicht nur riesige, für den normalen Erdenbürger unangemessene Dimensionen an, sondern Rabelais verdeutlicht an ihnen auch seine ideologischen Absichten: Der Humanismus steigert im Vergleich mit der Vergangenheit den Wissensstand, aber auch die Kräfte des Menschen ins Gigantische. Durch Entdeckungen und Erfindungen wird die Abgeschlossenheit des mittelalterlichen Weltbildes gesprengt, werden neue Horizonte aufgerissen, die das Vergangene als zwergenhaft erscheinen lassen. Der Riese bleibt nicht nur überdimensionierte und idealisierte Übersteigerung: Er wird zum Idealbild eines prinzipiell realisierbaren Bildungs- und Charakterideals, wenn auch der Grenzwert unerreichbar ist. So hat die Riesenwelt die Funktion, unsere gewöhnliche Realität ihrer Selbstverständlichkeit zu entkleiden und Leitbild für eine neue Gestaltung der Welt zu sein, und das gilt noch bis zu Swift (*Gullivers Travels*) und Voltaire (*Micromégas*), den wichtigsten Rabelais-Nachahmern in puncto Riesen.

Natürlich entwickeln die Riesengeschichten auch eine eigene *vis comica* (Komik), die raffiniert über naive Größeneffekte der Mythen- und Sagenwelt hinausreicht. Sie kommt in den holzschnittartigen *Chroniques gargantuines*, die bereits mehrere dieser Episoden kennen und bretonische (Merlin) mit antiken (Herkules) Stoffen mischen, nicht richtig zum Tragen, da sie dort nicht wirklich strukturbildend wirkt. Anders bei Rabelais:

Pantagruel, der Held von Rabelais' erstem Roman, der in der Gesamt-chronologie dann allerdings den zweiten Platz einnehmen wird, ist bei sei-ner Geburt so groß, daß er seine Mutter tötet. Er trinkt als Knabe die Milch von 4600 Kühen und kann später mit seiner Zunge ein ganzes Heer be-decken. Selbst aus seinen Darmwinden entstehen noch Pygmäen. Und auch Gargantua ist ein Riese, dessen Kräfte und Dimensionen mehrfach für Hei-terkeit sorgen, insbesondere in Kap. 16, als seine riesige Stute mit ihrem Schwanz den Wald von Beauce niederlegt, er selber mit seinem Harnstrahl wenig später 260.418 Pariser Bürger ertränkt, danach die Glocken von Notre-Dame aus den Türmen holt und seinem Maultier umbindet und ähn-lichen Schabernack treibt. (Die genauen, aber hypertrophen Zahlenan-gaben entfalten auch ihrerseits komische Dimensionen). Dies stört nicht nur die »anthropozentrische Behaglichkeit« (so Ph. Wolff-Windegg über Swift) der Leser, hier macht sich bereits der Provinzler über die Hauptstädter lustig, die sich in allen Dingen für ›riesig‹ und damit den übrigen Franzosen überlegen dünken. Gargantua beregnet mit seinem Harnstrahl die Einwoh-ner von Paris »par rys – zum Spaß« und etymologisiert höhnisch ihren Namen, den er auf eine körperliche Ausscheidung zurückführt.

In der zweiten Jahrhunderthälfte spielt dieses groteske Körperbe-wußtsein in der Literatur nur noch punktuell eine Rolle.[17] Wieweit der Pro-testantismus dafür verantwortlich ist, kann allerdings nicht entschieden werden. Calvin und seine Adepten stehen den natürlichen Funktionen des Körpers reserviert gegenüber, einmal aus Prüderie, dann aber auch, weil der Körper nach ihrem Religionsverständnis ein Hort der Sünde ist und ständig bezwungen und überwunden werden muß, um zum Geistigen als dem Hoherwertigen und Göttlichen vorzustoßen. Es entsteht aber gleichzeitig auch ein moderneres, auf medizinischem Augenschein beruhendes Körper-bewußtsein, wie man deutlich an einem Essay Montaignes (II, 30 »D'un enfant monstrueux«) ablesen kann, das weder von aprioristischen Ideal-vorstellungen noch von unrealistischen märchenhaften Verzerrungen aus-geht. Es handelt sich um einen der kürzesten der *Essais* überhaupt: Mon-taigne berichtet von einem siamesischen Zwilling. »Au dessoubs de ses tetins, il estoit pris et collé à un autre enfant sans teste, et qui avait le conduict du dos estoupé [= geschlossen, verstopft], le reste entier« (Ed. Thibaudet/ Rat, S. 690). Montaigne lehnt den Begriff »monstre« für der-artige Mißbildungen ab, die durchaus ihren autonomen Wert im Gefüge des göttlichen Heilsplans hätten: »et est à croire que cette figure qui nous eston-ne, se rapporte et tient à quelque autre figure de mesme genre inconnu à l'homme« (ebd., S. 691). Was die Menschen »contre nature« nennten, sei bloß ungewöhnlich (»contre coutume«) und solle sie lehren, ihren Erfah-rungen zu mißtrauen. Montaigne geht demnach von einer Normalvorstel-lung aus, läßt aber auch Platz für Besonderheiten. Diese beflügeln jedoch keinesfalls seine Phantasie, sondern sind Anlaß für die Relativierung allgemeiner Wahrheiten und des menschlichen Erkenntnisinteresses überhaupt.

Das Narrenmotiv

Das ›Narrenmotiv‹ ist ebenfalls ein zentrales Motiv der Renaissanceliteratur[18] – man denke an die Trias Ariosto-Pulci-Folengo, oder an Brant-Murner-Erasmus bzw. Rabelais-Cervantes-Shakespeare,[19] und zwar in subjektiver wie in objektiver Hinsicht. Das besagt, daß sich Autoren wie Clément Marot, die sich noch in die Tradition des *poète maudit* einordnen, gerne als Außenseiter und Narren gerieren, wobei das Narrenmotiv dem Konzept der Melancholie naherückt;[20] und daß weiterhin manche Gestalten, zumeist der erzählenden Literatur, als Narren angelegt sind. Ursprünglich meinte der Narr (lat. *fatuus*) den Geisteskranken, dem wegen seines Defekts erlaubt war, auch unangenehme Wahrheiten zu sagen. Dann schlüpften sog. Schalks-Narren (›falsche Narren‹) als geistig Normale in das Gewand dieser Narren, um unter dem Schutz der Narrenfreiheit ihre Späße bei Hof zu treiben, wobei sie auch Kritik an Mißbräuchen übten (*LCI* 3, 314–318). Wahn und Narretei sind nicht nur Sollverfehlung und moralische Schwächung, sondern oft Ausdruck einer im theologischen Sinn authentischen Weisheit, wie sie 1. Kor. 3, 19 »sapientia enim huius mundi stultitia est apud Deum – Denn die Weisheit dieser Welt ist Torheit bei Gott« zum Ausdruck bringt. Wer Lachobjekt ist, kann somit zum lachenden Subjekt werden. Dabei ist das Motiv des Wahns keine Erfindung des späten 15. und des 16. Jh.s: Es gibt bereits von Seneca eine Tragödie *Hercules furens*, deren Gegenstand wirklicher Wahnsinn ist, der sich in Mord entlädt. Seneca will dort die Entartung aller Macht zeigen. Mit der altfranzösischen *Folie Tristan* kommen wir Renaissance-Konzepten schon näher, aber Tristan verkleidet sich in dieser Episode nur als Narr, um sich ungestraft zu Isolde begeben und mit ihr sprechen zu können. *Yvain, ou le chevalier au Lion* in Chrétiens Roman ist vielleicht der erste echte Vertreter des Liebeswahns, der sich aus Scham, Reue und Wut über Laudines Anklagen im Wald versteckt, bis ihn ein Edelfräulein findet und mit einer Wundersalbe wieder zur Vernunft bringt. Zahlreich sind auch die Narrenspiele des späten Mittelalters, die unter dem Namen *sottie* das Publikum erfreuten.[21] Dabei wurden ausführliche ›Narrenkataloge‹ erstellt, um die Vielfalt der närrischen Typen und ihrer Narreteien zu erfassen. Der *Cry pour la Sottie du Prince des Sotz* wendet sich an alle

Sotz lunatiques, Sotz estourdis, Sotz sages,
Sotz de villes, de chasteaulx, de villages
Sotz rassotz, Sotz nyais, Sotz Subtils
(zit. nach Arden, S. 1)

und zählt insgesamt 57 verschiedene Arten von *sots* und *sottes* auf.[22] Noch eindrucksvoller ist die von Rabelais im *Tiers Livre* (Kap. 38, ed. Demerson, S. 507–510) mitgeteilte Liste von insgesamt 208 unterschiedlichen Narrentypen. Nachdem Pantagruel Triboulet für »compétentement fol« erklärt hat, überbietet ihn Panurge dadurch, daß er ihn als »proprement et totalement fol« qualifiziert (ebd.), und es entspinnt sich ein phantastischer Wortstreit zwischen Herr und Diener, von welcher Art Narretei Triboulet nun geplagt wird.

Erst in der Renaissance wird jedoch das Narrenmotiv für die Literatur strukturbildend, ausgelöst von Sebastian Brants *Narrenschiff* (1494),[23] vor allem aber von Erasmus' *Moriae Encomium* (1511).[24] Wieweit das Volksbuch von *Till Eulenspiegel*, das in deutschen, flämischen, englischen und französischen Ausgaben europaweit verbreitet war, mit in die Vorgeschichte einbezogen werden kann, muß offenbleiben.[25] Till Eulenspiegel ist eher Pícaro (dt. Schelm, Landstörzer, Landstürzer oder Landstreicher) als Narr, doch hängen beide Typen miteinander zusammen, man denke nur an die Gestalt des Panurge (*Pantagruel*, Kap. 9).[26] Erasmus ist der erste, der den schöpferischen Aspekt der Narrheit betont, denn Brant liefert mit seinem Erfolgsbuch – der Erfolg beruht nicht zuletzt auf den eindringlichen Holzschnitten – in der Tradition mittelalterlicher Totentänze, des Rads der Fortuna und der Narrenspiegel einen Katalog menschlicher Laster und Schwachen. Die Menschen sind eben Narren, die in ein Schiff steigen, um nach Narragonia zu fahren, aber nur bis zum Endkrist (Antichrist) gelangen. Dabei kann der Straßburger Brant aus der reichen oberrheinischen Fastnachtstradition schöpfen, und er kleidet seine Narren in Schellenkappe (Gugel, zu lat. *cucullus*) auf dem geschorenen Kopf, später in eine mit Eselsohren und Hahnenkamm, einem ausgezackten Streifen roten Tuches, das von der Stirn bis zum Nacken lief, verzierte Kapuze sowie Fleckengewand und gibt ihnen den Narrenkolben (auch Narrenpritsche, Marotte, zu Verkleinerung von Maria; aus der Darstellung der Jungfrau wurde ein Puppenkopf mit heraushängender Zunge), die Parodie eines Zepters, bzw. die Schweinsblase voll Erbsen als Rassel in die Hand, um sich Gehör zu verschaffen. Auch der Spiegel, den er hält oder mit dessen Scherben sein Gewand besetzt ist, hat eine alte Tradition, denn er ist im Negativen Zeichen der Luxuria (Wollust), Philautia (Eigenliebe, Selbstsucht) und Vanitas (Eitelkeit), im Positiven der Prudentia (Klugheit), Sapientia (Weisheit) und Veritas (Wahrheit).[27] Mehrere elsässische Dichter – wir nannten bereits Murner (*Narrenbeschwörung*, 1512; *Der schelmen zunft* 1512; *Die*

Geuchmatt, 1519; *Von dem großen Lutherischen Narren*, 1522), wir könnten Geiler von Kaysersberg (*Navicula sive speculum fatuorum*), Fischart u.a. hinzufügen –, pflegen diese Tradition, um nicht von den zahlreichen Fastnachtsspielen[28] zu sprechen. In französischer Sprache sind Symphorien Champiers *Nef des princes et des batailles de Noblesse* (1502) und *Nef des Dames vertueuses* (1503) zu nennen; weiterhin Gilles Corrozets *Contre Fol Amour* oder Louise Labés *Débat de Folie et d'Amour*.[29] Gerade dieser letztgenannte Text ist einer der eingängigsten ›Narrheitstexte‹ der französischen Renaissanceliteratur überhaupt: Jupiter lädt alle Götter zu einem Fest ein. Amour und Folie kommen als letzte zu spät und drängen sich, wer als erster in den Palast darf. Es kommt zu einem Streit über die jeweilige Dignität, in dessen Verlauf Amour – vergeblich – einen Pfeil gegen Folie abschießt und diese Amour blendet, indem sie ihm die Augen verbindet. Die Götter werden um Rat gefragt, Venus, Apoll und Merkur sagen ihre Meinung, bis Jupiter den Streit salomonisch schlichtet:[30]

> Pour la dificulté et importance de vos diferens, et diversité d'opinions, nous avons remis votre afaire d'ici à trois fois, sept fois, neuf siecles. Et ce pendant vous commandons vivre amiablement ensemble, sans vous outrager l'un l'autre. Et guidera Folie l'aveugle Amour, et le conduira par tout ou bon lui semblera. Et sur la restitucion de ses yeus, apres en avoir parlé aus Parques, en sera ordonné. (Labé, *Débat de Folie et d'Amour*, ed. Rigolot, S. 103)

Dieser Dialog ist leicht und witzig, und die Pointe besteht darin, daß die Liebe blind und töricht macht. Es geht also um die personifizierte Folie als Liebeswahn.

Die französische Sprache kennt übrigens eine differenzierte Terminologie für den Narren, die Henri Estienne überliefert (das Wort *fou* kommt von lat. *follis* = Schlauch, Beutel Blase, Sack, soll also das leere, schlaffe Gefäß bezeichnen):

> Mais puisque je suis tombé sur le propos de ceste façon de parler Françoise, je mettray en avant encore ceste considération: que la langue Françoise ne pouvant appeler *fol* autrement que *fol* (sinon que ma mémoire soit en cest endroit trop courte), au contraire ha grand nombre de termes pour exprimer un *sot*. Car les frères, ou pour le moins cousins germains de *sot* sont, *niais* (que le vieil François disoit *nice*), *fat*, *badaut* (que le vulgaire en quelques lieux appelle *badlori*), *nigaud*, *badin*, et plusieurs autres. (Estienne, *Apologie*, ed. Ristelhuber I, S. 64f.)

Ganz anders und differenzierter als die meisten Narren-Autoren argumentiert Erasmus: Das menschliche Dasein wird eben nicht nur von Vernunft geleitet, sondern braucht die Narrheit als Gegenbild. Im 63. Abschnitt des *Encomium* gibt Erasmus übrigens einen interessanten Hinweis auf die Verbindung von Narrheit und Mondmotiv – in den romanischen Sprachen heißt närrisch häufig *lunatique, lunatico* usw. –, und zwar aus Jesus Sirach

(Ecclesiasticus 27,12: »Homo sanctus in sapientia manet sicut sol, nam stultus sicut luna mutatur – Die Rede des Frommen ist immer klug, der Tor aber ändert sich wie der Mond«).[31] Erasmus interpretiert dies wie folgt:

> Und wenn der weise Sirach lehrt: »Der Tor wandelt sich wie der Mond; der Weise bleibt wie die Sonne«, was anderes deutet er damit an, als daß das ganze Menschengeschlecht töricht ist und Gott allein der Name »der Weise« gebührt? Denn unter dem Mond verstehen die Ausleger das menschliche Wesen, unter der Sonne dagegen die Quelle alles Lichtes, Gott; und bestätigt wird das durch Christi Wort im Evangelium, »niemand sei gut denn Gott allein«. [...] Ist nun jeder ein Tor, der kein Weiser ist, und jeder Gute zugleich ein Weiser, wie die Stoiker behaupten, so folgt, daß die Torheit alle Sterblichen umfaßt. Und hören wir wieder Salomo im 15. Kapitel der Sprüche: »Die Torheit ist dem Toren eine Freude«. Das besagt doch unzweideutig, es gebe ohne Torheit im Leben nichts Schönes. Denselben Sinn hat der bekannte Spruch: »Wer sich Weisheit erwirbt, erwirbt sich Kummer, und in der Fülle des Wissens liegt eine Fülle des Schmerzes«, und ebenso gesteht der treffliche Prediger im 7. Kapitel: »Das Herz des Weisen ist dort, wo die Freude«. (Erasmus, *Lob der Torheit*, ed. Welzig II, 180–181)

Im Narrenmotiv ist demzufolge eine strukturbildende Dichotomie angelegt: Illusion und Desillusion, Vernunft und Wahn, Realität und Einbildung usw., aber auch, wie Erasmus sagt, das Glück des Nichtwissens und daher Nichtbekümmertseins.

In den uns interessierenden französischen Werken der Renaissanceliteratur kommt das Narrenmotiv in vielfacher Gestalt vor, ganz wie es der Tradition entspricht: Am Beispiel von Rabelais' Pentalogie kann man das gesamte Spektrum des Narrenmotivs festmachen. Im *Tiers Livre* wird der Schelm Panurge, der eo ipso die paradoxe Keckheit eines Hofnarren zur Schau stellt, auch noch zum Vertreter des Liebeswahns (III, 7); im *Gargantua*-Prolog ist der Silen der Vertreter der Ambivalenz von Torheit und Weisheit; das satirische Eulogium – etwas wird gelobt, was in Wahrheit getadelt werden soll – ist als Verfahrensweise omnipräsent[32] (z.B. Schuldner und Borger in III, 2–5, vgl. Hausmann, *Aufkommen*, S. 38f.); und zahllos sind die wirklichen Narren, die sich falsch verhalten. Insbesondere in III, 37–38; 44–45 konsultiert Panurge einen Narren, und zwar den berühmten Triboulet,[33] den Hofnarren Ludwigs XII. und Franz' I., bezüglich seines Dilemmas, ob er heiraten solle und wie er im positiven Fall die Hahnreischaft vermeiden könne. Pantagruel, der Panurge wegen seines späten Heiratswunsches selber für einen Narren erklärt (Kap. 45–46, ed. Demerson, S. 531f.), empfiehlt die Weisheit des Narren mit einer Anekdote, die von dem berühmten Narren Seigny Joan (Herr Johann) handelt. Dieser schlichtet nämlich einen Streit zwischen einem Lastträger, der in einer Garküche sein trockenes Brot verzehrt und für den Bratenduft bezahlen soll, indem er den Garkoch mit dem Klang von Geldmünzen entlohnt:[34]

> Puis, en majesté præsidentiale, tenent sa marote on poing comme si feust un scep-
> tre et affeublant en teste son chapperon de martres cingesses à aureilles de papier,
> fraizé à poincts d'orgues, toussant préalablement deux ou trois bonnes foys, dist
> à haulte voix ... (Rabelais, *Tiers Livre*, Kap. 37, ed. Demerson, S. 506)

> Hierauf sprach er majestätisch wie ein Gerichtspräsident, während er seine Nar-
> renpritsche wie ein Zepter in der Faust hielt und seine Kappe aus Affenmarderpelz
> mit den gefransten Papierohren aufsetzte, nachdem er sich zuvor zwei- oder drei-
> mal tüchtig geräuspert hatte. (übers. Widmer I,716).

Der Narr ist hier deutlich die Parodie eines juristischen Amtsträgers und
nicht minder klug oder närrisch als dieser. Triboulet rasselt, statt zu ant-
worten, nur mit seiner Schweinsblase und gibt Panurge die änigmatische
Antwort: »Par Dieu, Dieu, fou enragé, gare moine! cornemuse de Buzançais
– Bei Gott, o Gott, tollwütiger Narr, nimm dich in acht vorm Mönch! Sack-
pfeife von Buzançay« (ebd., S. 532; Widmer I,750), ein Spruch, der zu aller-
hand Deutungen unter den Freunden Anlaß liefert. Bilanziert man aber alle
Narrenszenen, so wird man feststellen müssen, daß Rabelais diesem Typ
äußerst positiv gegenübersteht.
   Der mittelalterliche Mensch lebte, wie gesagt, zwei nahezu gleichberechtigte Leben, ein offizielles und ernstes, das von hierarchischen Strukturen, Zwängen, Unterdrückung, Angst und Lebenskampf gekennzeichnet
war, und daneben, als Gegenpol, ein karnevaleskes, das sich hauptsächlich
auf dem Marktplatz, bei Jahrmarktsfesten, abspielte. Wir verdanken den
Untersuchungen Bachtins diese Einsicht in die offizielle Ernsthaftigkeit und
die volkstümliche Spaßhaftigkeit der mittelalterlichen Kultur. Der mittelalterliche Karneval, der in die Renaissance hineinreicht, ist ein Motiv der
›verkehrten Welt‹, und er setzt absichtlich die üblichen Hierarchien auf Zeit
außer Kraft und wirkt dadurch letztlich systemstabilisierend. Im
Mittelpunkt dieser ›Traumzeit‹ (H.P. Duerr, zit. nach Teuber, S. 228f.), dieser Zeit zwischen den Zeiten, werden die gemeinhin Vernünftigen für die
Dauer des Festes zu Narren. Wahn und Narretei bilden demnach den
Gegenstand der Karnevalszeit und seiner Rituale. Bachtin hat die Literatur
der Renaissance allgemein als stark karnevalesk beeinflußt interpretiert und
in ihr folglich eine grundlegende Doppelstruktur erkannt.

Das Reisemotiv (Utopien)

Das 15. Jh. ist, wie bereits ausgeführt, das Zeitalter der Entdeckungen; die
Europäer greifen insbesondere nach Afrika und Asien aus und gelangen
dabei eher zufällig und ungewollt nach Amerika, dem vierten Kontinent.
Dies hat sich in zahlreichen Reiseberichten niedergeschlagen, die meist auf

Latein, Italienisch, Spanisch und Englisch abgefaßt sind, aber sogleich in die anderen europäischen Hauptsprachen übersetzt und zu großen publizistischen Erfolgen wurden.[35] Die französischsprachige Reiseliteratur (Jacques Cartier, Jean Ango, Jean Parmentier, Oronce Fine, Jean-François de Roberval, André Thevet, Guillaume Postel, Pierre Belon) betrifft fast ausschließlich Nordamerika und Kanada, damals noch *La nouvelle France* genannt. Diese Reiseliteratur hat auch in der nicht sachgebundenen Prosa ihre Spuren hinterlassen; Rabelais, Marguerite de Navarre und Montaigne wurden bereits erwähnt (Kap. II).[36] Kommen wir erneut auf Rabelais zu sprechen: Schon bei oberflächlicher Lektüre fällt auf, welchen Stellenwert Rabelais dem Reisen einräumt. Wir finden eine Jenseitsreise (*Pantagruel*, Kap. 30), eine Reise in das Innere von Pantagruels Mund (ebd., Kap. 32), aber auch Reisen von Frankreich nach Utopien (ebd., Kap. 23). Insbesondere der *Quart* und der *Cinquiesme Livre* sind echte ›Reisebücher‹, wenngleich man sie auch als komische Odysseen deuten kann. Der Anlaß dieser großen Reise ist das Heiratsdilemma Panurges, der zwar heiraten möchte, sich dann aber doch nicht wirklich zu diesem Schritt entscheiden kann, weil er fürchtet, seine Frau werde ihn zum Hahnrei machen. Nachdem alle möglichen Konsultationen, die den *Tiers Livre* füllen, zu keiner befriedigenden Antwort geführt haben, beschließen Pantagruel und Panurge, das Orakel der *Dive Bouteille*, der Göttlichen Flasche, zu befragen (*Tiers Livre*, Kap. 47). Nachdem Gargantua seinen Segen gegeben hat (ebd., Kap. 48), steht der Reise nichts mehr im Weg. Im Hafen von Thalasse bei Saint-Malo sammelt sich die Flotte, geführt von der *Thalamège*, »ainsi estoit nommée la grande et maistresse nauf de Pantagruel, ayant en pouppe pour enseigne une grande et ample bouteille« (Ed. Demerson, S. 583). Nach Absingen des 114. Psalms, der eigenartigerweise in der Marotschen Übersetzung »Quand Israël hors d'Ægypte sortit« gesungen wird, beginnt die weite Fahrt zum Orakel (Übers. Widmer II, 831–832).

Rabelais glaubt wie die meisten französischen Seefahrer seiner Zeit an einen Weg durch die Nordwestpassage. Die Reise findet auf dem Parallelkreis des von Saint-Malo aus südlich liegenden Hafens Les Sables-d'Olonne statt. Auch an anderen Stellen des Werks finden sich Hinweise auf die französischen Entdeckungen in Nordamerika, und die erste Reise Pantagruels (*Pantagruel*, Kap. 24), die von Rouen nach Utopien in China führt, entspricht der Ostindienroute der Spanier. Aber interessanter als diese Einzelheiten eines geographischen Realismus sind die strukturellen Möglichkeiten des Reisemotivs. Reisen ist immer auch Symbol des Lebens, denn der Mensch wird aus seiner gewohnten Umgebung gerissen und lernt sich und seine Begleiter besser kennen. Die beständigen Ortsveränderungen sorgen zudem für Abwechslung und Farbigkeit der Erzählung; der Text hat eine Dynamik, die erst zur Ruhe kommt, wenn das Reiseziel erreicht ist. Begegnungen auf See und an Land lassen neue Personen in das Geschehen eintreten und eröffnen somit weitere Perspektiven.

Die eigentliche Fahrt im *Quart* und *Cinquiesme Livre* geht ins Phantastisch-Irreale und ist nicht nur von der zeitgenössischen Reiseliteratur, sondern auch von den antiken Epen, Lukian, dem höfischen Roman des Mittelalters und seinen Parodien im 15. Jh. inspiriert. Die Reisenden segeln von Insel zu Insel, so daß sich Abenteuer zu Wasser und zu Lande miteinander abwechseln. Alle Inseln haben sprechende Namen, und man erkennt unschwer, daß die Eigenarten ihrer Bewohner als religiöses Fehlverhalten aller etablierten Glaubensgemeinschaften und Kirchen gedeutet werden können, oder, seltener, Fehlverhalten der zeitgenössischen Justiz anprangern, der Rabelais' besondere Aufmerksamkeit nach den religiösen Fragen gilt (vgl. Rabelais, übers. Regis II, S. 337f.)

Eine viel realistischere Funktion hat das Reisen in Marguerite de Navarres *Heptaméron* (erstmals gedruckt 1558 unter dem Titel *Histoires des amans fortunez*; dann 1559), der wichtigsten Novellensammlung der französischen Hochrenaissance (s. S. 150f.). Das *Heptaméron* sollte ursprünglich auch ein *Decamerone* mit einhundert Novellen sein, doch blieb es nach der 72. Novelle unvollendet. Es hat einen sehr weit ausgeführten Rahmen nach dem Muster Boccaccios, der genau die Architektur des *Decamerone* nachahmt. Der Schauplatz ist in die Pyrenäen, die engere Heimat der Autorin, verlegt. Mehrere Herrschaften von Stand sind ursprünglich krank – man erinnere sich an das im Zusammenhang mit Rabelais' Pentalogie zur Krankheit Gesagte (s. S. 159) – und begeben sich in die Bäder von Cauterets, um Heilung zu suchen. Nachdem sie körperlich genesen sind, möchten sie nach Hause zurückkehren. Doch ein Dauerregen, den die Verfasserin mit der Sintflut vergleicht, hält sie auf. Nach heftigen Anfechtungen und Abenteuern – Raubüberfälle, Angriff durch einen Bären, Durchquerung eines reißenden Flusses, die meist einige ihrer Begleiter das Leben kosten – gelangen jeweils fünf Damen und Herren eher zufällig in die Abtei Sarrance, wo sie beschließen, ein Zurückweichen der Fluten abzuwarten. Erst die Fertigstellung einer Brücke würde ihnen die Heimreise ermöglichen. Bei der Suche nach einem standesgemäßen und angenehmen Zeitvertreib, schlägt die würdige Witwe Oisille Bibellesung vor, der sinnenfrohe frivole Hircan irgendeinen Sport. Man einigt sich schließlich auf Vorschlag der ernsten Parlamente darauf, sich nach Bibellektüre und Messe nachmittags auf einer idyllischen Wiese am Ufer des Gave de Pau zu treffen und gemeinsam Novellen zu erzählen.

In Oisille erkennt man unschwer Louise von Savoyen, die Mutter Marguerites. Parlamente und Hircan, ein Ehepaar, das meist unterschiedliche Meinungen vertritt, stehen für die Autorin selber und ihren Mann Henri d'Albret. Auch die übrigen ›devisants‹ (Erzähler) können als zeitgenössische Personen identifiziert werden. Alle sind von unterschiedlichem Temperament, haben einen Verlust erlitten, über den das Erzählen wahrer Geschichten hinwegtrösten soll. Trotz unterschiedlicher Auffassungen ist allen Erzählern ein christliches Gewissen gemeinsam. Über den Glauben an Jesus Christus sowie die Notwendigkeit des Adels und der Monarchie besteht Konsens. Im Vergleich mit Boccaccio fällt eine größere Ausgewogenheit der Erzählungen auf. Die Reise schafft die Voraussetzungen für das Erzählen, ist nicht mehr Teil des Erzählten selber. Es ist eine Reise im eigenen Land ohne große Perspektiven und ganz dem Binnengeschehen untergeordnet. Insoweit bestätigt sich erneut, daß die französische Literatur der zweiten Jahrhunderthälfte an Geschlossenheit gewinnt und bereits frühklassischen Geboten und Normen der ›vraisemblance‹ und ›bienséance‹ gehorcht (vgl. Schönberger, S. 37f.).

Auch Montaigne war ein Liebhaber des Reisens, wie bereits gezeigt wurde. Seine größte Reise erfolgte 1580/81, kurz nachdem die beiden Bücher der *Essais* erschienen waren. Er reiste nach Italien in die Bäder, um Heilung von seinem Nierensteinleiden zu finden, und hielt die Etappen der Reise in seinem *Journal de voyage* fest (vgl. Friedrich, S. 238f.). »Das Auffälligste des Reisetagebuchs sind seine realienkundlichen Details« (S. 239). Grundsätzliche Reflexionen über das Reisen treten aber nur in den *Essais* auf, die nach der Rückkehr aus Italien geschrieben sind (vor allem in III, 9). Montaigne entdeckt im Reisen eine Naturgabe seiner Individualität. Wenn er zuvor auf den Spuren der Alten im Reisen eine Unbeständigkeit unseres Wesens erkennen wollte, wird ihm jetzt das Reisen »ein der bewegten inneren Unendlichkeit adäquater Selbstzweck«. Um sich selber zu erkennen, »tut ihm der Blick in die Welt not und der Tribut an ihre Nichtigkeit, die ihr Reichtum ist« (ebd., S. 242):

> Les voyages ne me blessent que par la despence, qui est grande et outre mes forces; ayant accoustumé d'y estre avec equippage non necessaire seulement, mais encores honneste, il me les en faut faire d'autant plus courts et moins frequents [...]. Je ne veux pas que le plaisir du promener corrompe le plaisir du repos; au rebours, j'entens qu'ils se nourrissent et favorisent l'un l'autre. (Montaigne, *Essais* III, 9, ed. Thibaudet/ Rat, S. 926; übers. Franz, S. 324)

Eng mit dem Reisen ist die Utopie verbunden (*MLL* 480f.; *LWR* 468f.; Delumeau, S. 366f.). Herkunft und buchstäbliche Bedeutung des Wortes ›Utopie‹ sind so durchsichtig, daß man auch dann, wenn man es nicht wüßte, auf eine gelehrte Bildung des Humanismus schließen würde. Im Jahr 1516 erschien in der brabantischen Universitätsstadt Löwen ein »wahrhaft goldenes und nicht minder heilsames Büchlein über den besten Staat und die neue Insel Utopia«, *Libellus vere Aureus nec minus Salutaris quam festivus de optimo reipublicae statu deque nova Insula Utopia*, verfaßt von Sir Thomas More (1477–1535), dem nachmaligen Kanzler König Heinrichs VIII.

von England.[37] Die Veröffentlichung dieser kleinen Schrift war zugleich die Geburtsstunde des Wortes ›Utopie‹, das von dort sehr schnell Einzug in alle Weltsprachen gehalten hat. Das Wort ist demnach bedeutend jünger als die Sache selber, die es beschreibt, denn utopisches Denken ist den Menschen zu allen Zeiten eigen gewesen, und so findet man in Werken, die von ihrer Gattung her nicht Utopien genannt zu werden verdienen, sog. integrierte Utopien, Abschnitte oder Episoden mit utopischem Charakter, die auch im vorliegenden Kontext interessieren.

Was eine ›Utopie‹ genau ist, darüber haben sich viele Gelehrte immer wieder den Kopf zerbrochen. Das Moresche Werk kann bei einer ersten Orientierung weitere Hilfe bieten. Der Autor bezeichnet damit jene Insel im fernen Weltmeer, die früher ›Abraxa‹ hieß und nach ihrem sagenhaften König Utopos, der sie zu einem vorbildlichen Staatswesen mit idealen Einrichtungen machte, seither Utopia benannt ist. Das gibt More jedenfalls vor. In Wirklichkeit ist die Abhängigkeit umgekehrt: Utopos wurde nach Utopia genannt, einer Analogiebildung zu anderen in der lat. Sprache üblichen Ländernamen wie Germania, Italia, Gallia usw. Allerdings handelt es sich um einen sprechenden Namen, gebildet aus der griech. Verneinungspartikel οὐ und dem Wort τόπος = Ort. Utopia ist also ein ›Nirgends‹, ein ›Nichtland‹, ein ›Nichthier‹. Obwohl von More ernst gemeint, muß der Titel schon bald dazu herhalten, um Phantasiereiche, Lügenländer und märchenhafte geographische Berichte zu benennen. In diesem Sinne nutzt Rabelais im 23. Kap. des *Pantagruel* bereitwillig den Namen, wenn er seinen Helden nach Utopien reisen läßt.[38] Neben der geographischen Komponente impliziert der Titel Mores aber bereits eine Gleichsetzung von Utopia mit dem ›besten Staat‹. Aus dem geographischen Terminus wurde also sogleich im Augenblick seiner Entstehung ein philosophisch-literarischer. Dies wurde vielleicht auch durch eine in der englischen Aussprache willkürliche Etymologisierung bzw. Aussprachevariante von Utopia = Eutopia und damit eine Rückführung auf die griech. Partikel εὖ [= gut] bekräftigt, die aus Utopia ein Land machte, in dem es sich gut leben läßt. Ein normaler Leser oder Hörer denkt beim Klang von Utopia im Normalfall an einen ›Staatsroman‹, weniger an die geographische Bestimmung. Eine Utopia, so können wir festhalten, ist das literarische Idealbild einer imaginären Staatsordnung. Die Utopie ist literarisch, d.h. sie gestaltet mit sprachlichen Mitteln eine Welt *sui generis*, die in dem durch das Wort evozierten Bezirk der Phantasie den einzigen Ort ihrer Existenz besitzt. Ihre sprachlichen Mittel sind vor allem die erzählerischen Grundformen des Beschreibens und Berichtens. Die Entdeckung unbekannter Erdteile seit Ausgang des 15. Jh.s und neuer Planeten und Gestirne seit dem 16. Jh., die das mittelalterliche Weltbild in seinen Grundfesten erschütterten, erleichterten natürlich die Vorstellung anderer Ordnungen und motivierten viele Schreiber von Utopien. Auch setzte an der Wende vom 15. zum 16. Jh., von Italien ausgehend, bei den Humanisten eine verstärkte Reflexion über die beste Staatsform ein. Die Utopie ist anderen Gattungen wie dem Märchen, dem Fürstenspiegel, dem Reiseroman und der Robinsonade verwandt und gehört zur didaktischen, zur Tendenzliteratur.

Wenn man in Mores *Utopia* den Ansatz für die Geschichte der modernen Utopie erkennen muß,[39] reicht deren Vorgeschichte nicht nur bis in die Antike (Platon, *Politeia*) zurück, sondern wurzelt auch im Mittelalter, das uraltes ›utopisches‹ Sagengut tradierte. Für die französische Literatur des Mittelalters waren vor allem Vorstellungen aus der keltischen Folklore bestimmend, die man als ›matière de Bretagne‹ zu bezeichnen pflegt. Ein Traditionsstrang überlieferte die Seereise des Heiligen Brendan, dem es nach seinem Visionsbericht vergönnt war, das im Weltmeer gelegene irdische Paradies zu schauen. Die *Navigatio Sancti Brendani* entstammt dem 11. Jh. und verbreitete sich von Irland auf das Festland, wo mehrere Prosa- und Reimfassungen in französischer, englischer, italienischer und deutscher Sprache entstanden. Obwohl die Kirche die Abenteuer des irisch-schottischen Abtes Brendan ablehnte, wurde seine phantastische Seereise eine der Lieblingslektüren des Mittelalters. Brendan berichtet von den mit allen irdischen Gütern ausgestatteten Inseln der Seligen (*insulae fortunatae*), die von einem goldglänzenden Schloß gekrönt werden. Hier fließen Milch und Honig, und den Menschen ist ewiges Leben verliehen (*Franz. Mittelalter* 144f.). Es handelt sich dabei um eine Sonderform der Utopie, die den Menschen von materiellen Zwängen befreit; von politischer Freiheit ist noch nicht die Rede.

Auch in den *Lais* der Marie de France (um 1130–um 1200), Kurznovellen oder »Problemmärchen« (Leo Spitzer), wird die Brücke zu einem utopischen Feenreich meist durch einen Entrückungszauber geschlagen. Unserer Thematik am nächsten liegt der Lai *Guingamor*. Der gleichnamige Ritter verirrt sich auf der Jagd und gelangt in ein Feenreich, wo er drei schwelgerische Tage im Glück der Liebe zubringt. Nach seiner Rückkehr findet er sich in seiner Heimat nicht mehr zurecht. Nicht drei Tage, sondern dreihundert Jahre sind verflossen. Es ist das bekannte Siebenschläfermotiv. In einem anderen Lai (*Lanval*) berichtet die Autorin von der paradiesischen Insel der Seligen, einem elysischen Gefilde mit Namen Avalon. König Artus soll nach einer Verwundung in der Schlacht auf diese Insel entrückt worden sein, von der er dereinst zu seinen Getreuen zurückkehren wird. Eine weitere Gruppe mittelalterlicher Utopien trägt einen eschatologischen [= endzeitlichen] Grundzug: sie bilden den Übergang zu bestimmten religiösen Vorstellungen des Mittelalters. Da ist die unerreichbare Gralsburg, da ist das in den Kreuzzugsepen zum Traumreich gewordene Byzanz Kaiser Hugos, den die fränkischen Ritter mit einem goldenen Pflug beim Ackern treffen.

Die am weitesten verbreitete Bezeichnung eines idealen Reichs erlangte allerdings erst seit dem 12. Jh. in der französischen Literatur Bedeutung. Es ist das *pays de cocagne*, das unserem Schlaraffenland entspricht.[40] Das Wort ist nach dem mittelniederdt. kokenje [= Honigkuchen] gebildet. Ein *Fabliau de Coquaigne* aus dem 12./13. Jh. berichtet in 186 paarweise gereimten Achtsilbern, wie es dort zugeht. In Cocagne wird nicht Arbeit, sondern Langschläferei im Akkord bezahlt. Die erlesensten Weine fließen in Bächen durch die Straßen, die Häuser sind aus Fisch, Speck und Würsten konstruiert, an den Straßen stehen überall weiß gedeckte Tische, und dreimal in der Woche regnet es Kuchenplinsen. Auch für Erotik ist gesorgt; sie wird von schönen Mädchen sozusagen als Hors-d'œuvre geliefert (vgl. Delumeau, S. 339f., bes. 350f.). Eine Art Schlaraffenland – das Land Torelore – finden wir auch in der Chantefable *Aucassin et Nicolette*. Die Königin prügelt den König aus dem Kindbett (denn hier bekommen die Männer die Kinder), damit er sich an die Spitze seines Heeres stellt. Kriege verlaufen in Torelore unblutig, da man den Feind statt mit Wurfgeschossen mit Rüben bombardiert (Kap. XXVIII–XXXIV).

Rabelais verwendet, wie bereits gesagt, den Namen Utopia mehrfach in seiner Pentalogie (*Pantagruel*, Kap. 2: Badebec, Pantagruels Mutter, ist die Tochter des Königs der Amauroten in Utopien; ebd., Kap. 24, S. 311: Reise von Paris nach Utopien; *Tiers Livre*, Kap. 1: »Comment Pantagruel transporta une colonie de Utopiens en Dipsodie«). Zahlreiche Reisestationen im *Vierten* und *Fünften Buch* haben ebenfalls utopischen Charakter, auch wenn sie andere Namen tragen. Aber die eigentliche Utopie mit weitreichenden religiösen und gesellschaftlichen Auswirkungen findet sich im *Gargantua*, Kap. 49–56, und handelt von der Abbaye de Thélème (vgl. Delumeau, S. 361f.). Diese Episode bildet den Abschluß des *Gargantua*. Nach der Schlacht gegen König Pikrochole werden die Teilnehmer des Kampfes belohnt, jeder mit Geld und Gut, »restoit seulement le moyne à pourvoir«. Gargantua denkt diesem Mönch mit Namen Frère Jean des Entommeures eine eigene Abtei zu, aber Bruder ›Johann vom Klopffleisch‹ lehnt ein herkömmliches Kloster ab und möchte ein eigenes nach seinen Vorstellungen gründen. Gargantua ist einverstanden und gibt ihm »son pays de Thélème«, wo sich auf wunderbare Weise bereits eine Abtei befindet, die den Ansprüchen des Mönchs genügt. Ihre Ausgestaltung wird in den anschließenden Kapiteln beschrieben, und zu unserem Erstaunen bestimmt Gargantua, nicht Frère Jean, in allen Punkten, wie Thélème aussehen soll. Frère Jean tritt bis zum Ende der Episode in den Hintergrund. Es handelt sich bei Thélème um ein ›Anti-Kloster‹, das keine Reglementierung durch Mauern, Zeiteinteilung, Gelübde oder Geschlechtertrennung kennt. Bau und Ausstattung, denen die Kap. 51, 53 und 54 gewidmet sind, entsprechen den zwischen 1513 und 1525 errichteten Loireschlössern Bonni-

vet, Chambord und Chantilly, und spiegeln den Luxus der unter italie-
nischem Einfluß entstandenen Renaissancefürstenhöfe mit allen Möglichkeiten für Bildung, Spiel, körperliche Ertüchtigung und Unterhaltung wider.
Gargantua hat für alles gesorgt: für den Komfort und den Unterhalt der
Insassen, so daß es keine materiellen Sorgen geben kann. Über der Tür ist
eine gereimte Inschrift angebracht (Kap. 52), die erklärt, wer in Thélème
Zutritt hat und wer nicht: Hypokriten, Juristen und Wucherer, aber auch
Eifersüchtige, Krüppel, Häßliche, Dummköpfe und Kranke sind ausge-
schlossen; Ritter, edle Frauen und die ›Evangelischen‹, »gens liberes, bien-
nez, bien instruicts«, wie es an anderer Stelle heißt, werden hingegen aufgenommen. In Kap. 57 erfahren wir den Zweck der thelemitischen
Lebensgemeinschaft: Die Thelemiten kennen keinerlei Gesetze, keinerlei
Utilitarismus, sondern leben allein nach der Regel des »Fay ce que vouldras
– Tu, was du willst« (Ed. Demerson, S. 203). Dennoch kommt es zu keinerlei Konflikten, da Pflicht und Neigung, Natur und individuelles Wollen,
miteinander übereinstimmen.

Eine Voraussetzung dieses repressions- und konfliktfreien Lebens ist
jedoch sein elitärer Charakter: Thélème ist frei von materiellen Sorgen und
nimmt nur eine ständische bzw. eine Bildungsaristokratie auf. Wenn ein
männlicher Bewohner aus irgendwelchen Gründen die Abtei einmal verlassen will, nimmt er eine Dame von dort mit, die im gleichen Sinn erzogen
worden ist wie er, und setzt mit ihr in der Welt draußen das thelemitische
Leben fort. Thélème, dessen Insassen noch jung sind (das Eintrittsalter
beträgt für Frauen 10–15, für Männer 12–18 Jahre), bildet somit die Keimzelle für eine neue Gesellschaft. Im 57. Kap. erfahren wir weiterhin, daß in
den Fundamenten von Thélème eine Bronzetafel gefunden wurde, die ein
geheimnisvolles Rätselgedicht enthält, welches nach der Deutung Gargantuas besagt, daß die Evangelischen, die Anhänger des wahren Glaubens,
schon immer verfolgt wurden und auch in Zukunft mit Nachstellungen
rechnen müssen. In Thélème werden sie jedoch Zuflucht finden. Frère Jean
hält aber dieses Gedicht nur für die Schilderung eines Tennisspiels und löst
den Ernst der Beschreibung der Abtei in Lachen auf.

Bereits der Name der Abtei, dem das griech. θέλημα (dt. Wille)
zugrunde liegt, weist auf ein Schlüsselwort der Bibel hin. Θέλημα, in der
klassischen Antike kaum belegt, findet sich im NT mehr als sechzigmal. Es
meint nicht nur den spontanen menschlichen Willen, der nicht durch Reflexion konkretisiert ist, sondern auch die göttliche Absicht. Gottes Wille und
menschlicher Wille fallen in θέλημα zusammen. Die Insassen von Thélème
sind also, wenn sie ihrem persönlichen Willen folgen, offenbar auch im Einklang mit Gottes Heilsplan. Bei näherem Hinsehen erweist sich der Kommentar, den Rabelais zu »fay ce que vouldras« im 57. Kap. gibt, als eine
Paraphrase von Erasmus' *Hyperaspistes II* (1527). Diese Schrift stellt eine

Erwiderung auf Luthers *De libero arbitrio* vom Jahr 1524 dar. Hierin versucht Erasmus eine eigene Antwort auf die These Luthers, nur durch den Glauben und die Gnade könne der Mensch erlöst werden, und zugleich auf den Anspruch des orthodoxen Katholizismus, der allein die guten Werke für heilsfördernd erklärte. Rabelais schlägt sich auf die Seite seines Lehrers Erasmus, denn auch er legt ein optimistisches Bekenntnis zur Perfektibilität des Menschen ab.[41] Allerdings gilt dies nicht schlechthin: Der Mensch muß ständig zu den Quellen des reinen unverfälschten Glaubens zurückkehren, die er im Urtext des Evangeliums wiederfindet. Dabei kommt den im Sinn des Evangeliums Gebildeten eine besondere Aufgabe zu, die nicht jeder Beliebige erfüllen kann, und dies ist zugleich eine Erklärung für den elitären Charakter der Abtei von Thélème. Thélème stellt eine Lebensgemeinschaft dar, die weltoffen und ehefreudig ist und ihren Mitgliedern die Kraft verleiht, anders als dies in den Klöstern der Fall ist, nach dem wahren Evangelium zu leben. Dies wird auch durch die architektonisch omnipräsente Sechszahl unterstrichen, denn Sechs ist die erste vollkommene Zahl und symbolisiert Ordnung, Fruchtbarkeit und Produktivität. Ob Rabelais an dieses Symbol glaubte, ist nicht zu entscheiden. Symbole, Embleme und Allegorien spielen jedoch in seinem Denken eine große Rolle. Thélème erweist sich gerade durch seinen utopischen Charakter als ein Plädoyer für die reformatorischen Bestrebungen der Epoche (vgl. Hausmann, *Aufkommen*, S. 18f.).

Krieg und Frieden

Das 16. Jh. ist ein Jahrhundert der Kriege, insbesondere für Frankreich, das erst nach außen in die Italienkriege, dann nach innen in die Religionskriege verstrickt ist. Diese haben in Biographien, Memoiren, Chroniken und Pamphleten durchaus ihre Spuren hinterlassen, um die es hier jedoch nicht geht. Verwiesen sei nur auf Brantôme, dessen ca. 180 *Vies des grands capitaines* die Kriegsführer aller feindlichen Lager porträtieren (Ed. Mérimée, Bd. III–VII). Bereits im 15. Jh. hatte sich das Heerwesen einschneidend verändert, und diese technische Revolution zog auch eine gesellschaftliche nach sich. Die mittelalterlichen Heere bestanden aus ritterlichen Kontingenten zu Pferd, die die Vasallen auf Grund ihrer Gefolgschaftstreue dem König zur Verfügung zu stellen hatten. Schon im 14. Jh. wurde aber die Bedeutung der städtisch-bürgerlichen Fußtruppen deutlich, und ab dem 15. Jh. waren die Maßstäbe völlig verändert: kriegsentscheidend wurden jetzt Söldnertruppen sowie Handfeuerwaffen und Artillerie. Die Ritterheere wurden überflüssig, die feudale Grundlage des Adels beseitigt. Seine

Sonderstellung hatte sich einst daraus entwickelt, daß die Gefolgschaft in Form von Grundbesitz und Privilegien honoriert worden war. Kriegsdienst wurde aber jetzt zum Handwerk gegen Entlohnung, das jeder Bauer und Bürger erlernen und ausüben konnte, unter dem aber auch ganze Landstriche litten, da die Kriege bisher unbekannte Ausmaße annahmen. Die vier militärischen Auseinandersetzungen zwischen Franz I. und Karl V. (1521–1544), deren spektakulärsten Höhepunkt der *Sacco di Roma* (Plünderung Roms) am 6. Mai 1527 darstellte, legen davon beredtes Zeugnis ab (s. Kap. II). Sie zeigen auch, daß Wortbrüchigkeit und unverhüllter Machtegoismus an die Stelle feudaler Ritterehre getreten sind. Kriegsführen aus nichtigen Anlässen wird jetzt zu einem legitimen Mittel der Politik. Karl V. vereinigt in seiner Hand so viele Territorien wie keiner seiner Vorgänger; seine universal orientierte Politik, in der Italien, Großburgund und Übersee gewichtige Faktoren waren, mußte unweigerlich zur Konfrontation mit dem ähnlich denkenden machthungrigen französischen Rivalen Franz I. führen, was auch der Fall war. Wir wollen im folgenden wieder nach der narrativen Struktur von Krieg und Frieden fragen.

Rabelais hat mit dem pikrocholinischen Krieg (*Gargantua*, Kap. 23–48) dem Angriffskrieg ein negatives Denkmal gesetzt (s. Kap. V). Seine Schilderung läßt bereits die Schrecken erahnen, die eine marodierende Soldateska moderner Größenordnung anzurichten vermag. Pikrochole, der ›Gallbittere‹, trägt deutliche Züge Karls V., denn bei der Mobilmachung wird dessen Devise »Plus oultre« verhöhnt. Aber das Bild seiner Herrscherpersönlichkeit wie auch der Ablauf des Krieges sind noch feudalistisch-mittelalterlich geprägt. Der eigentliche Anlaß des pikrocholinischen Krieges ist ein banaler, aber er zerreißt abrupt die Freundschaftsbande, die seit alters Grandgousier, Gargantuas Vater, und den Nachbarn Pikrochole III. miteinander verbunden haben: Hirten des Grandgousier sind bei der Traubenernte und bitten vorüberkommende Weckenbäcker Pikrocholes, ihnen Wecken zu verkaufen. Als diese sich weigern und sie tätlich angreifen, kommt es zum Streit, der sich später generalisiert. Schon früh hat man die religiöse Dimension des Krieges – es geht letztlich um Wein und Brot – gesehen, auf die an dieser Stelle aber nicht weiter eingegangen werden soll. Nach dieser Deutung stehen die Leute Grandgousiers für reformkatholische Bewegungen, wo nicht gar für protestantische, die das Abendmahl wieder in der urchristlichen Form mit Brot und Wein feiern wollen, die jeder Gläubige erhält (s. S. 139f.). Pikrochole entpuppt sich als Tyrann, Grandgousier und sein Sohn Gargantua als gemäßigte friedliche Könige. ›Piété‹, ›sagesse‹ und ›bonté‹ zeichnen den idealen König aus, mit anderen Worten christliche Frömmigkeit, humanistische Bildung und Milde gegenüber den Untertanen, alles Eigenschaften, die auf die bereits früher benannte Trias Religion, Staat und Hauswesen beziehbar sind.

Dieses idealisierte Bild der Monarchie, das auch in Widerstreit mit der Tagespolitik steht, ist nicht von Rabelais erfunden worden, sondern deckt sich auf frappante Weise mit den politisch-pädagogischen Theorien des Erasmus, wie sie in verschiedenen Schriften niedergelegt sind, insbesondere der *Querela pacis* (1517)[42] und der *Institutio principis christiani* (1515/16),[43] die bezeichnenderweise dem späteren Kaiser Karl V. gewidmet ist. Nach Erasmus soll der Staat Treuhänder für Eintracht und Wohlfahrt der Untertanen sein, der Fürst soll integer und pflichtbewußt erscheinen. Erasmus spricht sich gegen das Gottesgnadentum und die Privilegierung der Herrscher aus. Der Fürst ist ein Mensch wie jeder andere, er zeichnet sich allenfalls dadurch aus, daß er das spezifisch Humane und Christliche exemplarisch vorlebt. Die wenigsten Fürsten sind jedoch für die Herrschaft geboren, denn erbliche Abkunft alleine besagt noch nichts; der christliche Friedensfürst muß erst entsprechend erzogen werden, weshalb bei Erasmus Pädagogik und Politik eng miteinander verzahnt sind. Ein Herrscher soll verwalten, nicht unterwerfen; er ist frei von Machtgelüsten und lehnt Expansion ab. Seine Herrschaft ist Verantwortung für den Frieden und die durch den Frieden zu gewährleistende Bildung und Frömmigkeit. Nicht von ungefähr ist das XI. Schlußkapitel der *Institutio* (»De Bello suscipiendo«), das Leitgedanken der *Querela* pointiert, eine heftige Absage an den Krieg, der unter allen Umständen vermieden werden soll.[44] Und auch ein machtlüsterner Papst wie Julius II. wird im *Iulius exclusus e coelis*, einer weiteren Schrift des Erasmus, die Gedanken über den Krieg enthält, in seiner ganzen unchristlichen Entartung vorgeführt.

Auch andere Autoren wie Montaigne (*Essais* III, 10) oder Bodin (*Six livres de la République*, 1576, Kap. IV, 1 u. IV, 7) werden ähnlich argumentieren. Kriege und Welthändel bewirken den Verlust der Menschenwürde; ihr Anlaß liegt in lächerlichen Nichtigkeiten: als Beispiele dienen ein einem Schweizer gestohlener Wagen mit Schafsfellen, der Karl den Kühnen von Burgund in einen Krieg mit den Schweizern verwickelte, oder ein Siegel, das Sulla prägen ließ und das an seine Siege über Jugurtha erinnerte, weshalb Marius eifersüchtig wurde und die römischen Bürgerkriege auslöste, sowie der Trojanische Krieg, den der Streit um einen Apfel entfesselte (vgl. Friedrich, *Montaigne*, S. 237):

> Nos plus grandes agitations ont des ressorts et causes ridicules. Combien encourut de ruyne nostre dernier Duc de Bourgongne pour la querelle d'une charretée de peaux de mouton? Et l'engraveure d'un cachet, fut-ce pas la premiere et maistresse cause du plus horrible crollement que cette machine aye onques soufert? Car Pompeius et Cæsar, ce ne sont que les rejettons et la suitte des deux autres. Et j'ay veu de mon temps les plus sages testes de ce Royaume assemblées, avec grande ceremonie et publique despence, pour des traitez et accords, desquels la vraye decision despendoit ce pendant en toute souveraineté des devis du cabinet des dames et inclination de quelque fammelette. Les poëtes ont bien entendu cela, qui

ont mis pour une pomme la Grece et l'Asie à feu et à sang. Regardez pourquoy celuy là s'en va courre fortune de son honneur et de sa vie, à tout son espée et son poignart; qu'il vous die d'où vient la source de ce debat, il ne le peut faire sans rougir, tant l'occasion en est frivole. (Montaigne, *Essais* III, 10; ed. Thibaudet/ Rat, S. 995f.)

Melancholie

Wenn zuvor von der karnevalistischen Grundstruktur der frühen Renaissanceliteratur und einem neuen grotesken ›Körperkode‹ gesprochen worden war, setzt sich um die Mitte des Jahrhunderts eine (im damaligen Sinne) wissenschaftlich fundierte Personenbeschreibung durch, die in der aus der Antike überkommenen Charakterologie mit ihren vier Phänotypen wurzelt.[45] Diese sind den verschiedenen Körpersäften zugeordnet (Blut, gelbe und schwarze Galle, Schleim): Sanguiniker, Choleriker, Melancholiker und Phlegmatiker. Weiter ordnen sich ihnen zu: die vier Elemente Feuer, Luft, Erde, Wasser, die Körperteile Herz, Leber, Milz und Hirn, die Farben Rot, Gelb, Schwarz, Weiß, die Lebensalter Kind, Jüngling, Mann und Greis, die Jahreszeiten Frühling, Sommer, Herbst und Winter, die Gestirne Jupiter, Mars, Saturn und Mond.

   Das Wort ›Melancholie‹ ist griechischen Ursprungs und bezeichnet in der antiken Säftelehre, der Humoralpathologie, eines der vier Temperamente, die Schwarzgalligkeit (*MLL* 298f.). Die Sältemedizin nahm an, daß sich schwarz vergälltes Blut im Unterleib (griech. hypochondria), vor allem der Milz (griech.-engl. spleen) sammele und so physiologisch die Hypochondrie hervorrufe. Von dort stiegen Dämpfe zum Kopf, die psychisch Schwermut verursachten, welche sich bis zum Wahnsinn steigern könnte. Was die Medizin vorzugsweise negativ bewertete, wurde hingegen von Platon (*Phaidros* 242B, 244D, 256A et passim) und Pseudo-Aristoteles (*Problemata physica* XXX.1) positiv interpretiert. Die Melancholie – Cicero übersetzt den Begriff mit ›furor‹ (*Tusculanae disputationes* III, 5, 11) – wurde als göttliche Manie oder auch Inspiration gedeutet, die zur Voraussetzung künstlerischer Kreativität schlechthin erklärt wurde. Cicero faßt zusammen (*Tusc.* I, 35, 80): »Aristoteles quidem ait omnes ingeniosos melancholicos esse – Aristoteles sagt, daß alle Melancholiker geistreich sind«.

   Diese Auffassung erwies sich für die europäische Kultur- und Geistesgeschichte als äußerst folgenreich, denn sie hielt sich bis in die Mitte des 19. Jh.s. Ihre Spuren finden sich vor allem in der mittelalterlichen Lehre von der ›accedia‹, der Herzensträgheit, einer der sieben Todsünden, die erst vom Neuplatonismus der Renaissance (Ficino, *De vita triplici*, 1482/89) aufgewertet wurde.[46] Ficino kombinierte erneut Platons Mania-Lehre mit dem aristotelischen Auserwähltheitsgedanken, Wahnsinn mit Melancholie, um so das Konzept vom modernen Künstler zu begründen. Im Grunde hätten alle Menschen eine melancholische Veranlagung, jedoch in unterschiedlichem Maße. Am stärksten betroffen seien die im Zeichen Saturns Geborenen, dann aber auch diejenigen, die sich besonders bemühten, ihre melancholischen Anlagen durch Meditation zu verstärken (vgl. Ley, S. 26f.). Ficino fordert eine intensive Bereitschaft zur Kontemplation: »melancholicus humor animam et invitat et iuvat ut seipsam se colligat – die Melancholie lädt den Geist dazu ein und hilft ihm dabei, sich auf sich selbst zu konzentrieren«. Selbstversenkung und Erkenntnisdrang werden als Ausdruck der ›dignitas hominis‹ (Menschenwürde) begriffen, die es dem Menschen gestattet, über sich selber hinauszugelangen. Leone Ebreo resümiert prägnant die Eigenschaften des saturngeborenen Melancholikers:

> Saturn ähnelt bei dem Temperament, das er beeinflußt, der Erde; sie ist kalt und trocken wie er und macht die Menschen, bei denen er vorherrscht, melancholisch, traurig, ernst und langsam [...]. Darüber hinaus verleiht er ihnen durch die Vermischung der Beschaffenheit des himmlischen Vaters mit der Mutter Erde großen Verstand, tiefes Nachdenken, wahres Wissen, gradlinige Entschlüsse und seelische Beständigkeit, und schließlich schenkt er ihnen als Anteil des Vaters die Göttlichkeit der Seele, und als Anteil der Mutter das fehlende Ebenmaß und die Hinfälligkeit des Leibes, was Armut, Tod, Begräbnis und unter der Erde versteckte unsichtbare Dinge ohne körperliche Zierde bedeutet. Und deshalb nimmt man an, daß Saturn alle seine männlichen Kinder fraß, aber nicht die weiblichen, denn er verdirbt alle Wesen und bewahrt die irdischen Wurzeln, die sie hervorbringen. (*Dialoghi*, zit. nach Ley, S. 26; eigene Übers.)[47]

Den Studien von K. Ley verdanken wir den Nachweis, daß das Werk einiger Mitglieder der Pléiade, vor allem Du Bellays, nicht mehr, wie seit der Romantik üblich, biographistisch erklärt werden kann. Sein Leiden – Schwerhörigkeit, Blässe, Magerkeit, Lungenaffektion usw. – mag zwar sein Leben wirklich überschattet haben, doch diese Symptome entsprechen allzu genau als Korrelat der Geisteshaltung der Melancholie, die neben Weisheit und Tugend zum neuen Lebensideal der Renaissance hinzugehörte und von der Literatur begierig aufgegriffen wurde. Der elegische Grundton von Du Bellays Schaffen entspringt dieser anthropologischen Disposition, denn die Melancholie verlangt danach, daß der Melancholiker seine Schwäche erkennt, artikuliert und dadurch die Verhaftung in der Materie zu überwinden sucht. Der Dichter kann sich somit von seiner Kreatürlichkeit zur Göttlichkeit erheben; aus der düsteren Melancholie wird ein schöpferischer Charakterzug. In Du Bellays »Hymne de la Surdité« wird die personifizierte Melancholie im Sinnbild der ›Taubheitsgrotte‹ geschildert, wie sie mit dem Stillschweigen, dem Studium, der Phantasie, der Urteilskraft und anderen Allegorien zusammensitzt:

Là se void le Silence assis à la main dextre,
Le doigt dessus la levre: assise à la senestre
Est la Melancholie au soucil enfonsé:
L'Estude tenant l'œil sur le livre abbaissé
Se sied un peu plus bas: l'Ame imaginative,
Les yeux levez au ciel, se tient contemplative
Debout devant ta face: & là dedans le rond
D'un grand miroir d'acier te faict voir jusqu'au fond
Tout ce qui est au ciel, sur la terre & soubs l'onde,
Et ce qui est caché soubs la terre profonde:
Le grave Jugement dort dessus ton giron,
Et les Discours aellez volent à l'environ.
(Du Bellay, zit. nach Ley, S. 25; *Divers Jeux Rustiques*, ed. Saulnier, S. 187)

Auch Ronsard hat verschiedentlich auf den melancholischen Phänotyp zurückgegriffen, z.B. in der Elegie auf Jacques Grévin. Der Text ist allgemein von Bedeutung, weil Ronsard Dichtkunst nicht mehr für erlernbar hält, sondern auf das Feuer der Inspiration zurückführt. Kein Volk habe die Dichtkunst jemals wirklich besessen; sie sei in einer Art Translatio von dem einen zum andern gewandert:

Quant à moy, mon Grevin, si mon nom espandu
S'enfle de quelque honneur, il m'est trop cher vendu,
Et ne sçay pas comment un autre s'en contente;
Mais je sçay que mon art grevement me tormente,
Encore que moy vif je jouysse du bien
Qu'on donne apres la mort au mort qui ne sent rien.
Je suis tout aggravé de somme et de paresse,
Inhabile, inutile; et, qui pis, je ne puis
Arracher cest humeur dont esclave je suis.
Je suis opiniastre, indiscret, fantastique,
Farouche, soupçonneux, triste et melancolicque,
Content et non content, mal propre, et mal courtois;
Au reste craignant Dieu, les princes, et les loix,
Né d'assez bon esprit, de nature assez bonne,
Qui pour rien ne voudroit avoir faché personne:
Voilà mon naturel, mon Grevin, et je croy
Que tous ceux de mon art ont tels vices que moy.
(Ronsard, *Œuvres complètes*, ed. Cohen II, 920–924, hier S. 921f.)

Ronsard stilisiert sich wie schon Du Bellay als ausgemachten Melancholiker mit all den dazugehörigen Widersprüchen; und er weitet diese Charakterisierung auf alle Dichter – »tous ceux de mon art« – aus.

Auch Montaigne hat sich mehrfach zur Melancholie geäußert. Wenn er sich auch nach der Säftelehre für einen ›Mischtyp‹ hält – »J'ay au demeurant la taille forte et ramassée; le visage, non pas gras, mais plein; la complexion, entre le jovial et le melancholique, moiennement sanguine et chaude« (*Essais* II, 17, S. 624), sich an anderer Stelle für einen Träumer erklärt (»Je suis de moy-mesme non melancholique, mais songe-creux« *Essais* I, 20, S. 85), bezeichnet er sich gleich zu Eingang von *Essais* II, 8 (»A Madame d'Estissac«) als Melancholiker, worunter man mit Friedrich (S. 225) den Zustand der Kontemplation verstehen soll. Diese kontemplative Melancholie ist in jedem Fall das Motiv für Montaignes Essayistik und Voraussetzung für seine Selbst-Analyse:

> C'est une humeur melancolique, et une humeur par consequent très ennemie de ma complexion naturelle, produite par le chagrin de la solitude en laquelle il y a quelques années que je m'estoy jetté, qui m'a mis premierement en teste cette res-verie de me mesler d'escrire. Et puis, me trovant entierement despourveu et vuide de toute autre matiere, je me suis presenté moy-mesmes à moy, pour argument et pour subjet. C'est le seul livre au monde de son espece, d'un dessein farouche et extravagant. (Montaigne, *Essais* II, 8; ed. Thibaudet/ Rat, S. 364)

VII. GATTUNGEN DER FRANZÖSISCHEN RENAISSANCELITERATUR

Lyrik: Von den Rhétoriqueurs zur Pléiade

Von allen Gattungen der Renaissanceliteratur ist die Lyrik im 16. Jh. die vielschichtigste und wandelbarste und hat eine große Zahl talentierter Vertreter in ihren Bann geschlagen, die bei näherem Vergleich allerdings oft weniger originell sind, als sie selber vorgeben oder die Forschung hat glauben machen wollen. Zu Beginn der Epoche steht die französische Dichtung noch ganz in der Tradition des Mittelalters, denn tonangebend sind die sog. Grands Rhétoriqueurs,[1] die als Beamte, Dichter und Historiographen im Dienst der bretonischen, burgundischen oder französischen Herrscher stehen. Der Name ›Rhétoriqueurs‹ taucht zum ersten Mal in den *Droitz (Drois) nouveaulx* (1480) von Guillaume Coquillart d.J. (um 1452–1510) auf, einem der frühsten Verfasser von Komödien (*DLF Mittelalter* 1262–1265), und hat hier noch nicht die pejorative Bedeutung, die ihm die Pléiade-Dichter später beilegen werden, sondern meint einen Juristen, den die Komödie verspottet. Die Anhänger dieser Richtung begreifen Dichtung, wie ihr Name andeutet, als raffinierte Sprach- und Redekunst, denn die sog. *Arts de seconde rhétorique* sind Reimschulen, die ihren Benutzer mit allen metrischen Feinheiten vertraut machen (*DLF Mittelalter* 104–105). Inhaltlich wie formal haben die Rhétoriqueurs trotz ihres Traditionalismus eine poetische Initialfunktion. Die Form hat noch Vorrang vor dem Inhalt; ihre Themen sind zudem mittelalterlichem Geist verpflichtet und zielen häufig auf moralische Belehrung oder religiöse Erbauung, wenn man einmal die zahllosen panegyrischen Texte (Herrscherlob) oder Gelegenheitsdichtungen aus eher trivialen Anlässen beiseite läßt.

Die einheimischen Gedichtformen wie Ballade, Lai und Rondeau werden nach wie vor gepflegt, aber sprachlich verfeinert. Subtile Blasons[2] kommen auf, Gedichte, die Lob oder Tadel eines menschlichen Körpers oder eines Gegenstandes enthalten und besonders gut den artifiziellen Charakter der Rhétoriqueurs erkennen lassen (Beispiele in *Poètes du XVIᵉ siècle*, ed. Schmidt, S. 293–364). Lange vor der Pléiade[3] bemühen sie sich um die Bereicherung des französischen Wortschatzes durch Ableitungen, Zusammensetzungen und Diminutive, finden Gefallen an komplizierten Syntagmen, Verschachtelungen und Lautspielen wie Alliterationen (z.B. *Anthologie*, S. 92), Echo- und Alphabetversen (ebd., S. 182, 191f.), Ana- und Paragrammen oder Akrostichen (ebd., S. 101f., 132f., 145f., 206, 209). Größte Sorgfalt verwenden sie auf die Reimkunst: Komplizierte und ausgefallene, oft halbe Verse umfassende, auf Wortspielen beruhende Reime und Binnenreime (s. Kap. I) gelten als Gipfel dichterischer Kunstfertigkeit.[4]

Als typisches Beispiel derartiger Kunstfertigkeit sei das folgende Lobgedicht »A l'Empereur« (1493) Jean Molinets (1435–1507)[5] zitiert, in welchem der Dichter den Kaiser (vermutlich bereits Maximilian I.) nicht nur mit zahlreichen mythologischen Verweisen (Adler, Phönix, Friedenstaube, Pelikan, Greif) verherrlicht, sondern ihm zugleich eine ganze ›dichterische Volière‹ zum Geschenk macht, die kunstvoll zu Beginn wie am Ende jeder Zeile aufscheint, wobei sich semantische und phonetische Elemente mischen und sich wörtliche und übertragene Bedeutungen überschneiden (*aigle*, *roitelet* [= Zaunkönig], *grand-duc* [= Uhu], *autruche, le Phénix, colombe, coq, merle* [= Amsel], *oie, papillon, pellican, griffon, alouette* [= Lerche], *grue* [= Kranich, aber auch: Hure], *faisan*; *cygne, oison* [= Gänschen], *cane* [= anette/ Entlein], *mouche, pie* [= Elster, aber auch: geschecktes Pferd], *paon* [= Pfau], *butor* [= Rohrdommel, aber auch: Grobian], *geai* [= Eichelhäher]). Der heutige Leser hat sicherlich nur noch wenig Sinn für derartige Spielereien, würde sie auch kaum als ›lyrisch‹ bezeichnen oder unter ›Lyrik‹ subsumieren. Er sollte sich aber stets vergegenwärtigen, daß alle diese Dichter in einem starken Abhängigkeitsverhältnis von ihren jeweiligen Gönnern standen, deren Ruhm sie mehren sollten:

> *Aigle* imperant sur mondaine ma*cyne*,
> *Roy* triumphant, de proesse ra*cyne*,
> *Duc*, d'archiduc père, et chief du th*oison*,
> *Austrice* usant de fer à grant f*oison*,
> *Phénix* sans pèr, né sur bonne pl*anette*,
> *Coulomb* bénin qui la pensée a *nette*,
> *Cocq* bien chantant, se le Turcq t'escar*mouche*,
> *Mets le* aux abbais, comme ung chien qui s'es*mouche*;
> *Oie* ta voix, ton ost, cheval et *pie*!
> *Pou veillons* sur celluy qui nous es*pie*,
> *Pellican* vif, qui sur nous sang es*pans*,
> *Griffon* hideux, ennemis agri*pant*.
> *A loer* est ton sens, point n'es *butor*,
> *Grue*, corbaux, ne Midas qui *but or*;
> *Faisant* dictiers, te donne ce que *j'ay*,
> *Divers oiseaux* en lieu de pape*gay*.
> (Jean Molinet, *Les Faitz et Dicts*, zit. nach: *Anthologie*, S. 86)

Adler, der du über das Weltgeschehen herrschst,
Triumphierender König, Wurzel der Tapferkeit,
Herzog, Vater eines Erzherzogs und Oberhaupt des Ordens vom Goldenen Vlies,
Vogel Strauß [= lautliche Anspielung auf die österreichische Herkunft?], der
    du das Schwert häufig benutzt,
Phönix ohnegleichen, auf einem guten Planeten geboren,
Freundliche Friedenstaube, die reine Gedanken hat,
Doch laut krähender Hahn, wenn der Türke dich angreift,
Laß ihn bellen wie einen Hund, der Fliegen jagt,
Er soll deine Stimme vernehmen, dein Heer, die Pferde und Schecken!
Wir wollen uns nur wenig um den kümmern, der uns ausspioniert,
Lebendiger Pelikan, der du über uns dein Blut verspritzst,
Furchterregender Greif, der du die Feinde umklammerst.
Zu loben ist dein Mut, du bist kein Feigling,
Keine Metze, kein Pfaffe noch ein Midas, der Gold trank;
Indem ich Verse dichte, gebe ich dir, was ich habe,
Verschiedene Verse anstatt eines Papageis.[6]
(eigene Übers.)

Mit den Rhétoriqueurs beginnt zudem eine differenzierte poetologische Reflexion, die in diesem Jahrhundert nicht mehr abreißen wird (vgl. Gordon, Kap. I, S. 11f.). Ihr vielseitigster Vertreter ist Jean Lemaire de Belges (1473–um 1524), Neffe und Nachfolger des großen Rhétoriqueur Jean Molinet; zu nennen sind auch Guillaume Crétin (um 1465–1525), Pierre de Machault, Octavien de Saint-Gelais (1468–1502), der Onkel Mellins (1487–1558) und erste *Aeneis*-Übersetzer (vgl. Brückner), dann Pierre Gringo[i]re (um 1475–nach 1538), dem Victor Hugo in *Notre Dame de Paris* ein Denkmal setzen wird, zu guter Letzt Jean Marot (um 1450–1526).

Eine Zwischenstellung nimmt dessen Sohn Clément Marot ein (s. Kap. III u. V), ein subtiler Kenner der spätmittelalterlichen wie klassischen Lyrik. Zunächst dichtet er verspielte Gelegenheitslyrik, Balladen, Epigramme und Blasons, doch dann wird sein Ton ernster. In der Umgebung seiner Gönnerin Marguerite de Navarre kommt er mit der Reformation in Berührung und übersetzt die Psalmen in die Volkssprache. Während die Theologen der Sorbonne diese Übersetzung als einen Akt der Ketzerei verdammen, nehmen die Kalvinisten sie begeistert auf und gliedern sie in ihren Gottesdienst ein. Die politischen Ereignisse und persönlichen Erlebnisse – Kerkerhaft, enttäuschte Liebe, Flucht und Vertreibung – bleiben nicht ohne Nachwirkung. Er ist ein früher *poète maudit*, ein Außenseiter und Vagant. Dies hat ihn bei den Zeitgenossen jedoch keineswegs diskreditiert. Aufgrund seines Könnens und seiner Vielseitigkeit ist er, ohne je Regeln aufgestellt oder eine Poetik verfaßt zu haben, zum geistigen Vater einer ganzen Schule, der *école marotique*, geworden. Zu ihr gehören Mellin de Saint-Gelais, Bonaventure Des Périers, letztlich auch Marguerite de Navarre, vor allem aber Thomas Sebillet. Marot ist zweifellos einer der wichtigsten lyrischen Neuerer in seinem Jahrhundert, dessen ›Erfindungen‹ die Pléiade ausgebeutet und systematisiert hat. Dennoch antwortet sie auf Sebillets Poetik mit einem Gegenmanifest, der *Deffence et illustration*, welches die Marotiques als traditionell und zu gemäßigt verurteilt (ebd. II,2, ed. de Sacy, S. 233).

Von der Lyoner Schule war bereits ausführlich gesprochen worden (s. Kap. III). Ihre Mitglieder, Männer und Frauen gleichermaßen, diskutierten nicht nur über Fragen der Dichtung, sondern verfaßten selber anerkannte Lyrik, in der das Ideal der höfischen Liebe mit den aus Italien eindringenden Ideen des Petrarkismus, Neuplatonismus und Okkultismus verschmolzen wurde. Die Pléiade, deren Name sich von einem Siebengestirn herleitet (es handelt sich um die Töchter des Atlas), aber auch Reminiszenzen an eine gleichnamige Gruppe von Tragödiendichtern in Alexandria zur Zeit des Ptolemaios Philadelphos (3. Jh. v. Chr.) weckt, ist die erste französische Dichtergruppe mit einem präzisen literarischen Programm und festgefügter hierarchischer Struktur. Sie wird von dem Theoretiker Joachim Du Bellay und dem Organisator und Dichtergenie Pierre de Ronsard getragen. Sein von großem Talent und unerschöpflicher Inspiration geprägtes Gesamtwerk wird schon bald die Dichtungen der anderen Mitglieder in den Schatten stellen, deren Namen deshalb heute kaum noch geläufig sind (Antoine de Baïf, Pontus de Tyard, Etienne Jodelle, Remy Belleau, Jean Dorat). Ronsards Ziel ist es, die Rhétoriqueurs und die Marotiques abzulösen. Dies soll durch eine verstärkte Adaptation antiker und italienischer Modelle erreicht werden, weshalb Ode,[7] Ekloge, Hymne und Sonett[8] die bevorzugten Formen bilden. Alle diese Subgenera werden zu Zyklen zusammengefaßt, gleichzeitig wird das Französische aufgewertet. Die immer wieder abgewandelten Themen dieser Bildungsdichtung sind die Liebe in ihrer Phasenhaftigkeit, die durch den Gott Amor und seine Waffen erweckt wird; die Verherrlichung der aristokratischen Hofgesellschaft oder der Dichterkollegen; der Gegensatz von Jugend und Alter, Ruhm und Vergänglichkeit; die Liebe zur Heimat (*le terroir*) und zur Natur, die jedoch mit dem Personeninventar der griechischen Mythologie belebt und so zu einem französischen Arkadien umgestaltet wird; schließlich kosmologisch-naturwissenschaftliche Themen. Eines von Ronsards bekanntesten Gedichten, in dem mehrere dieser Motive vorkommen, ist die Ode auf seine Geliebte, die das auf Horaz (Ode I, 11, 8) zurückzuführende ›carpe diem‹-Motiv (Pflücke, nutze den Tag!) verewigt. Die Rose, die am Morgen erblüht und am Abend bereits ihre Blätter verliert, wird zum Symbol von Jugend, Weiblichkeit und Liebe. Angesichts von Alter und Tod ist jede Minute kostbar, in der sich die Angebetete dem Dichter verweigert:

Mignonne, allons voir si la rose
Qui ce matin avoit desclose
Sa robe de pourpre au Soleil,
A point perdu ceste vesprée
Les plis de sa robe pourprée,
Et son teint au vostre pareil.
  Las! voyez comme en peu d'espace,
Mignonne, elle a dessus la place
Las! las! ses beautez laissé cheoir!
O vrayment marastre Nature,
Puis qu'une telle fleur ne dure
Que du matin jusques au soir!
Donc, si vous me croyez, mignonne,
Tandis que vostre âge fleuronne
En sa plus verte nouveauté,
Cueillez, cueillez vostre jeunesse:
Comme à ceste fleur la vieillesse
Fera ternir vostre beauté.
(Ronsard, *Premier livre des odes*, ed. Cohen I,419–420)

Neben der **petrarkisierenden Liebesdichtung** spielt die **panegyrische Hof-
und Gelegenheitsdichtung** (›Herrscherlob‹) eine große Rolle. Geburten,
Hochzeiten, Todesfälle, Siege und Friedensschlüsse der Mächtigen sind die
Anlässe zu mancher Dichtung. Die lyrisch-ästhetischen Qualitäten fallen
dabei der Ideologie zum Opfer, die Inspiration tritt hinter dem Engagement
zurück. **Um 1580 hat sich die Pléiade überlebt, ein Geschmackswandel
bahnt sich an.** Ronsards Schwanengesang, die *Sonnets pour Hélène* (1578),
Hélène de Surgères, einer Hofdame Claude-Catherine de Retz' gewidmet,
haben zunächst nur mäßigen Erfolg, obwohl der Dichter noch einmal alle
Themen und Techniken seiner petrarkisierenden Frühdichtung aufbietet
und sie mit den Erfahrungen des reifen Schriftstellers verbindet.[9] Verbittert
entfernt er sich vom Hof und zieht sich in seine Abtei Saint-Cosme-lez-
Tours zurück.

    Philippe Desportes, der Verfasser panegyrischer Gedichte auf Hein-
rich III. und seine Schwester Margarete (»Les Amours d'Hippolyte«, in:
Poètes du XVIe siècle, ed. Schmidt, S. 787f.), und Guillaume Du Bartas,
Soldat und Diplomat im Dienst Heinrichs IV., haben inzwischen die Pléiade
bei Hof und in der öffentlichen Meinung verdrängt. Die Epigonen Claude
Binet (um 1553–1600[?]), Antoine Héroët (1492[?]–1568), Olivier de
Magny (1529[?]–1561), Jacques Tahureau (1527–1555) u.a. reichen nicht
an die Leistungen der Älteren heran; **die Pléiade gerät langsam in
Vergessenheit und wird erst im 19. Jh. von Charles-Augustin de Sainte-
Beuve und Charles Nodier wiederentdeckt.**
    Unter den protestantischen Lyrikern ist Jean de Sponde (1557–1595)
hervorzuheben,[10] auch wenn er unter dem Einfluß des Kardinals Du Perron

und in dem Irrglauben, seinem Idol, König Heinrich IV. darin gefällig zu sein, kurz vor seinem Tod zum Katholizismus konvertierte und gegen Bèze Stellung bezog. Sponde hat nur ein schmales Werk hinterlassen, 26 Liebessonette und 11 vermischte Stücke (›Amours‹) sowie den Zyklus *Essay de quelques poemes chrestiens* als Ergänzung zu seinen *Méditations sur les pseaumes* (1588). Dieser Zyklus enthält neben den Stanzen über das Abendmahl (»Stances de la cene«) und deren Fortsetzung (»Autre poeme sur le mesme subject«) sein lyrisches Meisterwerk »Stances de la mort« und »Sonnets sur le mesme subject«.[11] Der Dichter behandelt den Widerstreit von Fleisch und Geist, den nur der Tod lösen kann. Der Tod ist für ihn Grundvoraussetzung des ewigen Lebens und überwindet allein die Welt mit ihren Anfechtungen (*Poètes du XVIe siècle*, ed. Schmidt, S. 875–926).[12] Alle Kritiker loben die Prägnanz des sprachlichen Ausdrucks, die auch nicht durch kühne Satzkonstruktionen und gewagte Metaphern geschmälert wird. Ähnliche, bereits barock klingende thematische Töne des *taedium vitae* (Lebensekel) schlägt Jean-Baptiste Chassignet (um 1578–um 1635) in seinem aus 434 Sonetten bestehenden Zyklus *Le mespris de la vie et consolation contre la mort* (1594) an (*Poètes*, ed. Schmidt, S. 927–953).[13] Die Hinfälligkeit des Leibes, der von Würmern gefressen wird oder sich durch Verwesung auflöst, wird dabei hyperrealistisch ausgemalt. Die Darstellung des Zerfalls wird hier zum Selbstzweck oder dient dazu, eine verstärkte Hinwendung zu Gott zu fordern. Sie unterscheidet sich damit deutlich von vergleichbaren früheren Darstellungen, z.B. Ronsards (z.B. »Amours de Cassandre«, Stances: »Quand au temple nous serons«, in: *Œuvres complètes*, ed. Cohen I, 57f.), die an das ›carpe diem‹-Motiv gebunden sind:

> Mortel pense quel est dessous la couverture
> D'un charnier mortuaire un cors mangé de vers,
> Descharné, desnervé, où les os descouvers,
> Depoulpez, desnouez, delaissent leur jointure:
>   Icy l'une des mains tombe de pourriture,
> Les yeus d'autre costé destournez à l'envers
> Se distillent en glaire, et les muscles divers
> Servent aux vers goulus d'ordinaire pasture:
>   Le ventre deschiré cornant de puanteur
> Infecte l'air voisin de mauvaise senteur,
> Et le né my-rongé difforme le visage;
>   Puis connoissant l'estat de ta fragilité,
> Fonde en DIEU seulement, estimant vanité
> Tout ce qui ne te rend plus scavant et plus sage.
> (Chassignet, *Le mespris de la vie* Nr. ›CXXV‹, in: *Poètes*, ed. Schmidt, S. 941)

Novelle

Das *Heptaméron* der Marguerite de Navarre nimmt in der französischen Novellistik der Hochrenaissance eine besondere Stellung ein (Wehle, S. 229f.). Das liegt vor allem an der Person der Autorin, die als Schwester Franz' I. eine Persönlichkeit des öffentlichen Lebens war. Ihre Novellen sind ein Spätwerk, 1540–49 geschrieben und postum durch ihren Kammerdiener Claude Gruget veröffentlicht, der der unvollendeten Sammlung nach dem Vorbild Boccaccios den Titel gibt, welcher – so die Etymologie – ein ›Siebentagewerk‹ bezeichnet. Die Novellen, nach moderner Kategorisierung vorwiegend Problemnovellen und tragische Novellen, kaum Schwanknovellen, spiegeln vielfach den Zwiespalt von *amour sacré* und *amour profane* wider, der Liebe zu Gott und der körperlich-irdischen Liebe.[14] Die Gestalten des Werks leben demnach in einem schier unlösbaren Zwiespalt. Der Einbruch der Liebesleidenschaft und der damit verbundenen Versuchungen in das alltägliche Leben kommt einer Verirrung gleich, wird zur existentiellen Prüfung, an der das Individuum wächst oder zerbricht. Liebe in allen ihren Schattierungen vom Inzest (12; 30) über Sadismus (32), mörderische Eifersucht (36) und Bigamie (60) bis hin zur Vergewaltigung (72) wird nur selten positiv erfahren und vornehmlich negativ bewältigt.

Die Autorin betrachtet ihre Novellen als belehrende Exempel, knüpft damit an die didaktische Tradition des Mittelalters an und ordnet sich bereits in die klassische Moralistik ein, wie sie in der Romania beheimatet ist. Das schließt historischen und psychologischen Realismus in der Beschreibung im Einzelfall keineswegs aus. Dieser Realismus ergibt sich jedoch daraus, daß die Verfasserin selber beobachtet und keine nennenswerten Anleihen bei ihren Vorläufern macht (Ausnahme ist Novelle 70 von der Châtelaine de Vergy) sowie ihre vermeintlich statischen Auffassungen durch Diskussion und Kommentar der Erzählrunde problematisieren und auffächern läßt. Die Erzähler versprechen im übrigen, nur wahre Geschichten vorzutragen, »de n'escripre nulle nouvelle qui ne soit veritable histoire«, was mehr als eine der üblichen Authentizitätsklauseln ist. Das *Heptaméron* wird so zum Denkmodell, übernimmt die Funktion eines Erziehungsbuchs, ohne jedoch in die Starre eines Moraltraktats auszuarten. Seine Gesellschaftskonzeption, die auf eine geistige und politische Reglementierung des Feudaladels hinausläuft, wird durch die schillernde Vieldeutigkeit der Meinungen verschleiert und entschärft, aber keinesfalls zurückgenommen.

Die Sammlung hat nach dem Muster des *Decamerone* einen breit ausgeführten Rahmen (s. Kap. VI), der die Architektur Boccaccios nachahmt. Der Rahmen liefert nicht nur den Vorwand für das Erzählen, markiert somit den Übergang von der Mündlichkeit zur Schriftlichkeit, sondern

entwickelt zugleich eine hierarchisch gegliederte Gegenwelt, die als Utopie
mit der Realität der Novellen kontrastiert. Neben einem programmatischen
Einleitungsprolog finden wir Prologe und abschließende Berichte zu den
einzelnen Tagen, in die die Novellen jeweils eingebettet sind und die ein
Rahmenthema haben, das die Themenauswahl steuert. Der Schauplatz ist
in die Pyrenäen verlegt. Die bedrohliche Situation, in der sich fünf vornehme Damen und Herren befinden, ist diesmal nicht die Pest, sondern ein
Unwetter mit Überschwemmung. Die Gesellschaft wird dadurch aus den
Bädern von Cauterets vertrieben, wo man Heilung sucht, und trifft sich
zufällig in der Abtei Sarrance. Bei der Suche nach einem standesgemäßen
und angenehmen Zeitvertreib schlägt die würdige Witwe Oisille Bibellesung
vor, der sinnenfrohe Hircan irgendeinen Sport. Auf Vorschlag der ernsten
Parlamente einigt man sich darauf, sich nach Bibellektüre und Messe nachmittags auf einer idyllischen Wiese am Ufer des Gave de Pau zu treffen und
gemeinsam Geschichten zu erzählen. Bei deren Beschreibung fällt der mar-
kierte intertextuelle Bezug zu Boccaccio auf:

> Ainsy passerent joyeusement ceste journée, ramentevant les ungs aux autres ce
> qu'ilz avoient veu de leur temps. Si tost que le matin fut venu, s'en allerent en la
> chambre de madame Oisille, laquelle trouverent desja en ses oraisons. Et, quant
> ilz eurent oy une bonne heure sa leçon, et puis devotement oy la messe, s'en allerent
> disner à dix heures, et aprés se retira chascun en sa chambre pour faire ce qu'il
> avoit à faire. Et ne faillirent pas à midy de s'en retourner au pré, selon leur
> delibération, qui estoit si beau et plaisant qu'il avoit besoin d'un Bocace pour le
> depaindre à la verité; mais vous contenterez que jamais n'en feut veu ung plus
> beau. (Marguerite de Navarre, *Heptaméron*, ed. François, S. 10)

Das *Heptaméron* stellt trotz seiner ständischen Bindung ein Plädoyer für
Toleranz und Menschlichkeit dar, aus dem jeglicher Dogmatismus verbannt
ist. Man kann es daher mit Fug und Recht als Synthese und Vollendung der
französischen Novelle im 16. Jh. bezeichnen. Dennoch steht das Werk nicht
isoliert da, denn allein in der zweiten Jahrhunderthälfte entstehen mindestens 26 Novellensammlungen (vgl. Pérouse), von denen allerdings der
Großteil lediglich französische Adaptationen italienischer Vorbilder ohne
großen ästhetischen Eigenwert sind (vgl. Wetzel, S. 35f.). Besonders beliebt
sind Ehebruchsgeschichten, die in einer Zeit, die noch keine Ehescheidung
kennt und in der sich die strengen Sitten immer mehr auflösen, besonders
beliebt waren. Brantôme widmet seine *Dames galantes* dem Duc d'Alençon,
dem vierten Sohn Heinrichs II. (1554–1584), und schreibt zur Eröffnung
voller Spott:

> D'autant que ce sont les dames qui ont fait la fondation du cocuage, et que ce sont
> elles qui font les hommes cocus, j'ay voulu mettre ce discours parmy ce livre des
> dames, encore que je parleray autant des hommes que des femmes. Je sçay bien
> que j'entreprens une grand œuvre, et que je n'aurois jamais fait si j'en voulois
> monstrer la fin: car tout le papier de la chambre des Comptes de Paris n'en sçau-

> roit comprendre par escrit la moitié de leurs histoires, tant des femmes que des hommes. Mais pourtant j'en escriray ce que je pourray, et, quand je n'en pourray plus, je quitteray ma plume au diable, ou à quelque bon compagnon qui la reprendra, m'excusant si je n'observe en ce discours ordre ny demy, car de telles gens et de telles femmes le nombre en est si grand, si confus et si divers, que je ne sçache si bon sergent de bataille qui le puisse bien mettre en rang et ordonnance. (Brantôme, *Les Dames galantes*, ed. Rat, S. 3)

Die *Propos rustiques* (1547) von Noël du Fail (*Conteurs*, ed. Jourda, S. 599–659)[15] lösen sich aus dem aristokratischen Milieu. Der Autor behauptet, Unterhaltungen von Bauern und bretonischen Landbewohnern aufzuzeichnen, und unterstreicht damit die natürliche Harmonie des ländlichen Lebens. Es gibt keine Rahmenhandlung, doch sind alle 13 Novellen durch Überleitungen miteinander verknüpft. Der der Gattung eigene orale Charakter wird stark betont; das ländlich-pastorale Leben wird als Erinnerung an das Goldene Zeitalter idealisiert, was zugleich Ausdruck einer egalitären Grundeinstellung des Autors ist.

Die *Nouvelles recreations et joyeux devis* (1558), eine Sammlung von 90 Novellen (ebd., S. 361–594), haben Bonaventure Des Périers zum Verfasser und wurden bereits vorgestellt. Die Sammlung ist ebenfalls in kein Rahmengeschehen eingebettet, und wenn der Autor auch auf die Tradition der italienischen Fazetie (Schwankdichtung) zurückgreift, so interessieren ihn Wortwitze und Sprachkomik mehr als seine Vorläufer. Seine Novellen sollen vor allem erheitern und die Leser von der materiell unsicheren Gegenwart ablenken. Des Périers betrachtet, wie schon Rabelais, seine Leser als ›Kranke‹, denen durch Lachen geholfen werden kann:

> Je vous gardoys ces joyeux propos à quand la paix [= 1538, trêve entre François Ier et Charles Quint] seroit faicte, affin que vous eussiez dequoy vous resjouir publiquement et privément et en toutes manières; mais, quand j'ay veu qu'il s'en falloit le manche, et qu'on ne sçavoit par où la prendre, j'ay mieux aymé m'avancer pour vous donner moyen de tromper le temps, meslant des resjouissances parmy vos fascheries, en attendant qu'elle se face de par Dieu. Et puys je me suys avisé que c'estoit icy le vray temps de les vous donner, car c'est aux malades qu'il fault medecine; et vous asseurez que je ne fais pas peu de chose pour vous en vous donnant dequoy vous resjouir, qui est la meilleure chose que puysse faire l'homme. Le plus gentil enseignement pour la vie, c'est *Bene vivere et lætari*. (Des Périers, *Récréations*, in: *Conteurs*, ed. Jourda, S. 367)

Le Printemps d'Yver (1572) von Jacques Yver (ebd., S. 1135–1271) orientiert sich am *Heptaméron*: Sechs in einem Schloß im Poitou versammelte Edelleute erzählen sich an fünf Tagen je eine Geschichte; der Leser erfährt auf diese Weise viel über das Alltagsleben zur Zeit der Religionskriege. Der Erfolg der Sammlung liegt in einer ausgewogenen thematischen Zusammenstellung mit aktuellen Bezügen. Auch hier wird dem Publikum ein angenehmer Zeitvertreib im Kontrast zu einer unerfreulichen Gegenwart garantiert.

Roman

Sieht man von den zahlreichen Prosaauflösungen der mittelalterlichen Ritterepik (ursprünglich in Versform) einmal ab, die noch bis in die Zeit Franz' I. in Blüte stehen, bringt die französische Renaissanceliteratur nur wenige Romane hervor, wenn man diesen Begriff überhaupt verwenden will. Es wurde bereits gezeigt, daß der Gedanke einer linearen Erzählung, die die Entwicklung eines Individuums beschreibt, dieser Epoche eher fremd ist. Sie liebt Gattungsmischung und Episodenhaftigkeit (sog. Menippeisierung), Parodie überkommener Formen (Volksbücher, Ritterromane, heroisch-komische Ritterepen, makkaronische Dichtung, zeitgenössische Reisebeschreibungen, antike und humanistische Kleinformen) sowie wechselnde Inhalte und assoziative Aneinanderreihung von Abenteuern. Wenn man sich diese Prämissen vor Augen hält, kann man dennoch mit Rabelais einen bedeutenden Romancier benennen. Erzähltechnisch betrachtet ist seine Pentalogie zwar ein Zeugnis universeller humanistischer Gelehrsamkeit und übersprudelnder Fabulierkunst, die alle Register vom ernsten Pathos bis zur derbsten Komik beherrscht, doch kennt sie kein wirklich lineares Voranschreiten und nur punktuelle Kohärenz. Rabelais geht ähnlich diskontinuierlich vor wie Lukian, kritisiert in oft parodistischer Plauderei in Form von Dialog, Kurzerzählung oder Brief die Torheiten und Schwächen der Zeit. Er führt immer wieder neue Personen ein, bringt angekündigte Fortsetzungen nicht zu Ende, verliert sich in endlosen Zitatenreihen und Auflistungen, flicht Novellen und Exempla ein, und es ist kein Wunder, daß die Pentalogie insgesamt ein Torso geblieben ist. Allerdings macht der Autor mit seiner grotesken Pastichierung, seinem sprachlichen Gigantismus und seinen geschickten Motivkontaminierungen der Mode der Ritterromane gnadenlos und gründlich den Garaus. Zwar kann Nicolas Herberay des Essarts mit seiner achtbändigen *Amadís*-Adaption (1540–48) noch einmal einen der größten publizistischen Erfolge des Jahrhunderts verbuchen,[16] aber Rabelais zeigt, daß die Welt der Ritter, Riesen und Feen obsolet geworden ist und von nun an nicht mehr ernst genommen werden darf. Die fünf einzelnen Romane haben nur einen lockeren Zusammenhang. *Gargantua* und *Pantagruel* behandeln Abstammung, Geburt, Ausbildung und Waffentaten zweier Riesenkönige; im *Tiers Livre* steht das Heiratsdilemma von Pantagruels Diener Panurge im Zentrum, das jedoch unlösbar ist, weshalb eine abenteuerliche Seefahrt zum Orakel der göttlichen Flasche unternommen wird, die den *Quart* und *Cinquiesme Livre* füllt.

Rabelais hat in Barthélemy Aneau (1500–1567), dem Verfasser von *Alector ou Le coq* (1560), einen würdigen Nachfolger gefunden.[17] Dieser seltsame Roman – sein Verfasser bevorzugt den Terminus »histoire fabuleuse« – ist ein Gemisch aus keltischem Märchen, Utopie, Emblembuch, Ursprungssage, mythologisch-hermetischem Handbuch, alchemistischem Traktat, das starke Anklänge an Ludovico Ariostos *Orlando furioso* (1532) oder Francesco Colonnas *Hypnerotomachia Poliphili* (1499) aufweist. Erzählt werden die Geschicke von Franc-Gal und Alector (griech. Hahn), den Ahnvätern der Kelten. Beide reisen streckenweise auf einem geflügelten Nilpferd mit Namen Durat, das den Globus umrundet. Die Erzählung beginnt und endet in der utopischen Stadt Orbe, wo Alector gegen eine Riesenschlange kämpfen muß, woraufhin ihn die Einwohner von Orbe zum Nachfolger seines Vaters krönen. Auch an diesem Werk fällt die Mischung von unterschiedlichen Themen, Motiven und Sprachregistern auf. Der *medias in res*-Beginn erschwert eine unmittelbare Zuordnung einzelner Episoden, zumal die Handlung doppelsträngig und der angekündigte zweite Teil nie erschienen ist (Ed. Fontaine).

Essay und Geschichtsschreibung

Die *Essais*, das Hauptwerk des girondinischen Edelmanns und Juristen Michel de Montaigne,[18] gehören in den Bereich der Moralistik, der Kunst der Selbstanalyse mit dem Ziel, das eigene Leben möglichst konfliktfrei zu gestalten. Die Moralistik hat nichts mit dem deutschen Begriff ›Moral‹ zu tun und ist eine genuine Leistung der romanischen Völker.[19] Trotz zahlreicher Vorläufer aus dem Bereich der autobiographischen und memorialistischen Konfessionsliteratur werden Montaignes *Essais* gelegentlich als das »persönlichste Buch der Weltliteratur« (H. Friedrich) bezeichnet. Diese Hochschätzung ist auf Anhieb nur schwer zu erklären, denn die insgesamt 107 Essays sperren sich wegen der vielen, fast ausschließlich griechischen und lateinischen Zitate, der endlosen historischen Beispielreihen und der zahllosen ausgebreiteten Details und Trivialitäten nicht nur gegen eine kontinuierliche Lektüre, sondern sie lassen auch weitgehend eine Systematik vermissen. Montaigne geht assoziativ und ohne festen Plan vor, erlaubt sich nach eigenem Urteil eine »tastende, schwankende, hüpfende und springende Gangart«. »Mes conceptions et mon jugement ne marche qu'à tastons, chancelant, bronchant et chopant; et, quand je suis allé le plus avant que je puis, si ne me suis-je aucunement satisfaict« (*Essais* I, 26, S. 145). Er ist der erste französische Philosoph von Rang, der sich der Muttersprache bedient, sich aber eher nach dem Usus als den Grammatiken richtet. Der Autor, der in Toulouse und Bordeaux die Rechte studiert und danach das Amt eines Richters ausgeübt hatte, nimmt an seinem 39. Geburtstag (1571) überraschend seinen Abschied und zieht sich in seine Turmbibliothek in Schloß

Montaigne zurück. Die Bibliothek wird hinfort sein Refugium, und mit etwa 1000 Bänden ist sie für damalige Verhältnisse gut bestückt. Als Montaigne 1581 zum Bürgermeister seiner Heimatstadt Bordeaux gewählt wird, nimmt er dieses Amt aus Pflichtbewußtsein an und kehrt noch einmal auf Zeit ins aktive Leben zurück.

Nach der Bartholomäusnacht (1572) beginnt Montaigne mit seinen Aufzeichnungen, die 1580 erscheinen (Buch I und II), zwischendurch zwar vervollständigt, aber erst nach der Amtszeit als Bürgermeister (1586/87) um das III. Buch erweitert werden. Montaigne hat für seine Zwecke eine literarische Gattung erfunden, die er ›essai‹ nennt. Er verwendet als erster diesen Namen als Titelwort (I, 50) und wird zum Begründer der Moralistik. ›Essai‹ (lat. *exagium* = ›Wägen, Gewicht Gewichtmaß‹, gelegentlich auch ›Kostprobe‹) bedeutet im Französischen so viel wie ›Probe, Versuch, Übung, Vorspiel‹. Damit soll das Unsystematische, Provisorische und Neuartige bezeichnet werden. Montaignes Oszillieren zwischen privater Zurückgezogenheit und Dienst an der Allgemeinheit kennzeichnet auch die *Essais*, in denen autobiographische Passagen (Erlebnisse und Meinungen) mit Haupt- und Staatsaktionen aus Vergangenheit und Gegenwart (historische Anekdoten und Zitate) wechseln, indem sich die persönlichen Lebensumstände des humanistisch gebildeten Landedelmanns mit Betrachtungen über Religion und Politik verbinden. Montaigne stellt sich physisch wie moralisch mit Hunderten von Details dar (*Essais* II, 17 und III, 13) und erweckt den Eindruck, nichts zu verschweigen. Seine Verdauung ist ihm ebenso wichtig wie sein Liebesleben, seine Trägheit übergeht er nicht, auch nicht seinen aufbrausenden Zorn oder seine Unfähigkeit zu praktischen Verrichtungen. Angesichts der Ungewißheit aller Erkenntnisse, von der Montaigne fest überzeugt ist, sind Selbstaussagen noch am zuverlässigsten, da hier ein Gegenstand vorliegt, den der Autor genau kennt und beherrscht. Die eigene Person wird jedoch zum Paradigma menschlicher Darstellung schlechthin, denn »chaque homme porte la forme entière de l'humaine condition« (III, 2, ed. Rat, S. 782) in sich. Im Vorwort gibt Montaigne als bescheidenes Ziel seines Schreibens an, seinen Verwandten und Freunden nach seinem Tod ein Bild seiner Persönlichkeit zu hinterlassen. Er kann sich angeblich nicht vorstellen, daß ein breiteres Publikum daran Gefallen fände, da er sich ehrlich und aufrichtig schildere, wie er sei und sich dabei nicht um gesellschaftliche Konventionen kümmere. Diese ›Bescheidenheit‹ ist natürlich ein Topos, der sich fortan in vielen autobiographischen Texten finden wird:

> C'est icy un livre de bonne foy, lecteur. Il t'advertit dés l'entrée, que je ne m'y suis proposé aucune fin, que domestique et privée. Je n'y ay eu nulle consideration de ton service, ny de ma gloire. Mes forces ne sont pas capables d'un tel dessein. Je l'ay voué à la commodité particuliere de mes parens et amis: à ce que m'ayant

> perdu (ce qu'ils ont à faire bien tost) ils y puissent retrouver aucuns traits de mes conditions et humeurs, et que par ce moyen ils nourrissent plus entiere et plus vifve la connoissance qu'ils ont eu de moy. Si c'eust esté pour rechercher la faveur du monde, je me fusse mieux paré et me presenterois en une marche estudiée. Je veus qu'on m'y voie en ma façon simple, naturelle et ordinaire, sans contantion et artifice: car c'est moy que je peins. Mes defauts s'y liront au vif, et ma forme naïfve, autant que la reverence publique me l'a permis. Que si j'eusse esté entre ces nations qu'on dict vivre encore sous la douce liberté des premieres loix de nature, je t'asseure que je m'y fusse très-volontiers peint tout entier, et tout nud. Ainsi, lecteur, je suis moy-mesmes la matiere de mon livre: ce n'est pas raison que tu employes ton loisir en un subject si frivole et si vain. A Dieu donq; de Montaigne, ce premier de Mars mille cinq cens quatre ving. (Montaigne, *Essais*, »Au Lecteur«, ed. Rat, S. 9)

Den Durchbruch zur Selbsterforschung und Selbstdarstellung setzt man ungefähr um 1578/79 an, als Montaigne intensiv über Krankheit, Alter und Tod reflektiert. Die ersten *Essais* orientieren sich zunächst noch an antiker Kompilationsliteratur und ihrer Häufung von thematisch geordneten Zitaten und Sinnsprüchen. Wenn Montaigne eine Vielzahl von Meinungen und Belegen, die sich z.T. widersprechen, gegeneinanderstellt, so tut er dies nie aus pedantischer Stoffhuberei wie die mittelalterliche Traktatliteratur. Stets ist er antischolastisch und antirhetorisch, leitet aus der Vielzahl der Ideen allein die Berechtigung zur Skepsis ab. Seneca und Plutarch sind seine wichtigsten Gewährsleute. Der Skeptiker Montaigne widersetzt sich nachhaltig der Selbstgewißheit der Vernunft, wird im äußersten Falle sogar zum Zivilisationskritiker. Ein weiteres zentrales Thema ist die Beschäftigung mit dem Tod, aus der ihm die eigene Weisheit erwächst. Essai I, 20 (»Que philosopher c'est apprendre à mourir«) ist in dieser Hinsicht besonders aufschlußreich. Der Tod wird in bis dahin nie gekannter Weise individualisiert. In den letzten Essays des III. Buchs kommt nicht mehr der Ratio die entscheidende Aufgabe bei der Bewältigung der Todesfurcht zu, sondern der Anerkennung der Kreatürlichkeit. Sterbenkönnen ist also ebenso eine Fähigkeit wie Lebenkönnen. Dieser Gehorsam gegenüber der Natur ist Grundlage für die heitere und gelassene Geisteshaltung, die Montaignes Lebenseinstellung jetzt kennzeichnet. Er hat sein Ziel erreicht und kann am Ende von Essai III, 13 sagen, er finde das Leben schätzenswert und angenehm; wenn seine Zeit gekommen sei, sei er aber bereit, es ohne Trauer zu verlieren, »mais comme perdable de sa condition, non comme moleste et importune« (ebd., S. 1092).

Unter den wenigen zeitgenössischen Autoren, die Montaigne gelegentlich zitiert, sind auch einige bedeutsame Historiker, seien sie nun Geschichtsphilosophen oder Darsteller der französischen Nationalgeschichte, die in den Wirren der Religionskriege die Rechte der außermonarchischen staatlichen Institutionen näher bestimmen wollen, um dem gravierenden

Autoritätsverfall zu wehren. Die Beschäftigung mit der Geschichte wird im Humanismus zum Selbstzweck, weil Hohe wie Niedrige in ihrer Betrachtung wichtiges Anschauungsmaterial für die Einrichtung des eigenen Lebens vorfinden können (vgl. Landfester, S. 79f.):

> [...] je n'en trouve aucune [sc. science] qui me semble plus delectable à chacun en particulier, utile et profitable, et par consequant necessaire à tous en general, à ceux principalement qui doyvent estre admis au maniement des affaires publiques et tenir le gouvernail de la Republique, qu'est l'histoire, qui nous rend ample et divers tesmoignage des choses qui devant nous ont esté mises à fin. Puis qu'elle est la messagere de l'antiquité, il ne se peut faire qu'elle ne soit comme une certaine boutique, en laquelle on trouve la maniere et façon de vivre honnestement en ce monde; de laquelle aussi on peut, en choses douteuses, prendre conseils certains et infallibles, mesurant ses actions selon que l'on verra qu'il aura bien ou mal pris aux autres en mesme cas. (Poissenot, *Nouvelles histoires tragiques*, »Prologue de l'auteur«, ed. Arnould/ Carr, S. 55)

Aus der ersten Gruppe von Historikern, die grundsätzlich über die Darstellung der Geschichte nachdenken, ragen Jean Bodin und Louis Leroy, aus der zweiten Etienne Pasquier hervor. Zu nennen sind weiterhin die sog. Monarchomachen wie François Hotman (*Franco-Gallia*, 1573) u.a., eine protestantische Sondergruppe, die, als Reaktion auf die Bartholomäusnacht, selbst vor der Proklamierung des Königsmordes nicht zurückschreckt, um den ›ungerechten Herrscher‹ zu beseitigen, ansonsten aber eine Art konstitutioneller Monarchie anstrebt.[20]

Jean Bodin gehört zu den einflußreichsten Denkern seiner Zeit, da er sich zu Fragen der Philosophie, Verwaltung, Ökonomie und Religion äußerte. Bahnbrechend sind vor allem seine historischen Werke, die *Methodus ad facilem historiarum cognitionem* (1566) und die *Six livres de la république* (1576), die eng zusammengehören. Während Bodin in der *Methodus* die Profangeschichte auf menschliches Tun zurückführt, das von Klima, Rasse und Sternenlauf determiniert wird, handelt die französisch geschriebene und damit auf Breitenwirkung zielende *République* fast ausschließlich von der Souveränität. Hatte Bodin bereits im sechsten Buch der *Methodus* dem Absolutismus den Weg bereitet, indem er die Souveränität als »die höchste Gewalt gegenüber Bürgern und Untertanen, die nicht an die Gesetze gebunden ist«, definiert, wird er in der *République* zum Theoretiker der uneingeschränkten Souveränität, die jedoch auf das Gemeinwohl auszurichten sei (Buch I, Kap. 8, ed. Frémont u.a. I, 179). Anders als Machiavelli, dem er Verachtung der heiligen Naturgesetze vorwirft, und anders als später Hobbes,[21] fordert er vom Monarchen, daß er sich den Gesetzen der Religion, der Natur und des Völkerrechts unterstelle (Buch II, Kap. 3, ebd. II, 43f.). Seine Position wird nur vor dem Hintergrund der Religionskriege mit ihrem Chaos verständlich, die, so glaubt er, allein ein mit absoluten Rechten ausgestatteter Monarch beenden kann.[22] Seine Beschreibung

Frankreichs als absoluter Monarchie ist eindeutig, seine Ablehnung irgendwelcher Zwischengewalten nicht minder:

> On a voulu dire et publier par escrit que l'estat de France estoit aussi composé de trois Republiques, et que le Parlement de Paris tenoit une forme d'Aristocratie, les trois estats tenoyent la Democratie, et le Roy representoit l'estat Royal: qui est une opinion non seulement absurde, ains aussi capitale. Car c'est un crime de leze majesté de faire les subjects compagnons du Prince souverain. (ebd. II, 21)

Ist Bodin in erster Linie Theoretiker, so erbringt Louis Leroy[23] in *De la vicissitude ou Variété des choses en l'univers* (1575)[24] den Nachweis, daß die Universalgeschichte in nichts anderem besteht als dem Wechsel von Kulturen. Trotz zahlreicher Schwächen und Ungereimtheiten verdient die Schrift wegen ihres ökonomischen Determinismus, einer interessanten Zyklentheorie und der Einbeziehung außereuropäischer Kulturkreise (Mohammedaner, Moskowiter, Inder usw.) in diesem Kontext Erwähnung. Für die Kenntnis Frankreichs ist jedoch Etienne Pasquier wichtiger. Er ist Universalgelehrter, Dichter, Jurist und Historiker in einem und legt erstmalig 1560 seine sieben Bücher umfassenden *Recherches de la France* vor. Diese ›Kulturgeschichte‹ wird bis zur Ausgabe letzter Hand 1611 immer wieder überarbeitet. Im vollen Bewußtsein seines Neuerertums nennt der Autor seine Darstellung ein Geschenk, das er seinem geliebten Frankreich mache (Ed. Fragonard/ Roudaut I, 253). Er beschreibt zunächst die Vorgeschichte seines Landes, schildert dann die Herkunft der Kelten, Gallier und Franken. Es folgt die Geschichte der Stände und Institutionen, der Kirche und des Prinzips des Gallikanismus, des Brauchtums, der Sprache und Literatur mit altfranzösischen und provenzalischen Textproben, und zuletzt die der Universitäten in der Hauptstadt und der Provinz. Pasquier gibt der Kulturgeschichte eindeutig den Vorrang vor der politisch-diplomatischen Geschichte der Haupt- und Staatsaktionen, weil er ein Dichter unter den Gelehrten ist und die Politik für ein schmutziges Geschäft hält.

Epos

Unter den literarischen Großgattungen, die die Pléiade wieder zu neuem Leben erwecken will, nimmt das Epos den ersten Platz ein.[25] Ronsard als Oberhaupt der Dichtergruppe sieht sich schon früh selber verpflichtet, ein Epos zu schreiben. Diese Aussagen finden sich in einem Widmungsgedicht an Jean Bastier de La Péruse (1529–1554; vgl. *DictLitt* 2, 1217–1218), das auch für die übrigen Mitglieder der Pléiade, je nach Vermögen, einen präzisen Aufgabenkatalog umreißt:

Peut estre apres que Dieu nous donnera
Un cœur hardy qui brave sonnera
De longue haleine un Poëme heroïque
(Ronsard, »A Jean de la Péruse, Poëte«, in: Œuvres, ed. Cohen, II, 315f.)

Bereits 1550 kündigt Ronsard dann König Heinrich II. an, er werde eine 24 Gesänge umfassende *Franciade* dichten (*Œuvres*, ed. Cohen I, 355f.). Lange Jahre arbeitet er daran, und seine Arbeit wird nach dem Tod des Königs von dessen Sohn Karl IX. nachdrücklich unterstützt. Er zwingt dem Dichter jedoch statt des feierlichen und angemessenen Alexandriners den paarweise gereimten Zehnsilber auf und wünscht, daß alle seine 63 Ahnen und Vorgänger genannt werden. Die politische Situation der Religionskriege spricht schon bald der Verherrlichung der französischen Nation hohn. Auch verfällt Ronsard in den Fehler, aus einer düsteren Grundstimmung heraus allzu sehr Vergänglichkeit und Tod zu thematisieren und damit den Unsterblichkeitswünschen des Herrscherhauses zu widersprechen. Ronsard kontaminiert zahlreiche antike Vorbilder, allen voran Vergil, und arbeitet mit einer ›Fabel‹, die wenig glaubhaft ist und im Prinzip auf einer falschen Volksetymologie aufbaut. Astyanax, Hektors Sohn, habe im Trojanischen Krieg den Namen ›Phere-Enchos‹ (Lanzenträger) erhalten, was die von ihm besiegten Völker fälschlich Francus aussprachen. Nach dem Fall der Stadt und der Verschleppung durch Pyrrhus nach Epirus segelt er im Auftrag Jupiters nach Frankreich und landet bei Aigues-Mortes in der Provence. Später gründet er in Erinnerung an seinen Onkel Paris die gleichnamige Hauptstadt der Franken, deren Stammvater er wird. Vorher muß er jedoch zahlreiche Abenteuer bestehen und kommt im Verlauf seiner Reise auch nach Kreta. Das nicht fertiggestellte Werk endet mit der Weissagung der kretischen Prinzessin und Seherin Hyante, die Francus die Taten seiner Abkömmlinge bis auf Karl Martell, den Sieger von Poitiers, und Pippin den Kurzen, den Vater Karls des Großen, erzählt. In drei Vorworten (1572, 1572/73, 1587) hat Ronsard zu wichtigen poetologischen Fragen des Epos Stellung bezogen. Indes konnte er nur vier Bücher vollenden; sein Sekretär Amadis Jamyn (1541[?]–1593; vgl. *DictLitt* 2, 1102–1103), bekannt als *Ilias*-Übersetzer, hat später den Inhalt der fehlenden Gesänge rekonstruiert. Ronsard verfolgte nicht zuletzt die Absicht, die deutsche Reichsidee, die wesentlich in der Vierreichelehre der *translatio imperii* gründet, durch eine eigenständige fränzösische Reichsgründungsmythe zu ersetzen.

Wesentlich homogener ist Guillaume de Salluste Du Bartas' *La sepmaine ou création du monde* (1578/79),[26] doch hat auch er das Epos in Frankreich nicht heimisch machen können, obschon bis 1632 allein über 50 Auflagen der *Sepmaine* erschienen. Übersetzungen ins Deutsche, Lateinische, Englische und Niederländische erfolgten und beeindruckten Tasso,

Milton und Goethe. Vielfach wurde jedoch protestantische Parteilichkeit für diesen Erfolg verantwortlich gemacht. Du Bartas' kosmologisches Lehrgedicht steht in der Tradition der Hexaemera (›Sechstagewerke‹) der Kirchenväter bzw. von Scèves *Microcosme* (1562). Der sieben Tage umfassende Schöpfungsbericht (nach Genesis 1–2) bildet das Gerüst des Werks, wird aber erheblich ausgeweitet, da Du Bartas Fabelwesen, historische wie mythologische Gestalten, Pflanzen und Steine nach Art der mittelalterlichen Bestiarien, Herbarien und Lapidarien aufnimmt. Du Bartas macht den Weltenschöpfer Jahwe zum epischen Helden und nimmt die Schöpfungsgeschichte zum Vorwand, eine lyrisch-hymnische Enzyklopädie zu dichten. Er verarbeitet das gesamte ihm zur Verfügung stehende naturkundliche Wissen des Mittelalters und der Renaissance. Seine Sprache, wegen ihrer Neologismen, Metaphernketten, Komposita, Oxymora, Antithesen und Hyperbeln vielfach bereits als barock-manieristisch gescholten, ist dieser Fülle durchaus adäquat, da der Autor, wie Adam die Welt, in die er gesetzt ist, erkennen und benennend beschreiben muß. Wegen des großen Erfolges der *Sepmaine* begann Du Bartas 1584 als Fortsetzung *La seconde sepmaine*, die die sieben Weltzeitalter der Menschheitsgeschichte umfassen sollte, doch verhinderte sein früher Tod ihre Vollendung.[27]

Der dritte namhafte Epenversuch stammt von Agrippa d'Aubigné.[28] Es handelt sich um sein als Reaktion auf die Religionskriege gedichtetes Epos *Les Tragiques* (1577–89) in sieben Gesängen mit fast 10.000 Alexandrinern. Es vermeidet die Fehler, die der *Franciade* anhaften, denn d'Aubigné weiß, wovon er spricht: Sein Gegenstand ist das Schicksal der Kalvinisten und ihrer in seinen Augen einzig wahren Kirche, die zwar das Martyrium erleidet, aber aus heilsgeschichtlicher Sicht den Sieg davonträgt. In seinem Epos haben die höllischen Mächte und der christliche *merveilleux* (wunderbare Einwirkung von Oben), haben Elend und himmlischer Glanz ihren wahren Platz. D'Aubigné ist zwar in erster Linie Soldat, aber das Schreiben ist für ihn auch Kampf, Kampf mit der Feder. Insofern verbindet er in seiner Person die Ideale von *arma et litterae*. Nach der Schlacht von Casteljaloux (1577) diktiert er die ersten Verse seiner *Tragiques*. Fast vierzig Jahre lang schreibt und modifiziert er sein Werk, das aber zum Zeitpunkt seiner Veröffentlichung (1616) bereits an Aktualität verloren hat. Obwohl sein Haß auf die Katholiken und Renegaten groß ist und er stets die protestantische Sache glorifiziert, erhebt er die Zeitgeschichte vor allem in den Büchern VI (*Vengeances*) und VII (*Jugement*) auf die Höhe eines mythischen Geschehens. Die sieben Bücher des Epos entsprechen dem Aufbau der Apokalypse, in der die Sieben als Zahl der Vollkommenheit strukturbildend wirkt. *Les Tragiques* sind ein leidenschaftliches Werk voller Emotionen, das seine Leser mit gewaltigen Bildern, die sich von irdischen zu himmlischen Dimensionen steigern, beeindrucken und überzeugen will. Malherbe wird das Epos als den Gesetzen der Dämpfung und Klarheit widersprechend verdammen, so daß es in Frankreich, anders als in Deutschland, in Vergessenheit geriet.

Theater

Die Pléiade hat auch das französische Theater erneuert, wenngleich relativ spät, da sie ihr Hauptaugenmerk zunächst auf die Lyrik richtete. Allerdings wurden die ernsten und erbaulichen mittelalterlichen Theaterformen (Moralitäten, Mirakel- und Mysterienspiele) wie auch die satirisch-burlesken (Farce und Sottie) noch lange gepflegt (*Franz. Mittelalter* 110f., 181f.). Das französische Renaissancedrama speist sich aus zwei Quellen, dem Theater der Antike und dem der italienischen Renaissance (*commedia erudita*). Ronsard übertrug selber den *Plutus* des Aristophanes, Lazare de Baïf die *Elektra* des Sophokles, dann die *Hekuba* des Euripides, Charles Estienne die *Andria* des Terenz, Pierre de Larivey sechs italienische Komödien. Die Tragödien Senecas haben wegen ihrer moralischen Deutbarkeit besonders nachhaltig gewirkt. Zumeist protestantische Autoren knüpfen außerdem an die verbotenen Mysterienspiele an und bringen religiöse Dramen nach antikem Vorbild auf die Bühne, allen voran Théodore de Bèze, dessen *Abraham sacrifiant* (1550) als erste französische Tragödie überhaupt aufgeführt wird. Als Erfinder des eigenständigen französischen Renaissancedramas gilt Etienne Jodelle, dessen *Cléopâtre captive* – der Stoff ist Plutarch entnommen – 1553 zunächst vor dem König, dann im Collège de Boncourt auf die Bühne gebracht wird. Aber auch Jacques Grévin, bis zum Übertritt zum Kalvinismus ein enger Freund Ronsards, nimmt für seine Tragödie *Jules César* (1561),[29] das erste französische Römerdrama, den Primat in Anspruch. Er läßt nämlich als erster männliche mit weiblichen Alexandrinern wechseln, was Ronsard dann im *Abrégé de l'art poétique français* (1565) als verbindlich für alle Tragödien erklärt. In einem dem Stück vorangestellten »Brief discours pour l'intelligence de ce théâtre« (Ed. Pinvert, S. 5f.) gibt er wichtige Hinweise zur Definition der Gattungen, vor allem auf den ›Nutzen‹, den der Zuschauer beim Betrachten derartiger Stücke für die Einrichtung seines eigenen Lebens ziehen könne:

> La Tragédie donc (comme dit Aristote en son art poëtique) est une imitation ou représentation de quelque faict illustre et grand de soymesme, comme est celuy touchant la mort de Jules César. [...] Or je reviens à la Comédie, qui est un discours fabuleux, mais approchant de vérité, contenant en soy diverses manières de vivre entre les citadins de moyen estat, et par lequel on peult apprendre ce qui est utile pour la vie, et au contraire cognoistre ce que lon doit fuir, enseignez par le bonheur ou malheur d'autruy. [...]

> Voylà l'origine et succès de la Comédie, que j'estime avec Aristote avoir esté in-
> ventée du mesme temps que la Tragédie: car comme ainsi soit que des hommes, les
> uns soyent graves et sévères, les autres gaillards et joyeux, il est advenu que les pre-
> miers se sont mis à escrire des Tragédies graves et sévères, les seconds se sont exer-
> cez en Comédies gaillardes et joyeuses. Le profit que tu en peux recevoir est de te
> garder de pareilles adventures qui sont advenues en icelles par la mesgarde d'au-
> cuns, par la simplicité des autres, par l'astuce des plus rusez, et cognoistre aussi la
> diverse manière de vivre des divers estats. (ebd., S. 6, 7 u. 9)

Das Zielpublikum der Renaissancetragödie sind der Hof und die Mitglieder
der Gelehrtenrepublik, gelegentlich auch die Schüler der kalvinistischen
oder jesuitischen Akademien.[30] Von Grévin stammen auch die eher forma-
len Kriterien für die Tragödie: Es darf sich nicht um ein Mysterienspiel oder
eine Moralität handeln, d.h. der Stoff soll der griechischen oder römischen
Mythologie, allenfalls dem Mittelalter entnommen sein. Sie soll französisch,
nicht lateinisch geschrieben und keine Übersetzung, sondern ein Original
sein. Die Regeln der aristotelischen Poetik, vor allem die Einheiten von Ort,
Zeit und Handlung, müssen beachtet werden. Männliche und weibliche
paarweise gereimte Alexandriner sollen wechseln. Die Tragödie muß
öffentlich aufgeführt und anschließend gedruckt werden. Das 17. Jh. wird
diese Kategorien übernehmen, aber noch das Fünfaktschema und einen
hohen Grad von Rhetorisierung hinzufügen. Diese Regeln werden von Jean
de La Taille, der mit *Saül le furieux* (ca. 1562) die regelmäßigste Tragödie
des Jahrhunderts schreibt, in seiner Theaterpoetik *De l'art de la tragédie*
(1572) festgeschrieben und von Jean Vauquelin de la Fresnaye in seinem *Art
poétique* (1574/1605) bestätigt. Beide können sich auf Julius Caesar Scaligers lateinische *Poetices libri septem* (1561) berufen, der insbesondere auf
Ständeklausel und Stiltrennung verweist.[31] Über die damalige Auf-
führungspraxis wissen wir nur wenig, doch scheint die Perspektivenlehre
des italienischen Baumeisters Sebastiano Serlio (1537ff.), die sich an Vitruv
orientiert, schon bald für den Bühnenbau maßgeblich geworden zu sein.

Robert Garnier ist der vielseitigste Dramatiker der Zeit.[32] Drei römische wechseln mit drei griechischen Tragödien, dann folgt die Tragikomö-
die *Bradamante* (1582), die eine mit einer glücklichen Heirat endende Episode aus Ariosts *Orlando furioso* zur Vorlage nimmt. Damit ist ein ernstes
Geschehen, eine Haupt- und Staatsaktion mit gutem Ausgang, als Tragi-
komödie definiert, eine Mischgattung, derer sich noch Corneille im *Cid*
bedienen wird. Den Abschluß von Garniers Schaffen bilden *Les juives*
(1583), ein biblischer Stoff, der die Barmherzigkeit des Regenten gegen
Minderheiten preist und wie die anderen Tragödien Anspielungen auf die
Zeitgeschichte nahelegt, was sich ebenfalls strukturbildend auf das spätere
klassische Drama auswirken wird. Die Märtyrerdramen und biblischen
Tragödien eines Corneille, Racine u.a. können hieran anknüpfen.

Die Renaissancekomödie, ebenfalls von Jodelle mit *Eugène* (Uraufführung 1552) begründet,[33] erfährt erst unter dem Einfluß italienischer
Modelle durch Remy Belleau (*La reconnue*, Uraufführung 1563)[34] ihre moderne Ausformulierung: Drei Personengruppen stoßen aufeinander, die
Alten, die Jungen und die Diener. Handlungsbestimmend ist eine heimlich
geplante Liebesheirat zwischen jungen Leuten, die aber von ihren alten und
geizigen Vätern mit ebenso alten und reichen Anwärtern verkuppelt werden
bzw. ungeliebte Erbinnen heiraten sollen. Dank der List und Gewitztheit
ihrer Diener, oft nach wenig glaubwürdigen Verwechslungsspielen (Qui-
proquos) und Wiedererkennungsszenen (Anagnorisis) verloren geglaubter
Söhne und Töchter, dürfen sie doch noch den geliebten Partner ehelichen.
Auch dieses Schema wird sich in der Klassik bewähren und mancher
Erfolgskomödie Molières und seiner Zeitgenossen Pate stehen.

ANMERKUNGEN

I. Begriff und Wirklichkeit der Renaissance

1 W.K. Ferguson, *The Renaissance in Historical Thought. Five Centuries of Interpretation*, Boston, Mass.: Mifflin, 1948; Reprint New York 1981; A. Buck (Hg.), *Zu Begriff und Problem der Renaissance*, Darmstadt 1969; E. Panofsky, *La Renaissance et ses avant-courriers dans l'art d'occident*, Paris: Flammarion, 1993, vor allem Kap. I u. II.

2 J. Schlobach, *Zyklentheorie und Epochenmetaphorik. Studien zur bildlichen Sprache der Geschichtsreflexion in Frankreich von der Renaissance bis zur Frühaufklärung*, München 1980, S. 70f.

3 »Sino a qui mi è parso discorrere da 'l principio della scultura e della pittura, e per adventura più largamente che in questo luogo non bisognava. Il che ho io però fatto, non tanto trasportato dalla affezzione della arte, quanto mosso dal benefizio et utile comune degli artefici miei. I quali avendo veduto in che modo ella, da piccol principio, si conducesse a la somma altezza e come da grado sí nobile precipitasse in ruina estrema, e, per conseguente, la natura di questa arte, simile a quella dell'altre, che, come i corpi umani, hanno il nascere, il crescere, lo invecchiare et il morire, potranno ora più facilmente conoscere il progresso della sua rinascita; e di quella stessa perfezzione, dove ella è risalita ne' tempi nostri«. (»Proemio delle vite«; ed. L. Bellosi/ A. Rossi, Torino: Einaudi, 1986, S. 101)

4 Stendhal, *Chroniques italiennes*, ed. B. Didier, Paris: Garnier-Flammarion, 1977, S. 239.

5 L. Febvre, *Michelet et la Renaissance*, Paris: Flammarion, 1992; dt. v. G. Osterwald, Stuttgart 1995.

6 A. Campana, »The Origin of the Word ›Humanist‹«, in: *Journal of the Warburg and Courtauld Institutes* IX, 1946, S. 60–73; P.M. Brown, »A significant sixteenth-century use of the word ›umanista‹«, in: *The Modern Language Review* 64, 1969, S. 565–575; R. Avesani, »La professione dell'›umanista‹ nel Cinquecento«, in: *Italia Medioevale e Umanistica* XIII, 1970, S. 205–232.

7 W. Rüegg, *Cicero und der Humanismus. Formale Untersuchungen über Petrarca und Erasmus*, Zürich 1946, S. 1f.; V.R. Giustiniani, »Homo, Humanus, and the Meanings of ›Humanism‹«, in: *Journal of the History of Ideas* XLVI, April–June 1985, S. 167–196; R. Rieks, »Humanitas«, in: J. Ritter (Hg.), *Historisches Wörterbuch der Philosophie*, Basel/ Stuttgart 1974, III, coll. 1231–1232.

8 P.O. Kristeller, *Humanismus und Renaissance*, München 1974, 2 Bde.

9 G. Antonazzi, *Lorenzo Valla e la polemica sulla donazione di Costantino*, Roma: Ed. di Storia e Letteratura, 1985.

10 W.F. Church, *Louis XIV in historical thought: from Voltaire to the Annales School*, New York: Norton, 1976.

11 F.-R. Hausmann, »Rassenkunde und Geisteswissenschaft«, in: *Renaissance Hefte* 2, 1993, 2, S. 64–78.

12 Über Burckhardts Nachleben vgl. den wichtigen Forschungsbericht von A. Buck, *Die italienische Renaissance aus der Sicht des 20. Jahrhunderts*, Stuttgart 1988.

13 W. Paetzold, *Jacob Burckhardt als Kunsthistoriker*, Leipzig 1940; A.v. Martin, *Nietzsche und Burckhardt. Zwei geistige Welten im Dialog*, München ⁴1947; ders., *Die Religion*

Burckhardts. Eine Studie zum Thema Humanismus und Christentum, München [2]1947.

14 A. Buck, »Die Auseinandersetzung mit Jacob Burckhardts Renaissancebegriff«, in: A. Buck/ M. Bircher (Hg.), *Respublica Guelpherbytana. Wolfenbütteler Beiträge zur Renaissance- und Barockforschung. Festschrift für P. Raabe,* Amsterdam: Rodopi, 1987, S. 7–34; H.-W. Eppelsheimer, »Das Renaissance-Problem«, in: *Deutsche Vierteljahrsschrift für Literaturwissenschaft und Geistesgeschichte* 11, 1933, S. 477–500; H.R. Guggisberg, *Umgang mit Jacob Burckhardt: zwölf Studien,* Basel: Schwabe – München: Beck, 1994; M. Sammer, *Intuitive Kulturgeschichtsschreibung: ein Versuch zum Verhältnis von Geschichtsdenken und kulturhistorischer Methode bei Jacob Burckhardt,* München 1994.

15 Einzelheiten bei J. IJsewijn, *Companion to Neo-Latin Studies,* Amsterdam usw.: North-Holland Publishing Company, 1977; jetzt die Neuaufl. unter dem Titel: *History and diffusion of neo-Latin literature,* [2]1990 (Bd. 1 des Companion ...).

16 K. Borinski, *Die Antike in Poetik und Kunsttheorie. Von Ausgang des klassischen Altertums bis auf Goethe und Wilhelm von Humboldt.* Bd. I: Mittelalter–Renaissance–Barock, Leipzig 1924, Reprint Darmstadt 1965.

17 J. Autenrieth (Hg.), *Renaissance- und Humanistenhandschriften,* München 1988.

18 L. Spitzer, »The Problem of Latin Renaissance Poetry«, in: *Studies in the Renaissance* II, 1955, S. 118–138; P. Van Tieghem, *La littérature latine de la Renaissance. Étude d'histoire littéraire européenne,* Reprint der Ausg. 1943 Genève: Slatkine, 1966; J. Sparrow, »Latin Verse of the High Renaissance«, in: *Italian Renaissance Studies.* A Tribute to the late Cecilia M. Ady, ed. E.F. Jacob, London: Faber & Faber, [2]1968, S. 354–409.

19 *Renaissance Latin Verse.* An Anthology, compiled and edited by A. Perosa and J. Sparrow, London: Duckworth, 1979; G. Ellinger, *Italien und der deutsche Humanismus in der neulateinischen Lyrik,* Berlin u. Leipzig 1929, S. 1–338.

20 J. Texte, »Influence de l'Italie sur les lettres françaises depuis le XVIe siècle«, in: *Études de littérature européenne,* Paris: A. Colin, 1898; C. Del Balzo, *L'Italia nella letteratura francese dalla caduta dell'impero romano alla morte di Enrico IV,* Torino – Roma: Roux e Viarengo, 1905–1907, 2 Bde.; A. Farinelli, *Dante e la Francia dall'età media al secolo di Voltaire,* Milano 1908, Reprint Genève 1971, 2 Bde.; E. Balmas, *Saggi e studi sul Rinascimento francese,* Padova: Liviana, 1982.

21 C. Crossley, *French historians and romanticism: Thierry, Guizot, the Saint-Simonians, Quinet, Michelet,* London: Routledge, 1993.

22 A.-M. Schmidt, »La littérature humaniste à l'époque de la Renaissance«, in: *Histoire des Littératures III* (Littératures françaises, connexes et marginales), Paris: Gallimard (Encyclopédie de la Pléiade), 1958, S. 167–254.

23 A.P. Saccaro, *Französischer Humanismus des 14. und 15. Jahrhunderts,* München 1975.

24 L. Delaruelle, *Guillaume Budé, les origines, les débuts, les idées maîtresses,* Paris 1907; Reprint Genève: Slatkine, 1970.

25 W. Heubi, *François Ier et le mouvement intellectuel en France,* Réimpr. de l'éd. de Lausanne, 1913, Genève: Slatkine, 1972.

26 Die folgenden Belege sämtlich nach J. Voss, *Das Mittelalter,* S. 27f.; 101f.

27 A. Ceccarelli Pellegrino, *Le »Bon Architecte« de Philibert de L'Orme. Hypotextes et anticipations,* Fasano: Schena-Nizet, 1996, S. 21f.

II. Politische Geschichte Frankreichs im 16. Jahrhundert

1 Ch. Th. Allmand, *The Hundred Years War. England and France at War c. 1300 – c. 1450,* Cambridge: Univ. Press, 1988; Ph. Contamine, *La guerre de Cent Ans,* Paris: PUF, [5]1989;

J. Favier, *La guerre de Cent Ans*, Paris 1980.

2 H. Steinbach, *Jeanne d'Arc. Wirklichkeit und Legende*, Göttingen 1973; G. Krumeich, *Jeanne d'Arc in der Geschichte: Historiographie, Politik, Kultur*, Sigmaringen 1989; franz. Paris: Michel, 1993; S. Tanz, *Jeanne d'Arc. Spätmittelalterliche Mentalität im Spiegel eines Weltbildes*, Weimar 1991; Ph. Contamine, *De Jeanne d'Arc aux guerres d'Italie: figures, images et problèmes du XVe siècle*, Orléans: Paradigme, 1994; R. Pernoud, *Jeanne d'Arc: Glaube, Kraft, Vision*, München 1995; H. Röckelein (Hg.), *Jeanne d'Arc oder wie Geschichte eine Figur konstruiert*, Freiburg 1996.

3 A.J. Pollard, *John Talbot and the war in France, 1427–1453*, London: Royal Hist. Soc., 1983.

4 *Fifteenth-century English translations of Alain Chartier's Le traité de l'esperance and Le quadrilogue invectif.* Ed. by M.S. Blayney, London: Oxford Press, 1974–80, 2 Bde. (vor allem Bd. 2: Introduction, notes and glossary).

5 *Une femme de lettres au moyen âge: études autour de Christine de Pizan*. Articles inédits réunis par L. Dulac, Orléans: Paradigme, 1995.

6 *Ditié de Jehanne d'Arc, ‹Christine de Pisan›*. Ed. by A.J. Kennedy, Oxford: Society for the Study of Mediaeval Languages, 1977.

7 G.A. Jonen, *Allegorie und späthöfische Dichtung in Frankreich*, Tübingen Phil. Diss. 1974; R. Meyenberg, *Alain Chartier Prosateur et l'art de la parole au XVe siècle: Etudes littéraires et rhétoriques*, Bern: Francke, 1992.

8 B. Zühlke, *Christine de Pizan in Text und Bild: zur Selbstdarstellung einer frühhumanistischen Intellektuellen*, Stuttgart–Weimar 1994; vgl. auch: *The city of scholars: new approaches to Christine de Pizan*, ed. by M. Zimmermann, Berlin 1994; M. Kottenhoff, »*Du lebst in einer schlimmen Zeit*«: *Christine de Pizans Frauenstadt zwischen Sozialkritik und Utopie*, Köln usw. 1994.

9 *Book of the body politic / Christine de Pizan*. Ed. and transl. by K.L. Forhan, Cambridge: Cambridge Univ. Press, 1994.

10 Ph. Erlanger, *Charles VII et son mystère*, Paris: Gallimard, 1981; G. Bordonove, *Charles VII, le Victorieux*, Paris Pygmalion, 1985 (Les rois qui ont fait la France, Bd. 2).

11 W. Paravicini, *Karl der Kühne. Das Ende des Hauses Burgund*, Göttingen 1976; P.K. Kendall, *Louis XI, »the universal spider«*, New York: Norton, 1971; franz. 1975 (dt. v. Chr. Zinner, München 1979).

12 W. Prevenier/ W. Blockmans, *Die burgundischen Niederlande*, Weinheim 1986; dann die Werke von R. Vaughan, *Philip the Bold. The Formation of the Burgundian State*, London: Longmans, 1962; Reprint 1979; *John the Fearless. The Growth of Burgundian Power*, London 1966, Reprint 1979; *Philip the Good. The Apogee of Burgundy*, London 1970; *Charles the Bold. The Last Valois Duke of Burgundy*, London 1973; *Valois Burgundy*, London: Allen Lane, Penguin Books, 1975; J. Calmette, *Die großen Herzöge von Burgund*, Gütersloh 1987.

13 J.-C. Delclos, *Le Témoignage de Georges Chastellain, historiographe de Philippe le Bon et de Charles le Téméraire*, Genève: Droz, 1980.

14 Ph.A. Becker, *Jean Molinet*, Jena 1935.

15 M.A. Butler, *Twice Queen of France, Anne of Brittany*, New York: Funk & Wagnalls, 1967.

16 K.-F. Krieger, *Die Habsburger im Mittelalter: von Rudolf I. bis Friedrich III.*, Stuttgart 1994; R. Reifenscheid, *Die Habsburger: von Rudolf I. bis Karl I.*, Wien: Tosa, 1994; M. Erbe, *Die Habsburger: [1493–1918]; eine Dynastie im Reich und in Europa*, Stuttgart 1995.

17 H. Wiesflecker, *Maximilian I: die Fundamente des habsburgischen Weltreiches*, Wien usw.: Verlag für Gesch. u. Politik, 1991.

18 O.v. Habsburg, *Karl V.: Kaiser für Europa*, Wien: Amalthea, 1990.

19 A. Denis, *Charles VIII et les Italiens: histoire et mythe*, Genève: Droz, 1979; I. Cloulas, *Charles VIII et le mirage italien*, Paris: Michel, 1986.

20 Ch. Kohler, *Les Suisses dans les guerres d'Italie de 1506 à 1512*, Repr. d. Ausg. 1897, Genève: Mégariotis, 1978.

21 R. Guerdan, *Franz I., König der Renaissance*, Frankfurt/M. 1978; R. Rudler, *François Ier, bâtisseur de la monarchie*, Paris: Calman–Lévy, 1980; J. Jacquart, *François Ier*, Paris: Fayard, 1981; R.J. Knecht, *Francis I*, Cambridge: Univ. Press, 1982.

22 *Lehrgedicht über die Syphilis/ Girolamo Fracastoro*. Hg. u. übers. v. G. Wöhrle, Bamberg 1988, S. 25.

23 Arthur de Gobineau, *La Renaissance. Scènes historiques*. Chronologie, introduction, bibliographie, notes, variantes et dossier de l'œuvre par J. Gaulmier, Paris: Garnier–Flammarion, 1980, S. 518.

24 A. Debidour, *Les chroniqueurs. Villehardouin, Joinville, Froissart, Commines*, Genève: Slatkine, 1980 (Reprint Ausg. Paris 1888–90), 2 Bde.; H. Baumann, *Der Geschichtschreiber Philippe de Commynes und die Wirkung seiner politischen Vorstellungen in Frankreich um die Mitte des 16. Jahrhunderts*, München 1981; J. Blanchard, *Commynes l'européen. L'invention du politique*, Genève: Droz, 1996.

25 K. Bittmann, *Ludwig XI. und Karl der Kühne. Die Memoiren des Philippe de Commynes als historische Quelle*. Bd. 1; Bd. 2/1, Göttingen 1964–70.

26 *Gli Sforza a Milano e in Lombardia e i loro rapporti con gli Stati italiani ed europei [1450–1535]*: convegno internazionale Milano, 18–21 maggio 1981, Milano: Cisalpino–Goliardica, 1982.

27 D. Crouzet, *Les guerriers de Dieu: la violence au temps des troubles de religion (vers 1525 – vers 1610)*, Paris: Champ Vallon, 1990, 2 Bde.; ders., *La genèse de la Réforme française 1520 – 1560*, Paris: Sedes, 1996.

28 I. Cloulas, *Henri II*, Paris: Fayard, 1983; F. Baumgartner, *Henry II. King of France 1547–1559*, Durham usw.: Duke Univ. Press, 1988.

29 I. Cloulas, *Catherine de Médicis*, Paris: Fayard, ²1988; J. Orieux, *Catherine de Médicis ou La Reine noire*, Paris: Flammarion, 1986.

30 F. Geuer, *Die Kirchenpolitik des Kanzlers Michel de l'Hospital*, Leipzig 1877; Th. Seitte, *Un apôtre de la Tolérance au XVIe siècle. Michel de l'Hospital, chancelier de France*, Diss. Theol. Montauban 1891.

31 Vgl. die vorzüglich dokumentierte Arbeit von P.-F. Geisendorf, *Théodore de Bèze*, Genève: A. Jullien, 1949.

32 D. Crouzet, *La nuit de la Saint-Barthélemy. Un rêve perdu de la Renaissance*, Paris: Fayard, 1994.

33 Ph. Erlanger, *Henri III*, Paris: Gallimard, ²1988; *Henri III et son temps: actes du colloque international du Centre de la Renaissance de Tours, octobre 1989*, études réunies par R. Sauzet, Paris: Vrin, 1992.

34 M. Wolfe, *The conversion of Henri IV: politics, power, and religious belief in early modern France*, Cambridge, Mass.: Harvard Univ. Press, 1993.

35 J. Garrisson, *L'Édit de Nantes et sa révocation: histoire d'une intolérance*, Paris: Seuil, 1985; dt. Kassel 1995.

36 E. Balmas, *Un poeta del Rinascimento francese, Etienne Jodelle. La sua vita – il suo tempo*, con una premessa di M. Raymond, Firenze: Olschki, 1962, S. 489f.; in Jodelle lernt man den Kalvinistenhasser kennen.

37 *Actes du Colloque l'Amiral de Coligny et son temps: Paris, 24–28 Octobre 1972*, Paris: Soc. de l'Histoire du Protestantisme Français, 1975.

38 J.-P. Babelon, *Henri IV*, Paris: Fayard, 1982; A. Castelot, *Henri IV le passionné*, Paris: Perrin, 1986.

39 J.-Ch. Sournia, *Blaise de Monluc: soldat et écrivain [1500–1577]*, Paris: Fayard, 1981.

40 E. Barnavi/ R. Descimon, *La Sainte Ligue, le juge et la potence: l'assassinat du président Brisson, 15 novembre 1591*, Paris: Hachette, 1985.

41 Benutzt wurde auch die folgende Ausg.: *Satyre Menippée de la vertu du catholicon d'Espagne et de la tenue des Etats de Paris* ... A Ratisbone (Regensburg): Chez les Héritiers de Matthias Kerner, M.DCC.LII (1752), 3 Bde., hier I, 107f.

42 P. Sérant, *Les enfants de Jacques Cartier: du Grand Nord au Mississipi, les Américains de langue française*, Paris: Laffont, 1991.

43 M. Beunat/ C. Mossé, *Jacques Cartier. L'aventurier exemplaire*, Paris: Acropole, 1984.

44 *Le Monde de Jacques Cartier. L'aventure au XVIᵉ siècle.* (Sous la dir. de F. Braudel), Paris: Berger–Levrault, 1984.

45 Übers. nach: *Première relation de Jacques Cartier de la Terre Neufve, dite la Nouvelle France, trouvée en l'an 1534*, in: *Les Français en Amérique pendant la première moitié du XVIᵉ siècle*, S. 106–107.

46 U. Bitterli, *Die »Wilden« und die »Zivilisierten«; die europäisch-überseeische Begegnung*, München 1982.

47 F. Lestringant, *L'atelier du cosmographe ou l'image du monde à la Renaissance*, Paris: Michel, 1992, S. 57f.

48 F. Lestringant, *André Thevet. Cosmographe des derniers Valois*, Genève: Droz, 1991.

49 A. Enders, *Die Legende von der »Neuen Welt«: Montaigne und die »littérature géographique« im Frankreich des 16. Jahrhunderts*, Tübingen 1993.

III. Italien und Frankreich

1 *La France de la fin du XVᵉ siècle: renouveau et apogée; économie, pouvoirs, arts, culture et conscience nationale.* Colloque internat. du Centre Nat. de la Recherche Scientifique, Tours 3–6 oct. 1983, actes publ. sous la dir. de B. Chevalier, Paris: Éd. du CNRS, 1985.

2 G. Pinkernell, *François Villon et Charles d'Orléans (1457 à 1461). D'après les »Poésies diverses«, de Villon*, Heidelberg 1992, S. 179f.

3 J Ch. Payen, *Le Moyen Age. Vol. II: 1300–1480 [D. Poirion]*, Paris: Arthaud, 1971, passim; François Villon, *Das Kleine und das Große Testament. Französisch/ Deutsch*. Hg., übers. u. komm. von F.-R. Hausmann, Stuttgart 1988, S. 7–30.

4 P. Zumthor, *Le masque et la lumière: la poétique des grands rhétoriqueurs*, Paris: Seuil, 1978.

5 E. Picot, *»Des Français qui ont écrit en italien au XVIᵉ s.«*, in: *Revue des Bibliothèques* 1898–1901.

6 H. Weber, *La création poétique au XVIᵉ siècle en France, de Maurice Scève à Agrippa d'Aubigné*, Paris: Nizet, 1956, S. 233.

7 M. Bresard, *Les foires de Lyon aux XVᵉ et XVIᵉ siècles*, Paris: A. Picard, 1914; R. Gascon, *Grand commerce et vie urbaine au XVIᵉ siècle. Lyon et ses marchands*, Den Haag: Mouton, 1971.

8 G. Hüffer, *Die Stadt Lyon und die Westhälfte des Erzbistums in ihren politischen Beziehungen zu Deutschland und zur französischen Krone, von der Gründung des 2. burgund. Königreiches [879] bis zur Vereinigung mit Frankreich [1312]*, Habil.–Schr. Münster 1878; A. Latreille (Hg.), *Histoire de Lyon et du Lyonnais*, Toulouse: Privat, 1975; *Histoire de Lyon* sous la direction A. Pelletier, Bd. II: »Du XVIᵉ siècle à nos jours«, sous la dir. de F. Bayard et P. Cayez, Le Coteau: Horvath, 1991.

9 J. Boulmier, *Estienne Dolet: sa vie, ses œuvres, son martyre; études sur le XVIᵉ siècle*. Réimpr. de l'éd. de Paris, 1857; Genève: Slatkine, 1959.

10 Vgl. auch ebd. S. 509f. das Abschiedsgedicht *Adieu de Marot à la Ville de Lyon*, das mit dem Wortspiel »Adieu, Lyon qui ne mords point« beginnt.

11 Ch.É. Delormeau, *Sébastien Castellion, apôtre de la tolérance et de la liberté de conscience: 1515–63*, Neuchâtel: Messeiller, 1964.

12 J.B. Wadsworth, *Lyons 1473–1503. The Beginnings of Cosmopolitanism*, Cambridge, Mass.: Medieval Academy of America, 1962; *Renaissance Colloquium ‹3, 1991, Clare College, Cambridge› Intellectual life in Renaissance Lyon*: proceedings of the Cambridge Lyon Colloquium; 14–16 April 1991. Ed. by Ph. Ford, Cambridge: Cambridge French Colloquia, 1993.

13 P. Allut, *Étude biographique et bibliographique sur Symphorien Champier*. Réimpr. de l'éd. de Lyon 1859, Nieuwkoop: de Graaf, 1972; B.P. Copenhaver, *Symphorien Champier and the reception of the occultist tradition in Renaissance France*, The Hague: Mouton, 1978.

14 Grolier lebte später in Paris. In seinem Hôtel de Lyon in der Rue de Bucy bewahrte er ca. 3000 Bücher auf. Diese Bibliothek wurde 1675 auseinandergerissen, aber noch heute heißt in den USA eine Bibliophilenvereinigung nach ihm ›The Grolier Club‹. Mehrere Humanisten widmeten ihm ihre Bücher, vor allem Budé sein *De Asse* (1522), vgl. *DLF* 365.

15 E. Giudici, *Louise Labé e l'École Lyonnaise. (Studi e ricerche con documenti inediti)*. Avant-propos di J. Tricou, Napoli: Liguori, 1964.

16 Vgl. beispielsweise J. Blänsdorf/ D. Janik/ E. Schäfer, *Bandusia. Quelle und Brunnen in der lateinischen, italienischen, französischen und deutschen Dichtung der Renaissance*, Stuttgart 1993. Diese Studie zeigt gut die Verknüpfung einer aus der Antike über das Mittelalter bis in die Neuzeit reichenden Motivkette.

17 J. Vianey, *Le Pétrarquisme en France au XVIe siècle*, Montpellier et Paris 1909, Reprint Genève: Slatkine, 1969; M. Françon, »Sur l'influence de Pétrarque en France aux XVe et XVIe siècles«, in: L. Keller (Hg.), *Übersetzung und Nachahmung im europäischen Petrarkismus. Studien und Texte*, Stuttgart 1974, S. 12–18.

18 Marsilius Ficinus, *Über die Liebe oder Platons Gastmahl: lateinisch-deutsch*. Übers. von K.P. Hasse und eingel. von P.R. Blum, Hamburg ^{3}1994.

19 U. Köppen, *Die »Dialoghi d'amore« des Leone Ebreo in ihren französischen Übersetzungen. Buchgeschichte, Übersetzungstheorie und Übersetzungspraxis im 16. Jahrhundert*, Bonn 1979.

20 *Asolaner Gespräche: Dialog über die Liebe*. Hg. u. übers. v. M. Rumpf, Heidelberg 1992.

21 Liegt als Microfiche nach der Ausg. der Bibliotheca Palatina vor.

22 Zahlreiche Einzelheiten bei A.-M. Schmidt, *La Poésie scientifique en France au XVIe siècle*, Lausanne: Éd. Rencontre, 1970.

23 Zu einzelnen Aspekten vgl. J.C. Nash (Hg.), *Pré-Pléiade Poetry*, Lexington, Ky: French Forum Publishers, 1985.

24 F. Charpentier (Hg.), *Dix études sur la »Délie« de Maurice Scève*, Paris: ENSJF, 1987; J.C. Nash, *The love aesthetics of Maurice Scève: poetry and struggle*, Cambridge: Cambridge Univ. Press, 1991; N.M. Frelick, *Délie as other: toward a poetics of desire in Scève's Délie*, Lexington, Ky: French Forum, 1994.

25 Wichtige Hinweise bei F. Rigolot, *Poétique et onomastique. L'exemple de la Renaissance*, Genève: Droz, 1977, S. 111f. Dort auch allgemeine Bemerkungen zu den Wortspielen.

26 P. Ardouin, *Maurice Scève, Pernette Du Guillet, Louise Labé: l'amour à Lyon au temps de la Renaissance*, Paris: Nizet, 1981.

27 H. Weber, *La Création poétique au XVIe siècle en France de Maurice Scève à Agrippa d'Aubigné*, Paris: Nizet, 1956, I,179; M. Richter, *La Poesia lirica in Francia nel secolo XVI*, Milano–Varese: Istituto Editoriale Cisalpino, 1971, S.102f.

28 D.G. Coleman, *An illustrated love »Canzoniere«: the Délie of Maurice Scève*, Genève: Slatkine, 1981; P. Ardouin, *La Délie de Maurice Scève et ses cinquante emblèmes ou les*

noces secrètes de la poésie et du signe: esquisse d'un plan raisonné, Paris: Nizet, 1982.

29 K. Cameron, *Louise Labé: Renaissance poet and feminist*, New York: Berg, 1990; L. Bourgeois, *Louise Labé (1523? – 1566) et les poètes lyonnais de son temps*, Lyon: Éd. Lyonnaise d'Art et d'Histoire, 1994.

30 W.F. Panici, *Three French short–verse satirists: Marot, Magny and Du Bellay*, New York: Garland, 1990.

31 Ed. crit. par D. Wilkin, Genève: Droz, 1978.

32 J.E. Clark, *Élégie. The Fortunes of a Classical Genre in Sixteenth-Century France*, The Hague–Paris: Mouton, 1975, S. 206f.

33 *La correspondance d'Érasme et l'épistolographie humaniste: colloque international tenu en novembre 1983*, Bruxelles: Éd. de l'Université de Bruxelles, 1985.

34 F. Boyer, *Joachim Du Bellay: un tableau synoptique de la vie et des œuvres de Joachim Du Bellay et des événements artistiques, littéraires et historiques du XVIᵉ siècle. Une suite iconographique accompagnée d'un commentaire sur Joachim Du Bellay et son temps*, Paris: Seghers, 1973.

35 *Roma aeterna: Lateinische und griechische Romdichtung von der Antike bis in die Gegenwart*, ausgewählt, übers. u. erl. von B. Kytzler, München 1972.

36 G.H. Tucker, *The poet's odyssey: Joachim Du Bellay and the »Antiquitez de Rome«*, Oxford: Clarendon, 1990; Y. Bellenger, *Du Bellay et ses sonnets romains: études sur les Regrets et les Antiquitez de Rome*, Paris: Champion, 1994.

37 Vgl. auch allgemein M. Tétel, *Présences italiennes dans les »Essais« de Montaigne*, Paris: Champion, 1992.

38 J.J. Desplat, *La Boëtie: le magistrat aux nombreux mystères*, Le Bugue: PLB Éd., 1992.

39 R. Mortier, *La poétique des ruines en France. Ses origines, ses variations de la Renaissance à Victor Hugo*, Genève: Droz, 1974, S. 60f.

40 D. Fricke, *Die französischen Fassungen der »Institutio Principis Christiani« des Erasmus von Rotterdam*, Genève–Paris: Droz-Minard, 1967, S. 27f.

41 P.D. Stewart, *Innocent Gentillet e la sua polemica antimachiavellica*, Firenze: La Nuova Italia, 1969.

42 Édition critique publiée par J. Frappier, Paris: Droz, 1947, mit wichtiger Einleitung. Es handelt sich um ein eigenartiges Werk, das wenig kohärent wirkt. Den Hauptteil bildet eine allegorische Reise zu den Tempeln von Venus und Minerva. Der erste Teil ist eine Terzinendichtung nach italienischer Manier in Zehnsilbern, der zweite eine Dichtung in Alexandrinern nach französischem Modell. In den Prosaeinschüben wird für eine intellektuelle und politische Allianz zwischen Frankreich und Italien (Toscana) geworben.

43 Éd. crit. par P.-M. Smith, Genève: Slatkine, 1980.

44 D. Herrig, *Fontainebleau: Geschichte und Ikonologie der Schloßanlage Franz' I.*, München 1992.

45 Hören wir Goethes Übersetzung: »Ich ging zu seiner Majestät mit dem Pokal und Becken; als ich vor ihn kam, küßte ich ihm das Knie, und er hub mich gnädig auf. Indessen dankte ich seiner Majestät, daß er mich aus dem Kerker befreit habe, und sagte, es sei eigentlich die Pflicht eines so guten und einzigen Fürsten, nützliche Menschen zu befreien und zu beschützen, besonders wenn sie unschuldig seien, wie ich; solche Wohltaten seien, in den Büchern Gottes, oben an geschrieben, vor allem andern, was man in der Welt tun und wirken könne. Der gute König hörte mich an, bis ich geendigt, und meine Dankbarkeit mit wenigen Worten, die seiner wert waren, ausgedrückt hatte. Darauf nahm er Gefäß und Becken und sagte: wahrhaftig ich glaube nicht, daß die Alten jemals eine so schöne Art zu arbeiten gesehen haben, denn ich erinnere mich wohl vieler guter Sachen, die mir vor Augen gekommen sind, und auch dessen, was die besten neuern Meister gemacht haben; aber ich habe niemals ein Werk gesehen, das mich so höchlich bewegt hätte, als das gegenwärtige. Diese Worte sagte der König auf französisch, zum Kardinal von Ferrara, mit noch größern

Ausdrücken. Dann wendete er sich zu mir, sprach mich italienisch an und sagte: Benvenuto! bringt eure Zeit einige Tage fröhlich zu, dann wollen wir euch alle Bequemlichkeit geben, irgend ein schönes Werk zu verfertigen«. (*Leben des Benvenuto Cellini*, Hanser-Ausg., ed. Miller/ Neubauer, S. 274/275)

46 F.-R. Hausmann, *Bibliographie der deutschen Übersetzungen aus dem Italienischen von den Anfängen bis 1730*, Tübingen 1992. Diese Aufstellung erfaßt 1194 Übersetzungen verschiedenster Gattungen. Vgl. damit Hausmann, »Italia in Gallia«.

47 Einige Hinweise finden sich in: *Du Pô à la Garonne. Recherches sur les échanges culturels entre l'Italie et la France à la Renaissance*. Actes du Colloque International d'Agen (26–28 septembre 1986) organisé par le Centre Matteo Bandello d'Agen réunis par J. Cubelier de Beynac et M. Simonin, Agen 1990, z.B. E. Balmas, »Jean-Pierre de Mesme italianisant«, S. 381f.; J. Balsamo, »L'*Anteros* de Battista Fregoso traduit par Thomas Sebillet: une apologie de la langue française«, S. 399f. u.a.

48 Wichtige Hinweise zur Übersetzungskultur der Franzosen bei E. Balmas, *Saggi et Studi sul Rinascimento Francese*, Padova: Liviana Ed. 1982 (zu Petrarca, Machiavelli und Ariosto; Hinweise zum Übersetzer Jacques Gohory).

49 F.-R. Hausmann, »Französische Renaissance-Rhetorik: Das Wechselspiel von praktischer Redekunst und poetischer Reflexion«, in: H.F. Plett (Hg.), *Renaissance-Rhetorik/ Renaissance-Rhetoric*, Berlin–New York: de Gruyter, 1993, S. 59–71.

50 *The De arte poetica of Marco Girolamo Vida*, transl. with commentary, and with the text of c. 1517 edited, by R.G. Williams, New York: Columbia University Press, 1976.

51 Vgl. die noch nicht abgeschlossene zweisprachige Neuausgabe in 5 Bänden von L. Deitz und G. Vogt-Spira, Stuttgart–Bad Cannstatt 1994ff.

52 Hrsg., übers. u. eingel. v. H. Harth, München 1975.

53 Zur Bedeutung von Stilfragen H. Lindner, *Der problematische mittlere Stil. Beiträge zur Stiltheorie und Gattungspoetik in Frankreich vom Ausgang des Mittelalters bis zum Beginn der Aufklärung*, München 1988, S. 50f., 101f.

54 M. Piéri, *Le Pétrarquisme au XVIe siècle. Pétrarque & Ronsard ou de l'influence de Pétrarque sur la Pléiade française*, Marseille 1896, Reprint New York: Burt Franklin, 1968.

55 Éd. critique avec une introd. et des notes. Publiée par F. Gaiffe. Nouv. éd., mise à jour par F. Goyet, Paris: Nizet, ⁵1988.

IV. Das neue Bildungsideal

1 H. Champangne, *Mythologie et rhétorique aux XVe et XVIe siècles en France*, Paris: Champion, 1996.

2 D. De Rentiis, *Die Zeit der Nachfolge: zur Interdependenz von »imitatio Christi« und »imitatio auctorum« im 12.–16. Jahrhundert*, Tübingen 1996.

3 D.J. Geanakoplos, *Greek Scholars in Venice. Studies in the Dissemination of Greek Learning from Byzantium to Western Europe*, Cambridge, Mass.: Harvard Univ. Press, 1962; M. Vogel/ V. Gardthausen, *Die griechischen Schreiber des Mittelalters und der Renaissance*, Leipzig 1909; D. Harlfinger, *Die Textgeschichte der pseudo-aristotelischen Schrift* ΠΕΡΙ ΑΤΟΜΩΝ ΓΡΑΜΜΩΝ. *Ein kodikologisch-kulturgeschichtlicher Beitrag zur Klärung der Überlieferungsverhältnisse im Corpus Aristotelicum*, Amsterdam: Adolf M. Hakkert, 1971, S. 63f.

4 M. Lowry, *Il mondo di Aldo Manutius: affari e cultura nella Venezia del Rinascimento*, Roma: Veltro, 1984; M. Davies, *Aldus Manutius: printer and publisher of Renaissance*

Venice, London: British Library, 1995.

5   E. Armstrong, *Robert Estienne; royal printer; an historical study of the elder Stephanus*, Abingdon: Sutton Courtenay Press, [2]1986.

6   R.C. Colie, *Paradoxia epidemica*, Princeton 1966; B.C. Bowen, *The Age of Bluff: Paradox and Ambiguity in Rabelais and Montaigne*, Urbana, Ill. 1972.

7   D. Sangsue, *Le Récit excentrique [essai sur la postérité de l'anti-roman à l'époque romantique]; Gautier – De Maistre – Nerval – Nodier*, Paris: Corti, 1987.

8   *Préfaces de Josse Bade [1462–1535]: humaniste, éditeur-imprimeur et préfacier.* Trad., introd., notes et index par M. Lebel, Louvain: Peeters, 1988.

9   E. Auerbach, *Mimesis. Dargestellte Wirklichkeit in der abendländischen Literatur*, Bern u. München [3]1964, S. 250–270.

10 Zweisprachige Ausg. Luciano, *Storia vera – Dialoghi dei morti.* A cura di M. Vilardo, Milano: Classici Greci e Latini Oscar Mondadori, 1991, S. 26–27ff.; handlich und zugleich literarisch sehr gewandt übersetzt ist Lukian von Samosata, *Lügengeschichten und Dialoge.* Aus d. Griech. übers. und mit *Anmerkungen* und *Erläuterungen* versehen von C.M. Wieland, Nördlingen 1985.

11 Dieses Thema gehört fest zum Inventar des Lukianismus und wird z.B. später von Bernard le Bouvier de Fontenelle mit seinen *Entretiens sur la pluralité des mondes* (1686) wieder aufgenommen. Vgl. J. Rödiger, *Darstellung der geographischen Naturbetrachtung bei Fontenelle, Pluche und Buffon in methodischer und stilistischer Hinsicht*, Leipzig 1935; W.D. Stempel/ K. Stierle (Hgg.), *Die Pluralität der Welten. Aspekte der Renaissance in der Romania*, München 1987, passim.

12 H. Demay, *Jean Dorat, l'Homère du Limousin, âme de la Pléiade, et poète des rois*, Paris: L'Harmattan, 1996.

13 A. Cioranescu, *Vie de Jacques Amyot d'après des documents inédits.* Avec un Avant-Propos de P. Champion, Paris: Droz, 1941.

14 R. Sturel, *Jacques Amyot, traducteur des Vies parallèles de Plutarque*, Paris: Champion, 1908.

15 R. Aulotte, *Amyot et Plutarque. La tradition des moralia au XVIe siecle*, Genève: Droz, 1965.

16 »Je n'ay dressé commerce avec aucun livre solide, sinon Plutarque et Seneque, où je puyse comme les Danaïdes, remplissant et versant sans cesse«. (I, 26, ebd., S. 144)

17 Plutarch, *Von großen Griechen und Römern. Fünf Doppelbiographien.* Übers. von K. Ziegler und W. Wuhrmann. Mit einer Einl. und Erläuterungen von K. Ziegler, München 1991, S. 5–35.

18 Vgl. die einzelnen Beiträge in: *Ronsard, Colloque de Neuchâtel ... Actes publiés en collaboration avec les Universités de Genève et de Lausanne et édités avec une introduction par A. Gendre, Neuchâtel: Faculté des Lettres – Genève: Droz, 1987.

19 H. Friedrich, »Dichtung und die Methoden ihrer Deutung, exemplifiziert an einem Sonett Ronsards«, in: *Französische Literatur von Ronsard bis Rousseau. Interpretationen*, hg. v. D. Steland, Frankfurt/M. 1968, S. 14–27, hier S. 25.

20 A. Franklin, *La Sorbonne: ses origines, sa bibliothèque. Les débuts de l'imprimerie à Paris et la succession de Richelieu d'après des documents inédits*, Amsterdam: van Heusden, [2]1968.

21 F. Collard, *Robert Gaguin: un historien au travail à la fin du XVe siècle*, Genève: Droz, 1996.

22 *Jacques Lefèvre d'Étaples: [1450?–1536]*; actes du colloque d'Étaples les 7 et 8 novembre 1992 ... sous la dir. de J.-F. Pernot, Paris: Champion, 1995.

23 Für Anfänger empfiehlt sich die folgende Auswahl der Wiss. Buchgesellschaft von 1995 – *Briefe.* Verdeutscht u. hg. v. W. Köhler. Erweiterte Ausgabe von A. Flitner. Hier lernt man vor allem den ›Menschen‹ Erasmus mit seinen Alltagssorgen kennen.

24 Wer diesen Erasmus kennenlernen will, benutze die von Werner Welzig ebenfalls in der Wiss. Buchgesellschaft hg. achtbändige zweisprachige Werkauswahl.

25 H.N. Janowski (Hg.), *Geert Groote, Thomas von Kempen und die Devotio Moderna.* Olten–Freiburg i.Br. 1978.

26 B.Th. Chambers, *Bibliography of French Bibles. Fifteenth and Sixteenth-Century French Language Editions of the Scriptures*, Genève: Droz, 1983.

27 *La correspondance d'Érasme et de Guillaume Budé*, trad. intégrale, annotations et index biogr. par M.-M. de La Garanderie, Paris: Vrin, 1967; M.-M. de La Garanderie, *Christianisme et lettres profanes (1515–1535). Essai sur les mentalités des milieux intellectuels parisiens et sur la pensée de Guillaume Budé*, Lille–Paris: Champion, 1976.

28 M.K. Bénouis, *Le dialogue philosophique dans la littérature française du seizième siècle*, The Hague–Paris: Mouton, 1976, bes. 17f. u. 50f.

29 P. Dumaître, *Ambroise Paré, chirurgien de quatre rois de France*, Paris: Perrin, 1986.

30 H. Kunze, *Die Bibelübersetzungen von Lefèvre d'Étaples und von P.R. Olivetan verglichen in ihrem Wortschatz*, Leipzig–Paris, 1935.

31 Jean-Antoine de Baïf, *Le Psautier de 1587*. Texte inédit. Édition critique par Y. Le Hir, Paris: P.U.F., 1963.

32 Ausführlich M. Fumaroli, *L'âge de l'éloquence: rhétorique et »res literaria« de la Renaissance au seuil de l'époque classique*, Paris: Michel, 1994.

33 P. Swiggers, *La langue française au XVIe siècle: usage, enseignement et approches descriptives*, Louvain: Leuven Univ. Press, 1989.

34 N. Catach, *L'orthographe française à l'époque de la renaissance: [auteurs, imprimeurs, ateliers d'imprimerie]*, Genève: Droz, 1968.

V. Orthodoxie, Reformation und Unglaube

1 H. Weber, »La pensée d'Etienne Dolet et le combat humaniste«, in: ders., *A travers le seizième siècle*. Tome II· »Histoire des idées«, Paris: Nizet, 1986, S. 31–51.

2 Immer noch brauchbar zu allg. Fragen der Gattung ist Ch. Lenient, *La satire en France ou la littérature militante au XVIe siècle*, Paris 1866.

3 H. Weber, »Éléments de rupture entre la Renaissance et la Réforme en France (1525–1550)«, in: ders., *A travers le seizième siècle*. Tome II: »Histoire des idées«, Paris: Nizet, 1986, S. 7–30.

4 R.S. Wallace, *Calvin, Geneva and the Reformation: a study of Calvin as social reformer, churchman, pastor and theologian*, Edinburgh: Scottish Academic Press, 1988.

5 Wesentlichen Anteil an der Erforschung der Reformation und ihrer verschlungenen Wege hat E. Droz mit ihrem beeindruckenden Werk *Chemins de l'hérésie. Textes et documents*, Genève: Slatkine, 1970–1976, 4 Bde., dessen gelehrte Detailfülle hier natürlich nur angedeutet werden kann.– Zu Cop *HBLS* 2, 619.

6 F.L. Battles/ J. Walchenbach, *Analysis of the institutes of the Christian religion of John Calvin*, Grand Rapids, Mich.: Baker, 1980.

7 K. Blaser, »Calvin's Vision of the Church«, in: *Ecumenical Review* 45, 1993, S. 316–327.

8 R.H. Bainton, *Michel Servet, hérétique et martyr*, Genève: Droz, 1953, dt. Gütersloh 1960; J. Friedman, *Michael Servetus: A Case Study in Total Heresy*, Genève: Droz, 1978.

9 F. Berriot, »Un procès d'athéisme à Genève: l'affaire Gruet (1547–1550)«, in: *Bulletin de la Société de l'Histoire du Protestantisme Français* 125, 1979, S. 577–592.

10 F. Buisson, *Sébastien Castellion. Sa vie et son œuvre (1515–1563)*, Paris: Hachette, 1892, 2 Bde.; H.R. Guggisberg, *Sebastian Castellio: 1515–1563; Humanist und Verteidiger der*

religiösen Toleranz im konfessionellen Zeitalter, Göttingen 1996.

11 F. Pfeilschifter, *Das Calvinbild bei Bolsec*, Augsburg 1983.

12 P. Guichonnet (Hg.), *Histoire de Genève*, Toulouse: Privat – Lausanne: Payot, 1974; R.M. Kingdon, *Geneva and the Coming of the wars of Religion in France, 1555–1563*, Genève: Droz, 1956.

13 J.-D. Pariset, *Les relations entre la France et l'Allemagne au milieu du XVIe siècle: humanisme, réforme et diplomatie; d'après des documents inédits*, Strasbourg: Istra, 1981.

14 M. de Kroon, *Martin Bucer und Johannes Calvin: reformatorische Perspektiven. Einleitung und Texte*, Göttingen 1991.

15 J. Pineaux, *La poésie des protestants de langue française, du premier synode national jusqu'à la proclamation de l'édit de Nantes (1559–1598)*, Paris: Klincksieck, 1971.

16 Z.B. *La polémique protestante contre Ronsard*, éd. par J. Pineaux, Paris: Didier, 1973, 2 Bde., hier I, 214f.

17 J. Rousset, *La Littérature de l'âge baroque en France: Circé et le Paon*, Paris: Corti, ^{9}1976.

18 M. Clément, *Une poétique de crise. Poètes baroques et mystiques, 1570–1660*, Paris: Champion, 1996.

19 *Desiderii Erasmi Roterodami Opera omnia* II,5: *Adagiorum Chilias tertia*, edd. F. Heinimann et E. Kienzle. *Centuriae tertiae Adagium primum*, ed. S. Seidel-Menchi, Amsterdam–Oxford 1981, S. 159–190, bes. S. 161 (Nr. 2001).

20 F.-R. Hausmann, »"Apokalyptiker und Integrierte" – der "Silen" als Lektürechiffre der französischen und der italienischen Renaissanceliteratur«, in: *Sprache und Literatur der Romania. Tradition und Wirkung*. Festschrift für Horst Heintze zum 70. Geburtstag. Im Auftrag der Berliner Renaissance-Gesellschaft hg. von I. Osols-Wehden u.a., Berlin 1993, S. 100–122.

21 M.A. Screech, *L'évangélisme de Rabelais: aspects de la satire religieuse au XVIe siècle*, Genève: Droz, 1959; engl. *Rabelais and the challenge of the Gospel: evangelism – reformation – dissent*, Baden-Baden – Bouxwiller: Koerner, 1992.

22 C. Ginzburg, *Il Nicodemismo. Simulazione e dissimulazione religiosa nell'Europa del' 500*, Torino: Einaudi, 1970.

23 Immer noch grundlegend J. Bohatec, *Budé und Calvin. Studien zur Gedankenwelt des französischen Frühhumanismus*, Graz: Böhlau, 1950, S. 142f.

24 Immer noch nützlich Ph.A. Becker, *Clement Marot, sein Leben und seine Dichtung*, München 1926; M.A. Screech, *Clément Marot: a Renaissance poet discovers the gospel: Lutheranism, Fabrism and Calvinism in the Royal Courts of France and of Navarre and in the Ducal Court of Ferrara*, Leiden usw.: Brill, 1994.

25 Ph.A. Becker, *Clement Marots Psalmenübersetzung*, Leipzig 1921.

26 A. Chenevière, *Bonaventure des Périers: sa vie, ses poésies*. Réimpr. de l'éd. Paris 1886, Genève: Slatkine, 1969.

27 »De Vaudrey et des tours qu'il faisoit« (*Conteurs*, ed. Jourda, S. 482): »Et quand une foys, voulant esprouver un collet de buffle qu'il avoit vestu, ou un jacques de maille, ne scay lequel, fit planter une espée toute neue contre une muraille, la poincte devers luy, et se print à courir contre l'espée de telle roydeur, qu'il se persa d'oultre en oultre, et toutesfois il n'en mourut point«.

28 Über Quintin (auch: Quentin) finden sich einige Hinweise in der *Biographie universelle, ancienne et moderne*, Suppl., Bd. 78, 1846, S. 237: »Quentin, qu'on écrit quelquefois QUENTIN, natif de Picardie. Il fut, avec un autre homme obscur et inconnu, nommé *Chopin* [= Poque? Anm. d. Vf.], le chef d'une horde d'hérétiques qui parurent vers l'année 1525 en Hollande et dans le Brabant, et s'y firent beaucoup de sectateurs. Ils disaient, entre autres choses, qu'il n'y a qu'un esprit dans le monde, qui est celui de Dieu; que tout ce qu'enseigne la foi sur les anges bons et mauvais, sur l'immortalité de l'âme, n'était que des fables; que Dieu faisait le bien et le mal que les hommes semblaient faire, et qu'ainsi il ne

fallait ni les blâmer, ni les punir, ni même les corriger, puisque toutes leurs actions étaient l'ouvrage de Dieu seul. Ils prêchaient qu'on devait vivre sans scrupules, que c'était le moyen de rappeler le premier état d'innocence et de faire de ce séjour de misères un véritable paradis terrestre. Ils n'en reconnaissaient même pas d'autre, regardant ce que la religion apprend sur le paradis et l'enfer comme une invention humaine, à laquelle on avait eu recours pour porter les hommes à la vertu, et les éloigner du mal tandis qu'ils sont sur la terre. Quintin enseignait aussi que Jésus-Christ était Satan, et même qu'il était un composé de l'esprit de Dieu et de l'opinion des hommes. De tels principes, dont les suites pratiques sont faciles à concevoir, firent donner à ces hérétiques, ou mieux à ces sectaires, le nom de *Libertins*. Ils furent poursuivis sévèrement; Quintin, arrêté et condamné, fut brûlé à Tournai, en 1530«.

29 D. Neidhart, *Das »Cymbalum Mundi« des Bonaventure des Périers. Forschungslage und Deutung*, Genève: Droz, 1959; vgl. auch Boerner.

30 Vgl. die Kolloquienbände aus Anlaß ihres 500. Geburstages 1992: M. Tétel (Hg.), Paris: Klincksieck, 1995 (Kolloquium Duke Univ. Durham, NC); R. Reynolds-Cornell (Hg.), Birmingham, Ala.: Summa Publ., 1995 (Decatur, Ga.); M. Lazard (Hg.), Agen: Centre Matteo Bandello, 1994 (Colloque d'Agen, organisé par la Société Française des Seiziémistes).

31 M. Blancpain, *Anne de Montmorency: »Le tout-puissant«, 1493–1567*, Paris: Tallandier, 1988.

32 Ed. J.L. Allaire, München 1972; R. Salminen, Helsinki 1979.

33 Ph.A. Becker, »Marguerite, duchesse d'Alençon et Guillaume Briçonnet, évêque de Meaux, d'après leur correspondance inédite, 1521–1524«, in: *Bulletin de la Société de l'Histoire du Protestantisme français* 49, 1900, S. 393–477; ed. Genève: Droz, 1975 u. 79, 2 Bde.

34 *Annales de l'imprimerie des Estienne*, Paris 1843.

VI Themen der französischen Renaissance-Literatur

1 Kritisch zu Bachtin: M.R.B. Kershner, *Bakhtin and popular literature. Chronicles of disorder*, Chapel Hill usw.: Univ. of North Carolina Press, 1989; *Bakhtin and epistemology of discourse*, ed. by C. Thomson, Amsterdam usw.: Rodopi, 1990; F.-R. Hausmann, »Rabelais' *Gargantua et Pantagruel* als Quelle mittelalterlicher Fest- und Spieltradition«, in: *Feste und Feiern im Mittelalter*. Paderborner Symposion des Mediävistenverbandes. Hg. v. D. Altenburg, J. Jarnut und H.-H. Steinhoff, Sigmaringen 1991, S. 335–348.

2 N. Kenny, *The palace of secrets: Béroalde de Verville and Renaissance conceptions of knowledge*, Oxford: Clarendon Press, 1991; *Studies on Beroalde de Verville*, ed. by M.J. Giordano, Paris – Tübingen – Seattle: PFSCL, 1992.

3 E. Blondel, *Le risible et le dérisoire*, Paris: PUF, 1988; E.J.V. Smadja, *Le rire*, Paris: PUF, 1993; P. Debailly, »Le rire satirique«, in: *Bibliothèque d'Humanisme et Renaissance 56*, 1994, S. 695–717; D. Ménager, *La Renaissance et le rire*, Paris: PUF, 1995.

4 Laurent Joubert, *Treatise on Laughter*. Translated and annotated by G.D. de Rocher, Alabama: The University of Alabama Press, 1980, S. IXf. (mit wichtiger Einleitung).

5 J.-Y. Pouilloux, *Rabelais: rire est le propre de l'homme*, Paris: Gallimard, 1993; S. Kinser, *Rabelais's carnival: text, context, metatext*, Berkeley: Univ. of Calif. Press, 1990.

6 R. Antonioli, *Rabelais et la médecine*, Genf: Droz, 1976; G. Demerson, *Rabelais*, Paris: Fayard, 1991, S. 221f.

7 F. Gray, *Rabelais et le comique du discontinu*, Paris: Champion, 1994, S. 45–82.

8 B.C. Bowen, *The Age of Bluff: Paradox and Ambiguity in Rabelais and Montaigne*, Urbana, Ill. 1972; R.C. Colie, *Paradoxia epidemica: the Renaissance tradition of paradox*,

Princeton, NJ: Princeton Univ. Press, 1966.

9 P.M. Smith, *The Anti-Courtier Trend in Sixteenth Century French Literature*, Genève: Droz, 1966.

10 J. Céard, »Le thème du 'monde à l'envers' dans l'œuvre d'Agrippa d'Aubigné«, in: *L'image du monde renversé et ses représentations littéraires et para-littéraires à la fin du XVIe siècle au milieu du XVIIe siècle*, éd. par J. Lafond et A. Redondo, Paris 1979, S. 117–127.

11 M. Hardt, »Julia Kristeva«, in: *Französische Literaturkritik der Gegenwart*, Stuttgart 1975, S. 309–325; S. Jüttner, Rez. zu Bachtin, in: *Romanistisches Jahrbuch* 23, 1972, S. 243–249.

12 *Studies on Beroalde de Verville*, ed. by M.J. Giordano, Paris–Seattle–Tübingen: PFSCL, 1992; *Béroalde de Verville: 1556–1626*. Centre V.L. Saulnier, Université de Paris–Sorbonne, Paris: Presses de l'École Normale Supérieure, 1996.

13 M. Jeanneret, *Des mets et des mots: banquets et propos de table à la Renaissance*, Paris: Corti, 1987; J.-C. Mühlethaler, »Des mets et des maux. Aspects et enjeux de dévaluation de la table à la Renaissance«, in: *Romanische Forschungen* 109, 1996, S. 396–424 (mit ausführl. Literaturang.).

14 K.-H. Mehnert, *Sal romanus und esprit français. Studien zur Martialrezeption im Frankreich des sechzehnten und siebzehnten Jahrhunderts*, Bonn 1970, S. 39f.

15 Ähnlich bereits Jean Molinet in einer Ballade (*Anthologie*, S. 103), bei der jede Zeile auf *con*, *vis* oder *cus* endet, die Bezeichnungen für das weibliche und männliche Geschlechts- bzw. das Hinterteil.

16 W. Stephens, *Giants in Those Days. Folklore, Ancient History, and Nationalism*, Lincoln and London: Univ. of Nebraska Press, 1989.

17 U. Montigel, *Der Körper im humoristischen Roman: zur Verlustgeschichte des Sinnlichen; François Rabelais – Laurence Sterne – Jean Paul – Friedrich Theodor Vischer*, Frankfurt/M. 1987.

18 Vgl. den Sammelband *Folie et Déraison à la Renaissance*. Colloque international tenu en novembre 1973 sous les auspices de la Fédération Internationale des Instituts et Sociétés pour l'Etude de la Renaissance, Bruxelles: Ed. de l'Université de Bruxelles, 1976 (darin vor allem die Beiträge von A. Stegmann u. T. Sankovitch); W. Kaiser, *Praisers of Folly. Erasmus – Rabelais – Shakespeare*, Cambridge, Mass.: Harvard Univ. Press, 1963. Weiterhin M. Foucault, *Wahnsinn und Gesellschaft*, Frankfurt/M. 1969 u.ö., S. 19–67.

19 B. Könneker, *Wesen und Wandlung der Narrenidee im Zeitalter des Humanismus. Brant – Murner – Erasmus*, Wiesbaden 1966.

20 Z.B. in den *Poètes du XVIe siècle*, ed. Schmidt, S. 10 »A un créancier«; S. 19 »A ses amys«; S. 20 »D'un qui se complainct de Fortune«; S. 21 »Du conflict en douleur«; S. 28 »De trois couleurs gris, tanné et noir«; weiterhin die meisten der Chansons.

21 O.A. Dull, *Folie et rhétorique dans la sottie*, Genève: Droz, 1994.

22 H. Arden, *Fools' Plays. A study of satire in the »sottie«*, Cambridge usw.: Cambridge Univ. Press, 1980.

23 Sebastian Brant, *Das Narrenschiff*. Übertr. v. H.A. Junghans, durchgesehen u. mit Anmerkungen sowie einem Nachwort neu hg. v. H.-J. Mähl, Stuttgart, 1985, vor allem das Nachwort S. 461–521.

24 M.A. Screech, *Érasme: l'extase et l'Éloge de la folie*, Paris: Desclée, 1991.

25 *Ein kurzweilig Lesen von Dil Ulenspiegel*. Nach dem Druck von 1515 mit 87 Holzschnitten hg. v. W. Lindow, Stuttgart 1978, vor allem Nachwort, S. 273f.

26 M.E. Ragland, *Rabelais and Panurge: a psychological approach to literary character*, Amsterdam: Rodopi, 1976; G. Defaux, *Le curieux, le glorieux et la sagesse du monde dans la première moitié du XVIe siècle: l'exemple de Panurge*, Lexington, Ky.: French Forum, 1982.

27 H. Grabes, *Speculum, Mirror and Looking-Glass. Kontinuität und Originalität der*

Spiegelmetapher in den Buchtiteln des Mittelalters und der englischen Literatur des 13. bis 17. Jahrhunderts, Tübingen 1973.

28 *Fastnachtspiele des 15. und 16. Jahrhunderts*. Unter Mitarbeit von W. Wuttke ausgewählt u. hg. v. D. Wuttke, Stuttgart [2]1973.

29 Berthelot/ Cornilliat, *Moyen Age – XVIe siècle*, behandeln unter diesem Aspekt Erasmus, Rabelais, Cervantes, Louise Labé, Marguerite de Navarre, Jean de La Taille und Montaigne. Vor allem Jean de La Tailles Stück *Saül le Furieux* (1572) verdient in diesem Zusammenhang Beachtung (ibid., S. 398f.).

30 K. Cameron, *Louise Labé. Renaissance Poet and Feminist*, New York–Oxford–Munich: Berg, 1991, S. 49f.

31 *Ecclesiasticus*; *Ecclesiastes* ist der Prediger Salomonis; die bibl. Abkürzungen sind *Ecli* und *Eccl*!

32 A. Hauffen, »Zur Literatur der ironischen Enkomien«, in: *Vierteljahrschrift für Literaturgeschichte* 6, 1893, S. 161–185; R.C. Colie, *Paradoxia epidemica; the renaissance tradition of paradox*, Princeton, NJ: Princeton Univ. Press, 1966; A.E. Malloch, »The Techniques and Function of Renaissance Paradoxa«, in: *Studies in Philology* 53, 1956, S. 191–203; F. Rigolot, »Rabelais et l'éloge paradoxal«, in: *Kentucky Romance Quarterly* 17, 1970, S. 191–198; D.N. Losse, *Rhetoric at Play. Rabelais and Satirical Eulogy*, Bern usw.: Lang, 1980; A.F. Berry, *Rabelais: Homo logos*, Chapel Hill, NC: Univ. of North Carolina, 1979.

33 Weitere Narrenbeschreibungen finden sich z.B. bei Bonaventure Des Périers, *Récréations et joyeux devis* II (Des troys folz, Caillette, Triboulet et Polite), in: *Conteurs*, ed. Jourda, S. 370–372; Nr. XCVIII (De Triboulet, fol du roy Françoys premier et de ses facetieux actes), ebd., S. 551–552.

34 E. Nardi, »Seigny Joan le Fol e il fumo dell'arrosto«, in: *Studi in onore di Biondo Biondi*, Milano 1965, II, 243–267.

35 M. Mahn-Lot, *La Découverte de l'Amérique*, Paris: Flammarion, 1970, [2]1991; D. Boorstin, *Les Découvertes*. Traduit de l'américain par J. Bacalu, J. Bodin et B. Vierne, Paris: Laffont, [3]1990; J. Heers, *La Découverte de l'Amérique*, Bruxelles: Éd. Complexe, 1991.

36 F.A. Chesney, *The countervoyage of Rabelais and Ariosto: a comparative reading of two Renaissance mock epics*, Durham, NC: Duke Univ. Press, 1982.

37 Thomas Morus, *Utopia*. Uebertr. v. G. Ritter. Mit einem Nachwort v. E. Jaeckel, Stuttgart 1964.

38 V.L. Saulnier, »L'Utopie en France: Morus et Rabelais«, in: *Les Utopies à la Renaissance*, Colloque international (avril 1961), Bruxelles–Paris, 1963, S. 135–162.

39 A. Neusüß (Hg.), *Utopie. Begriff und Phänomen des Utopischen*, Frankfurt/M. – New York, [3]1986; P. Kuon, *Utopischer Entwurf und fiktionale Vermittlung*, Tübingen 1985; K.L. Berghahn/ J.U. Seeber, *Literarische Utopien von Morus bis zur Gegenwart*, Königstein/Ts. 1982.

40 Vgl. Hans Sachs, »Der Schlaweraffen Landt«: »EJn gegent haist Schlauraffen Land/ Den fawlen lewten wol bekandt/ Das ligt drey meyl hinder Weynachten/ Vnd welcher darein wöllte trachten/ Der muß sich grosser ding vermessen/ Vnd durch ein Berg mit Hirßbrey essen« usw. Einzelheiten bei D. Richter, *Schlaraffenland: Geschichte einer populären Phantasie*, Köln 1984.

41 *Montaigne, Rabelais, and Marot as readers of Erasmus*, ed. by E.J. Campion, Lewiston: Mellen, 1995.

42 *La complainte de la paix: 1525 [Desiderius Erasmus]*, trad. du latin par le Chevalier de Berquin [Übers.]. Introd., fac-similé de l'éd. unique, notes, commentaires et appendices par E.V. Telle, Genève: Droz, 1978.

43 D. Fricke, *Die französischen Fassungen der Institutio principis christiani des Erasmus von Rotterdam*, Genève: Droz, 1967.

44 Ph.C. Dust, *Three renaissance pacifists: essays in the theories of Erasmus, More, and Vives*,

New York usw.: Lang, 1987.

45 R. Klibansky/ E. Panofsky/ F. Saxl, *Saturn und Melancholie. Studien zur Geschichte der Naturphilosophie und Medizin, der Religion und der Kunst*, Frankfurt/M. 1990; B. Schulte, *Melancholie: von der Entstehung des Begriffs bis Dürers Melencolia I*, Würzburg 1996.

46 W. Schleiner, *Melancholy, genius, and utopie in the renaissance*, Wiesbaden 1991.

47 »Saturno assomiglia à la terra ne la complessione che influisce, la quale è fredda, & secca come lui, fa gli huomini, ne quali domina melencolici, mesti, gravi, & tardi, [...]. Da oltr'a questo grand'ingegno, profonda cogitatione, vera scientia, retti consigli, & constantia d'animo, per la mistione de la natura del padre celeste con la terrena madre, et finalmente de la parte del padre da la divinità de l'anima, et da la parte de la madre la brutteza, et ruina del corpo, per questo significa povertà, morte, sepultura, & cose ascose sotto terra, senza apparentia, & ornamento corporeo, onde fingono che Saturno mangiava tutti i figluoli maschi, ma non le femmine, perchè esso corrompe tutti l'individui, et conserva le radici terrene lor'madri«.

VII. Gattungen der französischen Renaissance-Literatur

1   C.J. Brown, *The shaping of history and poetry in late Medieval France: propaganda and artistic expression in the works of the Rhétoriqueurs*, Birmingham, Ala: Summa Publ., 1985.

2   A. Saunders, *The sixteenth-century blason poétique*, Bern usw.: Lang, 1981.

3   Y. Bellenger, *La Pléiade: la poésie en France autour de Ronsard*. Rééd. revue, augm. et mise à jour, Paris: Nizet, 1988.

4   L. Duisit, *Satire, parodie, calembour: esquisse d'une théorie des modes dévalués*, Saratoga, Ca: Anma Libri, 1978.

5   J. Devaux, *Jean Molinet, indiciaire bourguignon*, Paris: Champion, 1996.

6   Als im Frühsommer 1505 im Schloß Pont d'Ain der Lieblingspapagei der Herzogin Margarethe von Österreich, der Witwe Philiberts von Savoyen, von einem Hund gefressen wurde, dichtete Jean Lemaire de Belges ein entzückendes Gedicht auf diesen Vorfall, was belegt, wie beliebt derartige Tiere waren, vgl. Jean Lemaire de Belges, *Die Briefe des Grünen Liebhabers*. Übers. nach der Ausg. von J. Frappier ... von H. Spilling, München 1970.

7   F. Rouget, *L'apothéose d'Orphée: l'esthétique de l'ode en France au XVIᵉ siècle de Sébillet à Scaliger (1548–1561)*, Genève: Droz, 1994; Janik, S. 57f. u. passim.

8   *Soleil du soleil: le sonnet français de Marot à Malherbe; une anthologie*, éd. J. Roubaud, Paris: P.O.L., 1990.

9   A.-M. Lebersorger-Gauthier, *Les voix du mythe dans les »Sonnets pour Hélène« de Pierre de Ronsard*, Essen 1995.

10 J. Rieu, *Jean de Sponde ou la cohérence intérieure*, Paris: Champion/ Slatkine, 1988.

11 C.H. Winn, *Jean de Sponde: Les sonnets de la mort ou La poétique de l'accoutumance*, Potomac, Md: Scripta Humanistica, 1984; Janik, S. 114f.

12 Vgl. auch *Œuvres littéraires: suivies d'écrits apologétiques avec des juvénilia*. Ed. avec une introd. et des notes par A. Boase, Genève: Droz, 1978.

13 R. Ortali, *Un poète de la mort: Jean-Baptiste Chassignet*, Genève: Droz, 1968; H. Wagner, *Die Thematik und der Stil im »Mespris de la vie et consolation contre la mort« von Jean Baptiste Chassignet*, Bern usw.: Lang, 1972; Ed. critique d'après l'original de 1594 par - H.–J. Lope, Genève: Droz, 1967.

14 L. Febvre, *Autour de l'Heptaméron: amour sacré, amour profane*, Paris: Gallimard, ²1944.

15 *Noël du Fail écrivain*, actes et articles réunis et présentés par C. Magnien-Simonin, Paris:

Vrin, 1991.

16 M. Lehner, *Die Wortstellung im »Amadis de Gaule« von Nicolas de Herberay des Essarts*, Zürich, Phil. Diss. 1976; M.-Th. Jones-Davies (Hg.), *Le Roman de chevalerie au temps'de la Renaisssance*, Paris: Touzot, 1987.

17 M.-M. Fontaine, »*Alector*, de Barthélemy Aneau, ou les aventures du roman après Rabelais«, in: *Mélanges sur la littérature de la Renaissance* à la mémoire de V.-L. Saulnier, Genève: Droz, 1984, S. 547–566; dies., »*Alector* de Barthélemy Aneau: La rencontre des ambitions philosophiques et pédagogiques avec la fiction romanesque en 1560«, in: N. Kenny (Hg.), *Philosophical Fictions and The French Renaissance*, London: The Warburg Institute, 1991, S. 29–44; B. Biot, *Barthélémy Aneau, régent de la Renaissance lyonnaise*, Paris: Champion, 1996.

18 F. Jeanson, *Montaigne*, Paris: Seuil, [2]1994; D. Coleman, *Montaigne, quelques anciens et l'écriture des essais*, Paris: Champion, 1995.

19 J.v. Stackelberg, *Französische Moralistik im europäischen Kontext*, Darmstadt 1982.

20 J. Dennert (Hg.), *Beza, Brutus, Hotman: Calvinistische Monarchomachen*, Köln 1968.

21 H. Hegmann, *Politischer Individualismus: die Rekonstruktion einer Sozialtheorie unter Bezugnahme auf Machiavelli, Bodin und Hobbes*, Berlin 1994.

22 *Metzler Philosophen Lexikon*, hg. v. B. Lutz, Stuttgart–Weimar [2]1995, S. 128–129.

23 W.L. Gundersheimer, *The Life and works of Louis le Roy*, Genève: Droz, 1966.

24 Repr. d. Ausg. Paris, 1575, Paris: Fayard, 1988.

25 S. Himmelsbach, *L'épopée ou la »case vide«: la réflexion poétologique sur l'épopée nationale en France*, Tübingen 1988.

26 *La sepmaine de G. Du Bartas*: actes de la journée d'étude de l'Université Paris VII; 5 Novembre 1993, réunis par S. Perrier, Paris: U.F.R., 1993.

27 K. Reichenberger, *Du Bartas und sein Schöpfungsepos*, München 1962; S. Perrier (Hg.), *La sepmaine de G. Du Bartas*: actes de la journée d'étude de l'Université Paris VII; 5 novembre 1993, Paris: U.F.R. Sciences des Textes et Documents, 1993.

28 Agrippa d'Aubigné, *Les Tragiques*, Éd. présentée, établie et annotée par F. Lestringant, Paris: P.U.F., 1986; É. Deschodt, *Agrippa d'Aubigné: le guerrier inspiré*, Paris: Laffont, 1995.

29 Éd. crit. avec introd. et des notes par J. Foster, Paris: Nizet, 1974.

30 E. Forsyth, *La tragédie française de Jodelle à Corneille: [1553–1640]; le thème de la vengeance*. Éd. rev. et augm., réimpression de l'éd. de Paris 1962, Paris: Champion, 1994. Immer noch wichtig E. Balmas, *Étienne Jodelle: un poeta del rinascimento francese; la sua vita, il suo tempo*, Firenze: Olschki, 1962.

31 Iulius Caesar Scaliger, *Poetices libri septem – Sieben Bücher über die Dichtkunst*, Bd. III: Buch 3, Kapitel 95–126, Buch 4. Hg., übers., eingel. u. erl. v. L. Deitz, Stuttgart–Bad Cannstatt 1995, S. 25–55.

32 J. Holyoake, *A critical study of the tragedies of Robert Garnier [1545–90]*, New York: Lang, 1987.

33 R. Guichemerre, *La comédie classique en France: de Jodelle à Beaumarchais*, Paris: P.U.F., 1978.

34 R. Belleau, *La reconnue: [comédie]*. Éd. établie, prés. et annotée, Genève: Droz, 1989.

ABKÜRZUNGSVERZEICHNIS

ADB	Allgemeine Deutsche Biographie, Bd.1ff. (Leipzig 1875f.)
AT	Altes Testament
DBI	Dizionario Biografico degli Italiani (Roma 1960 ff.)
DictLitt	Dictionnaire des Littératures de Langue Française (Beaumarchais u.a.)
DLF	Dictionnaire des Lettres Françaises (Le Seizième Siècle)
DLF Mittelalter	Dictionnaire des Lettres Françaises (Le Moyen Age)
EnzMA	Enzyklopädie des Mittelalters (Grabois)
EnzRen	Enzyklopädie der Renaissance (Rachum)
Franz. Mittelalter	(Hausmann)
HBLS	Historisch-Biographisches Lexikon der Schweiz, 7 Bde., Neuenburg 1921–34.
KGF	Kleine Geschichte Frankreichs
LexAntLit	dtv-Lexikon der Antike, Literatur
LCI	Lexikon für Christliche Ikonographie
LFL	Lexikon der französischen Literatur (Naumann)
LWR	Literaturwissenschaftliches Wörterbuch für Romanisten (Hess)
MLL	Metzler Literatur Lexikon (Schweikle)
NT	Neues Testament
Ueberweg	Frischeisen-Köhler

BIBLIOGRAPHIE

Primärliteratur

Anthologie des Grands Rhétoriqueurs par P. Zumthor, Paris: Union Générale d'Editions, 1978.

Barthélemy Aneau, *Alector ou Le Coq. Histoire fabuleuse*. Edité par M.M. Fontaine, Genève: Droz, 1996, 2 Bde.

Agrippa D'Aubigné, *Œuvres*. Introduction, tableau chronologique et historique par H. Weber. Texte établi par H. Weber et annoté par H. Weber, J. Bailbé et M. Soulié, Paris: Gallimard, 1969 (Éd. de la Pléiade).

Agrippa D'Aubigné, *Sa vie à ses enfants*. Éd. critique préparée par G. Schrenck, Paris: Nizet, 1986.

Benvenuto Cellini, *Vita*, a cura di E. Camesasca, Milano: Rizzoli, 1985.

Béroalde de Verville, *Le Moyen de Parvenir. Œuvre contenant la raison de tout ce qui a été, est et sera*. Nouvelle éd., Paris: Garnier, [s.d.].

François Béroalde de Verville, *Le moyen de parvenir*. Notice, variantes, glossaire et index de noms par Ch. Roger, Réimpr. de l'éd. de Paris, 1896, Genève: Slatkine, 1970.

Jean Bodin, *Les six livres de la République*. Texte revu par Chr. Frémont, M.-D. Couzinet, H. Rochais, Paris: Fayard, 1986, 6 Bde.

Brantôme, *Œuvres complètes de Pierre de Bourdeilles abbé et seigneur de Branthôme*. Publiés pour la première fois selon le plan de l'auteur ... Avec une Introduction et des Notes par M. Prosper Mérimée ... et M. Louis Lacour, Paris: P. Jannet, 1858–95, 13 Bde., Reprint Nendeln/Liechtenstein: Kraus, 1977.

Brantôme, *Les Dames galantes*, Nouvelle édition ... par M. Rat, Paris: Garnier, 1967.

Guillaume Briçonnet – Marguerite D'Angoulême, *Correspondance (1521–1524)*. I: »Années 1521–1522«. Ed. du texte et annotations par C. Martineau et M. Veissière avec le concours de H. Heller, Genève: Droz, 1975.

Jean Calvin, *Œuvres choisies*. Éd. présentée, établie et annotée par O. Millet, Paris: Gallimard (folio), 1995.

Jean Calvin, *Institution de la religion chrestienne*. Texte établi et présenté par J. Pannier, Paris: Soc. d'édition «Les Belles Lettres», ²1961, 4 Bde.

Jean Calvin, *Des Scandales*. Ed. critique par O. Fatio. Avec la collaboration de C. Rapin, Genève: Droz, 1984.

Les Chroniques Gargantuines. Éd. critique publiée par C. Lauvergnat-Gagnière et G. Demerson, Paris: Nizet, 1988.

Commynes, *Mémoires*, in: *Historiens et chroniqueurs du Moyen Age. Robert de Clari, Villehardouin, Joinville, Froissart, Commynes*. Éd. établie et annotée par A. Pauphilet. Textes nouveaux commentés par E. Pognon, Paris: Gallimard, 1952 (Éd. de la Pléiade), S. 949–1448.

Conteurs français du XVIe siècle. Textes présentés et annotés par P. Jourda, Paris: Gallimard, 1956 (Éd. de la Pléiade).

Bonaventure Des Périers (?), *Cymbalum Mundi*. Texte établi et présenté par P. Hampshire Nurse. Préface de M.A. Screech, Genève: Droz, 1983.

Bonaventure Des Périers, *Le Cymbalum Mundi*, introduit et annoté par Y. Delègue. Paris: Champion, 1995.

Dichtungslehren der Romania aus der Zeit der Renaissance und des Barock, hg. u. eingel. von A. Buck/ K. Heitmann/ W. Mettmann, Frankfurt/M. 1972.

Guillaume de Saluste Du Bartas, *La Sepmaine (Texte de 1581)*. Éd. établie, présentée et annotée par Y. Bellenger. Paris: STFM, ^{2}1992.

Joachim Du Bellay, *La deffence et illustration de la langue françoyse*, éd. crit., publ. par H. Chamard, Paris: Didier, ^{4}1970.

Joachim Du Bellay, *Divers jeux rustiques*. Éd. critique commentée par V.L. Saulnier, Lille-Genève: Giard-Droz, 1947.

Joachim Du Bellay, *Poésies. (Les Regrets précédé de Les Antiquitez de Rome et suivi de La Deffence et illustration de la langue française)*. Préface de J. Borel. Éd. établie par S. de Sacy, Paris: Gallimard, 1967.

Joachim Du Bellay, *Œuvres poétiques*, vol. I: »L'Olive. L'Anterotique. XIII Sonnetz de l'Honneste Amour«. Éd. critique publiée par H. Chamard. Nouvelle éd. mise à jour et complétée (avec appendice, bibliographie, glossaire, index) par Y. Bellenger, Paris: Nizet, 1982.

Joachim Du Bellay, *Die Ruinen Roms – Les Antiquitez de Rome*. Übertr. v. H. Knufmann. Mit e. Vorw. v. F.-R. Hausmann, Freiburg i.Br. 1980 (Schriften der Universitätsbibliothek Freiburg i.Br., 3).

Érasme, *Éloge de la Folie – Adages – Colloques – Réflexions sur l'art, l'éducation, la religion, la guerre, la philosophie – Correspondance*. Éd. établie par C. Blum, A. Godin, J.-C. Margolin et D. Ménager, Paris: Lafont, 1992.

Erasmus von Rotterdam, *Werke. (Ausgewählte Schriften)*. ›Paperback-Ausgabe‹. Lateinisch und deutsch. Hg. v. W. Welzig. Darmstadt 1995, 8 Bde.

Henri Estienne, *Apologie pour Hérodote. [Satire de la Société au XVIe siècle]*. Nouvelle Édition, faite sur la première et augmentée de remarques par P. Ristelhuber, Paris: Liseux, 1879, 2 Bde.

Les Français en Amérique pendant la première moitié du XVIe siècle. Introduction par Ch.-A. Julien. *Textes des Voyages de Gonneville, Verrazano, J. Cartier et Roberval avec deux cartes hors-texte*, éd. par Ch.-A. Julien, Herval, Th. Beauchesne, Paris: P.U.F., 1946.

Französische Poetiken, Teil I: »Texte zur Dichtungstheorie vom 16. bis zum Beginn des 19. Jahrhunderts«. Hg. von F.-R. Hausmann, E. Gräfin Mandelsloh und H. Staub, Stuttgart 1975.

Robert Garnier, *Les Juifves. Tragédie*. Introd., notes, grammaire et lexique par M. Hervier, Paris: Garnier, 1964.

Robert Garnier, *Bradamante. Tragicomédie*. Introd., notes, grammaire et lexique par M. Hervier, Paris: Garnier, [1949].

Johann Wolfgang v. Goethe, *Leben des Benvenuto Cellini. Diderots Versuch über die Malerei. Rameaus Neffe*. Hg. von N. Miller u. J. Neubauer, München: Hanser, 1991 (Sämtliche Werke, Münchner Ausgabe, 7).

Jacques Grévin, *Théâtre complet et poésies choisies*. Avec notice et notes par L. Pinvert, Paris: Garnier, 1922.

Les Œuvres et Meslanges Poetiques d'Estienne Iodelle, Sieur de Lymodin. Avec une Notice biographique et des Notes par Ch. Marty-Laveaux, Genève: Slatkine Reprints, [s.d.].

Étienne Jodelle, *Œuvres complètes*. Éd. établie, annotée et présentée par E. Balmas, Paris: Gallimard, 1965–68, 2 Bde.

Laurent Joubert, *Traité du ris*. Contenant son essance, ses causes, et mervelheus effais, curieusemant recerchés, raisonnés et observés. Plus un dialogue sur la cacographie Française avec des annotacions sur l'orthographie (Paris 1579), Genève: Slatkine, 1973.

Le Journal d'un Bourgeois de Paris sous le règne de François Ier (1515–1536). Nouvelle éd. ... par V.-L. Bourrilly, Paris: Alphonse Picard et Fils, 1910.

Louise Labé, *Sonnets-Élégies – Débat de Folie et d'Amour – Poésies.* Éd., préface et notes par F. Rigolot, Paris: Garnier-Flammarion, 1986.

André de la Vigne, *Le Voyage de Naples.* Ed. critique avec introduction, notes et glossaire par A. Slerca, Milano: Pubblicazioni della Università Cattolica del Sacro Cuore, 1981.

Marguerite de Navarre, *L'Heptaméron.* Éd. de M. François, Paris: Garnier, 1967.

Clément Marot, *Œuvres poétiques.* Éd. G.Defaux, Paris: Bordas (Classiques Garnier), 1991–1993, 2 Bde.

Montaigne, *Œuvres complètes.* Textes établis par A. Thibaudet et M. Rat, Paris: Gallimard, 1962 (Éd. de la Pléiade).

Michel de Montaigne, *Essais.* Chronologie et introduction par A. Micha, Paris: Flammarion, 1969, 3 Bde.

Montaigne, *Œuvres complètes.* Préface d'A. Maurois de l'Académie Française. Texte établi et annoté par R. Barral en collaboration avec P. Michel, Paris: Seuil, 1967.

Michel de Montaigne, *Essais.* Auswahl und Übers. v. H. Lüthy, Zürich: Manesse, 1953.

Michel de Montaigne, *Die Essais.* Ausgewählt, übertr. u. eingel. v. A. Franz, Stuttgart 1969.

Michel de Montaigne, *Journal de voyage.* Éd. présentée, établie et annotée par F. Rigolot, Paris: P.U.F., 1992.

Blaise de Monluc, *Commentaires 1521–1576.* Préface par J. Giono. Éd. critique établie et annotée par P. Courteault, Paris: Gallimard, 1964 (Éd. de la Pléiade).

Etienne Pasquier, *Les Recherches de la France.* Edition critique établie sous la direction de M.-M. Fragonard et F. Roudaut, Paris: Champion, 1996, 3 Bde.

Giovanni Pico della Mirandola, *De dignitate hominis. Lateinisch und deutsch.* Eingel. v. E. Garin, Bad Homburg v.d.H. usw.: Gehlen, 1968.

Poètes du XVIe siècle. Éd. établie et annotée par A.-M. Schmidt, Paris: Gallimard, 1953 (Éd. de la Pléiade).

Bénigne Poissenot, *Nouvelles histoires tragiques [1586].* Edition établie et annotée par J.-C. Arnould et R.A. Carr, Genève: Droz, 1996.

Rabelais, *Œuvres complètes.* Éd. établie, annotée et préfacée par G. Demerson, Paris: Seuil, 1973.

Rabelais, *Œuvres complètes.* Éd. établie, présentée et annotée par M. Huchon. Avec la collaboration de F. Moreau, Paris: Gallimard, 1996 (Éd. de la Pléiade).

François Rabelais, *Gargantua und Pantagruel.* Aus d. Franz. verdeutscht durch G. Regis, München 1964, 2 Bde.

François Rabelais, *Gargantua und Pantagruel.* Vollständige Ausg. in zwei Bänden. Aus dem Französischen übertr. v. W. Widmer † (bis Buch IV, Kap. 12) und K.A. Horst (Buch IV, Kap. 13 bis Schluß) und mit Anmerkungen von W. Widmer (zu Buch I) und K.A. Horst (zu Buch II bis V). Mit einem Nachwort und einem biographischen Abriß von K.A. Horst u. sämtlichen 682 Illustrationen von G. Doré, München 1979.

François Rabelais, *Gargantua.* Übers. u. kommentiert von W. Steinsieck. Nachwort v. F.-R. Hausmann, Stuttgart 1992.

Religionsvergleiche des 16. Jahrhunderts II. Januaredikt 1562 – Edikt von Nantes 1598. Zweite, neubearbeitete Aufl. v. E. Walder, Bern: H. Lang & Cie., 1961.

La Renaissance bucolique. Poèmes choisis (1550–1600). Textes réunis et présentés par F. Joukovsky, Paris: GF-Flammarion, 1994.

Ronsard, *Œuvres complètes.* Éd. établie et annotée par G. Cohen, Paris: Gallimard, 1950, 2 Bde. (Éd. de la Pléiade).

Maurice Scève, *Œuvres poétiques complètes,* éd. établie par H. Staub et présentée par G. Poulet, Paris: Union Générale des Éditions, 1970, 2 Bde.

Sébillet, Aneau, Peletier, Fouquelin, Ronsard, *Traités de poétiques et de rhétorique de la Renaissance.* Introduction, notices et notes de F. Goyet, Paris: Le Livre de Poche classique, 1990.

XVIe Siècle. Les grands auteurs français du Programme II. Éd. par A. Lagarde et L. Michard, Paris: Bordas, 1966 u.ö.

A. Thevet, *Les singularitez de la France antarctique. Le Brésil des Cannibales au XVIe siècle*. Choix de textes, introduction et notes de F. Lestringant, Paris: La Découverte/Maspero, 1983.

Sekundärliteratur

Actes du colloque sur L'Humanisme lyonnais au XVIe siècle, Mai 1972, publié avec le concours de l'Université de Lyon, Grenoble: Presses Universitaires, 1974.

Autenrieth, J. (Hg.), *Renaissance- und Humanistenhandschriften*, München 1988.

Bachtin, M., *Rabelais und seine Welt. Volkskultur als Gegenkultur*. Aus dem Russ. von G. Leupold. Hg. u. mit einem Vorwort versehen von R. Lachmann, Frankfurt/M. 1987.

Bachtin, Michail M., *Literatur und Karneval: zur Romantheorie und Lachkultur*, Frankfurt/M. 1996.

Beaumarchais, J.-P. de/ Cauty, D./ Rey, A., *Dictionnaire des Littératures de Langue Française*, Paris: Bordas, 1984, 3 Bde. (*DictLitt*).

Becherer, A., *Das Bild Heinrichs IV. (Henri Quatre) in der französischen Versepik (1593–1613)*, Tübingen 1996.

Bedouelle, G., *Lefèvre d'Étaples et l'Intelligence des Ecritures*, Genève: Droz, 1976.

Berschin, H./ Felixberger, J./ Goebl, H., *Französische Sprachgeschichte*, München 1978.

Berthelot, A./ Cornilliat, F., *Littérature. Textes et Documents. Moyen Age – XVIe siècle*, Paris: Nathan, 1988.

Die Bibel nach der Übersetzung Martin Luthers, Deutsche Bibelgesellschaft Stuttgart 1985.

Bibliorum Sacrorum iuxta Vulgatam Clementinam Nova Editio, cur. A. Gramatica, Typis Polyglottis Vaticanis, MCMLIX (1959).

Böhm, H., »*Gallica gloria*«. *Untersuchungen zum kulturellen Nationalgefühl in der älteren französischen Neuzeit*, Freiburg. Phil. Diss. 1977.

Boerner, W., *Das »Cymbalum Mundi« des Bonaventure Des Périers. Eine Satire auf die Redepraxis im Zeitalter der Glaubensspaltung*, München 1980.

Brückner, Th., *Die erste französische Aeneis. Untersuchungen zu Octovien de Saint-Gelais' Übersetzung. Mit einer kritischen Edition des VI. Buches*, Düsseldorf 1987.

Buck, A., *Humanismus. Seine europäische Entwicklung in Dokumenten und Darstellungen*, Freiburg-München 1987.

Burckhardt, J., *Die Kultur der Renaissance in Italien. Ein Versuch*, Darmstadt 1962.

Chastel, A./ Klein, R., *Die Welt des Humanismus. Europa 1480–1530*, München 1963.

Chaunu, P., *Le temps des Réformes. Histoire religieuse et système de civilisation. La crise de la chrétienté – L'Éclatement (1250–1550)*, Paris: Fayard, 1975.

Cioranesco, A., *Bibliographie de la littérature française du seizième siècle*, Paris 1959, Reprint Genève: Slatkine, 1975.

de Colonia, D., *Histoire littéraire de la Ville de Lyon avec une bibliothèque des auteurs lyonnois sacrés et profanes distribués par siècles*, Lyon 1728–30, Reprint Genève: Slatkine, 1970, 2 Bde.

Cottret, B., *Calvin. Biographie*, La Flèche: Lattès, 1995.

Delumeau, J., *La Civilisation de La Renaissance*, Paris: Arthaud, 1967.

Dictionnaire des Lettres Françaises. Le Moyen Age, ouvrage préparé par R. Bossuat, L. Pichard et G. Raynaud de Lage. Éd. entièrement revue et mise à jour sous la direction de G. Hasenohr et M. Zink, Paris: Fayard, 1992 (*DLF Mittelalter*).

Dictionnaire des Lettres Françaises. Le Seizième Siècle, publié sous la dir. de Monseigneur G. Grente, Paris: Fayard, 1951 (*DLF*).

dtv-Lexikon der Antike. Philosophie-Literatur-Wissenschaft, München: dtv 1969, 4 Bde. (*LexAntLit*).

Engler, W., *Lexikon der französischen Literatur*, Stuttgart [3]1994.

Etudes sur la Satyre Ménippée. Réunies par F. Lestringant et D. Ménager, Genève: Droz, 1987.

Evans, J., *Das Leben im mittelalterlichen Frankreich*, Köln 1960.

Farinelli, A., *Dante e la Francia. Dall'età media al secolo di Voltaire*, Milano 1908; Reprint Genève: Slatkine, 1971, 2 Bde.

Febvre, L., *Au cœur religieux du XVIe siècle*, Paris: École Pratique des Hautes Études, [2]1983.

Frenzel, E., *Stoffe der Weltliteratur. Ein Lexikon dichtungsgeschichtlicher Längsschnitte*, Stuttgart [6]1983.

Frenzel, E., *Motive der Weltliteratur. Ein Lexikon dichtungsgeschichtlicher Querschnitte*, Stuttgart [3]1988.

Friedrich, H., *Epochen der italienischen Lyrik*, Frankfurt a.M. 1964.

Friedrich, H., *Montaigne*. Dritte Auflage. Mit einem Nachwort von F.-R. Hausmann, Tübingen u. Basel 1993.

Frischeisen-Köhler, M./ Moog, W., *Die Philosophie der Neuzeit bis zum Ende des XVIII. Jahrhunderts*, Tübingen [13]1953 (Friedrich Ueberwegs Grundriß der Geschichte der Philosophie III) (Ueberweg).

Giraud, Y./ Jung, M.-R. (Hg.), *La Renaissance*. Vol. I: »1480–1548«, Paris: Arthaud, 1972; Vol. II: »1548–1570« [E. Balmas], ... 1974; Vol. III: »1570–1624« [J. Morel], ... 1973.

Gordon, A.L., *Ronsard et la rhétorique*, Genève: Droz, 1970.

Grabois, A., *Enzyklopädie des Mittelalters*. Dt. Übers. v. M. Toch, Zürich: Ed. Atlantis, o.J. (*EnzMA*).

Grimm, J. (Hg.), *Französische Literaturgeschichte*, Stuttgart-Weimar [3]1994.

Hale, J.R. (Hg.), *The Thames and Hudson Encyclopaedia of the ITALIAN RENAISSANCE*, London: Thames and Hudson, [2]1989.

Happinger, E., *Das Werden des neuzeitlichen Europa 1300–1600*, Braunschweig [2]1957.

Hausmann, F.-R., *François Rabelais*, Stuttgart 1979.

Hausmann, F.-R., »*Rabelais und das Aufkommen des Absolutismus*. Religion, Staat und Hauswesen in den fünf Büchern Gargantua et Pantagruel«, in: P. Brockmeier u. H.H. Wetzel (Hg.), *Französische Literatur in Einzeldarstellungen*. Bd. 1: »Von Rabelais bis Diderot«, Stuttgart 1981, S. 9–75.

Hausmann, F.-R., »Problemgeschichte des europäischen Humanismus«, in: *Zeitschrift für Romanische Philologie* 106, 1990, S. 375–382.

Hausmann, F.-R., »"Italia in Gallia" – Französische literarische Übersetzungen aus dem Italienischen im Zeitalter der Renaissance«, in: *Come l'uom s'etterna. Beiträge zur Literatur-, Sprach- und Kunstgeschichte Italiens und der Romania*. Festschrift für E. Loos zum 80. Geburtstag. Im Auftrag der Berliner Renaissance-Gesellschaft hg. von G. Staccioli u. I. Osols-Wehden, Berlin 1994, S. 89–117.

Hausmann, F.-R., *Französisches Mittelalter*, Stuttgart-Weimar 1996 (*Franz. Mittelalter*).

Heintze, H., *François Rabelais*, Leipzig 1974.

Hess, R./ Siebenmann, G./ Frauenrath, M./ Stegmann, T., *Literaturwissenschaftliches Wörterbuch für Romanisten*, Tübingen [3]1989 (*LWR*).

Histoire de Lyon et du lyonnais publiée sous la direction de A. Latreille, Toulouse: Privat, 1975.

Huizinga, J., *Herbst des Mittelalters*. Studien über Lebens- und Geistesformen des 14. und 15. Jahrhunderts in Frankreich und in den Niederlanden, Stuttgart [11]1975.

Janik, D., *Geschichte der Ode und der »Stances« von Ronsard bis Boileau*, Bad Homburg usw. 1968.

Julien, Ch.-A., *Les Voyages de découverte et les premiers établissements (XVe–XVIe siècles)*, Paris 1948.

Kapp, V. (Hg.), *Italienische Literaturgeschichte*, Stuttgart-Weimar [2]1994.

Kleine Geschichte Frankreichs, hg. v. E. Hinrichs, Stuttgart 1994 (*KGF*).

Kölmel, W., *Aspekte des Humanismus*, Münster 1981.

Kristeller, P.O., *Humanismus und Renaissance*, München 1974, 2 Bde.

Lagarde, A./ Michard, L., *XVIe siècle. Les grands auteurs du Programme II*, Paris: Bordas, 1966.

Landfester, R., *Historia magistra vitae. Untersuchungen zur humanistischen Geschichtstheorie des 14. bis 16. Jahrhunderts*, Genève: Droz, 1972.

Lauvergnat-Gagnière, C., *Lucien de Samosate et le lucianisme en France au XVIe siècle. Athéisme et polémique*, Genève: Droz, 1988.

Lestringant, F., *Agrippa d'Aubigné – »Les Tragiques«*, Paris: P.U.F., 1986.

Lexikon für christliche Ikonographie, hg. v. E. Kirschbaum u.a., Rom usw. 1990, 8 Bde. (*LCI*).

Lexikon der französischen Literatur. Hg. v. Manfred Naumann, Leipzig 1987 (*LFL*).

Ley, K., *Neuplatonische Poetik und nationale Wirklichkeit. Die Überwindung des Petrarkismus im Werk Du Bellays*, Heidelberg 1975.

Lough, J., *Writer and Public in France from the Middle Ages to the Present Day*, Oxford: Clarendon, 1978.

Ménager, D., *Introduction à la vie littéraire du XVIe siècle*, Paris: Bordas, 1968.

Mours, S., *Le protestantisme en France au XVIe siècle*, Paris: Librairie protestante, 1959.

Müller, G., *Mensch und Bildung im italienischen Renaissance-Humanismus*, Baden-Baden 1984.

Müllner, K., *Reden und Briefe italienischer Humanisten*, hg. v. B. Gerl, München 1970.

Neubert, F., »François Rabelais' Briefe«, in: *Zeitschrift für französische Sprache und Literatur* 71, 1961, S. 154–185.

Obermeier, F., *Französische Brasilienreiseberichte im 17. Jahrhundert. Claude d'Abbeville: Histoire de la mission, 1614; Yves d'Evreux: suitte de l'Histoire, 1615*, Bonn 1995.

Pérouse, G.-A., *Nouvelles françaises du XVIe siècle. Images de la vie du temps*, Genève: Droz, 1977.

Rachum, I., *Enzyklopädie der Renaissance*. Deutsche Übers. v. H. Teifer, Zürich, o.J. (*EnzRen*).

Renaudet, A., *Humanisme et Renaissance*, Genève: Droz, 1958.

Schmidt, A.-M., *Jean Calvin et la tradition calvinienne*, Paris: Seuil, 1974.

Schmitt, E. (Hg.), *Die großen Entdeckungen. Dokumente zur Geschichte der europäischen Entdeckungen*, Bd. 2, München 1984.

Schmitz, T., *Pindar in der französischen Renaissance. Studien zu seiner Rezeption in Philologie, Dichtungstheorie und Dichtung*, Göttingen 1993.

Schönberger, A., *Die Darstellung von Lust und Liebe im »Heptaméron« der Königin Margarete von Navarra*, Frankfurt/M. 1993.

Schweikle, G. u. I., *Metzler Literatur Lexikon. Begriffe und Definitionen*, Stuttgart [2]1990 (*MLL*).

Simone, F., *Il Rinascimento Francese. Studi e ricerche*, Torino 1961.

Suchanek-Fröhlich, St., *Kulturgeschichte Frankreichs*, Stuttgart 1966.

Teuber, B., *Sprache – Körper – Traum. Zur karnevalesken Tradition in der romanischen Literatur aus früher Neuzeit*, Tübingen 1989.

Voigt, G., *Die Wiederbelebung des classischen Altertums*, Berlin 1859, Nachdruck 1960, 2 Bde.

Voss, J., *Das Mittelalter im historischen Denken Frankreichs. Untersuchungen zur Geschichte des Mittelalterbegriffs und der Mittelalterbewertung von der zweiten Hälfte des 16. bis zur Mitte des 19. Jahrhunderts*, München 1972.

Voss, J., *Geschichte Frankreichs 2. Von der frühneuzeitlichen Monarchie zur Ersten Republik*.

1500–1800, München: Beck, 1980.

Wehle, W., *Novellenerzählen. Französische Renaissancenovellistik als Diskurs*, München 1981.

Wetzel, H.H., *Die romanische Novelle bis Cervantes*, Stuttgart 1977.

Wittschier, H.W., *Die Lyrik der Pléiade*, Frankfurt/M. 1971.

Yates, F., *The French academies of the sixteenth* century, London: The Warburg Institute, 1974.

REGISTER DER WICHTIGSTEN EIGENNAMEN UND WERKTITEL

Abraham, Noël 59
Adjani, Isabelle 45
Aelius Donatus 108
Aemilius (Lucius Aemilius Paullus) 109
Agrippa von Nettesheim, Heinrich Cornelius 60, 140
Alamanni, Luigi 84
Alanus ab Insulis 108
Alberti, Leon Battista 68, 125
Albrecht II., Dt. Kaiser 33
Alciato (Alciati, Alciat), Andrea 84, 130
Alexander d. Gr. 7, 104
Alfons V., König von Aragón 34, 38, 39
Alkibiades 126
Allaire, J.L. 218
Allmand, Ch.Th. 208
Allut, P. 212
Ameaux, Pierre 132
Ammianus Marcellinus 14
Amyot, Jacques 28, 97, 103
Anakreon 101, 155
Andrelini, Publio Fausto 84
Aneau, Barthélemy 195
– Alector ou Le coq 195, 196
Anglois, Jean l' 49
Ango, Jean 172
Anne de Bretagne 33, 151
Annius von Viterbo 91, 92, 164
Antoine de Bourbon 152
Antonazzi, G. 207
Antonioli, R. 218
Arbre de France, (L') 57
Arden, J. 219
Ardillon, Antoine 128
Ardouin, P. 212
Arioso, Ludovico 3, 7, 57, 86, 90, 164, 167, 196, 204, 220
Aristophanes 97, 156, 203
Aristoteles 7, 10, 12, 15, 68, 87, 88, 89, 96, 108, 115, 123, 153, 158, 182, 203, 204

Armstrong, E. 215
Assarino, Luca 85
Aubigné, Théodore Agrippa d' 44, 46, 47, 136, 138, 202
– Les Tragiques 44, 46, 47, 202
– Sa vie à ses enfants 46
Aucassin et Nicolette 177
Audigier le Jeune, Pierre d' 85
Auerbach, Erich 99, 215
Augustus, Römischer Kaiser 7, 58, 91
Aulotte, R. 215
Aulus Gellius 14, 137
Autenrieth, J. 208
Averroës 15
Avesani, R. 207
Avicenna 15

Babelon, J.-P. 210
Bachtin (Bakhtine), Michael 157, 161, 162, 165, 171, 219
Bade, Josse 99, 113, 114, 164, 215
Baïf, Jean Antoine 87, 101, 120, 189, 216
Baïf, Lazare 101, 203
Bainton, R.H. 216
Balmas, E. 208, 210, 214, 222
Balsamo, J. 214
Balzac, Honoré de 3, 8
– Le Bal de Sceaux 3
– Contes drolatiques 8
Bandello, Matteo 84, 214
Barclay, John 44
Barnavi, E. 211
Basini, Basinio 16
Battles, F.L. 216
Baudouin (Balduinus), François 27
Baumann, H. 210
Baumgartner, F. 210
Bayard, F. 211
Becker, Ph.A. 209, 217, 218
Bedouelle, G. 128

Belleau, Remy 189, 205, 222
Belleforest, François 87
Bellenger, Y. 213, 221
Bellièvre, Claude de 64
Belon, Pierre 172
Bembo, Pietro 35, 66, 67
Bénouis, M.K. 216
Berghahn, K.L. 220
Bergson, Henri 159
Béroalde de Verville, François 156, 157, 162, 163
– Le Moyen de parvenir 156, 157, 162, 163
Berquin, Louis de 126, 129, 220
Berriot, F. 216
Berry, A.F. 220
Berthelot, A. 61, 220
Besançon, Hugues 135
Beunat, M. 211
Bèze, Théodore de 41, 120, 121, 133, 134, 191, 203
– Abraham sacrifiant 203
– Histoire ecclésiastique 121
Billon, François de 64
Binet, Claude 190
Biot, B. 222
Bitterli, U. 211
Bittmann, K. 210
Blanchard, J. 210
Blancpain, M. 218
Blänsdorf, J. 212
Blaser, K. 216
Blayney, M.S. 209
Blondel, E. 218
Blum, P.R. 212
Boase, A. 221
Bockmans, W. 209
Boccaccio, Giovanni 3, 13, 59, 74, 84, 85, 86, 88, 97, 148, 174, 192, 193, 214
– Il Decamerone 86, 173, 192
Bodin, Jean 45, 181, 199, 200
– Methodus ad facilem historiarum cognitionem 199
– Six livres de la République 181, 199, 200
Bohatec, J. 217
Böhm, H. 91, 92, 93
Boerner, W. 146, 218
Boiardo, Matteo Maria 17, 57, 164
Bolsec, Jérôme-Hermès 133

Bongars, Jacques 110
Bonnyn, Benoit (Benoît) 145
Bonvisi, Familie 60
Boorstin, D. 220
Bordonove, G. 209
Borgia, Cesare 8
Borinski, K. 208
Bouju, Jacques 101
Boulmier, J. 211
Bourbon, François de 101
Bourgeois, L. 213
Bowen, B.C. 215, 218
Boyer, F. 213
Bracciolini, Poggio 4
Brant, Sebastian 72, 167, 168
Brantôme, Pierre de Bourdeille, seigneur de 35, 179, 193, 194
– Les Dames galantes 194
Braudel, F. 211
Brendan, Hl. 53, 176
Bresard, M. 211
Briçonnet, Guillaume 40, 110, 112, 128, 146, 153
Brisset, Roland, sieur Du Jardin 86
Brisset, Roland, sieur de Saintonge 86
Brotot, Jean 57
Brown, C.J. 221
Brown, P.M. 207
Brückner, Th. 84, 188
Bucer (Butzer), Martin 133, 142, 148
Buchanan, George 77
Buck, A. 207, 208
Budé, Guillaume 19, 23, 82, 109, 113, 114, 115, 212
– Annotationes in quattuor et viginti Pandectarum libros 113
– Commentarii linguae graecae 114, 115
– De asse 19, 24, 114, 212
– De philologia 24, 114
Bugnyon, Philibert 64
Buisson, F. 216
Burckhardt, Jacob 9, 68
Butler, M.A. 209

Caesar (Gaius Iulius Caesar) 7, 45, 64, 104, 181, 203
Calderón de la Barca, Pedro 3
Calmette, J. 209
Calvin (Cauvin), Jean 6, 21, 40, 41, 51, 52, 63, 115, 119, 130, 131, 132, 133, 134, 135, 137, 138, 140, 144, 145

– *De scandalis* 140
– *Excuse à Messieurs les Nicodémites* 138
– *Institution de la religion chrestienne* 21, 40, 131, 134
Cambis, Marguerite de 84, 85
Cameron, K. 213, 220
Camões, Luis de 3
Campana, A. 207
Camus, Albert 104
Canape, Jean 118
– *Du mouvement des muscles* 118
Canossa, Lodovico 84
Capponi, Familie 60
Caracciolo, Antonio 84
Carpentier, Pierre le 49
Cartier, Jacques 48, 49, 50, 51, 53, 172
Casaubon, Isaac 110
Castellion (Castalion, Chateillon), Sébastien 60, 63, 120, 132
Castelot, A. 210
Castiglione, Baldassarre (Baldassare) 19, 77, 161
Catach, N. 216
Catull (Gaius Valerius Catullus) 15
Cavellart, Guillaume 101
Caviceo, Jacopo 67
Cayez, P. 211
Céard, J. 219
Ceccarelli Pellegrino, A. 208
Cellini, Benvenuto 9, 83
– *Vita* 83
Cervantes, Miguel de 3, 7, 149, 167
Chabot, Guy de 101
Chambers, B.Th. 216
Champagne, H. 214
Champier, Symphorien 58, 63, 91, 169
Champion, P. 215
Champlain, Samuel de 48, 50
Chappuys, Gabriel 68, 86
Charles d'Alençon 151, 193
Charles d'Orléans 56, 211
Charpentier, F. 212
Chartier, Alain 31, 56
Chassignet, Jean-Baptiste 191
– *Les mespris de la vie ...* 191
Chastel, A. 18, 107, 125
Chastellain, Georges 32
Chaunu, P. 6
Chenevière, A. 217
Chesney, E.A. 220
Chevalier, B. 211

Chrestien, Florent 45
Chrétien de Troyes 164, 167
Christine de Pisan 31
Chroniques gargantuines 164, 165
Church, W.F. 207
Cicero (Marcus Tullius Cicero) 4, 5, 12, 14, 22, 62, 64, 86, 88, 104, 105, 109, 123, 182
Cimabue (Cenni di Pepo) 2
Cioranescu, A. 215
Clamanges (Clémanges), Nicolas de 23, 25, 90
Clark, J.E. 213
Claude de France 33, 151
Claudius I., Kaiser 64
Clément, M. 217
Cloulas, I. 210
Cohinto, Diego 49
Coleman, D.G. 212, 222
Colie, R.C. 215, 218, 220
Coligny, Gaspar de 42, 44
Collard, F. 215
Colonia, Dominique de 62, 63
Colonna, Francesco 196
Commynes, Philippe de 37, 38
Compaing (?), Maler 61
Condé, Henri Ier de Bourbon 42
Contamine, Ph. 208, 209
Cop, Michel (fälschlich: Nikolaus) 131
Copenhaver, B.P. 212
Coquillard, Guillaume d.J. 186
Cordier, Mathurin 113
Corneille, Pierre 204, 222
Cornilliat, F. 61, 220
Corrozet, Gilles 58, 71, 84, 169
Cottret, B. 119, 130
Courbé, Antoine 85
Couteau, Nicolas 68
Crétin, Guillaume 188
Crossley, C. 208
Crouzet, D. 210
Cry pour la Sottie du Prince des Sotz 167
Cubelier de Beynac, J. 214
Cujas, Jacques 27, 110

Dante Alighieri 3, 13, 23, 74, 104, 156
D'Assy, François 68
D'Aubray, Monsieur 45, 46
Davies, M. 214
Debailly, P. 218
Debidour, A. 210

Defaux, G. 219
Deitz, L. 222
Delacroix, Eugène 94
Delaruelle, L. 208
Del Balzo, C. 208
Delclos, J.-C. 209
Delormeau, Ch.É. 212
Delumeau, J. 96, 136, 174, 177
Demay, H. 215
Demerson, G. 218
Demosthenes 7, 86, 104
Denis, A. 210
Dennert, J. 222
De Rentiis, D. 214
Deschamps, Eustache 56
Deschodt, É. 222
Descimon, R. 211
Des Essarts (Le Moyne), Nicolas-Toussaint (de Herberay) 195
Despautère, Jean 25
Des Périers (Despériers), (Jean) Bonaventure 24, 60, 110, 140, 144, 145, 148, 150, 160, 188, 194, 220
– Cymbalum mundi 136, 143, 144, 145, 146, 147, 150
– Récréations 160, 194, 220
Desplat, J.J. 213
Desportes, Philippe 87, 89, 190
Devaux, J. 221
Dionysos 136
Dolce, Lodovico 88
Dolet, Etienne 20, 60, 61, 62, 126, 129, 140, 145
Domagaya, Irokese 50
Donnacona, Irokesenhäuptling 50
Dorat, Jean 100, 101, 115, 189
Droz, E. 216
Du Bellay, Jean, Kd. 73, 74, 76, 78, 152
Du Bellay, Joachim 19, 20, 21, 22, 25, 27, 69, 71, 72, 73, 74, 75, 81, 85, 88, 89, 96, 99, 101, 152, 183, 189
– Les Antiquitez de Rome 71, 73, 76, 77, 78
– Deffence et Illustration 20, 74, 75, 88, 96, 99, 125, 189
– Divers Jeux Rustiques 184
– L'Olive 75
– Les Regrets 71, 73, 76, 78
Du Bartas, Guillaume Sa(l)luste, seigneur 138, 190, 201
– La sepmaine 201, 202

Dubois (gen. Sylvius), Jacques 122
Du Choul, Guillaume 64
Duerr, H.P. 171
Du Fail, Noël 194
– Propos rustiques 194
Du Guillet, Pernette 64, 69, 71
Duisit, L. 221
Du Jardin, Roland, sieur des Roches 87
Dulac, L. 209
Dull, O.A. 219
Dumaître, P. 216
Dumas, Alexandre 44, 45
Du Moulin, Antoine 145
Duns Scotus 108
Du Perron, Jacques Davy, Kd. 190
Du Plessis, Rolland 126, 127
Du Pré, Galliot 68, 84
Du Pui Herbaut (Putherbus), Gabriel 141
Dust, Ph.C. 220
Du Vair, Guillaume 45

Eberhard (Everard) von Béthune 108
Eduard II., Engl. König 29
Eduard III., Engl. König 29
Eleonore von Aquitanien 29
Eleonore von Habsburg 151
Ellinger, G. 208
Emili, Paolo 83
Enders, A. 211
Engler, W. 31, 45
Eppelsheimer, H.-W. 208
Equicola, Mario 68
Erasmus, Desiderius 6, 23, 24, 25, 41, 61, 72, 99, 107, 108, 109, 110, 111, 112, 114, 119, 129, 130, 137, 148, 159, 162, 167, 168, 169, 170, 178, 179, 181, 213, 217, 220
– Enchiridion militis christiani 111
– Laus stultitiae (Lob der Torheit; Encomium morias) 72, 108, 111, 168, 169, 170
– Querela pacis 181
Erbe, M. 209
Erlanger, Ph. 209, 210
Este, Ippolito d', Kd. 83, 84, 213
Estienne, Charles 203
Estienne, Henri 19, 20, 81, 82, 104, 123, 135, 144, 145, 154, 155, 169, 218
– Apologie pour Hérodote 135, 156, 169
– De la precellence 81, 82, 123
Estienne, Robert 6, 27, 97, 122, 154

Estienne, Robert II 154
Estissac, Geoffroy d' 73
Estissac, Louise d' 185
Eulenspiegel (Till Eulenspiegel) 168
Euripides 97, 103, 203
Evans, J. 30
Ezzelino da Romano 16

Fabliau de Coquaigne 177
Fabri, Pierre 87
– *Le grant et vray Art de pleine Rhetori-
que* 87, 88
Fagundes, Portug. Seefahrer 49
Farel, Guillaume 120
Farinelli, A. 81, 86, 208
Farnese, Alessandro 74
Farnese, Pierluigi 74
Fauchet, Claude 27
Favier, J. 209
Febvre, L. 207, 221
Ferdinand III. (Ferrante), König von Nea-
pel 34
Ferguson, W.K. 207
Fichet, Guillaume 23
Ficino, Marsilio 23, 59, 63, 66, 67, 182,
183, 212
Fine, Oronce 172
Fischart, Johann 44, 169
Flavius Josephus 61
Flitner, A. 215
Folengo, Teofilo (Merlin Cocaio) 154,
167
Fontaine, Charles 64
Fontaine, M.-M. 222
Fontenelle, Bernard le Bouvier de 215
Forcadel, Étienne 91, 118
Ford, Ph. 212
Forhan, K.L. 209
Forsyth, E. 222
Foster, J. 222
Foucault, M. 219
Fracastoro, Girolamo 16, 35
– *Syphilis* 16
François Hercule, Herzog von Alençon
42
Françon, M. 212
Franklin, A. 215
Franz I. (François Ier), Franz. König 7,
24, 25, 26, 28, 33, 34, 35, 38, 40, 41,
48, 62, 82, 83, 92, 102, 113, 114,
115, 117, 128, 130, 131, 149, 150,

152, 153, 154, 170, 180, 192, 194,
195, 213
Franz II. (François II) 41
Frappier, J. 221
Fregoso, Battista 214
Frelick, N.M. 212
Frenzel, E. 30, 44, 51
Fricke, D. 213, 220
Friedman, J. 216
Friedrich II., Dt. Kaiser 149
Friedrich III., Dt. Kaiser 33
Friedrich, H. 55, 67, 104, 105, 174, 181,
196, 215
Froben, Johannes 6
Fumaroli, M. 216

Gaguin, Robert 23, 25, 107
Gaiffe, F. 214
Galilei, Galileo 7
Gardthausen, V. 214
Garin, E. 68
Garnier, Robert 204
– *Bradamante* 204
– *Les juives* 204
Garrison, J. 210
Gascon, R. 211
Gaulmier, J. 210
Geanakoplos, D.J. 214
Geisendorf, P.-F. 210
Geiler von Kaysersberg (Keisersberg),
Johann 169
Gellius (Aulus G.) 137
Gendre, A. 215
Gentillet, Innocent 81
Geuer, F. 210
Gillot, Jacques 45
Ginzburg, C. 217
Giordano, M.J. 218, 219
Giotto di Bodone 2
Giudici, E. 212
Giustiniani, V.R. 207
Gobineau, Joseph-Artur, comte de 8, 9,
35, 36, 210
Goethe, Johann Wolfgang von 9, 79, 201
Goethe, Johann Caspar 79, 80, 213
Gohory, Jacques 86, 214
Gómez, Esteban 49
Gondi, Familie 60
Gonneville, Binot Paulmier de 48, 49
Gordon, A.L. 188
Gouvea, Antonio 140

Goyet, F. 214
Grabes, H. 219
Gracchus (Sempronius) 109
Granjon, Robert 145
Gray, F. 218
Gregor XIII., Papst 78
Greiff (Gryphe, Gryphius), Sébastien (Sebastian) 59, 61
Grévin, Jacques 184, 203, 204
Gringoire (Gringore), Pierre 188
Grolier de Servières, Jean 64, 212
Groodes, Geert de 111
Gruet, Jacques 132
Gruget, Claude 192
Guasparre gen. Il Rosso, Giovanni Battista 82, 83
Guerdan, R. 210
Guggisberg, H.R. 208, 216
Guichemerre, R. 222
Guichonnet, P. 217
Guise, Charles de, Kd. 41, 74, 101
Guise, François de 41, 42
Guise, Henri de 42
Gundersheimer, W. 222

Habsburg, O.v. 209
Hadrian, Römischer Kaiser 104
Hagen, Karl 4
Hannibal, Karthag. Heerführer 58
Hardt, M. 219
Harlfinger, D. 214
Harth, H. 214
Hasse, K.P. 212
Hassinger, E. 44
Hauffen, A. 220
Hausmann, F.-R. 207, 210, 211, 214, 217, 218
Heers, J. 220
Hegel, G.W.F. 9
Hegmann, H. 222
Heinimann, F. 217
Heinrich II. (Henri II), Franz. König 7, 21, 29, 34, 41, 51, 57, 74, 77, 84, 91, 92, 103, 130, 193, 201
Heinrich III. (Henri III), Franz. König 42, 78, 82, 89, 101, 103, 109, 126
Heinrich V. (Henry V), Engl. König 29
Heinrich VIII., Engl. König 174
Heintze, H. 60
Hektor 77
Heliodor 103

Hemmerlin, Felix 4
Henri II d'Albret 151, 173
Henri de Navarre, später Heinrich IV. (Henri IV), Franz. König 42, 43, 44, 45, 46, 86, 116, 152, 190, 191
Hentzner, Paul 80
Héret, Mathurin 52
Hermonymus 113
Herodot 97, 155, 156, 162
Héroët, Antoine 64, 190
Herrig, D. 213
Heubi, W. 208
Hieronymus 111
Himmelsbach, S. 222
Hippokrates 61, 158
Hobbes, Thomas 199, 222
Holyoake, J. 222
Homer 7, 10, 12, 97
– Ilias 7, 201
Hôpital, Michel de l' 41, 101
Horaz (Quintus Horatius Flaccus) 7, 22, 77, 87, 88, 89, 95, 96, 101, 189
– Ars poetica 89
Hotman, François 199
– Franco-Gallia 199
Houzé, Jean 68
Hüffer, G. 211
Hugo, sagenhafter König 135
Hugo Capet 135
Hugo, Victor 7, 8, 28, 188
Hugutio (Ugutio, Hugo) 108
Huizinga, J. 19
Hurault, Robert 144
Hus, Johannes 6, 111, 135

IJsewijn, J. 208

Jacquart, J. 210
Jamet, Léon 141
Jamyn, Amadis 201
Janik, D. 212, 221
Janowski, H.N. 216
Jeanne, Franz. Königin 151
Jeanne d'Albret 116, 152
– Lettres patentes 116
Jeanneret, M. 219
Jeanson, F. 222
Jesus Christus 138, 149, 159
Jesus Sirach 169
Jiménez de Cisneros, Francisco, Kd. 6
Jodelle, Étienne 21, 54, 55, 189, 203,

205, 210
- *Cléopâtre captive* 21, 203
- *Eugène* 205
Johanna II., Königin von Neapel 34
Johanna von Orléans (Jeanne d'Arc) 30, 31
Johanna die Wahnsinnige 33
Johann ohne Furcht (Jean sans Peur) 32
Jonen, G.A. 209
Jones-Davies, M.-Th. 222
Joubert, Laurent 158
Journal d'un bourgeois de Paris 40, 41, 73
Jugurtha 181
Julien, Ch.-A. 54
Julius II., Papst 8, 76, 181
Junghans, H.A. 219
Jupiter, Gott 147
Justinus (Marcus Junianius Justinus) 117
Jüttner, S. 219
Juvenal (Decimus Junius Juvenalis) 146

Kaiser, W. 219
Kant, Immanuel 159
Kapp, V. 17
Karl Martell 201
Karl der Große, Kaiser 57, 201
Karl V., Dt. Kaiser 33, 34, 102, 152, 180, 194
Karl IV. (Charles IV), Franz. König 29
Karl V. (Charles V), Franz. König 23, 31
Karl VI. (Charles VI), Franz. König 29, 31
Karl VII. (Charles VII), Franz. König 31, 128
Karl VIII. (Charles VIII), Franz. König 13, 30, 32, 33, 34, 37, 38, 39, 83, 107, 150, 151
Karl IX. (Charles IX), Franz. König 44, 46, 81, 103, 201
Karl von Valois 29
Karl der Kühne (Charles le Téméraire) 32, 33, 37, 181
Katharina von Medici (Catherine de Médicis) 41, 57, 81, 82, 84, 101
Katharina von Valois 29
Keller, L. 212
Kendall, P.K. 209
Kennedy, A.J. 209
Kenny, N. 218, 222
Kerner, Mathias 211

Kernevenoy, François de 101
Kershner, M.R.B. 218
Kingdon, R.M. 217
Kinser, S. 218
Klein, R. 18, 107, 125
Klemens VII., Papst 35, 83
Klibansky, R. 221
Knecht, R.J. 210
Kohler, Ch. 210
Köhler, W. 215
Kolumbus, Christoph 48, 49
Kölmel, W. 10
Könneker, B. 219
Köppen, U. 212
Kottenhoff, M. 209
Krieger, K.-F. 209
Kristeller, P.O. 207
Kristeva, J. 219
Kroon, M. de 217
Krumeich, G. 209
Kunze, H. 216
Kuon, P. 220
Kybele (Agdistis), Göttin 106
Kytzler, B. 213

Labé, Louise 64, 71, 72, 169
- *Débat de Folie et Amour* 169
La Boétie, Étienne de 79, 213
La Bruyère, Jean de 37
La Fontaine, Jean de 141
La Garanderie, M.-M. de 216
Landfester, R. 199
La Noue, François 45
La Péruse, Jean Bastier 101, 200, 201
Larivey, Pierre de 87, 203
La Rochefoucauld, François VI, duc de 37
La Salle, Jean Cavelier de 50
Laskaris, Konstantin 113, 114
La Taille, Jean de 87, 204, 220
- *De l'art de la tragédie* 204
- *Saül furieux* 204, 220
Latreille, A. 211
Laura de Sade 68, 69
Lauvergnat-Gagnière, C. 97, 146, 164
La Vérendrye, Pierre Gaultier de Varennes de 50
La Vigne, André de 38, 39
Lazare, M. 218
Lebel, M. 215
Lebersorger-Gauthier, A.-M. 221

Le Fèvre de la Boderie, Guy (Gui) 25, 26, 91, 92
– *La Galliade* 26, 91, 92
Lefèvre d'Étaples (Faber Stapulensis), Jacques 23, 40, 109, 110, 112, 113, 119, 120, 128, 153, 216
– *Commentaire des Psaumes* 110
Lefranc, Abel 149
Le Hir, Y. 216
Lehner, M. 222
Le Maçon, Antoine 86
Lemaire de Belges, Jean 19, 57, 81, 91, 164, 188, 221
– *Illustrations de Gaule* 164
Le Motteux, Peter 140
Lenient, Ch. 216
Le Noir, Philippe 39
Leo X., Papst 8, 111
Leonardo da Vinci 82, 125
Leone Ebreo 67, 70, 162, 183
– *Dialoghi d'amore* 67, 183
Leroy, Louis 19, 26, 199, 200
– *De la vicissitude* 26, 200
Léry, Jean de 52
Lessing, Gotthold Ephraim 148
Lestringant, F. 52, 211, 222
Ley, K. 74, 183, 184
Lichtenberg, Georg Christoph 15
Lindner, H. 214
Lindow, W. 219
Loisel (Loysel), Antoine 110
Longos 103
Losse, D.N. 220
Lothar I., Kaiser 58
Louis, Dauphin (Sohn Heinrichs II.) 74
Louise von Savoyen, Franz. Königin 60, 113, 151, 152, 153, 173
Lovati, Lovato 13
Lowry, M. 214
Ludwig VII. (Louis VII), Franz. König 29
Ludwig IX. (Louis IX), Franz. König 27
Ludwig X. (Louis X), Franz. König 29
Ludwig XI. (Louis XI), Franz. König 28, 32, 33, 37, 59
Ludwig XII. (Louis XII), Franz. König 33, 34, 37, 62, 83, 107, 117, 151, 170
Ludwig XIII, Franz. König 115, 160
Ludwig XIV., Franz. König 6, 7, 34, 43
Ludwig III., Herzog v. Anjou 34
Lugdus, Keltischer König 57, 58

Lukan (Marcus Annaeus Lucanus) 95
Lukian von Samosate (Samosata) 97, 98, 99, 144, 145, 146, 156, 158, 164, 195
Lukrez (Titus Lucretius Carus) 14, 35
Luther, Martin 6, 39, 40, 51, 111, 112, 113, 120, 128, 129, 130, 132, 133, 134, 137, 138, 142, 151, 154, 179
Lutz, B. 222
Lykophron aus Chalkis 69

Machault, Pierre de 188
Machiavelli, Niccolò 9, 19, 81, 86, 199, 214
– *Il Principe* 86
Macrin, Salmon 60
Magnien-Simonin, C. 221
Magny, Olivier de 71, 190
Mähl, J.-J. 219
Manardi (Ménard), Giovanni (Jean) 61
Malherbe, François de 87, 89, 203, 221
Mallarmé, Stéphane 69
Malleville, Claude de 85
Malloch, A.E. 220
Manuzio, Aldo 97, 214
Marcellus II., Papst 76
Margarete von Österreich 34, 221
Marguerite de Navarre (d'Angoulême), Königin 24, 25, 40, 53, 62, 110, 112, 113, 116, 129, 130, 144, 145, 150, 151, 153, 172, 173, 188, 192, 193
– *L'Heptaméron* 53, 54, 152, 173, 192, 193
– *La Marguerite de la Marguerite des Princesses* 152
– *Miroir de l'âme pécheresse* 152
Marguerite de France (Herzogin von Savoyen) 101
Marguerite de Valois, la Reine Margot 42, 44, 101, 162, 190
Maria von Burgund 33, 34
Marie de France 176
Marius (Gaius Marius) 181
Marliani, Bartolomeo 61, 73
Marlowe, Christopher 44
Marnef, Geoffroy de 164
Marot, Clément 19, 24, 25, 60, 61, 62, 63, 64, 66, 96, 110, 120, 136, 141, 142, 163, 172, 188, 189, 220, 221
– *Cinquante pseaumes de David* 142, 143
– *Épîtres* 141, 142

Marot, Jean 188
Martial (Marcus Valerius Martialis) 162, 219
Martin, A.v. 207
Martin le Franc 31
Martin, Jean (Jehan) 67, 87, 101
Marullo, Michele 16
Maximilian I., Dt. Kaiser 33, 34, 187
Medici, Lorenzo de' 13, 17
Mehnert, H. 219
Meigret, Louis 122, 124, 125
Melanchthon, Philipp 133
Ménager, D. 218
Menippos von Gadara 45, 98
Mérimée, Prosper de 8, 44, 179
Mesme, Jean-Pierre de 214
Meyenberg, R. 209
Michelangelo Buonarroti 2, 7, 8, 36
Michelet, Jules 4, 8, 9, 16
– *Histoire de France* 8
Milton, John 202
Mohammed 149
Molière (Jean-Baptiste Poquelin) 205
Molinet, Jean 21, 22, 32, 187, 188, 219
– *Chronique* 32
– *Les Faitz et Dicts* 187
Moncada, Hugo de 35
Monluc, Blaise de 45
Montaigne, Michel 27, 28, 37, 51, 53, 54, 55, 72, 73, 78, 79, 87, 103, 104, 105, 120, 124, 166, 172, 174, 181, 182, 184, 185, 196, 197, 198, 220
– *Les Essais* 54, 55, 79, 103, 104, 120, 124, 166, 174, 181, 182, 185, 196, 197, 198
– *Journal de voyage* 78, 80, 174
Montigel, U. 219
Montmorency, Anne de 42, 152
Morel, Guillaume 89
Morin, Jean 143
Mortier, R. 213
Morus (More), Thomas 99, 174, 175, 176
– *Libellus vere aureus ... Utopia* 174, 175, 175, 220
Moses 149
Mosse, C. 211
Moura, Bastiam 49
Müllner, K. 14
Münster, Sebastian 80
Murner, Thomas 167, 168, 169

Mussato, Albertino 4, 13, 16
Musset, Alfred de 8

Napoleon Bonaparte, Franz. Kacalviniser 33
Nardi, E. 220
Nash, J.C. 212
Neidhart, D. 218
Neubert, F. 73, 74
Neumann, Carl 9
Neusüß, A. 220
Niethammer, F.J. 4
Nietzsche, Friedrich 9, 15
Nikodemus 138
Nodier, Charles 190

Obermeier, F. 53
Olivetan (eigentl. Olivier), Pierre-Robert 119, 120, 144, 216
Oraison, Antoine d' 129
Oresme, Nicole 23
Orieux, J. 210
Origenes (O. Adamantius) 111
Orme, Philibert de l' 27
Ortali, R. 221
Osols-Weden, I. 217
Ovid (Publius Ovidius Naso) 47, 76, 77, 95, 149

Paetzold, W. 207
Palladio, Andrea 7
Palsgrave, John 121, 122, 123
– *L'Eclarcissement de la langue françoyse* 121, 122, 123
Panici, W.F. 213
Panofsky, E. 207, 221
Paravicini, W. 209
Paré, Ambroise 118
– *Cinq livres de chirurgie* 118
Pariset, J.-D. 217
Parmentier, Jean 172
Pasquier, Étienne 24, 27, 90, 199, 200
– *Recherches de la France* 27, 90, 200
Passerat, Jean 45
Patisson, Mamert 154
Paul III., Papst 74
Paulus, Apostel 112
Payen, J.Ch. 211
Pazzi, Familie 60
Peletier du Mans, Jacques 87, 89, 96, 97, 101, 122, 124

– *Art poëtique* 97
Pelletier, A. 211
Perikles 7
Pernot, J.-F. 215
Pernoud, R. 209
Perosa, A. 208
Pérouse, G.-A. 193
Perrier, S. 222
Perrin, Ennemond 71
Petrarca, Francesco 3, 4, 5, 12, 13, 15,
    16, 19, 22, 25, 57, 59, 64, 65, 66, 67,
    68, 69, 70, 72, 74, 77, 78, 86, 88, 89,
    90, 97, 104, 111, 189, 190, 214
Pfeilschifter, F. 217
Philibert von Savoyen 221
Philipp von Makedonien 7
Philipp II., König v. Spanien 34, 45, 76,
    134, 152
Philippe II Auguste, Franz. König 27
Philipp IV. (Philippe IV), Franz. König
    29, 59
Philipp V. (Philippe V), Franz. König 29
Philipp VI. (Philippe VI), Franz. König 29
Philipp II. der Kühne (Philippe le Hardi)
    32
Philipp III. der Gute (Philippe le Bon) 32
Philipp der Schöne (Philippe le Bel) 33
Piccolomini, Aeneas Sylvius (Enea Silvio)
    4
Pico della Mirandola, Giovanni 66, 68
– *De dignitate hominis* 68
Picot, E. 211
Piéri, M. 214
Pindar 22, 97, 100, 101, 103
Pineaux, J. 217
Pinkernell, G. 211
Pippin der Kurze (Pépin le Bref) 201
Pithou, Pierre 45, 46, 110
Plancus, L. Munatius 57
Platon 12, 15, 61, 63, 64, 65, 68, 70, 78,
    97, 105, 106, 115, 116, 123, 136,
    154, 176, 182, 183
Plattard, J. 73
Plautus (Titus Maccius P.) 156
Plett, H.F. 214
Plotin 67
Plutarch 28, 97, 103, 104, 105, 155, 198,
    203, 215
Pocque, Ketzer 145, 217
Poirion, D. 211
Poissenot, Bénigne 199

– *Nouvelles histoires tragiques* 199
Poliziano, Angelo 12, 16, 17
Pollard, A.J. 209
Pompeius (Gnaeus Pompeius Magnus)
    181
Pontano, Giovanni Gioviano 16
Pontus de Tyard (Thyard) 67, 87, 101,
    189
Postel, Guillaume 91, 172
Pouilloux, J.-Y. 218
Prevenier, W. 209
Primaticcio, Francesco 82
Properz (Propertius) 15, 77
Ptolemaios Philadelphos 21, 189
Pulci, Luigi 16, 164, 167
Pythagoras 162

Quintilian (Marcus Fabius Quintilianus)
    14, 87, 88, 123
Quintin (Quentin), Ketzer 145, 217, 218

Rabelais, François 2, 3, 7, 8, 19, 24, 53,
    60, 61, 72, 74, 87, 96, 99, 100, 108,
    109, 110, 136, 137, 138, 139, 140,
    141, 149, 157, 158, 159, 164, 165,
    166, 170, 171, 172, 175, 178, 179,
    180, 194, 195, 220
– *Gargantua* 2, 61, 99, 108, 136, 137,
    139, 149, 158, 159, 165, 170, 180,
    195
    Pantagruel 3, 61, 99, 100, 136, 139,
    159, 164, 165, 168, 172, 175, 177,
    195
– *Tiers Livre* 150, 170, 171, 172, 177,
    195
– *Quart Livre* 53, 140, 142, 172, 173,
    177
– *Cinquiesme Livre* 172, 173, 177
Racine, Jean 104, 204
Radewyns, Florentius 111
Ragland, M.E. 219
Ramus (La Ramée), Petrus (Pierre) 115,
    118, 119, 123
– *Grammaire* 123
Ramusio, Giambattista 50
Ranke, Leopold von 32
Rapin, Nicolas 45
Raymond, M. 210
Regis, Gottlob 141, 173
Reichenberger, K. 222
Reifenscheid, R. 209

Renaudet, A. 18, 40
René d'Anjou 34
Renée de France 62
Renouard, A. 154
Retz, Claude-Catherine de 190
Reuchlin, Johann 107, 133
Reynolds-Cornell, R. 218
Richelieu, Armand-Jean du Plessis de, Kd. 7, 93
Richter, D. 220
Richter, M. 212
Rieks, R. 207
Rieu, J. 221
Rigolot, F. 78, 81, 212, 220
Ristelhuber, P. 156
Roberval, Jean François de La Roque, seigneur de 48, 49, 54, 172
Robortello, Francesco 88
Rocher, G.D. de 218
Röckelein, H. 209
Rödiger, J. 215
Ronsard, Pierre (de) 19, 21, 22, 23, 27, 67, 77, 87, 89, 100, 102, 103, 105, 106, 117, 124, 136, 155, 184, 189, 190, 191, 200, 201, 203
– *La Franciade* 77, 117, 124, 201, 202
– *Premier livre des odes* 190
– *Sonnets pour Hélène* 190, 221
Rossi, Pino de' 85
Roubaud, J. 221
Rouget, F. 221
Rousseau, Jean-Jacques 51
Roussel, Girard 146, 148
Rousset, J. 217
Rouillé (Rouville), Guillaume 91
Rudler, R. 210
Rudolf I., Dt. Kaiser 33
Rüegg, W. 207
Rumpf, M. 212
Rut, John 49

Saccaro, A.P. 208
Sachs, Hans 220
Sainte-Beuve, Charles-Augustin de 190
Sainte-Marthe, Gebrüder 73
Sainte-Marthe, Charles 146
Saint-Évremond, Charles de 37
Saint-Gelais (Saint-Gelays), Mellin 60, 66, 87, 188
Saint-Gelais, Octavien 188
Saix, Antoine du 60

Sala, Pierre 63
Salminen, R. 218
Salutati, Coluccio 12, 13, 14
Salviati, Familie 60
Salviati, Cassandre 105
Sammer, M. 208
Sangsue, D. 215
Sankovitch, T. 219
Sannazaro, Jacopo 16, 17
Sappho 162
Sartre, Jean-Paul 104
Satire Ménippée (La) 45, 46
Saulnier, V.L. 220
Saunders, A. 221
Sauzet, R. 210
Savonarola, Girolamo 8
Saxl, F. 221
Scaliger, Julius Caesar 88, 89, 99, 110, 204, 221, 222
– *Poetices libri septem* 88, 204
Scève, Claudine 64
Scève, Guillaume 64
Scève, Jeanne 64
Scève, Maurice 64, 65, 68, 69, 70, 71, 202
– *Délie* 64, 65, 68, 70
– *Microcosme* 202
Schäfer, E. 212
Schleiner, W. 221
Schlobach, J. 207
Schmidt, A.-M. 208, 212
Schmidt, E. 48, 49, 50, 51
Schmitz, T. 101
Schönberger, A. 54, 174
Schulte, B. 221
Screech, M.A. 217, 219
Sebillet (Sébillet), Thomas 87, 89, 163, 188, 189, 214, 221
Secundus, Johannes (Jan Nicolai Everaerts) 72
Seeber, J.U. 220
Seitte, Th. 210
Seneca (Lucius Annaeus) 95, 104, 108, 167, 198, 203, 215
Sérant, P. 211
Serlio, Sebastiano 82, 83, 204
Servet (Serveto y Reves; Servetus), Michel (Miguel) 132
Seyssel, Claude de 92, 93, 117
– *Exorde an la Translation de l'histoire de Justin* 93

Sforza, Gian Galeazzo 38
Sforza, Ludovico, gen. il Moro 37
Sforza, Muzio Attendolo 38
Shakespeare, William 3, 7, 103, 104, 167
Simone, F. 3, 9, 18
Simonin, M. 214
Smadja, E.J.V. 218
Smith, P.-M. 213, 219
Sokrates 159
Sophokles 97, 203
Sournia, J.-Ch. 210
Sparrow, J. 208
Spengler, Oswald 9
Speroni, Sperone 88
– Dialogo delle lingue 88
Spilling, H. 221
Spitzer, L. 176, 208
Sponde, Jean de 138, 190, 191
– Méditations sur les pseaumes 191
Stackelberg, J.v. 222
Steelsius, Johannes 91
Stegmann, A. 219
Steland, D. 215
Stempel, W.D. 215
Stendhal (Beyle, Henri) 3, 8, 207
– Chroniques italiennes 8, 207
Stephens, W. 164, 219
Stewart, P.D. 213
Stierle, K. 215
Sturel, R. 215
Suchanek-Fröhlich, St. 24, 40
Sulla (Lucius Cornelius S. Felix) 181
Surgères, Hélène 190
Swift, Jonathan 165
Swiggers, P. 216

Tacitus (Cornelius) 14
Tahureau, Jacques 101, 190
Taignoagny, Irokese 50
Taillemont, Claude de 64
Talbot, John, Earl of Shrewsbury 30
Tanz, S. 209
Tasso, Torquato 3, 86, 201
Telle, E.V. 220
Terenz (Publius Terentius Afer) 62, 95, 203
Tétel, M. 213, 218
Teuber, B. 100, 161, 171
Texte, J. 208
Theodul 108
Theophrast 97

Thévenot, Jean de 48
Thevet, A. 26, 51, 52, 55, 172
– Les singularitez de la France antarctique 51, 52
Thode, Henry 9
Thomas von Aquin 108
Thomas von Kempen 216
Thomson, C. 218
Thou, Jacques Auguste 110
Thukydides 97
Tibull (Aulus Albius Tibullus) 15, 69
Tiraqueau, André 61
Tizian (Tiziano Vecelli) 74
Tory, Geoffroy 20, 125
– Champ fleury 125
Tournes, Jean de 67
Trajan, Kaiser 104
Trechsel, Johann 59, 132
Triboulet 160, 161, 220
Tricou, J. 212
Tucker, G.H. 213

Urceo Codro, Antonio 16

Valerius Flaccus (Caius) 14
Valla, Lorenzo 6
Vallée, Godefroi 126
Van Tieghem, P. 208
Varro (Marcus Terentius V.) 123
Vasari, Giorgio 2
Vascosan, Michel de 67, 99
Vaugelas, Claude Favre de 103, 123
Vaughan, R. 209
Vauquelin de la Fresnaye, Jean 89, 90
Vergil (Publius Vergilius Maro) 7, 77, 95, 201
Verrazzano, Giovanni 48, 51
Vianey, J. 212
Vida, Marco Girolamo 16, 88, 89
Vigenère, Blaise de 121
Villegaignon, Nicolas Durand de 51, 52
Villeneuve (?) 140
Villon, François 31, 56, 72
Vitalis, Janus 77
Vitruv (Marcus Vitruvius Pollio) 125
Vives, Juan Luis 220
Vogel, M. 214
Vogt-Spira, G. 214
Voigt, Georg 4, 5
Voltaire, François-Marie Arouet de 6, 7, 17, 165

– *Le Siècle de Louis XIV* 7
Voss, J. 26, 208
Vouté (Vulteius), Jean 60

Wagner, J. 221
Walchenbach, J. 216
Waldus, Petrus 119
Wallace, R.S. 216
Watebled (Vatable), François 142
Weber, H. 211, 212, 216
Wechel, Peter 118
Wehle, W. 192
Welzig, W. 216
Wetzel, H.-H. 193
Wieland, Christoph Martin 215
Wiesflecker, H. 209
Wilamowitz-Moellendorf, Ulrich von 97
Wilkin D. 213
Williams, R.G. 214
Wingle (Vingle), Pierre de 119
Winn, C.H. 221
Wittschier, W. 101, 103
Wöhrle, G. 210

Wolfe, M. 210
Wolff-Windegg, Ph. 166
Wolmar (Volmar), Melchior Rufus 130
Woltmann, Ludwig 9
Wuhrmann, W. 215
Wuttke, D. 220
Wuttke, W. 220
Wycliffe (Wiclif, Wyclif), John 6, 111

Xenophon 97
Xerxes 155

Yates, F. 18
Yver, Jacques 194
– *Printemps d'Yver* 194

Zambono di Andrea 13
Ziegler, K. 215
Zimmermann, M. 56, 209
Zühlke, B. 209
Zumthor, P. 211
Zwingli, Ulrich (Huldreich) 6, 135, 137